21世纪高等学校物流管理与物流工程系列教材

现代物流管理

主编 王道平 李 锋 王 路

清华大学出版社
北京交通大学出版社
·北京·

内容简介

本书立足于现代物流管理发展的理论与实践成果,全面且系统地介绍物流管理的基本理论和相关技术。全书共分为9章,内容包括物流与物流管理、物流系统、物流职能管理、物流信息管理、物流成本管理、供应链管理、第三方物流与第四方物流、国际物流管理和物流管理的发展趋势。每一章均提供了与物流管理相关的案例,能够帮助读者了解相关物流知识在实际中的应用。本书在理论的讲解中使用了大量的图表,图文并茂,提高了全书的可读性,便于读者快速理解所学知识。

本书理论水平适中,介绍的理论知识和管理方法兼顾实用性和可操作性,可作为物流管理、物流工程、信息管理与信息系统等专业的教材用书,适合高等教育相关专业的大学本科生使用,也可作为物流管理相关领域从业人员的培训教材或参考书籍。

本书封面贴有清华大学出版社防伪标签,无标签者不得销售。
版权所有,侵权必究。侵权举报电话:010-62782989　13501256678　13801310933

图书在版编目(CIP)数据

现代物流管理/王道平主编.—北京:北京交通大学出版社;清华大学出版社,2019.9
(2023.1重印)
　ISBN 978-7-5121-4076-9

Ⅰ. ①现⋯　Ⅱ. ①王⋯　Ⅲ. ①物流管理　Ⅳ. ①F252.1

中国版本图书馆 CIP 数据核字(2019)第 218720 号

现代物流管理
XIANDAI WULIU GUANLI

责任编辑:	郭东青
出版发行:	清 华 大 学 出 版 社　邮编:100084　电话:010-62776969　http://www.tup.com.cn
	北京交通大学出版社　邮编:100044　电话:010-51686414　http://www.bjtup.com.cn
印 刷 者:	北京鑫海金澳胶印有限公司
经　　销:	全国新华书店
开　　本:	185 mm×260 mm　印张:17　字数:436 千字
版　　次:	2019 年 9 月第 1 版　2023 年 1 月第 2 次印刷
书　　号:	ISBN 978-7-5121-4076-9/F·1915
印　　数:	2001～3000 册　定价:49.00 元

本书如有质量问题,请向北京交通大学出版社质监组反映。对您的意见和批评,我们表示欢迎和感谢。
投诉电话:010-51686043,51686008;传真:010-62225406;E-mail:press@bjtu.edu.cn。

前　言

　　现代物流业是以实体经济、运输业和金融业为基础，以信息技术为支撑的具有社会化、专业化和信息化特点的生产性服务业。当前，我国把大力发展现代物流业作为促进产业结构升级、提高经济运行效率的重要途径。现代物流管理是指将运输、仓储配送、装卸搬运及包装等物流活动综合起来的一种集成式管理，其任务是尽可能降低物流系统的总成本，为顾客提供最好的服务。在系统工程思想的指导下，以信息技术为核心，强化资源整合和物流过程优化是现代物流的重要特征。

　　近年来，随着现代物流管理理论和实践的迅猛发展，新知识和新技术不断涌现，学科范围不断扩大，新思维和新概念不断出现并应用于企业的业务实践。物流管理可以为企业日常运营带来巨大的竞争优势，已成为许多企业和组织发展必不可少的重要职能和方法，这就需要大量合格的物流管理人才。在物流产业重要性越来越突出的今天，学习和运用专业物流管理知识对于指导企业的生产实践具有重要的现实意义。本书顺应了我国高等院校对物流人才培养的需求，以及高校物流专业教材建设的迫切需求，突出了物流管理的实践性和实用性，既贴合高等院校的教学实际，又反映了物流管理的实际需求。

　　本书立足于现代物流管理发展的理论与实践成果，通过追踪国际和国内物流管理的最新发展方向，揭示当今物流管理的发展规律、特点和管理模式。本书主要有三个特点：第一，书中全面介绍了物流管理的基础理论，便于读者全面了解物流管理；第二，在具体理论知识的讲解中插入了大量的图表，做到图文并茂，既提高了本书的可读性，又便于读者学习和掌握知识；第三，每一章都给出了实际案例，能够帮助读者快速了解相关物流知识在实际中的应用。全书共分为9章。第1章介绍了物流与物流管理的产生与发展，包括物流的概念、特征和发展阶段，以及物流管理的特征、内容和发展历程等。第2章主要讲述了物流系统的概念和结构，包括物流系统的结构、分析与设计及系统评价等内容。第3章讲述了物流职能管理的6个组成部分，分别为运输管理、仓储管理、配送管理、装卸搬运管理、包装和流通加工管理，有针对性地分析了6部分物流职能管理的内容、作用和合理化的措施。第4章从物流信息系统、物流信息技术、物流信息化的发展阶段等方面介绍了物流信息与物流信息管理相关的知识。第5章介绍了物流成本管理，包括物流成本管理的内涵和意义、物流成本的传统核算方法和作业成本法、物流成本预算与控制、物流成本绩效评价等内容。第6章对供应链管理进行了概述，主要包括供应链管理的内容和发展、供应链管理方法、供应链管理的三种基本模式、供应链合作伙伴关系管理等。第7章讲解了第三方物流的概念、特征、服务内容，第三方物流企业的竞争优势、发展途径及第三方物流的运作模式，并在此基础上引出了第四方物流的概念和功能等内容。第8章介绍了国际物流的概念和特点、国际物流系统和国际物流业务。精益物流、绿色物流、逆向物流和应急物流是未来物流发展的趋势和物流从业者决策时必须考虑的因素，第9章介绍了这四部分内容。

　　本书由北京科技大学王道平、李锋、王路担任主编，负责设计全书的结构、草拟写作提纲、组织编写和最后的统稿工作，参与编写、校对和资料整理工作的还有郝玫、张博卿、包文夏、杜海蕾、陈丽、谷春晓等。

本书在编写的过程中，参考了大量相关书籍和资料，在此向其作者表示衷心的感谢！本书在出版过程中，得到了北京交通大学出版社的大力支持，在此一并表示衷心的感谢！

由于编者水平所限，加之时间仓促，书中难免存在疏漏之处，敬请广大读者批评指正。

编者

2019 年 10 月

目 录

第1章 物流与物流管理 ... 1
1.1 物流的产生与发展 ... 1
1.1.1 物流萌芽阶段（20世纪初—50年代）... 1
1.1.2 物流系统阶段（20世纪60—70年代）... 2
1.1.3 战略物流系统阶段（20世纪70—80年代）... 2
1.1.4 供应链战略物流系统阶段（20世纪90年代至今）... 3
案例1-1：阿里巴巴曲线进入物流业 ... 3
1.2 物流概述 ... 4
1.2.1 物流的概念和分类 ... 4
1.2.2 物流的基本特征 ... 8
1.2.3 物流的作用和意义 ... 9
1.2.4 物流的主要活动 ... 12
案例1-2：香港成为世界市场物流枢纽的八大优势 ... 14
1.3 物流管理概述 ... 16
1.3.1 物流管理的概念、特征和内容 ... 16
1.3.2 物流管理的目标和原则 ... 19
1.3.3 物流管理的发展历程 ... 20
1.3.4 国内外物流管理概况 ... 21
案例1-3：德邦公司精准物流服务理念 ... 25
本章小结 ... 26
本章习题 ... 27

第2章 物流系统 ... 28
2.1 物流系统概述 ... 28
2.1.1 系统的概念、模式和特征 ... 28
2.1.2 物流系统的定义和模式 ... 29
2.1.3 物流系统的特征和目标 ... 30
案例2-1：日本伊藤洋华堂公司的新加工食品物流系统 ... 31
2.2 物流系统的结构 ... 33
2.2.1 物流系统的要素 ... 33
2.2.2 物流系统的构成 ... 35
案例2-2：国美电器的物流系统 ... 36
2.3 物流系统分析与设计 ... 37

        2.3.1 物流系统分析的概念和内容 37
        2.3.2 物流系统分析的方法、步骤和流程图 38
        2.3.3 物流系统分析与设计的原则和影响因素 39
        2.3.4 物流系统分析与设计的内容和程序 41
      案例2-3：蒙牛乳业集团六期自动化物流系统 42
   2.4 物流系统的评价 44
        2.4.1 物流系统评价的步骤和原则 44
        2.4.2 物流系统评价的标准、方法和过程 46
        2.4.3 物流系统评价的指标体系 47
   本章小结 48
   本章习题 48
第3章 物流职能管理 50
   3.1 运输管理 50
        3.1.1 运输管理概述 50
        3.1.2 运输业务流程管理 54
        3.1.3 运输管理合理化 56
      案例3-1：TNT快递公司的快速运输模式 57
   3.2 仓储管理 58
        3.2.1 仓储管理概述 58
        3.2.2 仓储作业管理 60
        3.2.3 仓储合理化 61
   3.3 配送管理 63
        3.3.1 配送管理概述 63
        3.3.2 配送中心 65
        3.3.3 配送合理化 71
   3.4 装卸搬运管理 72
        3.4.1 装卸搬运管理概述 72
        3.4.2 装卸搬运的设备 73
        3.4.3 装卸搬运的工作组织 76
        3.4.4 装卸搬运合理化 78
   3.5 包装和流通加工管理 80
        3.5.1 包装管理概述 80
        3.5.2 包装管理合理化 82
        3.5.3 流通加工管理概述 83
        3.5.4 流通加工合理化 85
   本章小结 86
   本章习题 87
第4章 物流信息管理 88
   4.1 物流信息与物流信息管理概述 88

  4.1.1 物流信息的定义和特点 88
  4.1.2 物流信息的内容和标准 90
  4.1.3 物流信息的分类和作用 91
  4.1.4 物流信息管理概述 94
  案例 4-1：交通运输物流信息互联共享标准（2015 版）发布 94
 4.2 物流信息系统 95
  4.2.1 物流信息系统概念 95
  4.2.2 物流信息系统的分类 96
  4.2.3 物流信息系统的组成和体系结构 97
  4.2.4 物流信息系统的功能 100
 4.3 物流信息技术 101
  4.3.1 信息标识技术 102
  4.3.2 信息存储与传输技术 107
  4.3.3 信息跟踪技术 109
  4.3.4 信息处理技术 110
  案例 4-2：精技电脑（股份有限）公司的物流车队即时货况管理应用 112
 4.4 物流信息化 113
  4.4.1 物流信息化的内容 113
  4.4.2 物流信息化的必要性 113
  4.4.3 物流信息化的发展阶段 114
  案例 4-3：联想集团物流信息化建设 115
 本章小结 116
 本章习题 116

第 5 章 物流成本管理 118
 5.1 物流成本与物流成本管理概述 118
  5.1.1 物流成本概述 118
  5.1.2 物流成本管理的内涵和意义 120
  5.1.3 物流成本管理的内容 121
  案例 5-1：物流大师亚马逊的盈利之道 122
 5.2 物流成本核算的基本方法 124
  5.2.1 物流成本核算的目的和对象 124
  5.2.2 物流成本的传统核算方法 125
  5.2.3 作业成本法 128
 5.3 物流成本预算与控制 133
  5.3.1 物流成本预算概述 133
  5.3.2 弹性预算法和零基预算法 135
  5.3.3 目标成本法与责任成本法 138
  5.3.4 物流成本差异的计算与分析 142
 5.4 物流成本绩效评价 147

  5.4.1 物流成本绩效评价概述 ······ 147
  5.4.2 物流成本绩效评价指标分析 ······ 149
  5.4.3 物流成本绩效评价的方法 ······ 154
 本章小结 ······ 156
 本章习题 ······ 156

第6章 供应链管理 ······ 158

 6.1 供应链管理概述 ······ 158
  6.1.1 供应链管理的概念 ······ 158
  6.1.2 供应链管理的产生和发展 ······ 159
  6.1.3 供应链管理的特点和内容 ······ 160
 6.2 供应链管理方法 ······ 163
  6.2.1 快速反应 ······ 163
  6.2.2 有效客户反应 ······ 165
  6.2.3 企业资源计划 ······ 168
  案例6-1：青岛啤酒公司实施ERP的效果 ······ 170
 6.3 供应链管理的基本模式 ······ 171
  6.3.1 推动式供应链管理模式 ······ 171
  6.3.2 拉动式供应链管理模式 ······ 172
  6.3.3 推拉式供应链管理模式 ······ 172
  案例6-2：戴尔公司的推拉式供应链管理模式 ······ 173
 6.4 供应链合作伙伴关系管理 ······ 174
  6.4.1 供应链合作伙伴关系管理概述 ······ 174
  6.4.2 供应链合作伙伴的评价选择 ······ 177
  案例6-3：沃尔玛公司的供应链管理 ······ 182
 本章小结 ······ 183
 本章习题 ······ 183

第7章 第三方物流与第四方物流 ······ 186

 7.1 第三方物流概述 ······ 186
  7.1.1 第三方物流的定义 ······ 186
  7.1.2 第三方物流的特征 ······ 187
  7.1.3 第三方物流的服务内容 ······ 188
  7.1.4 第三方物流的分类 ······ 189
  案例7-1：如何选择自建物流与众包配送模式 ······ 191
 7.2 第三方物流企业 ······ 193
  7.2.1 第三方物流企业的定义 ······ 193
  7.2.2 第三方物流企业的类型 ······ 193
  7.2.3 第三方物流企业的竞争优势 ······ 195
  7.2.4 第三方物流企业发展的阻碍因素 ······ 196
  7.2.5 第三方物流企业的发展途径及战略选择 ······ 197

7.3 第三方物流的运作模式 199
　　7.3.1 物流模式选择 199
　　7.3.2 第三方物流企业的发展阶段 200
　　7.3.3 第三方物流运作模式的类型 201
　　7.3.4 1+3物流运作的模式 202
　　案例7-2：第三方物流之科龙的战略性选择 203
7.4 第四方物流概述 204
　　7.4.1 第四方物流的概念 204
　　7.4.2 第四方物流的功能 205
　　7.4.3 第三方物流与第四方物流的区别 205
　　7.4.4 第四方物流的运作模式 206
　　案例7-3：飞利浦第四方物流案例 207
本章小结 209
本章习题 209

第8章 国际物流管理 211

8.1 国际物流概述 211
　　8.1.1 国际物流的定义和特点 211
　　8.1.2 国际物流的产生和发展 213
　　8.1.3 国际物流的分类 213
　　8.1.4 国际物流与国内物流的比较 214
　　案例8-1：借鉴荷兰物流拓展欧洲市场 215
8.2 国际物流系统 217
　　8.2.1 国际物流系统的组成 217
　　8.2.2 国际物流系统网络 219
　　8.2.3 国际物流运输线路 221
8.3 国际物流业务 224
　　8.3.1 国际物流业务的主要参与方 225
　　8.3.2 国际物流运作的主要业务活动 226
　　案例8-2：自贸试验区试点新型海关监管模式 233
本章小结 233
本章习题 234

第9章 物流管理的发展趋势 235

9.1 精益物流 235
　　9.1.1 精益物流的产生背景 235
　　9.1.2 精益物流的内涵 236
　　9.1.3 精益物流系统的基本框架 237
　　案例9-1：信息化助力济钢构建精益物流 238
9.2 绿色物流 239
　　9.2.1 绿色物流的产生背景 240

9.2.2　绿色物流的内涵 ……………………………………………………………… 241
　　9.2.3　绿色物流系统分析 …………………………………………………………… 244
　　案例9-2：上海通用领跑汽车业"绿色供应链" …………………………………… 247
9.3　逆向物流 …………………………………………………………………………………… 249
　　9.3.1　逆向物流概述 ………………………………………………………………… 249
　　9.3.2　逆向物流与正向物流的区别 ………………………………………………… 251
　　案例9-3：宝钢变"废"为宝 ……………………………………………………… 253
9.4　应急物流 …………………………………………………………………………………… 253
　　9.4.1　应急物流概述 ………………………………………………………………… 253
　　9.4.2　应急物流系统分析 …………………………………………………………… 256
　　案例9-4：沃尔玛灾难管理学：物流成为强大后盾 ……………………………… 257
本章小结 ………………………………………………………………………………………… 259
本章习题 ………………………………………………………………………………………… 259
参考文献 ……………………………………………………………………………………………… 261

第1章

物流与物流管理

随着经济全球化和信息技术的迅速发展，以及企业生产资料的获取与产品经营范围的日趋扩大，社会生产、货物流通、商品交易及其管理方式正在并将继续发生深刻的变革。物流作为一个现代概念，其本质体现的是一种新的思维模式和管理方式。现代物流作为一种先进的组织方式和管理技术，被广泛认为是企业的第三利润源泉，并在国民经济和社会发展中发挥着重要作用。本章前两节介绍物流的发展历程、定义和主要活动等知识，第三节总体概述物流管理的主要内容。

1.1 物流的产生与发展

物流活动从人类从事产品交换就已经存在。1901年，J. F. 格鲁威尔在美国政府报告《关于农产品的配送》中，第一次论述了影响农产品配送的各种价格因素，从而揭开了人们认识物流的序幕。在一个多世纪的时间里，物流管理和物流产业的发展经历了一个漫长的过程。物流的发展不仅与社会经济和生产力发展水平有关，同时也与科学技术发展水平有关。按照时间顺序，物流的发展大体经历了以下4个阶段。如图1-1所示。

图1-1 物流的发展阶段

1.1.1 物流萌芽阶段（20世纪初—50年代）

这一时期由于生产社会化和专业化程度不高，生产与流通之间的连接较为简单，生产企业的精力主要集中在生产上。随着经济社会的不断发展，以及生产和生活消费对物质产品需求的增加，作为克服生产与消费之间背离的物流，其与生产的矛盾日益暴露出来，直接影响着经济的发展，迫使人们逐渐重视物流的研究并加强物流的管理工作。例如，日本在第二次世界大战以后的国民经济恢复初期，物流尚未被日本人认识，在流通过程中，运输、储存、包装等物流环节基本上是分散管理。随着战时经济向和平经济的转变，物流管理和货物运输严重落后的问题日益突出，供销、货物装卸、运输和储存等方面暴露出很多问题，造成产品一头压货一头短缺、损坏率高、运输流向不合理等现象。为了解决这些问题，日本引进物流管理技术，并首先在国有铁路使用集装箱运输，商社和企业也开始研究如何改进物流工作。

这一阶段物流发展的基本特征是物流观念的萌芽与产生，具体体现在以下四个方面。

一是对物流的认识局限于物流活动。无论是美国的配送、后勤，还是日本的"物的流通"，物流概念的提出和定义都局限于运输、仓储等物流活动中，这就限制了物流管理技术研究和实践的范围。

二是物流管理处于物流事后处理阶段。物流研究和实践的重点在物流网络的完善及保管效率、运输效率和作业效率的提高。这一阶段由于企业不能很好地控制库存，因此，造成了物流资源的巨大的浪费，即"毫无意义的库存移动"。

三是物流技术的研究重点是搬运、存储技术与设备的研究和开发。

四是物流企业主要是内部机构实现的，物流产业还没有起步。

总之，这一阶段还明显处于传统物流阶段，但后期现代物流已经开始萌芽。

1.1.2　物流系统阶段（20世纪60—70年代）

这一阶段物流发展的基本特征主要体现为物流系统化，包括以下四个方面。

一是物流认识方面，物流活动的定义已从单纯的运输、搬运、仓储等扩展到客户服务、需求预测、销售情报、库存控制等方面。

二是物流研究与实践方面，基于系统的观点，把各独立的物流活动纳入物流系统之中，重点研究系统的整体优化，改进物流管理已成为大幅度降低物流成本、提高服务质量、激发企业活力的重要手段。

三是物流技术方面，研究的重点是物流企业的系统化、物流设备的自动化和标准化，但物流系统的研究主要局限于企业内部系统。

四是物流企业方面，内部管理和执行机构实现了系统化，现代物流产业开始萌芽。物流的系统化和现代物流产业的萌芽，标志着传统物流开始向现代物流转变，现代物流产业处于产业发展的导入期。

1.1.3　战略物流系统阶段（20世纪70—80年代）

这一阶段的物流发展与当时的中东石油危机密切相关。1973年中东战争引起石油危机以后，世界范围内的原材料和燃料价格猛涨。同时，人工费用也不断增加，这使一向依靠廉价原材料和劳动力来获取利润的企业不能再轻而易举地从这两方面获取利润。这就迫使企业在物流方面采取强有力的措施，大幅度降低物流费用，以弥补原材料、燃料和劳动力费用上涨造成的损失。这一时期研究和管理上的特点，是把物流的各项职能作为一个大系统进行研究。现代物流发展的战略性和现代物流产业的成长性是这一阶段物流发展的基本特征。在这一阶段，物流系统逐渐向集成化、智能化、信息化发展，促进企业或企业集团按照总体销售战略目标运作和管理企业物流，从而降低了由于缺货导致的销售损失，过剩库存和滞留库存引发的成本增加。第三方物流的兴起和逐步壮大，物流社会化、产业化进程的加快，标志着现代物流产业进入了快速发展的成长期。

1.1.4 供应链战略物流系统阶段（20世纪90年代至今）

20世纪90年代以来，随着经济和现代信息技术的迅速发展，现代物流的内容在不断地丰富和发展。信息技术的进步使人们更加认识到物流体系的重要性。同时，信息技术特别是网络技术的发展，也为物流发展提供了强有力的支撑，不仅使物流管理加快向信息化和智能化的方向发展，而且促进了电子商务的发展，使物流企业和工商企业建立了更为密切的关系，物流联盟进一步扩大和深化。供应链战略下的物流成为这一阶段的主旋律，更加有效地缓解了企业间发生的不合理的物流服务、库存的重复持有、物流作业的烦琐过程和数据输入作业，提高了物流企业的服务水平，推进了现代物流产业高速发展。

现代物流的技术水平表现为：对各环节应用的物流技术进行整合而形成最优系统技术；以运输设备高速化、大型化、专用化为中心的集装箱系统的开发；将储存和装卸结合为一体的高层自动货架系统的开发；以计算机和通信网络为中心的情报处理和物流信息技术的研发；商品条码、电子数据交换（electronic data interchange，EDI）、射频技术、全球定位系统（global positioning system，GPS）、物联网技术的开发等。

案例1-1：阿里巴巴曲线进入物流业

2010年4月14日，阿里巴巴集团（以下简称"阿里巴巴"）确定德邦物流为其B2B业务推荐物流商。这是阿里巴巴为B2B业务首次正式选定第三方物流伙伴。翌日，佳吉快运也成为阿里巴巴B2B业务推荐物流合作伙伴。

从物流方面看，进一步结盟合作伙伴只是阿里巴巴的小行动，它还采取了更大的动作。2010年3月29日，阿里巴巴正式宣布入股国内另一家大型物流公司——星晨急便，双方将在电子商务配送方面展开合作。这是在官方公开资料中，阿里巴巴第一次把触角伸进物流行业。

阿里巴巴表示，参股快递企业是因为物流已经成为影响电子商务发展的瓶颈，阿里巴巴希望能更多地参与到物流行业中，以完善整个电子商务生态链，满足人们的网购需求。

1. 阿里巴巴补短

信息流、资金流和物流被称为构成电子商务的三大流程，电子商务的运转过程就是三流协同的过程。对于阿里巴巴而言，B2B平台和淘宝网专注于信息流，支付宝专注于资金流，但没有专门从事物流的业务。

早在2006年时，阿里巴巴就开始尝试结盟物流伙伴。2006年年底，阿里巴巴与中国邮政共同签订电子商务战略合作框架协议，涉及电子商务的信息流、资金流和物流。在物流上，中国邮政推出了专门针对淘宝客户的经济型EMS服务——邮宝。

与此同时，阿里巴巴的物流需求增长迅猛。仅以淘宝网为例，中国快递协会的统计数据显示，2009年全国邮递包裹20亿件左右，其中大约一半来自淘宝网。来自淘宝网的数据显示，到2009年中期，网站业务量上升到每日300万笔，其中75%的交易商品需要通过投递。

由于阿里巴巴不直接提供物流服务，平台上的卖家只能自行选择物流公司，因此，阿里巴巴既不能保证物流质量，又难以避免与物流企业之间的利益冲突。

2014年11月末，韵达、圆通、申通和中通（以下称"三通一达"）四家大型物流公司相继宣布，为了缓解成本压力，保障为客户提供优质服务而涨价。在此之前，三通一达基本掌握着淘宝网八成订单的物流业务，它们涨价的决定随即招致一些小快递公司跟风。一时间，"集体"涨价事件被部分人士看作是物流企业对淘宝网的集体封杀，也折射出淘宝网的物流危机。

就在阿里巴巴宣布入股星晨急便的同一天，京东商城宣布提高配送速度，从 2010 年 4 月份开始，京沪穗蓉四大物流中心所在地的订单实现"当日达"，这四个物流中心周边 300 千米内的目的地订单实现"次日达"。

2. 战略需要

打通物流环节也分别符合阿里巴巴对 B2B 和淘宝网两个平台的规划。B2B 市场将对综合服务提出更多需求，物流服务则是其中的关键服务内容。

B2B 业务是阿里巴巴中最早成熟的核心业务，也是其盈利的主要来源，但对物流环节却迟迟没有切入。这导致买卖双方通过阿里巴巴平台发布供求信息，具体的交易、物流环节都在线下完成。

2007 年，阿里巴巴为 B2B 业务做出规划，在平台增加更多功能，不仅帮助客户在线找到所需商品，还要帮助他们在线完成交易全过程。

而对于 C2C 业务的淘宝网来说，加强物流环节则是"大淘宝"战略涉及的一部分。2008 年阿里巴巴高调发布"大淘宝"战略，计划打造全球最大的电子商务生态体系，该战略中的一步是 2009 年年底启动的"淘宝合作伙伴计划"。淘宝网表示，通过"淘宝合作伙伴计划"，将召集为数众多的电子商务外包供应商，在 IT、渠道、服务、营销、仓储物流等电子商务生态链的各个环节为网络卖家、企业提供个性化产品和服务，保证整个电子商务领域的良性运行及更快发展。

1.2 物 流 概 述

1.2.1 物流的概念和分类

1. 物流的概念

在经济全球化日益发展的今天，物流管理作为"第三利润源泉"和提高企业竞争力的主要手段，受到了学术界和企业界的广泛关注。物流作为一个现代概念，其本质体现的是一种新的思维模式和管理方式。

简单地说，物流就是货物从生产地到需求地的过程。世界各国的学者和研究机构对物流给出了不同的定义，如表 1-1 所示。

表 1-1　物流的定义

物流研究机构	物流的定义
美国后勤管理协会	物流是有计划地对原材料、半成品和成品由其生产地到消费地的高效流通活动。这种流通活动的内容，包括为客户服务、需求预测、情报信息联络、物料搬运、订单处理、选址、采购、包装、运输、装卸、废料处理及仓库管理等

续表

物流研究机构	物流的定义
日通综合研究所	物流是将货物由供应者向需求者的物理性移动,是创造时间价值和场所价值的经济活动,包括包装、搬运、保管、库存管理、运输、配送等活动领域。 日本工业标准对物流的定义为:物流是指将实物从供给者物理性移动到客户这一过程的活动,一般包括输送、保管、卸及与其有关的情报等各种活动
欧洲物流协会	物流是在一个系统内对人员和商品的运输、安排及与此相关的支持活动进行计划、执行和控制,以达到特定的目的
中国物流标准化技术委员会,中国物流信息管理标准化技术委员会	中华人民共和国国家标准《物流术语》(GB/T 18354-2006)对物流的定义为:"物品从供应地向接收地实体流动过程。根据实际需要,将运输、储存、装卸、搬运、包装、加工流通、配送、信息处理等基本功能实施有机结合。"

目前,被普遍认同的是美国物流管理协会(2004年已更名为美国供应链管理协会)在2000年所下的定义:物流是为满足客户需要,对商品、服务及相关信息在源头与消费点之间的高效(高效率、高效益)正向及反向流动与储存进行的计划、实施与控制的过程。

2. 物流的分类

目前,物流活动已经广泛存在于不同的社会经济领域,虽然物流在各个社会经济领域中有着相同的基本构成要素,但是在不同的领域和活动中,物流的表现形态、基本结构、技术特征和运作方式等有诸多差异。构建有效的物流系统,加强物流管理,必须首先研究物流的构成,通过科学的分类和研究,探讨物流的共同特点和差异。可以按照物流管理的范围、空间范围和作用等,从不同的角度对物流进行分类。物流的分类如图1-2所示。

图1-2 物流分类图示

1）按照物流管理的范围分类

物流是一个系统工程，按照物流管理的范围的不同，可以将物流分成以下三种类型。

（1）社会物流。社会物流也称为宏观物流或大物流，它是对全社会物流的总称，一般指流通领域所发生的物流。社会物流的一个标志是，它伴随商业活动而发生，也就是说社会物流的过程和所有权的更迭是相关的。当前物流科学的研究重点之一就是社会物流，因为社会物资流通网络是国民经济的命脉，流通网络分布的合理性、渠道是否畅通等对国民经济的运行有至关重要的影响。必须进行科学管理和有效控制，采用先进的技术手段，才能保证建立高效能、低运行成本的社会物流系统，从而带来巨大的经济效益和社会效益。这也是物流科学受到高度重视的主要原因。

（2）行业物流。同一行业中所有企业的物流称为行业物流。行业物流往往促使行业中的企业互相协作，共同促进行业的发展。例如，日本的建筑机械行业提出了行业物流系统化的具体内容，包括有效利用各种运输手段，建设共同的机械零部件仓库；实行共同集约化配送，建立新旧建筑设备及机械零部件的共用物流中心；建立技术中心以共同培训操作人员和维修人员；统一建筑机械的规格等。目前，国内许多行业协会正在根据本行业的特点，提出自己的行业物流系统化标准。

（3）企业物流。企业物流是指在企业范围内进行相关的物流活动的总称。企业物流包括企业日常经营生产过程中涉及的生产环节。如原材料的购进、产成品的销售、商品的配送等都属于企业物流。企业物流系统主要有两种结构形式：一种是水平结构；一种是垂直结构。

根据物流活动发生的先后次序，从水平的方向上可以将企业的物流活动划分为供应物流、生产物流、销售物流和回收与废弃物物流四个部分。

企业物流的垂直结构主要可以分为管理层、控制层和作业层三个层次。物流系统通过这三个层次的协调配合实现其总体功能，如表1-2所示。

表1-2 企业物流的垂直结构及说明

企业物流的垂直结构	说明
管理层	其任务是对整个物流系统进行统一的计划、实施和控制，包括物流系统战略规划、系统控制和成绩评定，以形成绩效的反馈约束和激励机制
控制层	其任务是控制物料流动过程，主要包括订货处理与顾客服务、库存计划与控制、生产计划与控制、用料管理、采购管理等
作业层	其任务是完成物料的空间转移。主要包括发货与进货运输及厂内装卸搬运、包装、保管、流通加工等

2）按照物流活动的空间范围分类

从物流活动所涉及的不同空间范围的角度出发，物流涵盖了地区物流、国内物流和国际物流。

（1）地区物流。地区有不同的划分原则。例如，按行政区域划分，有西南地区、华北地区等；按经济圈划分，有苏（州）（无）锡常（州）经济区、黑龙江边境贸易区等；按地理位置划分，有长江三角洲地区、河套地区等。地区物流系统对于提高该地区企业物流活动的效率，保障当地居民的生活环境，具有重要作用。研究地区物流应根据地区的特点，从本地区的利益出发安排好企业物流活动。如某城市建设一个大型物流中心，显然这对于当地物流效率的提高、降低物流成本、稳定物价是很有用的，但由于供应点集中、载货汽车来往频繁也会引发废气、噪声、交通事故等消极问题。因此物流中心的建设不单是物流问题，还要从城市建设规划、地区开发计划出发统一考虑，妥善安排。

（2）国内物流。拥有自己领土和领空权力的政治经济实体，所制定的各项计划、法令政策都应该是为其整体利益服务的。所以物流作为国民经济的一个重要方面，一般也都纳入国家总体规划的范畴。全国物流系统的发展必须从全局着眼，对于部门和地区分割所造成的物流障碍应该清除。在物流系统的建设投资方面也要从全局考虑，使一些大型物流项目能尽早建成，从而能够更好地为国家整体经济的发展服务。

（3）国际物流。全球经济一体化，使国家与国家之间的经济交流越来越频繁，国家之间、洲际之间的原材料与产品的流通越来越发达。如果不能置身于国际经济大协作的交流之中，本国的经济技术便很难得到良好的发展。因此，研究国际物流已成为物流研究的一个重要分支。

3) 按照物流作用分类

企业物流活动几乎渗入所有的生产活动和流通管理工作中，对企业的影响十分重要。按照物流在整个生产制造过程中的作用来看，物流分类情况如表 1-3 所示。

表 1-3 按物流作用分类

按作用分类的物流活动	说明
供应物流	指物资从生产者、持有者至使用者之间的物质流通，即生产企业、流通企业或消费者购入原材料、零部件或商品的物流过程。对于生产型企业而言，是指生产活动所需要的原材料、备品备件等物资的采购供应所产生的物流活动；对于流通领域而言，是指从买方角度出发的交易行为所发生的物流活动。企业的流动资金大部分是被购入的物资材料及半成品等所占用的
生产物流	指从工厂的原材料购进入库起，直到工厂成品库的成品发送为止的这一过程的物流活动。生产物流是制造型企业所特有的物流过程，它和生产加工的工艺流程同步。原材料、半成品等按照工艺流程在各个加工点之间不停顿地移动、流转形成了生产物流。如生产流中断，生产过程也将随之停顿
销售物流	指物资的生产者或持有者至客户或消费者之间的物流活动，即生产企业、流通企业售出产品或商品的物流过程。对于生产型企业而言，是指生产出的产成品的销售活动所发生的物流活动；对于流通领域，是指交易活动中从卖方角度出发的交易行为的物流。通过销售物流，生产企业得以回收资金，进行再生产的活动；流通企业得以实现商品的交换价值，获取差价收益
回收物流与废弃物物流	（1）在生产及流通活动中有一些材料需要回收并加以再利用。如作为包装容器的纸箱、塑料瓶、酒瓶等；又如建筑行业的脚手架也属于这一类物资。还有其他杂物的回收分类后的再加工，例如旧报纸、书籍可以通过回收、分类制成纸浆加以利用；特别是金属的废弃物，由于具有良好的再生性，可以回收重新熔炼成为有用的原材料。目前回收物流涉及的品种繁多，流通渠道不规范且多有变化，因此管理和控制的难度较大。 （2）生产和流通系统中所产生的无用的废弃物，如开采矿山时产生的土石，炼钢生产中的钢渣，工业废水，以及其他一些无机垃圾等，已没有再利用的价值。但如果不妥善处理，会造成环境污染，就地堆放会占用生产用地以至妨碍生产。对这类物资的处理过程就产生了废弃物物流。废弃物物流没有经济效益，但是具有不可忽视的社会效益。为了减少资金消耗，提高效率，更好地保障生活和生产的正常秩序，对废弃物物流合理化的研究是必要的

除了上述三种分类方式，还可以根据物流的目的和角度的不同，将物流分成其他类型。

1.2.2 物流的基本特征

现代物流与现代化社会大生产紧密联系，体现了社会经济发展和现代企业经营的需要。在现代物流管理和运作中，广泛采用了代表当今生产力发展水平的管理技术、工程技术及信息技术等。随着时代的进步，物流管理和物流活动的现代化程度不断提高，其基本特征可概括为以下几个方面。

1. 专业化

物流专业化本身至少包括两个方面的内容。一方面，在企业中，物流部门作为企业一个专业部门独立地存在着并承担专门的职能，随着企业的发展和企业内部物流需求的增加，物流部门可能从企业中游离出去成为专业化的物流企业。另一方面，在社会经济领域中，出现了专业化的物流企业，提供各种不同的物流服务，并进一步演变成为服务专业化的物流企业。专业化的物流实现了货物运输的社会化分工，缩短了供应链，可以为企业降低物流成本，减少资金占用和库存，提高物流效率，在宏观上可以更加优化地配置社会资源，充分地发挥社会资源的作用。

2. 系统化

首先，从商品流通过程来看，现代物流涉及生产领域、流通领域、消费及后消费领域，涵盖了几乎全部社会产品在社会与企业中的运动过程，是一个非常庞大而且复杂的动态系统。其次，就现代物流系统所借助的基础设施而言，涉及多个管理部门，有交通、铁道、航空、仓储、外贸、内贸等多个领域，还涉及这些领域的更多行业。再次，从商品的存在状态来看，商品流通过程就是商品在地理位置上的移动过程，商品借助运输工具发生位移的起点和终点，也就是现代物流体系的节点。与此同时，在内陆腹地，也有许多城市在规划和建设物流园区及区域性的物流圈。从而从全国的角度看，形成了庞大且多层次的物流网络，各个地区的物流园区是这个网络的节点，这些节点之间、节点与区域性物流圈之间、物流圈与物流圈之间都不应该是互相割裂的。最后，现代物流是个多层次多环节的系统。从宏观的层次说，包括国家级物流规划、省市级物流规划、经济运行部门的物流规划和企业物流规划，不同层次的物流规划应该扮演不同的角色，实现不同的功能。从具体的物流作业流程角度看，物流系统指的是装卸、加工、仓储、保管、备货、分拣和运输等具体物流环节，没有完好的作业流程也不可能实现物流的高效率和低成本。

3. 信息化

物流信息化主要包括两个方面，即设施自动化和经营网络化。设施自动化是指货物的接收、分拣、装卸、运送、监控等环节以自动化的过程来完成。设施自动化涉及的技术非常多，如条码技术、电子交换数据、数据管理技术、数据挖掘技术、多媒体技术、射频识别技术、全球卫星定位系统技术和地理信息系统技术等。通过这些自动化的技术设施，可以实现货物的自动识别、自动分拣、自动装卸和自动存取，从而提高物流作业效率。经营网络化是指将网络技术运用到物流企业运行的各个方面，包括企业内部管理上的网络化和对外联系上的网络化。发达国家的物流企业都有完善的企业内部网和外部网，货物运行的各种信息都会及时反馈到内部网的数据库上，网络上的管理信息系统可以对数据进行自动分析和安排调度，自动排定货物的分拣、装卸及运送车辆以及线路的选择等；企业的外部网一般都与因特网对接，客户在因特网上就可以下订单、进行网上支付，并且可以对自己的货物随时进行查找跟踪。没有物流系统的信息化，物流系统在实现一体化和协调运作上就会有很大的困难。

4. 标准化

物流标准化是以物流作为一个大系统，制定系统内部设施、机械设备、专用工具等各个分系统的技术标准；制定系统内各个分领域如包装、装卸、运输等方面的工作标准；以系统为出发点，研究各分系统与分领域中技术标准与工作标准的配合性，统一整个物流系统的标准；研究物流系统与相关其他系统的配合性，进一步谋求物流大系统的标准统一。

5. 国际化

自然资源的分布和国际分工导致了国际贸易、国际投资、国际经济合作活动的产生。上述国际化过程使物流业向全球化方向发展，物流企业需花费大量时间和精力从事国际物流服务，如配送中心对进口商品从代理报关业务、暂时储存、搬运和配送、必要的流通加工到送交消费者手中实现一条龙服务。现代物流国际化要求物流的发展必须突破一个国家（或地区）地域的限制，以国际统一标准的技术、设施和服务流程来完成货物在不同国家之间的流动。

6. 环保化

物流环保化是建立在维护地球环境和可持续发展的基础上，改变原来经济发展与物流、消费生活与物流的单向作用关系，在抑制传统直线型的物流对环境造成危害的同时，采取与环境和谐相处的态度和全新理念，去设计和建立一个环形的循环的物流系统，使传统物流末端的废旧物质能回流到正常的物流过程中来，同时又要形成一种能促进经济和消费生活健康发展的现代物流系统。

1.2.3 物流的作用和意义

物流不仅包括货物的运输、配送、保管、在库管理、搬运、流通加工、包装、信息处理，还涉及产品生产者、消费者、储运业、社会资本及与物流有关的政策和制度。经济学有宏观经济学和微观经济学之分，同样，物流也有宏观物流和微观物流之分。

宏观物流指在社会再生产过程中，带有总体性的物流活动，其主要特点是综观性和全局性。宏观物流是在国家、地区等大范围内整体性地运作物流的问题，主要研究的内容是流通总体的构成、商品的物流路径、运输结构、作为产业布局的物流据点、物流与社会之间的关系、物流成本在国民经济中占的比例、物流法规、投入物流的社会资本等。

微观物流指消费者、生产者所从事的具体的物流活动，其主要特点是具体性和局部性。微观物流主要讨论的是流通的主体——制造业和商业经营者、运输企业各自如何运作物流问题或从消费者的角度看不同的商品如何送达到消费者手中的问题。

1. 物流在社会经济中的作用和意义

物流经济活动几乎无处不在，是国民经济与其他产业的联系纽带，有人将它称为"国民经济的血脉"。物流业涉及领域广、吸纳就业人数多，对促进生产、拉动消费起到很大作用。

1）物流业是国民经济的基础性产业

一个国家的社会经济部门是由许多部门和企业组成的，其分布在不同的地区，分属不同的所有者，这些企业向社会供应产品，同时也从社会获得其他企业生产的原材料。企业之间相互依赖、相互竞争的错综复杂的关系是依靠物流系统加以维持的，社会经济的发展变化也要靠物流的调整才能实现。各个产业本身、产业与产业之间、产品与国内外市场的联系都要以物流为支撑和纽带，物流业是生产性服务业。

物流业纵贯商品生产、流通和消费等各个环节，横跨国民经济各个产业，是衡量一个国家现代化水平与综合国力的重要标志。然而，一个国家物流成本占国内生产总值（gross domestic product，GDP）的比率过高会导致商品的高价格或企业的低利润，从而导致国民生活水平下降或税收减少。从改善国民经济的运行效率来看，物流产业发展将会有效减少企业库存，加速资金周转，促进经济运行向动态化、快节奏转变。

2）物流业与百姓生活息息相关

连锁经营、物流配送、电子商务的出现不仅引发了流通方式的变革，还带来了居民消费水平的提升。连锁经营、物流配送可有效降低物流费用，为商品价格的降低提供条件，使消费者得到实惠；物流网络的健全将进一步促进电子商务的发展，这会极大地方便城乡居民的生活，让他们足不出户就可以得到价廉物美的商品和服务，从而可以更好地满足消费者的需求；农村物流体系的构建将会疏通农产品进城、工业品下乡渠道，促进城乡商品流通，实现助农增收，加快城乡一体化建设；冷链、食品、药品、化学危险品和应急物品等物流体系的完善对保障经济稳定和社会安全发挥着越来越重要的作用。

3）物流创造价值

物流服务与许多经济交易活动有关，是所有商品和服务交易中的一个重要活动。根据西方经济学的观点，如果一件产品或服务的价值被市场认可，它必然会给消费者提供形式效用、拥有效用、时间效用和地点效用（见表1-4）。效用是商品或服务为满足需求所提供的价值或用途。物流创造价值的基本途径之一就是创造效用。

表1-4 效用说明

效用名称	说明
形式效用	它是创造商品或服务的过程，或者是将它组成适当的形式供客户使用。形式效用是在生产过程中通过对低价值的原材料进行生产、加工、创造得到具有新形态的高价值产品来实现的，如汽车制造商将原材料和零部件组成整车，而其中为完成生产任务进行的原材料、半成品的采购、运输、储存等都是物流活动的重要内容
拥有效用	它是人们实际拥有特定商品或服务的价值。它是由企业多个部门共同完成的，如营销部门的促销活动使消费者认识产品、产生购买欲望，销售部门与客户达成销售协议，财务部门配合销售部门回收货款，在物流、配送部门协助下将货物送到消费者手中，实现拥有效用
时间效用	它是在需要物品时拥有物品所产生的价值，如拥有生产所需的所有原料及零部件，以保证生产线不会停下来；或者在客户需要某一物品时，该物品被及时提供
地点效用	它是在物品需要的地点拥有它所产生的价值。如果消费者所需要的产品在运输途中、在仓库里或在其他商店里，那么它就不会对消费者产生任何地点效用，没有物流所提供的地点效用和时间效用，客户的需求就得不到满足

4）物流产业可促进区域经济发展

物流产业的兴起和发展可以进一步带来商流、资金流、信息流和技术流的聚集，降低区域经济的运行成本，使区域经济的增长方式由粗放型向集约型转变，促进以城市为中心的区域市场的形成和发展，加快区域经济结构和产业布局的合理调整，带动地区和区域经济的发展。

2. 物流对企业的作用和意义

对任何企业来说，生产和营销都被视为两大基本职能部门，是企业实现盈利目标的核心。无论生产部门还是营销部门都需要来自物流管理部门的强有力的配合和支持。生产、运作、营销与包含在一体化的物流管理中的内部后勤、外部后勤、服务活动共同构成企业的基本活动，是企业增值活动的主要组成部分，也是企业竞争优势的核心来源。

1）物流具有利润杠杆作用

对于大多数企业，尤其是制造企业来说，物流成本是企业运作过程中的一项重要支出，2012年北美地区制造业企业物流成本占销售额的比重如表1-5所示。

表1-5　2012年北美地区制造业企业物流成本占销售额的比重

序号	成本项目	占比重
1	运输成本	2.88%
2	仓储成本	2.09%
3	订单处理/客户服务成本	0.95%
4	存货持有成本	2.32%
5	物流总成本	8.24%

由于物流成本所占比重大，会直接影响一个企业的经营效益。所以，物流成本的增减比销售额的增减对企业利润影响更大，人们通常称之为"利润杠杆效应"。物流的杠杆效应表明，节省1元物流费用比增加1元销售收入对企业利润的影响更大。对大多数的企业来说，销售收入的增加比物流费用的节省更加困难。这在成熟市场中表现更为突出，因为价格的下降经常会引起其他竞争者的反应，从而使整个行业的利润下降。

伴随商品销售会产生很多费用，如商品的成本和与物流有关的费用。因此，1元销售收入的增加并不会引起1元利润的增加。然而减少1元的物流费用意味着1元利润的增加。所以，物流费用的节省比销售收入的增加对企业利润有更大的杠杆作用。

2）物流支持营销

营销理念是企业经营管理的哲学，它通过确定目标市场的需求，比竞争者更有效地提供物品或服务来使客户满意。实现客户满意的目的需要企业内部努力，以及供应商、最终消费者的合作。同时，物流与营销之间还存在着成本权衡的问题。图1-3总结了物流与营销组合的主要因素之间的成本权衡。

在图1-3中，营销目标是将资源配置到营销组合中，最大化公司的长期利润。物流目标是在客户服务目标给定的情况下最小化总成本。其中，总成本包括运输成本、仓储成本、订单处理和信息成本、批量成本及库存持有成本。由于物流成本与营销服务之间存在着矛盾，所以，企业在依据营销预测企业生产和物流需求时要采用系统的方法实现物流目标。

3）物流支持企业生产和运作管理

通常生产和运作管理主要包括质量控制、详细的生产计划、设备维修、生产能力的规划等。其中生产安排、工厂选址、采购也是物流管理的重要内容。因为生产安排决定了生产周期的长短、机械设备和人员的使用情况。生产批量的大小将对原材料的采购频率、运输方

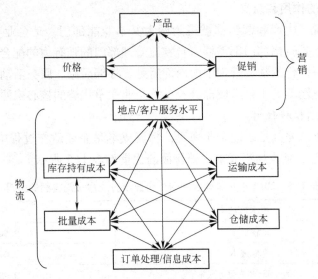

图1-3 物流与营销成本权衡

式、原材料、半成品、产成品的库存策略起关键作用。从生产角度上说，工厂位置关系到生产中人力成本、与供货商之间的联系、企业与市场的联系，是企业战略的重要体现；从物流角度看，工厂位置影响原材料和产成品的运输成本、未来的库存策略和产品的最终成本。

物流管理对作为企业核心的营销和生产部门也有着重要的影响。物流管理一方面与生产、营销部门有着共同的目标——从短期来看是使企业利润增加，长期来看是提高企业竞争力；另一方面作为不同的职能部门，物流与生产、营销部门有着不同的目标，在某些方面甚至有利益的冲突。例如，考核生产部门的指标之一是降低生产成本，多数情况下，要降低生产成本，大批量生产是重要的途径，但大批量生产不能适应客户需求的多样性和快速变化，同时大批量生产必然导致产成品库存增加，在其他条件不变的情况下使物流成本增加。为适应目标市场做小批量、多批次、多营销渠道的调整，会明显带来生产成本的上升，物流成本中运输成本也会有所增加。对于物流管理中出现的不同部门之间成本效益背反（trade-off）现象，要协调各部门利益，以总成本的观点调整企业管理方案。

1.2.4 物流的主要活动

物流活动是指物流功能的实施与管理过程。物流活动由运输、储存、装卸搬运、包装、配送、流通加工等工作构成。

1. 运输

运输是指用设备和工具将物品从一个地点向另一个地点运送的物流活动。其中包括集货、分配、搬运、中转、装入、卸下、分散等一系列操作。物流中的运输主要是在不同地域范围间（如两个城市、两个工厂之间，或一个大企业内相距较远的两车间之间）以改变"物"的空间位置为目的的活动，主要指中长距离的干线运输。

2. 储存

储存是指保护、管理和贮藏物品。物品流通活动中的存货行为是为了调整生产和消费之间的时间差而进行的。为了调整集中生产和平均消费的时间差，就需要将商品放在仓库里保存。因此，在供需之间和时间方面的调整就是存货活动的主要功能。

这里，有必要对仓储管理与库存控制加以区别。仓储管理是对"储备"实物本身进行的操作，如对在库物品的数量、品质及运作进行的管理，以防商品数量减少和质量变化，提高劳动生产率等。库存控制是对库存数量和结构进行改变和管理的物流作业活动。

3. 装卸搬运

装卸是指"物品在指定地点以人力或机械装入运输设备或卸下"。搬运是指"在同一场所内，对物品进行水平移动为主的物流作业"。装卸是改变"物"的存放和支撑状态的活动，主要指物体上下方向的移动。而搬运是改变"物"的空间位置的活动，主要指物体横向或斜向的移动。通常装卸搬运是合在一起实施。

4. 包装

包装是为了在流通过程中保护产品、方便储运和促进销售，按照一定的技术方法而采用的容器、材料及辅助物等的总体名称。也指在为了达到上述目的而采用容器、材料和辅助物的过程中而施加一定技术方法的操作活动。

5. 配送

配送是指在经济合理区域范围内，根据客户要求对物品进行拣选、加工、包装、分割、组配等作业，并按时送达指定地点的物流活动。配送是物流中一种特殊的、综合的活动形式，是物流的一个缩影或在某小范围中物流全部活动的体现。一般的物流是运输及保管，而配送则是分拣配货及运输，可以按运输货物的目的地来加以区分。

6. 流通加工

流通加工是物品在从生产地到使用地的过程中，根据需要施加包装、分割、计量、分拣、刷标志、拴标签、组装等简单作业的总称。流通与加工的概念不属于同一范畴。加工是改变物质的形状和性质，形成一定产品的活动；而流通则是改变物质的空间状态与时间状态。流通加工则是为了弥补生产过程加工不足，更有效地满足客户或企业的需要，使产需双方更好地衔接，将这些加工活动放在物流过程中完成，而成为物流的一个组成部分。流通加工是生产加工在流通领域中的延伸，也可以看成是流通领域在职能方面的扩大。

7. 信息处理

物流信息是指物流活动过程中所必需的各种信息。迅速和准确的信息交流能够改善物流，从而制定新的和独特的物流解决方案。

以上这些现代物流活动的比较见表1-6。

表1-6　现代物流活动的比较

物流功能	功能细分	主要业务	一般特点
运输		集货、运输方式和工具选择、路线和行程规划、车辆调度、商品组配、送达	干线、中间运输、中长距离、少品种、大批量、少批次、长周期、功能单一
配送		分拣、拣选、选择方式和工具选择、路线和行程规划、车辆调度、商品组配、送达	支线、前端或者末端运输、短距离、多品种、小批量、多批次、短周期、功能综合

续表

物流功能	功能细分	主要业务	一般特点
储存	仓储管理	收货、检验、分拣、保管、拣选、出货	储存管理：对确定的库存（动态、静态）进行管理
	库存控制	对库存品种、数量、金额、地区、方式、时间等结构的控制	储存决策：确定储存组合（什么、多少、何时、哪里）等
装卸搬运	装上	将流体装入载体	与发运相关联
	卸下	将流体从载体中卸出	与到货相关联
	搬运	将流体从一个地方（短距离）搬到另一个地方	与载体的换装或者转移相关联
包装	工业包装	按照生产和销售需求规格，用不同于产品的材料将产品包装起来，使之成为一个完整的产品	方便批量生产
	销售包装	按照市场需求的规格，将产品用印有必要的产品信息的包装材料进行包装，促进销售	方便使用和销售
	物流包装	按照物流运作要求，用具有足够强度、印有必要物流信息的包装材料将一定数量的商品进行包装，以及包装加固、打包	方便物流运作
流通加工	生产型加工	剪切、预制、装袋、组装、拴标签、洗净、搅拌、分割、称重	在流通过程中进行的生产性活动，以完成生产过程
	促销型加工	烹调、分级、贴条码、分装、拼装、分割、称重	在销售过程中进行的生产性活动，以便促销
	物流型加工	预冷、冷冻、冷藏、理货、拆解、拴标签、添加防虫防腐剂	在物流场所进行的生产活动，以利于物流，保护商品
物流信息	要素信息	五大要素信息（流体、载体、流向、流量、流程）	涉及物流全局的信息
	管理信息	物流企业或者企业物流部门人、财、物等信息	涉及物流企业内部信息
	运作信息	功能、资源、网络、市场、客户、供应商等信息	涉及物流过程与市场的信息
	外部信息	政策、法律、技术等	涉及物流环境的信息

案例1-2：香港成为世界市场物流枢纽的八大优势

香港是一个国际大都会，是世界上著名的国际金融中心、贸易中心和服务中心之一。香港回归祖国以来，进一步强化了这一地位。

香港之所以拥有这种地位，被誉为"东方之珠"，其中一个重要原因是物流业的高度发达。而香港物流的平稳发展完全得益于以下8个方面。

(1) 拥有世界级的基建设施和懂两文三语的IT专才

香港拥有世界级的基建设施，又与制造业发达的珠江三角洲联系紧密，所以香港物流业的潜力无限。香港的IT专才，除了熟悉两文三语（两文：中文、英文；三语：普通话、英语、粤语）外，还熟悉内地的经营环境，并且有良好的法制意识。

(2) 地理优势和税率优势

地理优势方面，香港在向北和向南方面所花的时间较其他地区更短，由于大部分工厂北移而空置出来的商厦数量增加，导致其租金成本较低。而且香港主管级的住宅租金与上海和新加坡相比基本持平。此外，香港无须征收消费税，税率也比较低。

(3) 通信网运营成本相当低

无论是长途电话，还是专用电信网络，香港的通信网运营成本相当低。香港为亚太地区重要的商贸中心，拥有健全的金融体系及完善的司法制度，资金可以自由进出，有逾900个国际企业在香港设立总部。因此，香港有优势成为亚太地区的供应链管理枢纽。

(4) 特区政府的良好规划是自由港发展的前提

在当今竞争日益剧烈的经济环境中，政府有必要制定统一的物流政策，使物流朝高科技、系统完善及效率高的方向发展，以控制成本及提高竞争力。特区政府成立了促进物流发展的"物流发展局"，并根据物流发展局的意见，已经把发展"数码贸易运输网络"这个电子资讯平台的建设纳入研究课题。特区政府为提高香港作为亚洲运输及物流枢纽的地位，还在北大屿山选址发展现代化物流园，同时，加大香港的资讯和基础设施建设。

(5) 拥有完善的海、陆、空运输设施和配套设备及全世界最繁忙的集装箱码头

香港拥有全世界最繁忙的集装箱码头。在海运方面，约80家国际集装航运公司每星期提供400条航线，开往全球500多个目的地。在空运方面，66家国际航空公司每星期提供约3 800班定期航班，由香港飞往全球130多个目的地。现在，香港国际机场采用了最先进的设备和双跑道设计，以应对日益繁重的运输量。在港口方面，9号码头第一期将投入使用。完工后该码头将拥有4个深水及2个驳船泊位，容量将不少于260万个标准箱。此外，特区政府还积极兴建后海湾通往深圳及蛇口的跨海大桥、连接青衣岛至长沙湾工业区的9号干线等。

(6) 完善的软件体系

香港在软件配套方面，拥有相对完善、为外国商家信任的法律体制，提供优质的国际性金融和保险服务。而港务、运输等行业也提供富有专业品质的24小时客户服务。香港的各类配套设施、物流服务、货柜码头的服务效率及素质，均属于国际水准。

在软环境方面，与物流有关的资讯公司和网站，甚至软件物流供应链管理设计公司，也都有不同程度的参与。

(7) 对物流人才的重视

为适应物流业的快速发展，提高物流人才素质，香港物流专业协会正积极引进国际认可的物流从业人员专业资格评审机制，还为进修物流课程的在职人士提供资助，以便提升香港物流业的整体技术水平，适应物流业日新月异发展的需要。

(8) 区位优势是香港成为内地最大贸易伙伴的必然条件

包括港澳在内的珠江三角洲地区，目前已成为举世瞩目的强大制造中心，并正在向服务业和高增值行业转型，香港务求成为区内的物流枢纽，为内地以及整个东南亚地区提供服务。

香港是内地最大的贸易伙伴，内地也是香港转口货物的最大市场兼主要来源地，香港约有90%的转口货物是来自内地或以内地为目的地。目前，香港部分物流企业已经在内地以合资的形式成立公司，还有超过10万家香港公司在内地采购。凭着香港拥有的一流运输设

施和交通网络、全球首屈一指的航空货运中心地位,加上珠江三角洲的强大生产能力,两地结伴合作可以发展成为连接内地与世界市场的物流枢纽。

1.3 物流管理概述

1.3.1 物流管理的概念、特征和内容

1. 物流管理的概念

根据美国供应链管理协会 2005 年发布的定义:物流管理是"以满足客户需求为目的,对产品、服务和相关信息从产出到消费点的有效率和有效果的正向和逆向流动和储存进行计划、执行和控制的供应链过程"。

2. 物流管理的特征

根据物流管理的定义,可以看出物流管理具有以下特征。
(1)物流管理是有关材料的移动和储存的科学。
(2)物流管理包括管理材料有效流动的信息流。
(3)物流管理的范围包括整个供应链,从原材料供应开始直到产品的最终消费。
(4)用统一的原则来计划企业整个供应链的材料流动。
(5)物流管理有两个关键的目标,一是达到适当的客户服务水平,二是通过最低成本实现这一目标。

如果以系统的方法对从原材料供应到最终客户消费的整个供应链作为一个整体进行管理,那么可以说物流管理与供应链管理是同义词。

3. 物流管理的内容

物流管理应包括物流活动要素管理、物流系统要素管理和物流活动职能要素管理三方面内容。

1)物流活动要素管理

对物流活动要素的管理,即对运输、储存、装卸搬运、包装、流通加工、配送和物流信息处理等要素的管理,如表 1-7 所示。

表 1-7 物流系统各个环节的管理内容

物流活动要素	管理内容
运输管理	运输方式和服务方式的选择、运输路线的选择、车辆调度和企业
储存管理	原材料、半成品和成品的储存策略,储存统计,库存控制,商品保管与养护等
装卸搬运管理	装卸搬运系统的设计、设备规划与配置、作业企业等
包装管理	包装容器和包装材料的选择与设计、包装技术和方法的改进、包装系列化、标准化、自动化等
流通加工管理	加工场所的选定、加工机械的配置、加工技术和方法的研究和改进、加工作业流程的制定与优化等
配送管理	配送中心选址及优化布局、配送机械的合理配置与调度、配送作业流程的制定与优化等

续表

物流活动要素	管理内容
物流信息管理	对反应物流活动内容的信息、物流需求的信息、物流作业的信息等进行搜集、加工、处理和传输等

2）物流系统要素管理

对物流系统要素的管理是指对构成物流系统的人、财、物、设备、技术和信息六大要素的管理活动，如表1-8所示。

表1-8　物流系统各个要素的管理内容

物流系统要素	管理内容
人	物流从业人员的选拔与录用、物流专业人才的培训与提高、物流教育和物流人才培养规划与措施的制定等
财	物流成本的计算与控制、物流经济效益指标体系的建立、资金的筹措与应用、提高经济效益的方法等
物	物品的运输、仓储、装卸搬运、包装、流通加工、配送等
设备	各种物流设备的选择与优化配置，各种设备的合理使用与更新改造，各种设备的研制、开发与引进等
技术	各种物流技术的研究、推广和普及，物流科学技术研究工作的启动与开展，新技术的应用、推广与普及等
信息	物流信息的采集和录入、物流业务信息分析、物流信息的存储与处理、物流信息的传输与输出等

3）物流活动职能要素管理

对物流活动中具体职能的管理，主要包括物流经济管理和物流质量管理。

（1）物流经济管理。物流经济管理是指以物的流动过程（包含储存过程）为主体，运用各种管理职能，对物的流动过程进行系统的统一管理，以降低物流成本、提高物流的经济效益。物流经济管理的基本内容如表1-9所示。

表1-9　物流经济管理的基本内容

基本内容	概念	具体内容	地位
物流计划管理	是指对物质生产、分配、交换、流通整个过程的计划管理，也就是在物流大系统计划管理的约束下，对物流过程中的每个环节都要进行科学的计划管理	物流系统内各种计划的编制、执行、修正及监督的全过程	是物流经济管理的基础工作
物流统计管理	对物流全过程中经济活动的数量研究	对所统计的数字进行分析、研究、发现问题，改进物流工作，提高物流经营水平	是物流经济管理的基础工作

续表

基本内容	概念	具体内容	地位
物流费用成本管理	是指在物流经营过程中，对构成成本费用的诸要素进行规划、限制和调节，及时纠正偏差，控制成本费用超支，把实际耗费控制在成本费用计划范围内。物流总成本、物流企业的利润和税金合起来构成物流总费用	通过货币形态可以客观地评价物流活动中各环节的不同经济效果，利用物流成本这个尺度可以简单明了地对条件相似的物流企业的经营活动进行评价、分析比较	控制物流成本的合理构成是加强物流管理工作的重要内容
物流设施管理	是指在物流全过程中为物品流动服务的所有设施（如交通运输设施、仓储设施等），它是物流活动不可缺少的物质基础	不断加强对各类设施的配套管理，注意设施的维修、养护，不断革新技术，补充扩大原有的设施，提高设施的利用效率	加强各类物流设施管理是物流经济管理的重要内容

物流经济管理的最终目的是为了提高物流的经济效益，更好地发挥物流在国民经济发展中的作用。物流经济效益是物流经济活动和物流经济管理的综合反映。提高物流经济效益是加强物流经济管理和实现物流合理化的重要目的之一。

（2）物流质量管理。物流质量的概念既包含物流对象质量，又包含物流手段、物流方法的质量，还包含工作质量，因此是一种全面的质量观。

物流质量管理是指科学地运用先进的质量管理方法和手段，以质量为中心，对物流全过程进行系统管理，包括为保证和提高物流产品质量和工作质量而进行的计划、控制等各项工作。物流质量管理具体包含的基本内容如表 1-10 所示。

表 1-10 物流质量管理的基本内容

基本内容	具体解释	地位
商品的质量保证及改善	物流过程并不单是保护和转移物流对象，还可以采用流通加工等手段改善和提高商品的质量	物流过程在一定意义上也是商品质量的"形成过程"
物流服务质量	服务质量因不同的客户而要求各异，因此需要掌握和了解客户要求。服务质量包括：商品狭义质量的保持程度；流通加工对商品质量的提高程度；批量及数量的满足程度；配送运输方式的满足程度；物流成本的满足程度；相关服务（如信息提供、索赔及纠纷处理）的满足程度	整个物流的质量目标就是客户对其服务质量的高满意度。物流服务质量水平取决于各个工作质量的综合
物流工作质量	应注重搬运方法、搬运设备、设施与器具等环节，如加工件应固定在工位器具内，以免磕碰	是对物流各个环节（如运输、搬运、装卸、保管等）的质量保证，工作质量是物流服务质量的保证和基础
物流工程质量	物流质量不但取决于工作质量，而且取决于工程质量。在物流过程中，将对产品质量产生影响的各因素（人的因素、体制的因素、设备因素、工艺方法因素、计量与测试因素、环境因素等）统称为"工程"	提高工程质量是进行物流质量管理的基础工作，能提高工程质量，就能做好"预防为主"的质量管理

物流质量管理的目的是在满足"向客户提供满足要求的质量的服务"和"以最经济的手段来提供服务"这两个要求的同时，在两者之间找到一条优化的途径。

1.3.2 物流管理的目标和原则

1. 物流管理的目标

现代物流管理追求的目标是物流合理化,就是对物流设备的配置和物流活动的企业进行调整和改进,实现物流系统整体优化的过程,它具体表现在投入和产出上,即以尽可能低的物流成本,获得可以接受的物流服务,或以可以接受的物流成本,达到尽可能高的服务水平。

物流活动中各种成本之间经常存在着此消彼长的关系,物流合理化的一个基本思想就是"均衡"。例如,对物流费用的分析,均衡的观点是从总物流成本入手,即使某一物流环节要求高成本的支出,但如果其他环节能够降低成本或者获得利益,就认为是均衡的。在物流管理实践中,坚持物流合理化和均衡的思想,有利于防止"只见树木,不见森林"的情况。在注意局部优化的同时,注重整体的均衡与优化才是有利于最大经济效益的物流管理。

物流合理化可以概括为"7R",也就是 7 个适当(right),即将适当数量(right quantity)的适当产品(right product),在适当的时间(right time)和适当的地点(right place),以适当的条件(right condition)、适当的质量(right quality)和适当的成本(right cost)交付给客户。

企业物流管理者所追求的目标是通过优化物流活动,使企业长期得到尽可能高的投资回报。这一目标包括两个方面:① 物流系统设计对企业经营收入的影响;② 所设计物流系统的运作成本和资金要求。

2. 物流管理的原则

一般来说,物流管理的原则应该包括以下 5 个方面。

1)服务原则

物流具有"桥梁和纽带"作用,它联结着生产与再生产,生产与消费,因此要求具有很强的服务性。物流系统采取送货、配送等形式,就是其服务性的体现。在技术方面,近年来出现的"准时供货方式""柔性供货方式"等,也是其服务性的表现。

2)快速、及时原则

及时性不仅是服务性的延伸,也是对物流的要求。快速、及时既是一个传统目标,更是一个现代目标。随着社会生产发展,这一要求变得更加强烈。在物流领域采取的诸如直达物流、联合一贯运输、高速公路、时间表系统等管理技术,就是这一目标的体现,近年来,快速发展的快递业务也是典型的例子。

3)节约原则

节约是经济领域的重要规律,在物流领域中,除了时间的节约外,由于流通过程中的消耗基本无法增加或提高商品的使用价值,所以以节约来降低投入是提高相对产出的重要手段,如包装材料的节约、运输中选择最便捷的方式等都属于节约的范畴。

4)规模化原则

以物流规模作为物流管理的原则,并以此来追求"规模效益"。生产领域的规模生产早已经被社会所承认。由于物流系统比生产系统的稳定性差,因而难以形成标准的规模化模式。在物流领域以分散或集中的方式建立物流系统,研究物流集约化的程度,就是规模优化原则的体现。

5）库存调节原则

库存调节原则既是服务性的延伸，也是宏观调控的要求。在物流领域中准确确定库存方式、库存数量、库存结构和库存分布就是这一目标的具体体现。

1.3.3 物流管理的发展历程

物流管理的发展经历了配送管理、物流管理和供应链管理三个阶段，如图1-4所示。

图1-4 物流管理的发展阶段

1. 配送管理阶段

物流管理起源于第二次世界大战中，是从军队输送物资装备所发展出来的储运模式和技术。这些技术在战后被广泛应用于工业界，并极大地提高了企业的运作效率，为企业赢得了更多客户。准确地说，这个阶段的物流管理并未真正出现，只有运输管理、仓储管理和库存管理。

2. 物流管理阶段

现代意义上的物流管理出现在20世纪80年代。人们发现利用跨职能的流程管理方式去观察、分析和解决企业经营中的问题非常有效。每个职能部门都想尽可能地利用产能，不留下任何富余。然而一旦需求突然增加，那么每个职能部门都会成为瓶颈，从而导致整个流程中断。传统的垂直职能管理无法适应现代大规模工业化生产，而横向物流管理却可以综合管理每一个流程上的不同职能，起到整体最优化的协同作用。

3. 供应链管理阶段

20世纪90年代随着全球一体化进程的加快，企业分工越来越细化，各大生产企业纷纷外包零部件生产，把低技术、劳动密集型的零部件转移到劳动力廉价的国家去生产。以美国的通用、福特和戴姆勒-克莱斯勒三大车厂为例，一辆汽车的几千个零部件可能产自十几个不同的国家和几百个不同的供应商。这样的生产模式给物流管理提出了新课题：如何在维持最低库存量的前提下，保证所有零部件能够按时、按质、按量，以最低的成本供应给装配厂，并将成品运送到每一个分销商。

物流管理各发展阶段的比较如表1-11所示。

表1-11 物流管理各发展阶段的比较

比较内容	配送管理阶段	物流管理阶段	供应链管理阶段
管理范围	主要针对企业的配送部分，应用于商品的销售阶段	扩展到除运输外的需求预测、采购、生产计划、存货管理、配送与客户服务等	远远超出一个企业的管理范围

续表

比较内容	配送管理阶段	物流管理阶段	供应链管理阶段
管理主要内容	在成品生产出来后，确定如何快速而高效地经过配送中心把产品送达客户，并尽可能维持最低的库存量	分析物料从原材料到工厂、流经生产线上每个工作站、产出成品、再运送到配送中心，最后交付给客户的整个流程，消除看似高效率实际上却降低了整体效率的局部优化行为	企业与各级供应商和分销商建立紧密的合作伙伴关系，共享信息，精确配合，集成跨企业供应链上的关键商业流程，保证整个流程的畅通
特点	在既定数量的成品生产出来后，被动地去迎合客户需求，将产品运到客户指定地点，并在运输领域内去实现资源最优化使用，合理设置各配送中心的库存量	系统地管理从原材料、在产品到成品的整个流程，保证在最低的存货条件下，物料畅通的买进、运入、加工、运出并交付到客户手中，以系统化管理企业运作，达到整体效益最大化	市场竞争已从企业与企业之间的竞争转化到供应链与供应链的竞争，实施有效的供应链管理，可达到同一供应链上企业间协同作用的最大化
美国协会名称	全美实体配送管理协会	美国物流管理协会	美国供应链管理专业协会

1.3.4 国内外物流管理概况

从物流概念产生以来，物流管理的内容和范围从销售物流扩展到整个供应链。近年来，随着经济全球化和信息技术的发展，企业物流管理在美欧日等发达国家呈现了一些新的发展趋势，这些趋势代表了当前物流发展的主要方向。

1. 日本物流管理的发展概况

日本自 1956 年从美国全面引入现代物流管理理念后，大力进行本国物流现代化建设，将物流运输业改革作为国民经济中最为重要的核心课题予以研究和发展。其特点表现在以下几个方面。

第一，日本政府注重全面完善各项物流基础设施的建设，在全国范围内开展了包括高速公路网、新干线铁路运输网、沿海港湾设施、航空枢纽港和流通聚集地在内的各种基础设施建设。投资物流运输体系的建设，既拉动了本国生产的需求，又为日本扩大物流市场提供了充足的物流硬件保证。另外，作为传统的海运国家，日本政府确立海运立国战略，把航运作为本国经济发展的生命线。近年来，日本政府又调整了部分物流发展战略，积极倡导高附加值物流，并将物流信息技术作为重点发展方向，力争在物流国际化、系统化、标准化、协作化方面取得进展。

第二，在日本政府的推动下，日本企业物流管理水平不断得到提高。随着高新技术的突飞猛进和计算机信息网络的日益普及，传统物流不断向现代化物流转变，其主要内涵包括运输的合理化、仓储的自动化、包装的标准化、装卸的机械化、加工配送的一体化、信息管理的网络化等。在汽车制造业，"零库存"管理、准时制生产管理等新的物流管理方式不断涌现，物流中心、中央物流中心等各种物流管理系统不断增加，物流连网系统、物流配送系统等物流软件也在不断得到运用。

第三，日本企业的物流运作也正在朝专业化方向发展。很多制造型企业为了强化自身的物流管理，降低物流活动总成本，开始将企业的物流职能从其生产职能中剥离开来，成立专业子公司或通过第三方物流企业来提供专门的物流服务，一大批物流子公司和专业物流公司应运而生，逐步形成物流产业。进入20世纪90年代以来，企业自身内部物流与通过物流子公司或第三方物流企业提供物流的费用比例已经发生了根本性的改变。

第四，日本物流企业不仅注重专业化和自动化，而且对于物流信息的处理方法也非常重视。几乎所有的专业物流企业都是通过计算机信息管理系统来处理和控制物流信息，为客户提供全方位的信息服务。为此，日本一大批IT公司已成为物流信息平台和物流信息系统需求的直接受益者。

2. 美国物流管理的发展概况

美国经济高度发达，是世界上最早发展物流业的国家之一。美国政府推行自由经济政策后，其物流业务数量巨大，且十分频繁，因此呈现出多渠道和多形式的物流结构特征。

20世纪60年代，随着世界经济环境的变化，美国企业开始重视物流在为顾客提供服务上所起到的重要作用。1960年，美国的Raytheon公司建立了最早的配送中心，并结合航空运输系统为美国市场提供物流服务。

进入20世纪80年代，美国物流管理的内容已由企业内部延伸到企业外部，其重点已经转移到对物流的战略研究上。不少企业开始注重外部关系，将供货商、分销商以及客户等纳入管理范畴，并利用物流管理与供货厂商及客户建立和发展了稳定、良好、双赢、互助的合作伙伴关系。电子数据交换、准时生产（just in time，JIT）、配送计划及其他物流技术的不断涌现和应用，为物流管理提供了强有力的技术支持和保障。

20世纪90年代，电子商务在美国如火如荼地发展，促使现代物流上升到了前所未有的重要地位。据统计，1999年美国物流电子商务的营业额达到了80亿美元以上。电子商务是一种基于网络的电子交易和在线电子支付的新型商业运营方式。电子商务带来的交易方式变革，使物流向信息化和网络化的方向发展。此外，专家系统和决策支持系统的推广使得美国的物流管理更加趋于智能化。

在美国，企业开始趋向物流服务的外部化。有近60%的公司使用外部物流合同承包商提供服务，这样不仅能够减少物流设施的投资，而且释放了在仓库与车队上占用的资金。与此同时，第三方物流企业得以快速成长，许多传统的运输和仓储公司为了避免由于公路运输等传统行业竞争激烈化带来的资金回报下滑和利润率降低，逐渐转型成为开展广泛物流服务的综合物流公司，为客户的需求定制各类新型服务，从而增加额外价值，形成进入门槛较高的细分市场。

在美国物流产业的发展中，人才的使用和培养发挥着重要作用。在物流人才需求的推动下，美国已经形成了较为合理的物流人才教育培训体系。首先，建立了多层次的物流专业教育，包括研究生、本科生和职业教育等多个层次。许多著名的高等院校中都设置物流管理专业，并为工商管理及相关专业的学生开设物流课程。其次，在美国物流管理委员会和企业的倡导下，全面开展了物流在职教育，建立了美国物流业的职业资格认证制度，经过考试获得上述工程师资格的人员才能从事该项工作。

3. 欧洲物流管理发展概况

欧洲也是引进物流概念较早的地区之一，较早地将现代技术用于物流管理，在物流业发展方面走在世界的前沿。但与美国相比，欧洲企业的物流具有不同的特点。

早在20世纪中期，欧洲各国为了降低产品成本，便开始重视企业范围内物流过程的信息传递，对传统的物料搬运进行变革，对企业内的物流进行必要的规划，以寻求物流合理化的途径。当时制造业（工厂）还处于加工车间的模式，工厂内的物资由厂内设置的仓库提供。企业为了实现客户当月供货的服务要求，在企业内部实行密切的流程管理。

进入20世纪70年代，欧洲经济得到快速增长，多家企业联合的企业集团和大公司不断出现，企业内部的物流已经不能满足企业集团对物流的要求，因而形成了基于企业集成的物流。

随着经济和流通的发展，欧洲各国不同类型的企业（厂商、批发商和零售商）也在不断地进行物流变革，纷纷建立物流系统。由于流通渠道中的各主体都拥有不同的物流系统，所以会在节点处产生矛盾。为了解决这个问题，20世纪80年代欧洲开始探索一种新的合作式物流体系，即综合物流供应链管理。它的目的是实现最终消费者和最初供应商之间的物流与信息流的整合，即在商品流通过程中加强企业间的合作，改变原先各企业分散的物流管理方式，通过合作形式来实现原来无法达到的效率。

20世纪90年代以来，欧洲一些跨国公司纷纷在国外，特别是在劳动力价格低廉的亚洲建立生产基地，所以欧洲物流企业的需求信息可以直接从顾客所在地获取，而通过采用在运输链上实现组装的方式，可以使得企业的库存量实现最小化。

4. 我国物流的发展现状

我国自1978年开始改革开放，从日本引进物流的概念。经过一段时间的探索，特别是在加入了WTO后，中国的物流业有了飞速的发展。近年来，我国陆续发布了一些促进物流业发展的政策文件，营造了良好的物流发展环境。总体而言，我国物流业的总体规模、社会效益和发展水平都比20世纪初有了明显的提高。

近年来我国有关物流的相关政策见表1-12。

表1-12 近年来我国有关物流相关政策

发布时间	名称	主要内容	对物流的意义
2007年3月	国务院关于加快发展服务业的若干意见	明确要求优先发展运输业，提升物流的专业化、社会化服务水平，大力发展第三方物流	第三方物流地位再次被提及，促进了第三方物流市场的需求
2009年3月	国务院关于印发物流业调整和振兴规划的通知	确立了我国现代物流业发展的十项主要任务和九大重点工程，并提出了促进物流业发展的九个方面政策措施	从投资、土地、管理、产业、融资方面给予物流业发展以支持和保障
2010年5月	农产品冷链物流发展规划	建设一体化的冷链物流服务体系，以降低农产品产后损失和流通成本，确保农产品品质和消费安全	冷链物流发展迎来新契机，冷链市场培育性加强
2010年6月	新非公经济"36"条	鼓励和引导民间资本进入基础产业和基础设施、市政公用事业和政策性住房建设、社会事业、服务等领域	物流发展的资本保障
2011年6月	国八条	要切实减轻物流企业税收负担，要加大对物流业的土地政策支持力度	从税收、土地、车辆、技术、投入等方面给予物流明确的支持

续表

发布时间	名称	主要内容	对物流的意义
2012年	关于促进仓储业转型升级的指导意见	支持仓储企业创新经营模式，引导仓储企业推广应用新技术，加强仓储企业信息化建设，提高仓储企业标准化应用水平，鼓励仓储资源利用社会化，加大冷库改造和建设力度	推动传统仓储企业由功能单一的仓储中心向功能完善的各类物流配送中心转变，由商品保管型的传统仓储向库存控制型的现代仓储转变
2013年	交通运输推进物流业健康发展的指导意见	加快完善交通基础设施，大力创新发展先进运输企业方式，有效提升运输装备技术水平，着力优化市场主体结构，积极推进信息化建设，加快推动重点领域物流发展，切实改善发展环境	加快转变交通运输发展方式，推动行业转型升级，充分发挥交通运输在物流业发展中的重要作用，推进我国物流业健康发展
2014年	物流业发展中长期规划（2014—2020年）	着力降低物流成本，提升物流企业规模化、集约化水平，加强物流基础设施网络建设	加快现代物流业发展，建立和完善现代物流服务体系，提升物流业发展水平，为全面建成小康社会提供物流服务保障

根据我国物流现状和蓬勃发展的趋势来看，我国的物流业已经步入一个崭新的发展阶段。

1）现代物流的发展受到重视

近几年来，我国部分省市政府开始认识到物流对于推动经济发展、改善投资环境以及提高地区经济和工商企业在国内外市场竞争能力的重要性，把发展现代物流作为一项涉及经济全局的战略性问题。以天津、上海、深圳和山东为例，为了使地区经济持续高速发展，"三市一省"都从战略高度出发，把发展现代物流作为经济腾飞的重要措施和支撑点之一。

2）工商企业开始重视物流管理

我国一些工商企业已经开始认识到物流是促进企业增加效益和增强竞争能力的"第三利润源泉"。例如海尔集团将物流能力作为企业的核心竞争力之一，实施企业流程管理再造工程，将集团的采购、仓储、配送和运输等物流活动统一集中管理，对物流业务和物流资源优化重组，从而获得了巨大的经济效益。

3）一批运输、仓储和货代企业逐步向物流企业发展

随着我国社会物流需求的增加，以及对物流认识的深化，我国形成的一大批运输、仓储和货代企业，为了适应新形势下的竞争需要，正在努力改变原有的单一仓储或运输服务方向，积极扩展经营范围，延伸物流服务项目，逐渐向多功能的现代物流企业方向发展。

4）国外物流企业开始进入中国

由于我国物流企业的经营规模、管理技术和管理水平相对落后，服务质量还很难满足一些企业，特别是跨国公司对高质量物流服务的需求。因此，近几年来国际上一些著名物流企业陆续进入我国，在我国许多地方开始建立物流网络和物流联盟，为客户提供完整的综合物流服务。

5）物流企业开始重视物流服务质量管理

物流的本质是服务，物流服务质量直接关系到物流企业在市场竞争中的成败。我国的一些物流企业开始把提高服务质量作为与国际接轨和进入国际物流领域的入门证。它们把质量保证思想运用到物流的运作中，确立了物流质量管理的关键要素，将每项要素的具体标准及要求汇编成《质量管理手册》，还专门设立了质量管理部，具体落实贯彻《质量管理手册》，从而保证了业务运作质量稳定可靠。

6）信息技术和通信技术已逐步在物流业务中运用

20世纪90年代初期，我国开始在物流活动中应用计算机网络技术。1995年，互联网在商业领域开始获得应用，这使得信息技术在物流领域有了突破性进展。利用互联网和电子数据交换系统，工厂及其各供应商可随时查看最新交易状况及库存结构和数量，使物流总体效益逐步趋向最优化。

7）物流研究和技术开发工作取得了一定进展

随着我国物流业的发展，从20世纪90年代开始，我国物流理论界不仅引入了大量国外先进的物流理论和经验，同时还将国外物流理论研究成果与我国实际情况相结合，在物流系统建设、物流规划法和物流企业的发展战略方面取得了丰硕的成果，对我国物流业发展起到了积极的推动作用。与此同时，我国的物流技术研究也取得了长足进步。例如，开发了激光导引无人运输车系统、巷道堆垛机、机器人穿梭车等技术，同时在物流信息技术和物流管理技术、网上仓库管理信息系统和汽车调度信息系统、卫星定位系统、配送物流系统等方面也取得了重大进展。

与发达国家相比，我国物流水平仍存在一定的差距，主要表现在观念障碍、体制分割、第三方物流服务水平有待提高、物流技术装备落后、资源整合较差等。在美国、欧洲和日本，生产制造企业是最先重视物流的，从而带动了国家物流产业的发展。所以我国物流发展水平的重要标志，除了物流基础设施和通信网络外，还需要生产制造企业实现物流现代化。

案例1-3：德邦公司精准物流服务理念

伴随着世界经济全球化、市场化和信息化的大潮流，国内物流业蓬勃发展。第三方物流企业要在激烈的市场环境中处于不败之地，需逐步提升客户服务理念，让服务营销理念与公司的发展相互融合，相得益彰。

德邦物流股份有限公司是国家"AAAAA"级物流企业，创始于1996年，主营国内公路零担运输业务。截至2013年3月，公司已在全国31个省级行政区开设直营网点2 900多家，服务网络遍及全国，自有营运车辆5 400余台，全国转运中心总面积超过85万平方米，日吞吐货量近3万吨。公司以每年超过60%的增长速度在中国物流行业迅速崛起，历经17年，现已发展成国内物流货运行业的标杆。作为一家国内规模最大的民营公路零担运输企业，德邦始终坚持自建营业网点、自购进口车辆，并通过搭建最优线路，优化运力成本等举措来打造更好的运输网络和标准化体系，为客户提供快速高效、便捷及时、安全可靠的服务体验，努力将德邦打造成中国人首选的国内物流运营商，实现"为中国提速"的使命。

尽管德邦物流已经走过了17年，在我国的第三方物流企业中发展得也比较好，但是企业中存在的一些客户服务方面的问题仍阻碍着它快速发展，如表1-13所示。

表1-13 德邦物流存在问题及其表现

存在问题	具体表现
客户关系管理不够完善	客户资料不完整
	没有对客户价值进行评估
	对公司潜在客户的挖掘不够
	缺乏对客户的回访和有效沟通
客户服务内容不够丰富	服务品种少
	增值服务薄弱
	综合性服务服务缺乏

(1) 客户关系管理不够完善。表现在：①客户资料不完整，对于有些客户资料的收集，还停留在客户填写的托运单上，缺少对真实客户的完整记录；②没有对客户价值进行评估，对公司潜在客户的挖掘不够；③缺乏对客户的回访和有效沟通。

(2) 客户服务内容不够丰富。服务品种少，增值服务薄弱，缺乏综合性物流服务。

要在激烈的市场竞争中占有一席之地，德邦意识到需要转变经营服务理念，致力于做客户的优秀物流服务商。2009年，德邦针对中高端客户推出精准卡航业务，它属于公路快运的一种精准物流服务，运输物资主要是企业的生产资料和产成品，对货物运输的安全性、时效性和服务质量都有较高要求。精准卡航采用进口VOLVO/SCANIA等全封闭厢式快车，以及GPS定位、短信、电话、网络等实现全程货物跟踪，以最优的线路，为货物优先配载。

此外，德邦物流在精准物流服务推行过程中积极探索改善客户服务的措施。

(1) 完善客户数据库。通过物流信息系统建立起完善的客户档案，包括客户服务偏好、购买时间、购买频率等一系列内容。

(2) 个性化定制服务。根据每位顾客的个性化需求提供相应服务，通过为其提供一对一的定制服务，来培养客户对公司的信任与依赖。

(3) 开展顾客接触计划。通过与客户的良好沟通与交流，能够及时发现客户的潜在需求，从而提高客户满意度，建立长期稳定的合作关系。

(4) 增加增值服务内容。精准卡航除了为客户提供包括代收货款、保价运输、安全包装等增值服务外，还可以免费提供快递包装、免费打印运单、免费提供全天候收货和发货窗口等服务。

精准物流的推行要求德邦物流公司不断增强员工的服务意识，做到想顾客所想，供顾客所需。未来，德邦物流公司将继续秉承"承载信任、助力成功"的服务理念，不断为客户提供优质、高效的物流服务，实现企业更快、更好地发展。

本章小结

本章具体描述了物流的产生和发展过程，物流的发展大致经历了4个阶段：物流萌芽阶段、物流系统阶段、战略物流系统阶段和供应链战略物流系统阶段。在此基础上对我国物流的发展现状和相关政策进行了阐述。社会经济领域中的物流活动无处不在，为了实现产品从起始点到消费点的流动，企业需要从事的主要物流活动包括运输、储存、装卸搬运、包装、流通加工、配送等。对物流的分类，通常有以下几种：按照物流管理范围、物流活动的空间范围和物流作用分类。物流管理是指以满足客户需求为目的，对商品、服务和相关信息从产出点到消费点的合理、有效的流动和储存，进行规划、实施与控制的过程。物流管理的发展经历了配送管理、物流管理和供应链管理3个阶段。随着时代的进步，物流管理和物流活动的现代化程度不断提高，物流具有专业化、系统化、信息化、标准化、国际化和环保化等特征。物流在社会经济和企业中具有重要的作用，而且是提高企业利润和竞争力的主要途径。

本章习题

1. 名词解释

（1）物流；（2）物流管理；（3）物流经济管理；（4）物流质量管理

2. 选择题

（1）物流的产生和发展共经历了_____个阶段。
　　A. 2　　　　　　B. 3　　　　　　C. 4　　　　　　D. 5

（2）下列选项中，_____不属于物流按照空间范围分类。
　　A. 国际物流　　B. 社会物流　　C. 国内物流　　D. 地区物流

（3）物流的基本特征不包括_____。
　　A. 系统化　　　B. 信息化　　　C. 标准化　　　D. 协同化

（4）物流系统要素的管理内容一般不包括_____。
　　A. 人的管理　　　　　　　　　B. 服务的管理
　　C. 设备的管理　　　　　　　　D. 财的管理

（5）从总体来看，物流质量管理的内容一般不包括以下方面_____。
　　A. 服务质量　　B. 工程质量　　C. 作业质量　　D. 工作质量

（6）下列选项中，不属于物流管理目标"7R"的是_____。
　　A. right product　　　　　　　B. right place
　　C. right quality　　　　　　　D. right profit

（7）物流管理的发展历程共包括_____个阶段。
　　A. 5　　　　　　B. 4　　　　　　C. 3　　　　　　D. 2

（8）下列不是物流管理原则的有_____。
　　A. 快速原则　　B. 集成原则　　C. 服务原则　　D. 节约原则

3. 简答题

（1）物流具有哪些特征？
（2）物流管理有哪些特征？
（3）物流的主要活动有哪些？各个活动一般包括哪些主要业务？
（4）物流按照作用分类可以分为哪几类？
（5）物流系统要素管理包括哪些？
（6）简述物流在社会经济中的作用和意义。
（7）物流管理的目标是什么？"7R"具体是指什么？

第2章

物流系统

现代物流管理学科的核心问题就是用系统的观点来研究物流活动。物流系统是由相互作用和相互依赖的物流要素构成的、具有特定功能的有机整体，是社会经济大系统中的一个子系统或者组成部分。就物流过程的每个环节来讲，物流系统作用的发挥受到系统内部各要素和外部环境的影响，而且这些影响因子总是处于动态变化之中。因此，以系统理论和系统工程的原理来研究和开发物流系统有着极大的意义，无论是对物流功能的发挥，物流效率的提高，物流费用的降低，还是物流质量的提高或者对社会需求的满足，都具有重大意义。

2.1 物流系统概述

现代物流的灵魂是系统，广义来看，物流系统概念的内涵和外延很大，涉及物流的方方面面。系统（system）一词来源于古代希腊文，意思是由部分组成的整体。系统是普遍存在的，在宇宙间，从基本粒子到河外星系，从人类社会到人的思维，从无机界到有机界，从自然科学到社会科学，系统无所不在。

2.1.1 系统的概念、模式和特征

1. 系统的概念

系统的定义应该包含一切系统所共有的特性。一般系统论创始人贝塔朗菲定义："系统是相互联系相互作用的诸元素的综合体"。这个定义强调元素间的相互作用及系统对元素的整合作用。如果抛开系统的、生物的、技术的和生产的具体物质运动形态，仅仅从整体和部分之间的相互关系来考查，我们称这种由相互作用和相互依赖的若干部分（要素）组成的、具有特定功能的有机整体为系统。

2. 系统的模式

系统是相对外部环境而言的，但是它和外部环境的界限往往是模糊的，所以严格地说，系统是一个模糊集合。外部环境向系统提供劳动力、手段、资源、能量和信息，这个过程称为"输入"。系统根据自身的特定功能，将"输入"进行必要的转化处理活动，使之成为有用的产成品，供外部环境使用，这个过程称为"输出"。输入、处理和输出是系统的三要

素。比如，一个工厂输入原材料，经过加工处理，得到一定产品后将其输出，这就是生产系统的运作过程。

外部环境的资源有限、需求波动大、技术进步快等特点对系统产生一定的影响，这种影响称为环境对系统的限制或者干扰。另外，输出的成果不一定是理想的，可能会与预期的目标有一定的差距，因此，要将输出结果的信息返回给"输入"，以便调整和修正系统的活动，此过程称为反馈。

系统的一般模式如图 2-1 所示。

图 2-1 系统的一般模式

3. 系统的特征

1) 集合性

系统是由要素构成的集合，但是，系统不是各个要素的简单拼凑，它是具有统一性的一个系统总体。将功能各异的要素组合成一个系统，该系统的整体功能要优于每个个体，同时也会产生全新的功能。例如，继电器在电路中起到开关的作用，现在把许多继电器随便集中起来，其功能不发生变化。但是如果将这些继电器按照一定的电路逻辑巧妙地连接起来，就构成了一个计算机系统，这样的计算机系统就产生了继电器所不具备的计算功能。

2) 相关性

构成系统的各个要素之间存在着某种相互联系、相互依赖的特定"关系"，即有机联系的整体才能称为系统。系统要素之间的特定关系是多种多样的，如生物体内部的同化与异化、遗传与变异，人类社会内部生产力与生产关系等。

3) 目的性

系统应该具有一定的目的。系统工程所研究的人造系统或者复合系统是根据系统的目的来设定它的功能的，所以，在这类系统中，系统功能是为系统目的服务的。

4) 动态性

系统处于永恒的运动之中。一个系统要不断输入各种能量、物质和信息，通过在系统内部特定方式的相互作用，将它们转化为各种结果输出。系统就是在这种周而复始的运动和变化中生存和发展，人们也是在系统的动态发展中实现对系统的管理和控制。

2.1.2 物流系统的定义和模式

所谓物流系统是指在一定的时间和空间里，由所需输送的物料和包括有关设备、输送工具、仓储设备、人员及通信联系等若干相互制约的动态要素构成的具有特定功能的有机整体。随着计算机科学和自动化技术的发展，物流系统也从简单的方式迅速向自动化管理演变,其主要标志是物流计算机管理与控制系统和自动物流设备的出现,如自动导引车(automated guided vehicle,AGV)、自动存储、提取系统(automated storage/retrieve system,AS/RS)、空中单轨自动车、堆垛机(stacker crane)等。物流系统的主要目标在于追求时间和空间效益。

物流系统处在整个社会经济环境之中,作为物流外界环境的生产和消费系统,与物流系统不断地交换信息、物质和能量,它们的变化必将引起物流系统内部结构、功能甚至生存状态的变化。社会经济生产和消费环境是物流系统赖以生存的条件,一旦切断物流系统与外界环境的联系,尽管它本身功效很好,但系统功效得不到发挥,物流系统也就失去了存在的必要而无法生存。物流系统只有经常与外界的生产和消费环境保持联系,处于最优适应状态,才能不断发展进步。

物流系统作为一个整体,内部要素是不可分割的。系统论的一个主要观点是:局部的最优不等于全局的最优。所以,只有将物流系统内部各要素综合考虑,紧密配合,服从物流系统整体的功能和目的,才能使作为整体的物流系统达到最优。

物流系统的目的是实现物资的空间效益和时间效益,在保证社会再生产顺利进行的条件下实现各个物流环节的合理衔接,达到最佳经济效益。现代物流是伴随着社会再生产过程的循环系统,是社会经济大系统的一个子系统或者组成部分。物流系统具有规模庞大、结构复杂、目标众多等大系统所具有的特征。

2. 物流系统的模式

物流系统模式和一般系统一样,具有输入、转换和输出三大功能,通过输入和输出使系统与社会环境进行交换,使系统和环境相依而存,而转换则是这个系统带有特点的系统功能。物流系统模式如图2-2所示。

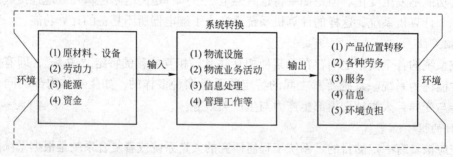

图2-2 物流系统模式

2.1.3 物流系统的特征和目标

1. 物流系统的特征

物流系统具有一般系统所共有的特性,即整体性、相关性、目的性、环境适应性,同时还具有规模大、结构复杂和目标众多等大系统所具有的特点。

1) 复杂性

复杂系统可以解释为:系统整体行为不能从组成单元的行为加以推断的系统。物流系统正是这样的系统,局部的优化不能推断出整体的优化。物流系统的复杂性主要表现在以下三个方面。首先,物流系统的对象复杂。物流系统的对象是物质产品,既包括生产资料、消费资料,又包括废旧废弃物品等,遍及全部社会物质资源,将全部国民经济的复杂性集于一身。其次,组成物流系统的基础设施繁多且种类各异。为了实现系统的各种能力,必须配有相应的物流设施和各种机械设备,例如,交通运输设施;车站、码头和港口;仓库设施和货场;各种运输工具;装卸搬运设备;加工机械;仪器仪表等。再次,物流系统的关系复杂。物流系统各个子系统之间存在着普遍的复杂联系,各要素关系也较为复杂。

2) 动态性

与生产系统不同,物流系统联结多个生产企业和用户,随需求、供应、渠道和价格的变化,系统内要素和系统的运行经常发生变化,不能长期保持稳定。同时,物流系统信息情报种类繁多,数据处理工作量大,而且信息流量的产生不均匀。

3) 广泛性

物流系统涉及面广、范围大,不仅有企业内部物流和企业间物流,还有城市物流、社会物流和国际物流,涉及范围几乎包含了人们工作和生活的各个领域。

4) 可分性

物流系统是由若干相关联的子系统组成的,系统和子系统之间、子系统之间都存在着时间、空间及资源方面的关联。根据物流管理的目标和分工的变化,物流子系统也会发生相应的变化。物流系统是国民经济大系统的子系统,对整个国民经济起着重要的作用。因此,对物流系统的研究和分析,不仅要从宏观方面研究整个物流系统的运行全过程,也要从微观方面对子系统进行研究和分析。

在对物流活动进行研究时,只有充分考虑物流系统的特征,才能建立一个高效低耗的物流系统,实现系统的各种功能。

2. 物流系统的目标

物流系统的目标概括地说就是以较低的成本和优良的服务来完成商品实体从供应地点到消费地点的运动。具体地说,物流系统的目标如表2-1所示。

表2-1 物流系统的目标

目标	说明
服务性	物流系统的服务性有以下几个标准:配送及时、商品的存库率和订单数量成正比、运输故障率低、包装良好、物流信息系统运作顺畅、成本最小等
快捷性	为了达到及时配送商品的目的,需要根据要求进行物流设施选址或者合理分配物流量
库存控制	库存量过多会增加库存设施的建设成本,同时增加了库存积压等风险,从而增加了物流成本;而库存量过低会导致产品的供不应求,增加相应的缺货损失成本,从而降低了物流利润。因此,对库存进行合理的控制对整个物流系统的成功运作起着重要的作用
规模适当化	着重考量物流设施的集中与分散程度,机械化与自动化如何合理利用,情报系统的集中化所要求的电子计算机等设备的利用等

案例2-1:日本伊藤洋华堂公司的新加工食品物流系统

伊藤洋华堂公司在东京圈内的新加工食品物流系统已经完成,其特征是深入地研究和统筹店内物流以减轻店铺的作业负担,到货的精度达到49 999/50 000,在世界上还是很少见到运用这样高度现代化物流系统的案例。

1. 供应链的大幅度改革

伊藤洋华堂公司早在很久以前就引入了"窗口批发商制度",致力于物流的效率化。这一制度是将若干个批发商的业务集中于作为窗口的批发商,以简化向店铺配货体制。但是,得到广泛应用的这一制度也存在着改善的必要。

1999年10月新的加工食品物流中心投入运营。具体做法是,废弃1个外集散型物流中心,将6号在库物流中心集中到4号物流中心,中心的运营委托给食品批发商和各个公司,除了加工食品之外还有点心和酒类。这样一来,做到了从窗口批发商到店铺的物流效率化,大大减少了作业量。新物流系统对店铺的销售物流和厂家物流进行了合理化的调整,加强了供应链管理的意识。

2. 由信息技术支撑的补货方式

在连锁店,从采购的商品到货,再到将商品展示到专场的过程往往负担较重,伊藤洋华堂也不例外。区分一般商品和特卖商品、验货、向卖场不同的货架码放等细致的作业需要从入货口开始就做一次分拣、二次分拣、验货、上货等工作。新的物流系统将这些中间作业全部省略并进行了改善,实现了商品卸货后可以向卖场直接上货,能够达到这样的效果完全靠的是信息系统。

新补货方式以货架为单位,按顺序进行,做到效率最大化。首先,对各店铺的货架与存放的商品进行调查,将商品与其在货架上的货位信息输入到物流中心的计算机系统中,建立起商品、店铺乃至货位的对应关系,通过计算机系统自动地识别商品多少,应该补充到哪一家店铺的哪一个货位上。完成这样复杂的区分作业,系统误差只有1/50 000,应用如此高精度的物流系统,当然就不需要再进行验货作业了。

新加工食品物流系统还引入了鲜度维持管理系统,商品的主文件中设定了商品有效期和准许销售期限,在商品入库时输入制造年月,计算机系统就可以自动判断是否可以入库。在库商品严格地按照先进先出原则进行作业,每日由作业人员检验商品日期,为保证不出现超过准许销售期限的商品,对将近准许销售期限的商品提供预警的功能,采用双重保险方式。

3. 川口加工食品共同配送中心

共同配送中心的物流信息系统是由运营的食品批发商和伊藤洋华堂公司共同开发的,基本的物流操作是一致的。这里只举出川口加工食品共同配送中心的作业实例。该中心坐落在与东京相邻的埼玉县川口市,为伊藤洋华堂公司在东京都、埼玉县、枥木县、茨城县的51家店铺供给商品,全年365天运转,年基本业务处理量约250亿日元,中心的运营由食品批发业大公司菱食公司承担。中心占地面积2 618坪、建筑面积4 786坪,保管商品数约4 500种,其中加工食品2 400种、点心1 500种、酒类600种。库内有与伊藤洋华堂公司交易的16家批发商的商品,采用共同保管的方式。

该中心上午进行入库作业。为了提高作业效率,采用指定时间到货方式,送货迟到的时间限制可最大放宽到15分钟。作业人员使用下载了订货数据的手持式电脑终端,对入库的商品进行扫描确认;然后将商品分别按A、B和C特卖的分类进入保管区或自动仓库。店铺接收订货截至12点,配送作业从14:30开始,根据每日的订货量不同一般需要进行到20点前后。较近的店铺在傍晚时分出库,在20点前后送达,较远的店铺是在第二天的早7点至8点到货。考虑到噪声等问题,在避免深夜到货的同时在开店前结束到货。

4. 维持精度达 49 999/50 000 的作业系统

为了维持高精度的作业，其货物配送采用 3 种方式。

A 类商品和特卖商品采用清单配送方式，用叉车将商品搬送到出库区域，使用扫描器对出货进行核对和确认，信息反馈到计算机系统。B、C 类商品的出库采用手推式配货台车的方式。台车是伊藤洋华堂公司自己设计的式样，能够识别货架的位置，可以自动选择最短的距离。台车上配置自动数据采集终端，专门用来下载不同店铺和不同通道划分的出货信息。货物从货架上取出后，经扫描确认，按品类放入可折叠的货箱中。配货完成之后再进行数据上传，打印出的标签标贴到货箱上，之后由自动分拣机进行分拣。自动分拣机的出货口排列着轮式托盘、包装箱和货箱上标贴有通道编码的标签，作业人员在判别的同时放入按通道准备出货的轮式托盘上，轮式托盘带有分隔板，可以在一台轮式托盘上分开放置多个通道的商品。

5. 5 亿日元以上的成本降低效果

过去，在伊藤洋华堂的店铺，员工 8：00 上班、11：00 补货还未完成的情况屡见不鲜。新物流系统投入使用后，货物在 10：00 之前可完全上架，补货效率大大提高。

接货作业的时间从 80 分钟大幅度压缩到 20 分钟，而且实现了店铺的无验货作业。缩短的时间用来进行订货和接待顾客，使店铺的顾客服务水平得到提高。

不仅仅是时间，同个店铺一年的人员费用能够节省 200 万～300 万日元，现在东京圈物流中心的配货店铺数合计为 177 个（伊藤洋华堂公司 117 个店铺、其他 60 个店铺），用每一个店铺节省的 300 万日元相乘，计算结果可以减少 5 亿日元的经费。

伊藤洋华堂公司正尝试在其他地区也采用新加工食品物流系统，其中已经初步确定了北海道、静冈县、中京地区的 3 个地区作为候补，已经决定了委托方，进入了实质性阶段。

伊藤洋华堂公司与日本的外资零售业不同，没有多余的店铺库存，也没有无效的物流作业。在欧美还见不到这样的现代物流系统，也可以说它是企业物流革新的典范。

2.2 物流系统的结构

2.2.1 物流系统的要素

根据不同的分类方式，物流系统要素的分类如图 2-3 所示。

1. 物流系统的一般要素

物流系统一般是由资本、物资设备和任务目标等要素组成的有机整体。

（1）资本是指物流活动中不可缺少的资金。交换是以货币为媒介，实现交换的物流过程、物流服务本身也需要以货币为媒介。物流系统建设是资本投入的一大领域，离开资本这一要素，物流不可能实现。

（2）物资设备是指物流作业中的原材料、产成品、半成品、能源、动力等物资条件，包括物流系统的劳动对象，即各种实物及劳动工具、劳动手段，如各种物流设施、工具及各种消耗材料（燃料、保护材料）等。

（3）任务目标是指物流活动预期安排和设计的物资储备计划、运输计划及与其他单位签订的各项物流合同等。

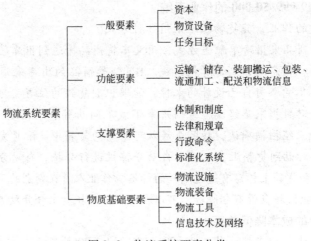

图 2-3　物流系统要素分类

2. 物流系统的功能要素

物流系统的功能要素指的是物流系统所具有的基本能力，这些能力有效地组合、联系在一起，便构成了物流的总功能，从而能合理、有效地实现物流系统的目标。包括运输、储存、装卸搬运、包装、流通加工、配送和物流信息等。有关物流系统的功能要素的分类和定义，观点很多，按照20世纪90年代美国物流管理协会对物流的定义，可以认为运输、仓储、包装、物料搬运、装卸、存货控制、订单处理、需求预测、生产计划、采购、客户服务、工厂和仓库选址、物品回收、零部件和服务保障、废弃物处理等可以作为系统的子功能。

3. 物流系统的支撑要素

物流系统的建立需要许多条件，要确定物流系统的地位，需协调与其他系统的关系，以下要素必不可少。

（1）体制和制度。物流系统的体制、制度决定物流系统的结构、组织、领导、管理方式，国家对其控制、指挥、管理的方式及系统的地位、范畴是物流系统的重要保障。有了这个支撑条件，物流系统才能确定其在国民经济中的地位。

（2）法律和规章。物流系统的运行不可避免地会涉及企业或个人的权益问题。法律规章一方面限制和规范物流系统的活动，使之与更大的系统相协调；另一方面给予其保障。合同的执行、权益的划分、责任的确定都需要靠法律、规章维护。

（3）行政命令。物流系统和一般系统的不同之处在于物流系统关系到国家军事、经济命脉，所以行政命令等手段也常常是支持物流系统正常运转的重要支持要素。

（4）标准化系统。保证物流环节协调运行，是物流系统与其他系统在技术上实现联结的重要支持。

4. 物流系统的物质基础要素

物流系统的建立和运行需要有大量的与之相配套的设施，这些设施的有机联系对物流系统的运行有决定意义，对实现物流的功能也是必不可少的。

（1）物流设施是组织物流系统运行的基础物资条件，包括车站、货场、仓库、运输线路、建筑、公路、铁路、港口等。

(2) 物流装备是保证物流系统开工的条件，包括仓库货架、进出库设备、流通加工设备、运输设备、装卸搬运设备等。
(3) 物流工具是物流系统运行的物质条件，包括包装工具、维护保养工具、办公设备等。
(4) 信息技术及网络是掌握和传递物流信息的手段。

2.2.2 物流系统的构成

物流系统是指各个相关要素有机结合的、提供高质量物流服务的整体。其总体框架如图2-4所示。

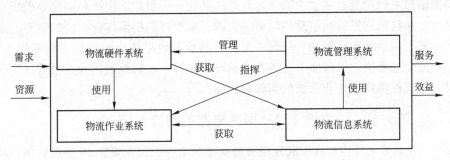

图2-4 物流系统总体框架

1. 物流硬件系统

物流硬件系统包括基础设施、运输工具和物流中心。
(1) 基础设施：公路、铁路、航道、港站（港口、机场、编组站）。
(2) 运输工具：货运汽车、铁道车辆、货船、客货船、货机、客货机。
(3) 物流中心（配送中心）：仓库、装卸搬运机具、仓储货架、托盘、货箱、自动化设施等。

2. 物流作业系统

物流作业系统，指的是在运输、储存、保管、搬运、装卸和加工等作业过程中引入各种技术手段，同时，使各个功能之间能够恰当地连接起来的系统，如图2-5所示。一些先进的科学技术已经应用于物流作业系统，比如自动立体化仓库和机械手臂等，这些科学技术在物流作业系统中的应用大大提高了整个系统的运作效率。

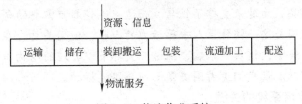

图2-5 物流作业系统

3. 物流管理系统

物流管理系统的目标主要是为物流公司解决日常办公和项目管理的需求，协助工作人员进行日常物流管理和人员管理，提高管理效率，降低运作成本，增强企业长期竞争力。物流管理系统如图2-6所示。

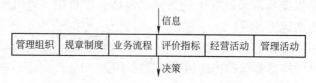

图 2-6　物流管理系统

4. 物流信息系统

物流信息系统包括对物流作业系统中的各种活动下达命令、实时控制和反馈协调等信息活动。物流信息系统在企业活动中通常和其他的功能——采购、生产和销售等系统有机地联系起来,可使从订货到发货的信息活动更加完善,从而提高物流作业系统的效率。由于物流作业系统中的各项活动相互制约,任何一个环节的处理效果都会影响整个物流作业的效益。只有通过物流信息系统,从整体上对各项活动统筹安排、实时控制,并且根据反馈信息做出迅速调整,才能保障物流作业系统的高效和快捷。

案例 2-2：国美电器的物流系统

国美,一个在家电价格大战中脱颖而出的响亮的名字,仅仅用了 13 年的时间,就从街边一家小店发展成为今天在北京、天津、上海、成都、重庆、河北六地拥有 40 家大型家用电器专营连锁超市的大公司,从一个毫无名气、只经营电视机的小门脸,发展到如今专门经营进口与国产名优品牌的家用电器、计算机、通信产品及发烧音响器材,影响辐射全国的著名电器连锁企业。2002 年,国美更是凭借连番降价打破国内九大彩电厂商的价格联盟,和相继抛出千万元与上亿元家电订单等壮举,使自己声誉更隆,以至经济学家惊呼"商业资本"重新抬头,开始研究近乎商界神话的"国美现象"。日益强大的国美也加快了奋进的脚步,提出了建立全国性最大家电连锁超市体系的发展目标。国美电器凭借什么实现她的宏伟蓝图?支持国美高速扩张的物流系统是如何运作的?日前,记者前往国美电器总公司探求答案。

从供应链的角度来看,国美的物流系统可分为三部分:采购、配送、销售,其中的核心环节是销售。正是在薄利多销、优质低价、引导消费、服务争先等经营理念的指引下,依托连锁经营搭建起来的庞大的销售网络,国美在全国家电产品销售中力拔头筹,把对手远远抛在身后。凭借较大份额的市场占有率,国美与生产厂家建立起良好的合作关系,创建了承诺经销这一新型供销模式,以大规模集团采购掌握了主动权,大大增强了采购能力,能以较低的价格拿到满意的商品,反过来支撑了销售。而适应连锁超市需要的仓储与配送系统建设合理,管理严格,成为国美这一销售巨人永葆活力的血脉,使国美总能在市场上叱咤风云。正是因为国美供应链系统中,销售、采购、配送三大环节以合理的结构与定位相互促进,成就了国美电器今日的辉煌。让我们看看国美是如何合纵连横的。

1. 销售：国美物流系统的关键

1987 年 1 月,国美在北京珠市口繁华的大街边开张,经营进口家电。谁也没有想到,当时仅有 100 平方米毫不起眼的小店,会创造从 2000 年 30.2 亿元的销售额,到以大于 50%的年均增速增长到 2003 年的 177.9 亿元的神话,发展成为全国家电连锁销售企业的龙头。

供销商层层加价转给下一层零销商,是司空见惯的商业现象。而国美意识到,企业要想发展,必须建立自己的供销模式,摆脱中间商的环节,直接与生产商贸易,把市场营销主动权控制在自己手中。为此，国美经过慎重思考和精心论证，果断决定以承诺销量取代代销形式，与多家生产厂家达成协议，厂家给国美优惠政策和优惠价格，而国美则承担经销的责任，而且必须保证生产厂家产品相当大的销售量。

承诺销量风险极高，但国美变压力为动力，将厂家的价格优惠转化为自身销售上的优势，以较低价格占领了市场。销路畅通，与生产商的合作关系更为紧密，采购的产品成本比其他零售商低很多，为销售铺平了道路。

2. 统一采购，优势明显

国美刚成立时，断货现象时有发生，经常是店里摆着空的包装箱权充产品。如今，随着连锁经营网络的逐渐扩大，规模效益越来越突出，给采购带来许多优势。

首先，统一采购，降低进价。国美几十家连锁店都由总部统一进行采购，门店每天将要货与销售情况上报分部，分部再将各门店信息汇总分销的优势直接转变为价格优势，国美远远超过一般零售商的采购量，使其能以比其他商家低很多的价格拿到商品。

其次，谈判能力增强。凭借遍布全国的销售网点和超强的销售能力，任何上游生产厂家都不敢轻易得罪国美，唯恐失去国美就会失去大块市场。因此，在与厂家谈判时，国美掌握了主动权。

最后，通过信息沟通保持与厂商友好关系。国美与厂商相互信任，友好合作，共同发展，确保了所采购商品及时供应，及时补货，商品销售不断档。

2.3 物流系统分析与设计

2.3.1 物流系统分析的概念和内容

1. 物流系统分析的概念

物流系统分析是指在一定的时间、空间内将所从事的物流活动作为一个整体来研究，以系统的观点、系统工程的理论和方法进行分析研究，以实现其空间和时间的经济效应。系统的观点是用来研究物流活动的现代物流科学的重要观点。

具体地说，进行物流系统分析就是指利用科学的分析工具和方法分析和确定系统的目的、功能、环境、费用和效益等问题，针对系统中需要决策的若干关键问题，根据其性质和要求，在充分调查研究和掌握可靠信息资料的基础上，确定系统目标，提出实现目标的若干可行方案，通过模型进行仿真试验、优化分析和综合评价，最后整理出完整的、正确的、可行的综合资料，从而为决策提供充分的依据。简单地说，物流系统分析就是对存在问题的系统，从全局或整体角度对问题进行全面分析，制订解决问题的方案，以及从不同的解决问题的方案中确定最优方案。

物流系统分析的实质是：以系统的整体最优化为工作目标，并力求建立数量化的目标函数，为决策者提供直接判断和决定最优方案的信息和资料。物流系统分析强调科学的推理步骤，应用数学的基本知识和优化理论，充分挖掘待开发物流系统的潜力，做到资源的充分利用。

2. 物流系统分析的内容

物流系统是由多种要素所构成的，各个要素之间相互关联、相互作用。物流系统既受外部环境的影响，也受内部因素的制约。物流系统分析可以从宏观和微观两个层面进行。物流系统分析一般来说随系统要解决的问题或系统分析的目的而定，其内容涉及广泛，总体来说物流系统分析的内容如表2-2所示。

表2-2 物流系统分析的内容

物流系统分析的内容	物流系统主体分析					物流系统环境分析	
	供应商	企业	客户	合作伙伴	主要竞争对手	环境因素	分析内容
战略与战术分析	企业物流战略与战术、竞争力、优势、劣势、竞争策略；采用第三方的比例与态度					政治	国家政体、政局、对外关系
组织与人事分析	决策层、管理层、运作层；组织结构、人员结构；薪酬体系、业绩评估；企业制度、企业文化					行政	宏观管理；行业管理、行政规章、地区封锁与区域合作状况、道路交通管理制度；地区物流发展差距

2.3.2 物流系统分析的方法、步骤和流程图

1. 物流系统分析的方法

对于企业物流系统，一般运用两种方法进行分析，一种是短期（静态）分析；另一种是长期（动态）分析。

1) 短期（静态）分析

以短期的、静态的观点考查物流系统，分析出各项物流活动的成本，在满足公司对物流领域的约束的条件下，选择总成本最小的系统，这种方法称为短期（静态）分析方法。从本质上说，就是对一个物流系统各项活动所涉及的成本在一个时间点或在一个产出水平上所进行的分析。

2) 长期（动态）分析

长期（动态）分析是强调物流作为一个大系统，利用统计资料，运用统计分析方法，对物流领域的经济现象的发展变化做定量分析。内容包括对物流系统的动态统计资料加以整理、各种动态分析指标的计算及动态趋势的研究，以总结过去、把握现在和预测未来。物流系统是一个动态系统，从一个物流系统状态到另一个物流系统状态，不能瞬间完成，必须经历过渡过程。

2. 物流系统分析的步骤

第1步：对实际部门进行调查，找出存在的问题点或者需要改进的地方。

第2步：对整理出的问题或需要改进的地方按照重要程度进行排队整理，根据物流系统合理化、效率化等目标确定研究范围，明确改善的目标。

第3步：收集资料，分析问题。这是物流系统分析的很重要的一步。很明显，分析的正确性，离不开收集的数据的精确性。一般来讲，必须完全掌握的信息如表2-3所示。

表2-3 物流系统分析必须掌握的信息

物流系统分析需要的信息	主要内容
产品信息	指对现有生产线和新产品趋向进行透彻的分析，对于每种产品必须掌握年销售量、区域销售量、运输方式、包装状况、原材料状况、产品制造的畅通性和仓储地点等方面的信息

续表

物流系统分析需要的信息	主要内容
设施信息	包括厂址和生产能力、储存仓库和配送中心的地点和能力、订货处理职能部门的地点，以及运输方式的利用等信息
客户信息	以现有客户为主包括潜在客户的信息。下面几个信息必须掌握，即现有客户和潜在客户的位置、客户所需的产品、订货时间、客户服务的重要性和客户要求的特殊服务等。客户是物流系统的服务对象，所以客户信息也为系统分析提供了关键素材，必须重视
竞争对手信息	这是对公司销售所处的竞争环境的描述，包括竞争对手订货传递方式、订货处理的速度和精度、运输工具的速度和可靠性等

第 4 步：资料收集之后，结合需要设计的物流系统的实际情况，得出需要分析的问题。

第 5 步：掌握了上述情况后，下一步就要对所收集的资料建立数学模型，比如计划评审 PERT 法和模拟实验法等。

第 6 步：提出可行性方案。

第 7 步：对备选方案进行综合分析和评价，确定最优物流系统方案。

上述所采用的是一般的定性分析和具体的定量计算方法。

3. 物流系统分析流程图

物流系统分析流程主要有确定问题、明确范围和目标、收集资料并进行问题分析、建立模型并提出方案、对模型结果进行综合分析与评价，以及对分析和评价的结果进行满意度判断。如果达到理想结果，那么就能够确定可行性方案；如果不能，那么需要重新对问题范围和目标进行确认并循环执行以上操作，整个流程如图 2-7 所示。

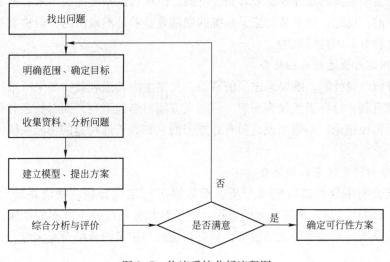

图 2-7 物流系统分析流程图

2.3.3 物流系统分析与设计的原则和影响因素

1. 物流系统分析与设计的原则

根据物流系统的特征，在分析中要以特定问题为对象，对物流系统进行决策优化，探索供应链物流运作模式。如营销中产品价格的高低在很大程度上反映出企业对产品的市场定位。产品目标市场的确定又成为企业制订促销方案、选择运输方式、仓储模式、确定产品包装等的重要前提条件。反之，物流成本又是产品定价的重要参考依据。从经验上来看，运输成本往往是生产企业除原材料采购成本以外最大的单项成本，物流管理中的其他成本，如仓储、库存成本、包装成本等也将直接影响产品的定价。包装问题就更离不开物流，运输方式和运输工具的选择、装卸条件等因素共同决定了运输包装方式、包装大小、包装材料的选择。随着现代零售业的发展，物流对销售包装的影响进一步扩大到零售企业的货架摆放、条码技术的采用、配送系统的要求等更多方面。此外，零售点的选址一方面基于营销渠道的选择，体现营销的战略意图，另一方面因为直接对配送系统提出要求，特别是小批量、多批次配送成为发展趋势的情况下，将对销售环节，尤其是零售环节的配送能力、物流模式的选择、物流成本造成影响。

一个物流系统由许多要素所组成，要素之间相互作用。物流系统与环境互相影响。这些问题涉及面广而又错综复杂，因此进行物流系统分析与设计时，应认真考虑以下一些原则。

1) 物流系统内部与物流系统环境相结合

一个物流系统的形成与发展，不仅受企业内部各种因素（生产规模、产品技术特征、员工文化技术水平、管理制度和管理组织等内部因素）的影响，而且还受到社会经济动向及市场状况等环境因素的影响。一个良好的物流系统，总是在全球范围中不断进行系统资源配置的持续优化工作，并及时应对市场需求和经济发展的变化。

2) 局部效益与整体效益相结合

在分析物流系统时常常会发现，物流子系统的效益与物流系统整体的效益并不总是一致的。有时从物流子系统的局部效益来看是经济的，但从物流系统的整体来看并不理想，这种方案是不可取的；反之，如果从物流子系统的局部效益看是不经济的，但物流系统的整体效益是好的，这种方案则是可取的。

3) 当前利益与长远利益相结合

在进行分析与设计时，既要考虑当前利益，又要考虑长远利益，如果所采用的方案，对当前和长远都有利，这样当然最为理想。但如果方案对当前不利，而对长远有利，此时要通过全面分析后再做结论，一般来说，只有兼顾当前利益和长远利益的物流系统才是好的物流系统。

4) 定量分析与定性分析相结合

物流系统分析不仅要进行定量分析，而且要进行定性分析。物流系统分析总是遵循"定性—定量—定性"这一循环往复的过程，不了解物流系统各个方面的性质，就不可能建立起探讨物流系统定量关系的数学模型，只有将定性与定量两者结合起来综合分析，才能达到优化的目标。

2. 物流系统分析与设计的影响因素

物流系统分析与设计是指定位物流服务市场，配置各种物流要素，形成一定的物流生产能力，使之能以最低的总成本完成既定的目标。只有通过考查分析影响物流系统绩效的内在和外在因素，才能做出合理的分析与设计方案。影响物流系统分析与设计的因素有以下几点。

1) 物流服务需求

物流服务项目是在物流系统的分析与设计的基础上进行的。由于竞争对手、物流服务市场在不断地发生变化,为了适应变化的环境,必须不断地改进物流服务条件,以寻求最有利的物流系统,支持市场发展前景良好的物流服务需求项目。物流服务需求包括服务水平、服务地点、服务时间、产品特征等多项因素,这些因素是物流系统分析与设计的基础依据。

较短的交货周期,意味着需要采用快捷的运输方式或配置更多的仓库,服务地点和服务时间直接决定物流系统的物流网络配置以及运输方案设计,产品特征影响仓储设备、搬运设备、运输设备等的选择。

2) 行业竞争状况

为了成为有效的市场参与者,应对竞争对手的物流竞争力作详细分析,如竞争者的服务水平、物流资源配置情况、服务方式及商业模式等,全面掌握行业基本服务水平,从而为寻求合适的物流市场定位、培养自身的核心竞争力、构筑合理的物流系统提供良好的基础。

3) 地区市场差异

物流系统中物流设施结构直接同顾客的特征有关。地区人口密度、交通状况、经济发展水平、区域产业结构等都影响着物流设施设置的决策。如沿海外向型经济比较发达的省市,其物流系统中常常要考虑国际物流设施的配置、与港口物流环节的有效衔接等。

4) 物流技术发展

在技术领域中对物流系统最具影响力的是信息、运输、包装、装卸搬运、管理技术等,计算机信息和网络技术等对物流的发展具有革命性的影响,及时、快捷、准确的信息交换可以随时掌握物流动态,因而不但可以用来改进物流系统的实时管理控制与决策,而且可以为实现物流作业一体化、提高物流效率奠定坚实的基础。

2.3.4 物流系统分析与设计的内容和程序

物流系统分析与设计就是根据物流系统的功能要求,以提高系统服务水平、运作效率和经济效益为目的,制订各要素的配置方案。具体内容如下所述。

1. 物流系统分析与设计的内容

1) 物流系统组织结构分析与设计

组织是一切经营活动的载体,也是为规范和协调物流业务活动及相关参与主体利益冲突进行规制安排的一种形式,有效的物流组织是物流系统管理中至关重要的因素。

随着供应链竞争时代的到来,在物流业务活动中已经越来越多地突破了传统的企业边界,参与主体日趋多元化和复杂化。而许多企业或供应链物流系统却常常因缺乏统一、合理、跨企业的物流组织安排,导致有关物流业务参与主体及相关活动陷于职能混乱与利益冲突之中。因此,必须围绕企业或供应链竞争力的改善,进行有效的物流组织战略重构,合理划分物流业务职能,从而实现物流资源的有效整合。

随着社会的发展,企业物流活动的变化及企业战略目标的改变,出现了众多的物流组织形式,如何选择有效的组织形式,选择自营物流还是外包物流,已成为物流系统组织设计中的主要任务。因此,在设计中首先要进行物流系统组织设计目标分析和物流业务功能分类,然后再针对每一类物流业务功能,根据相关因素来选择恰当的物流组织模式。

2）物流系统网络结构的分析与设计

物流系统网络结构的设计是以顾客服务水平、选址决策、库存规划和运输管理这四个主要规划项目为基础的。物流系统中顾客服务水平包括产品的可得性、产品的交货周期及收到产品的状况等。选址决策与供应和需求的分配有关。库存规划包括建立适当的库存水准和库存补充计划。运输管理涉及运输方式选择、运输路线选择、车辆时间安排、货物拼装等。这四个方面相互联系，为了获得最大效益，必须对它们进行综合考虑。

物流系统网络规划的主要任务是确定货物从供应地到需求地整个流通渠道的结构。包括：决定物流节点的类型、确定物流节点的数量、确定物流节点的位置及分派各物流节点服务的客户群体。

2. 物流系统分析与设计的程序

物流系统分析与设计一般遵循以下的步骤，如图2-8所示。

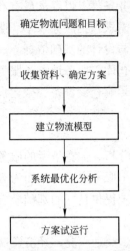

图2-8 物流系统分析与设计的程序

1）确定物流问题和目标

当一个研究分析的物流问题确定以后，首先要将问题做一系统化与合乎逻辑的叙述，其目的在于确定目标，说明问题的重点与范围，以便进行研究分析。

2）收集有关物流资料并确立可行性方案

在问题构成之后就要拟定大纲和决定分析方法，然后依据已经收集的有关资料找出其中的相互关系，寻求解决问题的各种可行性方案。

3）建立物流模型

为了便于分析，应建立物流系统的各种模型，利用模型预测每一方案可能产生的结果，并根据其结果定量说明各方案的优劣与价值。模型的功能在于利用模型可确认影响系统功能和目标的主要因素及其影响程度，确认各因素的相关程度，系统总目标和分目标的实现途径及其约束条件。模型充其量只是过程的近似描述，如果它说明了所研究的物流系统的主要特征，就可以算作是一个满意的模型。

4）系统最优化分析

系统最优化分析即通过利用模型和其他资料所获得的结果，将各种物流可行性方案进行定量和定性的综合分析，显示出每一项方案的利弊得失和成本效益。同时，考虑各种有关的无形因素，如政治、经济、军事、理论等，所有因素加以合并考虑并研究，获得综合结论。

5）对方案进行试运行

由决策者根据更全面的要求，以试验、抽样、试运行等方法鉴定所得结论，提出应该采取的最佳方案。

案例2-3：蒙牛乳业集团六期自动化物流系统

蒙牛乳业集团成立于1999年，总部设在内蒙古呼和浩特市和林格尔县盛乐经济园区，企业总资产达76亿元，乳制品年生产能力500万吨。随着生产规模的不断扩大，自2002年起，蒙牛乳业集团开始采用自动化立体仓库，提高仓储容量和物流管理水平。在全国范围内共拥有 20 多座立体仓库。其中，2007 年投入使用的六期工厂的物流系统项目，以规模巨大和高度自动化受到业界的广泛关注。

2006 年，蒙牛乳业集团做出了在总部投资建设六期生产项目的决定，并提出了"八化"即国际化、智能化、规模化、立体化、展示化、个性化、差异化、系统化的要求，准备采用先进的设计理念和技术设备，建成国内规模最大，科技含量最高，集生产、科研、培训于一身的大型现代化液体奶生产厂。该项目主体工程投资 10 亿元，主车间 4.77 万平方米，拥有 22 条生产线，日产鲜奶 2 000 吨，由中央控制系统指令各种设备，自动完成从收奶到产品出库的全过程。蒙牛乳业集团六期生产项目的建成，标志着我国乳品加工业技术水平迈进了世界先进行列，缩小了中国乳业与世界乳业的差距。

与蒙牛乳业集团六期生产项目相配套的物流系统，集成了自动仓库系统 AS/RS、空中悬挂输送系统、码垛机器人、环行穿梭车、直线穿梭车、自动导引运输车、自动整形机、自动薄膜缠绕机、液压升降台、货架穿梭板、连续提升机，以及多种类型的输送机等众多自动化物流设备，是当时今国内乳业自动化程度最高、最先进的物流系统。

1. 系统要求

蒙牛乳业集团六期自动化物流系统项目由太原刚玉物流工程有限公司负责整体规划和实施。由于此前双方长期而良好的合作基础，工程从招标到建成仅历时半年，其速度之快、效率之高令人称奇。该项目总包方太原刚玉物流工程有限公司经受了大方案、大集成、大服务的严峻考验，展示出强大的综合实力。

蒙牛乳业集团六期自动化物流系统主要服务于常温液体奶的生产、储存、发货，按照功能设计划分为生产区、入库区、储存区和出库区等，由计算机统一对整个物流流程实行自动化管理。六期项目共设置 22 条生产线，包括 10 条利乐 22 型机（3 条苗条型、7 条标准型）和 12 条康美机（5 条苗条型、7 条标准型），生产能力为 1 800 吨/20 时，出库量为 5 000 吨/22 时。按照规定，每天来自灌装车间的产品入库量约为 110 托盘/时；出库需分拣的量为 30 托盘/时。

在物流系统规划过程中，蒙牛乳业集团不仅对处理量提出了很高的要求，更重要的是要求实现从牛奶生产到成品最后出库装车发运全过程的无人化作业，其中包括成品入出库、原辅料及包材的输送等所有物流作业环节。同时，整个系统还要符合经济性、灵活性、安全性与易维护性的要求。

2. 系统构成

为实现从生产到出库流程的无人化作业，蒙牛乳业集团六期自动化物流系统由成品全自动立体库及输送系统、内包材自动化立体库及输送系统和辅料自动输送系统及贯穿这 3 个子系统的计算机管理系统组成。

3. 技术亮点

蒙牛乳业集团六期自动化物流系统是高科技设备和控制技术的高度集成，以规模之大、创新点之多、自动化程度之高、运行效率之高备受业界瞩目。该项目从信息管理控制系统到物流设备应用拥有诸多创新技术。

在控制系统方面，实现了生产物流与多库存储物流的统一调度管理。物流中心的高度自动化要求对成品自动化库、内包材自动化库、辅料库进行多库统一调度和管理，即建立包括仓储物流信息管理系统、自动化库房控制与监控系统和自动化库房控制执行系统等在内的信息控制系统；实现生产物流与包装的自动化控制，生产物流与存储物流的统一管理调度，以及多库存储与生产物流的统筹管理等。

在高科技设备应用方面，该项目涵盖了多种先进高效的自动化设备，其中AGV和空中悬挂输送系统是蒙牛乳业集团六期生产项目中的最大亮点。特别是在内包材出库环节引入了AGV，从根本上实现了真正的自动化搬运，成为蒙牛乳业集团同类项目中的一大突破。据了解，在其他项目的立体库中，内包材搬运作业多由计算机控制堆垛机使货物下架，由轨道出库。相比之下，AGV的应用使蒙牛乳业集团六期的运输系统实现了完全的智能化，大大提高了工作效率，降低了人力成本。

从一年来的运转情况看，蒙牛乳业集团六期自动化物流系统已基本达到了当初的规划设计目标，取得了令人满意的效果。以此为基础，蒙牛乳业集团有信心将位于呼和浩特和林格尔县的总部基地建设成国内规模最大、科技含量最高的现代化工厂，成为国内外乳制品行业的典范。

2.4　物流系统的评价

物流系统评价是系统分析中复杂而又重要的一个环节，它是利用模型和各种数据，从系统的整体观点出发，对系统现状进行评价。对物流系统评价需要有一定的量化指标，这样才能衡量物流系统实际的运行状况。一般把衡量系统状态的技术经济指标称为特征值，它是系统规划与控制的信息基础。对物流系统的特征值进行研究，建立一套完整的特征值体系，有助于对物流系统进行合理的规划和有效的控制，有助于准确反映物流系统的合理化状况和评价改善的潜力与效果。

2.4.1　物流系统评价的步骤和原则

1. 物流系统评价的步骤

物流系统评价是根据明确的目标来测定对象系统的属性，并将这种属性变为客观定量的计算值，或者主观效用的行为过程。这一过程包括三个关键步骤，即明确评价目的，建立评价指标体系和选择评价方法并建立评价模型。如图2-9所示。

图2-9　物流系统评价的步骤

1）明确评价目的

对物流系统进行综合评价，是为了从总体上把握物流系统现状，寻找物流系统的薄弱环节，明确物流系统的改善方向。为此，应将物流系统各项评价指标的实际值与设定的基准值相比较，以显现现实系统与基准系统的差别，基准值的设定通常有下列三种方式。

（1）以物流系统运行的目标值为基准值，评价物流系统对预期目标的实现程度，寻找实际与目标的差距所在。

（2）以物流系统运行的历史值为基准值，评价物流系统的发展趋势，从中发现薄弱环节。

（3）以同行业的标准值、平均水平值或先进水平值为基准值，评价物流系统在同类系统中的地位，从而寻找出改善物流系统的潜力。

2) 建立评价指标体系

从系统的观点来看，系统的评价指标体系是由若干个单项评价指标组成的有机整体。它应反映出评价目的的要求，并尽量做到全面、合理、科学、实用。为此，在建立物流系统综合评价的指标体系时，应选择有代表性的物流系统特征值指标，以便从总体上反映物流系统的现状，发现存在的主要问题，明确改善方向。

3) 选择评价方法和模型

（1）评价指标多且划分为不同层次，可通过逐级综合得出对各部分的评价及对系统的总体评价结果。

（2）由于管理基础工作等方面的原因，有些指标无法精确量化；同时由于物流系统是多属性的系统，评价结果用一个数值来表示不够全面和精确，对物流系统的评价一般采用综合评价方法。因而对各项指标进行登记评价具有一定的模糊性，通常采用模糊集理论对物流系统进行评价。

2. 物流系统评价的原则

物流系统是一个非常复杂的人造系统，它涉及面广，构成要素繁多且关系复杂，这都给系统评价带来一定的困难。为了对物流系统做出一个正确的评价，应遵循的基本原则如表2-4所示。

表2-4　物流系统评价的原则

原则	主要内容
要保证评价的客观性	评价的目的是为了决策，因此，评价的质量影响着决策的正确性。也就是说，必须保证评价的客观性。必须弄清资料是否全面、可靠和正确，防止评价人员的倾向性，并注意人员的组成应具有代表性和独立性
要保证评价的整体性	坚持局部利益服从整体利益的原则。物流系统由若干个子系统和要素构成，如果每个子系统的效益都是好的，那么，整体效益也会比较理想。在某些情况下，有些子系统是经济的，效益是好的，但从全局来看却不经济，这种方案理所当然是不可取的。反之，在某些情况下，从局部看某一子系统是不经济的，但从全局看整个系统却是较好的，这种方案则是可取的。因此，要求整体效益化和最优化，要求局部效益服从整体效益
要坚持可比性和可操作性原则	指标体系的建立和评价指标的确定要坚持先进合理和可操作的原则。影响物流系统功能发挥的因素是非常多的，因此，在建立物流系统指标体系时，不可能面面俱到，但应在突出重点的前提下，尽可能做到先进合理，坚持可操作性。可操作性主要表现在评价指标的设置上，既要可行又要可比。可行性主要是指指标设置要符合物流系统的特征和功能要求，在具体指标的确定上，不能脱离现有的技术水平和管理水平而确定一些无法达到或无法评价的指标。可比性，主要指评价项目等内容含义确切，便于进行比较，评出高低

2.4.2 物流系统评价的标准、方法和过程

1. 物流系统评价的标准

对物流系统评价需要有一定的评价标准,这样才能衡量物流系统实际的运行状况。要对各种物流系统做出客观公正的评价,就应该根据各个系统的不同情况制定出评价的标准。通常评价标准如表2-5所示。

表2-5 物流系统评价的标准

标准	主要内容
经济性	包括初始投资、每年的运营费用,直接或间接的经济效益、投资回收期及全员劳动生产率等
可靠性	包括物流系统各个环节的可靠性和整个系统的可靠性、技术的成熟程度、设备故障率和排除故障所需时间
灵活性	包括物流系统各环节与企业销售节奏相匹配的能力及调整物流路线的可能性
安全性	包括商品的安全和人员的安全及正常运行和紧急状态下的安全保障
易操作性	操作简单,不容易发生错误,只需要少量指令就可以使设备和整个系统投入运行
可扩展性	物流系统的服务范围和吞吐能力方面有进一步扩大的可能性
劳动强度	物流系统需要劳动力的数量及可能引起的劳动者的劳动疲劳程度
服务水平	物流系统对于顾客要求做出快速响应的能力
敏感性	物流系统对于外界环境条件发生变动的敏感程度

在具体对一个现代物流系统进行评价时,可以根据所确定的每一项评价标准的重要程度分别赋予权重,用加权平均的方法对物流系统进行综合评价。

2. 物流系统评价的方法

由于各个物流系统的结构不同、性能不同及评价因素不同,因此,评价的方法也各有不同。应该根据各个系统的不同情况来选择系统评价方法。目前国内外系统评价使用的方法很多,一般可以分为三类:定量分析评价、定性分析评价和两者相结合的评价方法。

从评价因素的个数来分,又可以分为单因素评价和多因素评价两种,前者在进行物流系统评价时,各个评价方案只考虑一个主要因素,例如物流成本、营业利润等;而多因素评价则是在进行物流系统方案评价时,同时考虑两个或两个以上的主要因素。

从时间上来看,物流系统评价主要可以分为两类:一是对物流现状进行系统评价,从而对现行系统有一个全面的了解,为系统调整和优化提供基础信息和思路。二是研究物流项目的可行与否及效益大小,从而为最终决策提供辅助信息。

3. 物流系统评价的过程

评价是根据明确的目标来测定对象系统的属性并将这种属性变为客观定量的计算值或主观效用的行为过程。物流系统评价和物流系统工程的其他步骤一样,本身也要遵循一定的步骤,物流系统的评价过程如图2-10所示。

单项评价是就物流系统或者物流系统方案的某一具体方面进行详细的评价,单项评价不能解决最优方案的判定问题。综合评价就是在各单项评价的基础上按照评价标准,就系统整体进行全面的评价。

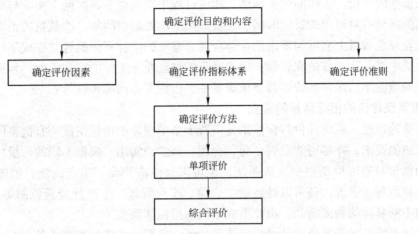

图 2-10 物流系统的评价过程

2.4.3 物流系统评价的指标体系

要对不同的方案进行评价和选优,就必须建立能对照和衡量各个替代方案的统一尺度,以及评价指标体系(考查系统替代方案的维度)。评价指标体系是指衡量系统状态的技术、经济指标,它既是系统评价的基础,也是物流系统运行和控制的信息基础。建立一套完整的评价指标体系,有助于对物流系统进行合理的规划和有效的控制,有助于准确反映物流系统的合理化状况及改善的潜力和效果。

1. 物流系统评价的指标体系的组成

1) 物流生产率

物流生产率指标是衡量物流系统投入产出转换效率的指标。物流系统的运行过程,是一定的劳动消耗和劳动占用(投入)完成某种任务(产出)的过程。物流系统的投入包括人力资源、物质资源、能源和技术等,各项投入在价值形态上统一表现为物流成本。物流系统的产出,就是为生产系统和销售系统提供服务。物流生产率指标是物流系统指标体系的重要组成部分,它通常又包括实际生产率、资源利用率、行为水平、成本和库存 5 个方面的指标。

2) 物流质量

物流质量指标是物流系统指标体系的重要组成部分,它是对物流系统产出质量的衡量。根据物流系统的产出,可将物流质量划分为物料流转质量和物流业务质量两个方面。

(1) 物料流转质量。物料流转质量是对物流系统所提供的物品在品种、数量、质量、时间和地点上的正确性评价。①品种和数量的正确性:物流过程中物品实际的品种和数量与要求的品种和数量的符合程度,常见的指标包括仓储物品盈亏率、错发率(既包括品种的差错,又包括数量的差错)等。②质量的正确性:物流过程中实际质量与要求质量的符合程度,常见的指标有仓储物品完好率、运输物品完好率、进货质量合格率等。③时间的正确性:物流过程中物品流向的实际时间与要求时间的符合程度,常见指标有及时进货率、及时供货率等。④地点的正确性:物流过程中物品流向的实际地点与要求地点的符合程度,常见指标有错误送货率等。

(2) 物流业务质量。物流业务质量是指对物流系统的物流业务在时间、数量上的正确性及工作的完善性的评价。①时间的正确性：物流过程中物流业务在时间上实际与要求的符合程度，常见的指标有对订单的反应时间、发货故障平均处理时间等。②数量的正确性：物流过程中物流业务在数量上实际与要求的符合程度，常见的指标有采购计划完成率、供应计划完成率、供货率等。③工作的完善性：物流过程中物流业务工作的完善程度，常见的指标有对客户问讯的响应率、用户特殊送货要求满足率、售后服务的完善性等。

2. 物流系统评价的指标体系的建立

根据系统的观点，系统评价指标体系是由若干个单项评价指标组成的有机整体。它应反映出系统目的的要求，并尽可能做到全面、合理、科学、实用。根据不同的衡量目的，物流系统指标的衡量对象可以是整个物流系统，也可以是供应物流、生产物流、销售物流及回收、废弃物物流等子系统，还可以是运输、仓储、库存管理、生产计划及控制等物流职能，乃至各职能中的具体的物流活动，由此形成不同的指标体系。

建立物流系统及其子系统的评价指标体系，可以遵循的步骤如表2-6所示。

表2-6　建立物流系统及其子系统评价指标体系的步骤

步骤	主要内容
第1步： 建立物流系统的目标体系	对于物流系统整体来说，其指标体系应反映物流系统的目的，其实质是对物流系统的目的从几个不同的方面（即维度）用数量进行描述；同样的道理，对于其子系统来说，它是实现整个物流系统目的的一种手段，而这种手段只是物流系统整体目标的分解，依此类推，可以得到一个目标体系
第2步： 根据目标体系确定评价指标体系	在这种情况下，可以根据该子系统的上一级子系统（或物流系统）的目标来制定它的评价指标体系。换句话说，就是根据系统展开后的目标体系来制定各子系统的评价指标
第3步： 考虑各评价对象的影响因素，修改评价指标体系	物流系统及其子系统不是孤立的，它们常常受到诸如政治、法律、经济、技术和生态等各种各样因素的影响。因此，必须把物流系统内外的相互制约、错综复杂的因素层次化、条理化，并结合到相关的子系统中进行考虑。这样制定出来的评价指标体系既能保持它的合理性，又能保证它的完整性

本 章 小 结

本章在系统的基础之上，主要介绍了物流系统的概念与作用。物流系统是指由两个或两个以上的物流功能单元构成，以完成物流服务为目的的有机集合体。物流系统是新的系统体系，具有复杂性、动态性、广泛性和可分性的特点。物流系统的要素可分为一般要素、功能要素、支撑要素和物质基础要素。整个物流系统由物流硬件系统、物流信息系统、物流管理系统和物流作业系统构成。除此之外，本章还介绍了物流系统分析与设计的内容、原则和设计程序。对物流系统的评价，因其构成要素繁多复杂而有一定的难度，要对不同物流方案进行评价，必须建立一套完整的评价指标体系。

本章习题

1. 名词解释

（1）系统；（2）物流系统；（3）物流系统评价；（4）物流系统分析

2. 选择题

(1) 以下_____不属于系统的特点。
　　A. 集合性　　　B. 复杂性　　　C. 相关性　　　D. 动态性

(2) 物流系统模式的功能不包含_____。
　　A. 输入　　　　B. 输出　　　　C. 处理　　　　D. 加工

(3) 以下_____不是物流系统的目标。
　　A. 快捷性　　　B. 服务性　　　C. 物流选址　　D. 库存控制

(4) 物流系统分析与设计的原则不包含_____。
　　A. 系统内部与外部环境相结合　　B. 局部和整体效益相结合
　　C. 坚持可比性和可操作性　　　　D. 定量分析与定性分析相结合

(5) _____不是影响物流系统分析与设计的因素。
　　A. 行业竞争　　B. 人力资源　　C. 地区差异　　D. 物流技术

(6) _____不是物流系统评价的步骤。
　　A. 确定评价目的　　　　　　　　B. 建立评价指标体系
　　C. 确定评价相关人员　　　　　　D. 选择评价方法和模型

(7) 物流系统评价的原则包括评价的客观性、可比性和可操作性,以及_____组成。
　　A. 及时性　　　B. 动态性　　　C. 整体性　　　D. 有效性

(8) 物流系统评价的指标体系由物流生产率和_____组成。
　　A. 物流成本　　B. 物流质量　　C. 运输时间　　D. 物流量

3. 简答题

(1) 物流系统有哪些构成要素?
(2) 物流系统分析与设计的原则有哪些?
(3) 物流系统评价有哪些步骤?
(4) 物流系统评价有哪些原则?
(5) 简述物流系统评价的指标体系。

第3章

物流职能管理

物流的基本职能是指物流活动应该具有的基本能力。通过对物流活动进行有效组合，能够形成物流的总体功能，进而达到物流的最终经济目的。物流有6项基本职能，包括运输、仓储、配送、装卸搬运、包装和流通加工。物流管理是通过实现上述职能的管理完成的。本章分别介绍物流6项基本职能的概念、功能、业务流程和合理化措施等内容。

3.1 运输管理

运输解决了物资生产与消费在地域上不一致的矛盾，具有扩大市场、扩大流通范围和稳定价格等经济功能，对拉动现代生产与消费、发展经济、提高国民生活水平起到积极作用。因此，运输是物流的中心环节之一，是物流重要的构成因素。

3.1.1 运输管理概述

1. 运输的概念和功能

运输是指人或者货物通过运输工具经由运输网络，由甲地移动到乙地，完成某个经济目的的行为。简单地说，运输是在一定范围内人与物的空间位移。运输和搬运的主要区别在于，运输是对"货物"进行的较大范围的空间移动，而搬运是对"货物"进行的较小范围的空间移动。

运输的功能主要体现在实现货物的转移和储存两个方面。

1）产品转移

在产品的制造和销售过程中，运输都是必不可少的物流环节。运输的主要功能就是产品在价值链中的来回移动。既然运输利用的是时间、财务和环境等资源，那么，只有当它确实提高产品价值时，该产品的移动才是重要的。

运输之所以涉及利用时间资源，是因为产品在运输过程中是难以存取的。这种产品通常是指转移中的存货，是各种供应链战略，如准时化和快速响应等业务所要考虑的一个因素，以减少制造和配送中心的存货。"运输使用的财务资源包括"驾驶员劳动报酬、运输工具的运行费用，以及一般杂费和行政管理费用分摊。此外，还要考虑因产品灭失损坏而必须弥补的费用。运输直接和间接地使用环境资源。在直接使用方面，运输是能源的主要消费者之一；在间接使用环境资源方面，由于运输造成拥挤、空气污染和噪声污染而产生环境费用。

运输的主要目的就是要以最少的时间、财务和环境资源成本，将产品从原产地转移到规定地点。

2）产品储存

如果转移中的产品需要储存，且在短时间内又将重新转移，而卸货和装货的费用也许会超过储存在运输工具中的费用，这时，可将运输工具作为暂时的储存场所。所以，运输也具有临时的储存功能。通常以下几种情况需要将运输工具作为临时储存场所：一是货物处于转移中，运输的目的地发生改变时，产品需要临时储存，这时，采取改道则是产品短时储存的一种方法；二是起始地或目的地仓库储存能力有限的情况下，将货物装上运输工具，采用迂回线路运往目的地。诚然，用运输工具储存货物可能是昂贵的，但如果综合考虑总成本，包括运输途中的装卸成本、储存能力的限制、装卸的损耗或延长时间等，那么，选择运输工具作短时储存往往是合理的，有时甚至是必要的。

2. 运输的原理

运输的原理是指在一次运输活动中，降低成本和提高经济效益的途径和方法，是指导运输管理的最基本原理，主要包括规模原理、距离原理和速度原理。

1）规模原理

规模原理是指随着一次装运量的增大，单位货物的运输成本逐渐下降，如图3-1所示。运输规模经济之所以存在，是因为运输过程中的固定成本可以按整批货物的重量分摊。规模经济是货物的批量运输合理的原因。此外，规模运输还可以获得运价折扣，也会使单位货物的运输成本下降。

2）距离原理

距离原理是指运输成本与一次运输的距离有关，且随着运输距离的增加，运输费用的增加会变得越来越缓慢，或者单位距离的费用会越来越少，如图3-2所示。距离经济的合理性类似于规模经济，尤其体现在运输装卸固定成本的分摊上。运输距离越远，可以使一次运输装卸的固定成本分摊给更多的运输距离，带来单位距离运输成本的降低。

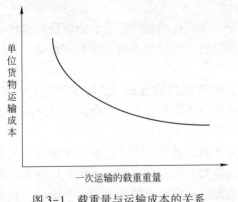

图3-1 载重量与运输成本的关系

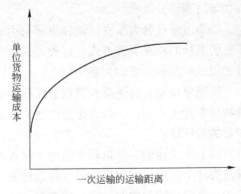

图3-2 距离与运输成本的关系

3）速度原理

速度原理是指完成特定的运输所需的时间越短，其效用价值越高。一方面，运输时间缩短，使单位时间内的运输量增加，与时间有关的固定成本分摊到单位运量上的费用减少，如运输管理人员的工资、固定资产的使用费和运输工具的租赁费等减少。另一方面，由于运输时间缩短，物品在运输工具中滞留的时间缩短，从而使到货提前期缩短，有利于降低库存费用。当然，速度快的运输方式一般成本也较高。因此，应综合权衡运输速度和运输成本。在运输方式一定的情况下，尽可能加快运输各个环节的速度，并使各个环节更好地衔接。

3. 运输的方式

运输方式是指运输过程中，使用基础设施形成的铁路、公路、水路、航空和管道运输及不同运输方式的组合运输。每种运输方式有不同的特点，在特定环境下，最优运输方式依赖于运输物品的种类、场所、运输距离和价值等。

1）运输的基本方式

（1）公路运输，从广义来说，是指利用一定载运工具沿公路实现旅客或货物空间位移的过程。从狭义来说，公路运输即指汽车运输。物流运输中的公路运输是专指汽车货物运输。

按托运量大小，运输方式可分为整车运输与零担运输，凡托运方一次托运货物在 3 吨及 3 吨以上的为整车运输。其货物通常有煤炭、粮食、木材、钢材、矿石、建筑材料等。凡托运方一次托运不足 3 吨者为零担运输，零担运输适合商品流通中品类繁杂，量少批多，价高贵重，时间紧迫情况下的运输。按运输的组织特征可分为集装化运输与联合运输，集装化运输也称成组运输或规格化运输。它是以集装单元作为运输的单位，保证货物在整个运输过程中不致损失，而且便于使用机械装卸、搬运的一种货运方式，联合运输就是两个或两个以上的运输企业，根据同一种运输计划遵守共同的联运规章或签订的协议，使用共同的运输票据或通过代办业务，组织两种或两种以上的运输工具，相互接力，联合实现货物的全程运输。

（2）铁路运输，是指在铁路上以车辆编组成列车载运货物，由机车牵引的一种运输方式。它主要承担长距离、大批量的货物运输，是我国现代最主要的货物运输方式之一，具有昼夜不间断、全天候作业的特点，铁路运输系统技术基础设施主要由线路、机车辆、信号设备和车站四部分组成。

铁路运输可分为车皮运输和集装箱运输两种类型。车皮运输是指适合货物数量和形状的车皮所进行的铁路运输方式。这种方式适合运送大宗货物，主要用来运送煤炭、水泥、石灰等无须承担高额运费的大宗货物。

铁路集装箱运输是指铁路和公路联运的一种复合型直达运输方式，其特征是送货到门，货物可由托运人的工厂和仓库直达收货人的工厂或仓库，适合化工产品、食品、农产品等多种货物的运输。

（3）水路运输，是指利用船舶，排筏和其他浮运工具，在江、河、湖泊、水库及人工水道及海洋上送旅客和货物的一种运输方式。水路运输按其航行的区域，大体上可分为远洋运输、沿海运输和内河运输三种类型。远洋通常是指除沿海运输以外所有的海上运输。在实际工作中又有"远洋"和"近洋"之分，沿海运输是指利用船舶在我国沿海区域各港口之间的运输。内河运输是指利用船舶、排筏和其他浮运工具，在江河、湖泊、水库及人工水道上从事的运输。

(4) 航空运输，指使用飞机或其他航空器进行运输的一种形式。主要适合运载两类货物：一是价值高、运费承担能力很强的货物；二是紧急需要的物资。主要有班机、包机、集中托运三种运输方式。

(5) 管道运输，是利用管道输送气体、液体和固体料浆的一种运输方式。

表 3-1 给出了不同的运输方式适宜运输的货物。

表 3-1 合理交通运输方式的选择

方式	适宜运输的货物
公路运输	煤炭、粮食、木材、钢材、矿石、建筑材料等
铁路运输	大宗、笨重、长途运输，如矿产、金属、畜牧等工农业原料及产品
水路运输	大宗、远程、时间要求不高的货物等
航空运输	急需、贵重、数量不大的物品
管道运输	主要是原油和成品油、天然气、煤浆及其他矿浆

五种现代交通运输方式的比较如表 3-2 所示。

表 3-2 五种现代交通运输方式比较

方式	优点	缺点
公路运输	机动灵活，装卸方便，对各种自然条件适应性强	运量小，耗能多，成本高，运费高
铁路运输	运量大，速度快，运费低，受自然因素影响小	造价高，短途运输成本高
水路运输	运量大，投资少，成本低	速度慢，灵活性、连续性差，受自然条件影响大
航空运输	速度快，运输效率高	运量小，耗能多，运费高，设备投资大，技术要求严格
管道运输	运具和线路合二为一，运量大，损耗小，安全性高	设备投资大，灵活性差

2）复合运输

各种运输方式都有其特点，但没有必要在运输的全程都应用一种方式，最优选择经常是将行程分为几个阶段，每个阶段利用最优运输方式。当然这要依赖路况和运输方式间的转换费用等因素。

复合运输是指行程中包含了两种或两种以上不同的运输方式。其目的是组合几种方式的优点，同时避免各自的缺点，如将水路运输的低成本与公路运输的弹性组合。

复合运输的主要问题是每种方式间的转换都会导致延迟和增加额外的处理费用，只有在这种转换能有效运作时才能实现。因此，复合运输的核心就是运输方式间的物料转换系统如何实现无缝运输。最佳的方法就是采用统一标准化的装卸措施。

成组运输是实现无缝运输的具体体现。成组运输是采用一定的办法，把分散的单件货物组合在一起，成为一个规格化、标准化的大运输单位进行运输。成组运输主要形式包括托盘运输与集装箱运输。

托盘是为了便于货物装卸、运输、保管和配送而使用的，由可以承载若干数量物品的负荷面和叉车插口构成的装卸用垫板，如图3-3所示。托盘作为集装单元化器具，能将零碎散放的货物组合成规格统一、具有一定体积重量的货物单元。托盘货物单元可以用叉车进行装卸搬运，可以利用单元格式货架进行保管储存，也可以直接装进集装箱或其他运输设备。在公路、铁路、水运、航空运输、多式联运等多种运输方式中应用托盘货物单元作业，可将货物连同托盘一起送到最终用户手中（被称为"托盘作业一贯化"），而不用在中途反复倒盘，能够减少无效作业，提高物流效率和降低物流成本。

图3-3　托盘示意图

集装箱是运输包装货物或无包装货物的成组运输工具（容器）的总称，如图3-4所示。集装箱运输流程中对货物或货物的载体（集装箱）所进行的各种操作主要包括：①与货物、集装箱连接和分离有关的装箱、拆箱和拼箱；②与集装箱运输有关的活动，主要包括海上运输与内陆集疏运输；③对集装箱体进行操作的活动；④集装箱交接活动。由这些基本活动可构成一个完整的集装箱运输流程。

图3-4　集装箱示意图

3.1.2　运输业务流程管理

运输业务流程管理包括对企业提供的运输服务进行计划、安排、监督及货单审查、运价和服务谈判、货损索赔的预防和处理等活动。在日常工作中，各个运输管理部门管理的业务有所不同，但一般包括以下业务程序（以公路运输的业务流程为例）。

1. 制订货运计划

其任务就是与采购、分销及与生产部门协调运输计划，运筹和监控运入和运出货物的日程，保证生产和流通的有序进行，不能因运输而使整个业务流程受阻。运输管理应保证在时间安排上不过早或过晚，否则将会因货位、车道拥挤、设备滞留和拖延而支付额外费用或罚款。

2. 选择运输企业与运输方式

运输管理工作涉及对货物运输公司及运输方式的选择。考虑到经济和资源的限制，竞争压力和客户需求，企业应选择最有效的运输方式和运输承运人。对运输承运人通过识别、分析、决策及评价等环节进行选择。无论是使用哪种运输方式，都要考虑到运输时间、运价、运输设备的可利用性、货差与货损等因素。

3. 安排运输服务工作

安排运输服务工作要与相关车辆调配人员取得联系，由他们安排空车或电话通知货运公司当地的调度人员。在这两种情况下，应向运输公司人员通报货主的姓名、接货地点和货物重量，有时还需通知货物体积、类别和到站情况，以便车辆到达后就可开始各项装货作业。

4. 运输和货运跟踪

这类工作包括连续跟踪货运过程和在必要时提醒运输公司中途改变运输路线。有些货主通过计算机网络直接与运输公司的货运系统联网。这样，每天都可以得到货主的所有车辆和货物位置的报告。货运跟踪对托运人和收货人都具有重要意义，据此他们能根据货运进程或出现的问题来及时调整生产计划和接运准备。

5. 验货和确定运费

验货是为一次货运确定适当运费的过程。托运人在运输公司填写货单前会同承运人验货，这样可以避免或减少超收或少收运费情况的发生。

6. 审验和付费

审验是指检查运费的计费是否准确。这项工作在运输公司提出货单或付费后进行。一些企业由本单位审核，有的则在付费后再请外部人员完成这项工作。货单一般要经过运输部门核实再交给财务部门。

7. 延期和滞留

延期费是由于装卸超过规定的时间而使运输工具耽搁，由运输公司向托运人或收货人收取的费用。滞留为铁路运输企业用语，概念相同。运输管理人员一般要对延期和滞留负责监控、管理和付费。运输管理人员必须在装卸和人力成本与设备延期费用之间进行权衡比较，做出决策。

8. 索赔

运输公司在货运过程中，可能会发生货差和货损。运输管理人员应负责办理索赔，以补偿部分或全部损失。此外，还要处理货单多收（或少收）运费等事宜。

9. 自用货车和汽车车队的管理

在一些企业中，运输管理部门还要负责对自用货车和汽车车队的管理。为此，需要做好协调和管理工作，以降低车队成本和提供优质服务。

10. 运输管理预算

运输管理预算是防止超支的一项重要工作。运输管理人员应随时掌握现在和未来的各项活动及其开支，并与原定计划相对照。

物流运输管理人员必须熟悉上述业务流程，才能圆满完成运输管理任务。

3.1.3 运输管理合理化

物流合理化就是最优化物流活动的成本、效率、效益和服务质量。由于运输是物流中最重要的功能要素之一，因此物流合理化在很大程度上依赖于运输合理化。

1. 影响物流运输合理化的主要因素

影响物流运输合理化的主要因素有 5 项，如表 3-3 所示。

表 3-3　影响物流运输合理化的主要因素

主要因素	说明
运输距离	在运输过程中运输时间的长短、运费是否合理、运输货物有无损坏及损失、车辆周转次数等情况下的技术经济指标，都与运输距离有着一定的比例关系。因此，在组织运输物品时应尽可能实现运输路径最优化。运输距离的长短是影响物流运输合理化的最基本因素
运输环节	运输环节越多，表明装卸搬运作业的次数也就越多，同时货损率也会增大，严重影响了运输速度，增加了运费的支出。严重时可能会导致货损率赔偿费用。因此，在合理化运输过程中应尽量减少运输环节
运输时间	运输是整个物流环节中最重要同时也是最耗时的环节。它不同于仓储和包装，它是实现物品空间位置的转移，在物品运输过程中伴随着装卸搬运、流通加工等环节。此外，运输时间短，有利于运输工具加速周转，充分发挥运力的作用，有利于货主的资金周转，有利于运输路线通过能力的提高，可见，缩短运输时间就是缩短物流时间，就是降低物流成本，对于运输合理化有很大的贡献
运输工具	各种运输工具都有其优势的领域，合理化选择运输工具，按照运输工具特点进行装卸搬运作业，发挥运输工具的优势功能。同时，运输工具受运输方式及货物要求的影响。如：价值高、质量要求严的货物采用空运，大批量货物采用铁路运输等
运输费用	运输费用在全部物流费用中占很大的比例，运输费用的高低也将掌握着物流企业的存亡，是提高整个物流系统竞争力的核心。实际上，运输费用的降低，无论对货主企业还是对物流经营企业来讲，都是运输合理化的一个重要目标。运输费用的高低也是各种合理化措施是否行之有效的最终判断依据之一

2. 选择合理有效的措施

1) 合理选择运输方式

运输方式都有自己的优势和劣势。其特点不同、使用范围不同就直接导致选择时应综合对其进行比较分析。可通过对货物的运输要求及品质特征等进行分析以选择适合的运输方式，如价格、安全性及运输时间。

2) 合理选择运输工具

商品的性质、数量的不同对运输工具的要求也不同，如有些对温度、湿度有特殊要求，易碎、易变质商品的运输。一般来说，应考虑以下几点，货物的特点、性质、运输速度和路程，运输能力和密度，运输费用。

3) 合理选择运输路线

尽量选择直达运输路线，以最快运输速度、最短时间运达目的地；也可合理安排循环运输。总之，以最短路线完成运输任务。

4) 合理利用运输能力

如在能源动力允许的情况下，铁路运输可以多加车厢，公路运输可以加挂车等来增加运输能力，同时节省了原料的耗费、劳动力的投入等，降低了单位货物的运输成本。如沃尔玛的经营方式，就是使用一个尽可能大的卡车和大约有16米加长的货柜，把卡车装得非常满，产品从车厢的底部一直装到最高，增加了运力，减少了司机劳动力的投入。

5）通过流通加工，使得运输合理化

有些产品由于产品性质的问题，很难实现运输合理化。如果进行适当加工，就能有效解决运输合理化问题，如轻泡产品捆紧包装就容易提高装载量。

案例3-1：TNT快递公司的快速运输模式

TNT是世界顶级的快递与物流公司，公司总部设在荷兰的阿姆斯特丹。TNT快运目前主要提供以下5种快运送货上门服务：当日快件、早9点快件、午时12点快件、全球午后17点快件和经济快件等。另外，TNT快运还提供多种价值附加服务，如技术速递、夜间速递和保险速递等。多样化的服务能够满足顾客的个性化需求，还使得快运网络更加稠密，促进了企业快运业务的增长。这5项服务均为标准化服务，服务的内容及要求都按照严格的标准及相关程序进行。就TNT快速运输模式而言，主要具有以下3个特点。

1. 统一营销

客户服务中心统一负责整个快运业务的销售、售后服务及财务结算等，实行统一业务受理、标准化服务和程序化管理的运作模式。TNT快运共有5个客户服务中心，其中4个负责国际快运业务，1个负责国内快运业务。根据客户的需要，客户服务中心提供不同的服务。小型客户业务量小，公司专门为小型客户设立了每天24小时的免费电话。对大型客户，则有固定人员定期联系。所有的业务受理产生的通信费用由TNT支付。

2. 集中分拣货物

TNT在欧洲有5个快件主集散站，分布在比利时的列日、英国的利物浦和德国的科隆等地。并在列日租用机场和跑道，每周飞行500个航班，加上利用商业网络，构成250条空运航线，每周飞行13 000个飞行段，运送1 500吨货物，与745个集散站相连。30%的运输任务由TNT公司承担，剩余70%的运输任务则会外包出去，由有运输协议的小型运输公司承担，但车辆和人员要使用TNT的标志和品牌。

集散站分为主集散站和卫星集散站。卫星集散站对货物进行粗检，按流向运到相应的主集散站，在主集散站进行集中分拣。重量小于30千克的货物由货物到达地的主集散站运到卫星集散站配送，30千克以上的货物由主集散站直接配送。主集散站负责快运货物的分流向分拣（粗拣），卫星集散站负责快运货物的定向分拣（细拣），卫星集散站在进行货物收集（托运）业务时是粗略分拣，承担货物配送时是细拣。通过主集散站和卫星集散站的分级分拣，合理分工，加快了快运货物的分拣速度，便于货物按流向集中运输，降低了运输费用。

3. 统一配送

TNT快运服务网络覆盖面很广，按照服务功能和区域可分为欧洲空运网络、欧洲路运网络、亚洲网络、商用网络及荷兰国内网络5个部分。路运货运量占65%，空运占25%，商业航班占10%。

快件货物运输根据不同的服务项目的要求，采用空运或陆运（汽车或大型货车）。一般早上9点和中午12点的快运选择空运方式；当日快件则比较灵活，只要能按时到达，则采用较经济的运输工具；经济快运一般采用汽车运输。通常在800千米范围内用汽车运输，超过 800 千米用航空运输。由于 TNT 快运网络十分发达，能运达 200 多个国家，故快件的运送速度比邮件快。虽然快件和邮件由不同的网络运送，但有时邮件和快件网络会相互利用和协调，邮件也能通过快件网络运行。

TNT 快运运输组织形式包括统一销售、集中分级分拣和统一运输，特别是集中分级分拣，将不同的货运站进行功能设置，有些大型货运站完全服务于粗拣后站与站之间的运输。这种接力式的分拣、运输，强化了集团公司间的合作，也提高了分拣和运输的整体效率。这种在集团公司内部进行专业化分工的组织形式非常有利于提高整个网络的运输效率，降低营运成本。统一营销、统一调度、统一分拣、统一配送和信息共享是今后快件运输发展的趋势，也会促使货物运输集团企业形成专业化、规模化、网络化的运作模式。

3.2 仓储管理

3.2.1 仓储管理概述

1. 仓储的概念和功能

仓储是指通过仓库对商品进行储存和保管。它随着商品储存而产生，又随着生产力的发展而发展。仓储是商品流通的重要环节之一，也是物流活动的重要支柱，在社会分工和专业化生产的条件下，为保持社会再生产过程的顺利进行，必须储存一定量的商品，以满足一定时间内社会生产和消费的需要。

在社会生产与生活中，由于生产与消费节奏的不统一，商品在流通过程中的储存和滞留就成为必然。如何在生产与消费或供给与需求的时间差中，妥善地保持商品的完好性，是物流过程中仓储环节所要面对的问题。仓储在物流中的主要功能可以概括为以下几点，如表 3-4 所示。

表 3-4 仓储的主要功能

主要功能	说明
仓储是物流过程中的重要环节	物流过程主要包括运输和仓储两种运作方式，运输和仓储用"移动"和"静止"来实现"供给"与"需求"之间的衔接。运输是靠货物的位置移动来实现其价值的功能，而传统的仓储是靠增加货品的时间价值实现其增加价值的功能。现代仓储是指商品在流通过程中处于"停歇"或"静止"状态的物流形式
仓储可保证社会再生产过程顺利进行	货物的仓储过程不仅是商品流通的必要保证，也是社会再生产过程得以进行的必要条件。商品的生产过程需要原材料、零件、配件的准备和供给，商品生产的链条中缺少了仓储过程，生产就难以实现，商品的再生产过程也将停止
仓储可优化商品流通，节约流通费用	物流过程中的仓储环节是商品流通网络中的一个节点，通过仓储作业，可以使商品流通顺畅，加快商品流通的速度，降低商品流通总体成本。仓储通过储存、分拣等过程使商品的流通过程中单位商品流通距离缩短，时间减少，从而降低商品流通的综合成本
仓储可保证商品在流通过程中的质量	通过仓储环节，对流通商品进行检验，加强商品进入市场前的质量检查工作，可以最大限度地防止不合格商品流入市场。因此，做好商品进出库的检验工作，并管理好商品的在库质量是仓储管理的重要任务

续表

主要功能	说明
为商品进入市场做好准备	在仓储作业环节，可以进行商品的整理、包装、质检、分拣、贴标签、再加工等工作。在销售末端环节运营成本越来越高的情况下，尽可能地利用仓库集中作业的低成本和有效性，可以为下一个流通环节提供方便，创造价值
为生产提供方便	为优化生产和流通环节，使生产过程品种简化，流通环节减少存货品种，在仓储环节可以实现部分的后续生产过程，以达到减少生产或储存成本的目的，以快速应对客户对产品的特殊要求，并减少生产和存货的品种数量
为逆向物流提供场所	一般意义的仓储是为商品从原材料到产成品的流通过程提供场所，而现代商品流通向着可持续发展方向发展，商品的包装物及其使用后的回收越来越引起人们的注意。商品流通对逆向物流提出了新的要求，仓库也是逆向物流必不可少的通道和场所

2. 仓储管理的内容

仓储管理是指服务于一切库存商品的经济技术方法与活动。很显然，"仓储管理"的定义指明了其所管理的对象是"一切库存商品"，管理的手段既有经济的，又有纯技术的。仓储管理工作包括以下 6 个方面的内容。

1）仓库的选址与建设

它包括仓库的选址原则，仓库建筑面积的确定，库内运输道路与作业的布置等问题。仓库的选址和建设问题是仓库管理战略层所研究的问题，它涉及公司长期战略与市场环境相关的问题研究，对仓库长期经营过程中的服务水平和综合成本产生非常大的影响，所以必须提到战略层面来对待和处理。

2）仓库机械作业的选择与配置

它包括如何根据仓库作业特点和储存商品的种类及其理化特性，选择机械装备及应配备的数量，如何对这些机械进行管理等。现代仓库离不开仓库所配备的机械设施，如叉车、货架、托盘和各种辅助设备等。恰当地选择可用于不同作业类型的仓库设施和设备将大大降低仓库作业中的人工作业劳动量，并提高货品流通的顺畅性和保障货品在流通过程中的质量。

3）仓库作业组织和流程

它包括设置什么样的组织结构，各岗位的责任分工如何，储存过程中如何处理信息组织作业流程等。仓库的作业组织和流程随着作业范围的扩大和功能的增加而变得复杂，现代大型的物流中心比以前的储存型仓库组织机构大出很多，流程也复杂得多。设计合理的组织结构和分工明确是仓储管理目标得以实现的基本保证。合理的信息流程和作业流程使仓储管理高效、顺畅，并达到客户满意的要求。

4）仓库管理技术的应用

现代仓储管理离不开现代管理技术与管理手段，例如，选择合适的编码系统，安装仓储管理系统，实行 JIT 管理等先进的管理方法。现代物流越来越依靠现代信息和现代管理技术，这也是现代物流区别于传统物流的主要特点之一。商品的编码技术和仓储管理系统极大地改善了商品流通过程中的识别和信息传递与处理过程，使得商品的仓储信息更准确、快捷，成本也更低。

5）仓库的作业管理

仓库作业管理是仓储管理日常所面对的最基本的管理内容。例如，如何组织商品入库前的验收，如何安排库位存放入库商品，如何对在库商品进行合理保存和发放出库等。仓库的作业管理是仓库日常所面对的大量和复杂的管理工作，只有认真做好仓库作业中每一个环节的工作，才能保证仓储整体作业的良好运行。

6）仓储综合成本控制

成本控制是任何一个企业管理者的重要工作目标，仓储管理也不例外。仓储的综合成本控制要考虑库房内仓储运作过程中各环节的相互协调关系，以平衡局部利益和总体利益最大化的关系。选择使用的成本控制方法和手段，对仓储过程每一个环节的作业表现和成本加以控制是实现仓储管理目标的要求。

3.2.2 仓储作业管理

仓储作业管理是指根据仓库总平面布置和储存任务，确定各类商品的储存位置和储存方法，使商品有明确的存放货位。合理的商品储存规划应既能合理利用仓库设施，使商品储位明确，又便于储存商品的收发、分拣和配送作业，有利于商品的保管保养和仓储作业顺畅。

1. 仓储作业的过程

仓储作业是指在物品储存过程中所发生的所有作业活动的总称。仓储作业主要包括接货、验收、入库、保管、保养、出库和发运等环节。不同形式的储存，其作业内容有所不同。以利用仓库作为储存设施的作业为例，其一般程序如图3-5所示。

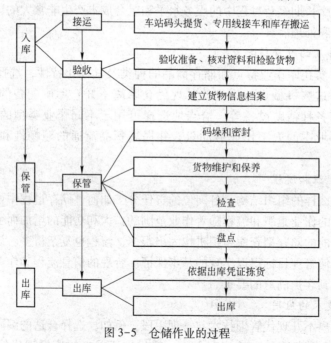

图3-5 仓储作业的过程

2. 仓储作业的内容与要求

1）接收入库

货物入库流程为：订购单—送货单—点收检查—办理入库手续—物品放置到指定位置—

物品标识卡加以标识。货物入库要求能最快、最准确地将到货信息转换为入库计划、仓位分配和堆码方案等有用的作业信息。

2）货物储存

货物储存应首先根据托盘载重的参数选择储存的位置和大小，以达到仓库最大空间利用率。这要求仓库建立一个仓位管理系统，明确货物存放位置和数量。

一个高效的仓位管理系统具有以下功能：①载货能被放到任何一个货架，允许被存放到任何一个可得的空位，这样可以大大增加仓位的利用；②可根据仓位的储存状况进行周期性盘点，并与人工实际盘点量核对，有利于减少可能发生的差错；③能及时更新存货批量和仓位的纪录，为仓库管理者提供及时的有用信息，有助于以后的入库、拣货和生产决策的制定。

3）出库

货物出库的流程为：订单处理—拣选—复核—包装—点交—登账—清理。其中，拣选作业是仓库在接受订货指示、发出货票的同时，拣选人员按照商品分列的清单在库内寻找、提取所需商品。仓位定位系统是实现高效的订单拣货的基础。在多层仓位和区域拣货环境中，仓位选择的准确性对于避免所储存货物的废弃和减少完成一个订单所必须前往的仓位数都是十分重要的。

4）发货

发货是将确定已拣选货物根据收货地点转移到指定区域，以便来自多个拣货区域的订单控制和整合。同时，通过电子数据交换系统将顾客订单文件、托运单及货物的检验和装载信息发送给顾客。

仓库操作还有许多其他功能的需要，比如，从作业角度对员工的绩效进行监督（作业成本计算）；对所有储存活动进行查账，便于纠错；保存生产数据文件，跟踪、存取订单从接单到发货的状态；记录各项活动的报告，用于管理仓储。仓库管理系统的建立对提高作业效率具有重要作用。

3. 仓储作业的管理目标

一个仓库储存系统主要由空间、货品、人员、储存设备、搬运与输送设备构成。从仓储组成看，仓库作业管理的目标如下。

（1）仓库空间利用率最大化。这样能够有效地利用空间，减少库房的闲置。

（2）劳动力及设备使用率最大化。做到物尽其用，追求运营成本的最小。

（3）保证所有物品都能随时准备存取。因为储存增加商品的时间价值，所以，一旦有需求时，立即就能满足需要的仓库存储系统，才算是有计划的储位系统及良好的库房布置。

（4）使物品能够被有效移动。在储存区内进行的大部分活动是物品的搬运，需要大量的人力及设备来完成物品的搬进与搬出。因此，人力与机械设备的操作应达到经济和安全的程度，使得物品能够被有效地转移。

（5）保护好储存的物品。储存的目的在于保证物品在出货前质量完好。所以，必须保证被储存物品在储存期间免受自然或人为因素的影响。

3.2.3 仓储合理化

所谓仓储合理化就是用最经济的办法实现仓储的功能，这是合理化的前提和本质。实现合理化的仓储要明确仓储合理化的标志及实现仓储的功能,但如果过分地强调仓储功能的实现,又会导致仓储的数量过大。所以,合理仓储的实质是尽量保证在低成本的投入下实现仓储功能。

1. 仓储合理化的标志

实现最低成本而又能充分满足客户需求的仓储数量是衡量仓储管理中合理化的一个原则。具体仓储合理化标志见表3-5,包括质量标志、数量标志、时间标志、结构标志、费用标志、分布标志六项。

表3-5 仓储合理化标志

标志类型	仓储合理化内容
质量标志	保证被仓储物的质量,是完成仓储功能的根本要求。只有这样,商品的使用价值才能通过物流之后得以最终实现。在仓储中增加了多少时间价值或是得到了多少利润,都是以保证质量为前提的。所以,仓储合理化的主要标志中,为首的应该是反映使用价值的质量
数量标志	仓储管理中物品数量控制体现出整个仓储管理的科学化和合理化程度。一个合理的仓储数量应该是满足需求而又做到成本最低
时间标志	在保证仓储功能实现的前提下,寻求一个合理的储存时间。要求仓储管理中,物品的管理应该处于动态的、不断周转状态下。资金的周转率高,运作的成本就低。因此,仓储的时间标志反映出仓储的动态管理制度
结构标志	从所储存物品不同品种、不同规格、不同花色的仓储数量的比例关系可以对仓储合理性进行判断
费用标志	从仓储费、维护费、保管费、损失费、保险费和资金占用利息支出费用等实际费用上判断储存合理与否
分布标志	指不同地区仓储的数量比例关系,以此判断当地需求比,以及对需求的保障程度,也可以此判断对整个物流的影响

2. 仓储合理化的主要内容

1) 仓库选址

物品仓储,离不开仓库,仓库建设要求布局合理。仓库设置的位置,对于物品流通速度和流通费用有着直接的影响。仓库的布局要与工农业生产的布局相适应,应尽可能地与供货单位靠近,这就是所谓"近场近储"的原则。否则,就会造成工厂远距离送货的矛盾。物品供应外地的,仓库选址要考虑临近的交通运输条件,力求接近车站码头,以便物品发运,这就是所谓"近运近储"的原则。

2) 仓储数量

物品仓储要有合理的数量,在保证功能实现前提下有一个合理的数量范围,即在新的物品运到之前有一个正常的能保证供应的库存量。影响合理量的因素很多,首先是社会需求量,社会需求量越大,库存储备量就越多;其次是运输条件,运输条件好,运输时间短,则仓储数量可以相应减少;再次是物流管理水平和技术装备条件,如进货渠道、中间环节、仓库技术作业等,都将直接或间接地影响物品库存量的水平。

3) 仓储结构

仓储结构就是指对不同品种、规格、型号的物品,根据消费的要求,在库存数量上确定彼此之间合理的比例关系。它反映了库存物品的齐备性、配套性、全面性和供应的保证性,尤其是相关性很强的各种物资之间的比例关系更能反映仓储合理与否。

4）仓储时间

仓储时间，就是每类物品要有恰当的储备保管天数。合理的仓储时间要求储备天数不能太长也不能太短，储备天数过长就会延长资金占用，储备天数过短就不能保证供应。仓储时间主要根据流通销售速度来确定，其他如运输时间、验收时间等也是应考虑的影响因素。

5）仓储网络分布

仓储网络分布指不同地区仓储的数量比例关系。仓储网络分布可用于判断仓储数量与当地需求比，对需求的保障程度，也可以由此判断对整个物流的影响。仓储网点布局直接影响到仓库供货范围，对生产领域和流通领域都有较大的影响。生产系统中仓库网点少，储存量相对集中，库存占用资金较少，但要求送货服务质量水平很高，否则，可能延误生产过程的需求。流通系统中的批发企业仓储网点相对集中，要考虑相对加大储存量，利用仓储网点合理布局、储存调节市场，以起到"蓄水池"的作用。零售企业一般附设小型仓库，储存量较小，应当加快商品周转。采用集中配送货物的连锁店，可将库存降至最低水平，甚至是"零库存"。

6）仓储费用

仓租费、维护费、保管费、损失费、资金占用利息支出等，都能作为判断仓储合理与否的标准。

3.3 配送管理

3.3.1 配送管理概述

1. 配送的概念

配送是指按照用户的订货要求，在物流据点进行分货配货等工作，并将配好的货物按时送达指定的地点和收货人的物流活动。

中华人民共和国国家标准《物流术语》（GB/T 18354—2006）中，对配送的定义如下："在经济合理区域范围内，根据客户要求，对物品进行拣选、加工、包装、分割、组配等作业，并按时送达指定地点的物流活动。"

配送是流通领域中一种以社会分工为基础的，综合性、完善化和现代化的送货活动。可以从以下两个方面理解配送。

1）配送实质是送货

配送是一种送货，但和一般送货有区别：一般送货可以是一种偶然的行为，而配送是一种有确定组织和渠道并且具备送货装备、管理和技术力量的固定形态。所以，配送是高水平的送货形式。

2）配送是综合性和一体化的物流活动

从作业环节看，配送包含着货物运输、集货、储存、理货、拣选、配货、配装等活动；从运作程序上看，配送贯穿收集信息、配货、运送货物等环节。

2. 配送的作用

配送是物流过程的重要环节，对于推动物流合理化和完善物流系统的作用有以下 4 个方面。

1) 完善运输和整个物流系统

科学进步带来的运输工具的改善,使得干线运输(如铁路、水运方面)得到了较为充分的发展。但是,物流系统在完成干线运输后,要求以支线运输和小搬运来完成末端运输,这种末端运输成了物流系统中的薄弱环节。配送将支线运输和小搬运结合起来,发挥了灵活性、适应性和服务性的特点,使整个物流系统得到优化和完善。

2) 降低单位存货成本,增加调节能力,提高经济效益

在采用准时制配送方式后,生产企业可以依靠配送中心的准时制配送,进行准时制生产,只是较少地保持库存,从而降低库存占用资金,改善企业经营状况。

3) 简化采购等事务,降低生产风险

由于客户只需向一处提出订货就能达到向多处采购的目的,因而简化了事务,方便了客户,提高了末端物流的效益。同时,通过配送中心的集中存货,可以调节企业间的供求关系,降低企业因断货、缺货而影响生产的风险。

4) 为电子商务的发展提供了支持

配送满足了电子商务的发展需要。一旦配送服务不能与电子商务相匹配,网上购物方便、快捷的优势就得不到充分发挥。

3. 配送的基本环节

配送的一般流程如图 3-6 所示,这些流程大致可分为 4 个基本环节,分别是备货(集货)、理货、送货和流通加工。

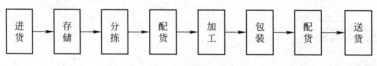

图 3-6 配送的一般流程

1) 备货

备货是指准备和筹集货物等活动,它是配送的基础环节。备货包括两项基本活动:筹集货物和储存货物。

(1) 筹集货物。在不同的配送方式下,筹集货物的工作是由不同的行为主体去完成的。若生产企业直接进行配送,那么,筹集货物的工作是由生产企业自己进行的。如果是专业化的流通企业进行配送,筹集货物的工作会出现两种情况:①由提供配送服务的配送企业直接承担,一般是通过向生产企业订货完成组织货源的工作;②选择商流、物流分开的模式进行配送,筹集货物的工作通常是由货主自己去做,配送企业只负责进货和集货等工作,货物所有权属于接受配送服务的顾客。

(2) 储存货物。储存货物是购物和进货活动的延续。在配送活动中,货物储存有两种表现形态,一种是暂存形态,另一种是储备形态。暂存形态的储存按照分拣、配货工序的要求,在理货场地储存少量货物。这种形态的货物储存是为了适应"日配""即时配货"的需要而设置的,其数量多少会对下一个环节的工作方便与否会产生很大的影响,但不会影响储存活动的总体效益。储备形态的储存是按照一定时期配送活动要求和根据货源的到货情况有计划地确定的,它是使配送持续运作的资源保证。因此,货物储备合理与否直接影响配送的整体效益。备

货是决定配送成功与否、规模大小的最基础的环节。同时，它也是决定配送效益高低的关键环节。如果备货不及时或不合理，成本较高，就会大大降低配送的整体效益。

2) 理货

理货即按照客户需要，对货物进行分拣、配货、包装等一系列操作性活动。理货是配送业务中操作性最强的环节。理货包括货物分拣配货和包装等经济活动。货物分拣是采用适当的方式和手段，从储存的货物中分出用户所需要的货物。分拣货物一般采取摘取式和播种式两种方式操作。摘取式分拣方式类似于人们进入果园，在一棵树上摘下已成熟的果子后，再转到另一棵树上去摘果子，所以称之为摘取式，又称之为按单分拣，是指分拣人员或分拣工具巡回于各个储存点，按订单所要求的物品完成配货工作。

播种式分拣作业方式类似于农民在土地上播种，一次取出几亩地所需的种子，在地上巡回播撒，所以称之为播种式，又称之为批量分拣，是指由分货人员或分货工具从存储点集中取出各个客户共同需要的某种货物，然后巡回于各客户的货位之间，按每个客户的需要量分放后，再集中取出共同需要的第二种货物。如此反复进行，直至客户需要的所有货物都存放完毕，即完成各个客户的配货工作。

3) 送货

送货是配送业务的核心，也是备货和理货工序的延伸。在物流运动中的送货实际上就是货物的运输。所以，常常以运输代表送货。但是，组成配送活动的运输与通常所讲的"干线运输"是有很大区别的，前者是由物流体系中的运输派生出来的，多表现为"末端运输"和短距离运输，并且运输的次数比较多；后者多为长距离运输。由于配送中心的送货需要面对众多的客户，并且要多方向运输，所以，在送货过程中，常常进行运输方式、运输路线和运输工具的选择。按照配送合理化的要求，必须在全面计划的基础上制定科学的、距离较短的配送路线，选择经济、迅速、安全的运输方式和适宜的运输工具。通常，配送中的送货都将汽车作为主要的运输工具。

4) 流通加工

在配送过程中，根据用户要求或配送对象的特点，有时需要在未配送之前先对货物进行加工，如钢材剪裁、木材截锯等，以求提高配送质量，更好地满足用户需要。融合在配送中的货物加工是流通加工的一种特殊形式，其主要目的是使配送的货物完全适合用户的需和提高资源的利用率。

3.3.2 配送中心

1. 配送中心的概念

配送中心是从事货物配备和组织对用户的送货，以高水平实现销售和供应服务为目的的现代流通设施，是基于物流合理化和发展市场两个需要而发展的，以组织配送式销售和供应，执行实物配送为主要功能的流通型物流节点。配送中心的运作成本占企业整个物流系统运作成本的 20% 以上，因此它逐渐成为物流系统中重要的组成部分，同时也是现代化物流的标志。

按照中华人民共和国国家标准《物流术语》(GB/T 18354—2006)，"配送中心 (distribution center) 是指从事配送业务且具有完善信息网络的场所或组织，应基本符合下列要求：

(a) 主要为特定客户或末端客户提供服务；

(b) 配送功能健全；

(c) 辐射范围小；

(d) 提供高频率、小批量、多批次配送服务。"

定义中强调了配送中心是具有完善的信息网络的场所或组织，以便与商场、贸易中心、仓库等流通设施相区别。因此，在配送中心这个流通设施中，必须以现代装备和工艺为基础，不但处理商流而且处理物流，是兼有商流、物流全功能的流通设施。

2. 配送中心的分类

随着社会生产的发展，流通规模的不断扩大，配送中心不仅数量增加，也由于服务功能和组织形式的不同演绎出许多新的类型。按照不同的标准，可对配送中心进行不同的分类，如图3-7所示。

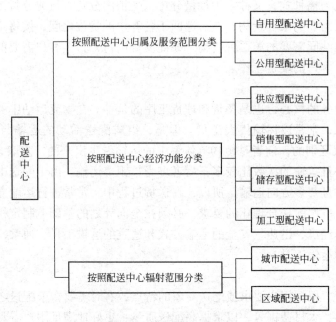

图3-7 配送中心的分类

1) 按照配送中心的归属及服务范围分类

（1）自用型配送中心。自用型配送中心是指隶属于某一个企业或企业集团，通常只为本企业服务，不对本企业或企业集团外开展配送业务的配送中心。这类配送中心常见于商业连锁体系自建的配送机构，例如，美国沃尔玛商品公司的配送中心，即为其公司独资建立，专门为本公司所属的零售门店配送商品。我国的红旗连锁等也是自建配送中心，专为本企业的连锁店配送商品。这类配送中心可以逐步在对内开展配送业务的基础上向公用型配送中心转化。

（2）公用型配送中心。公用型配送中心是以盈利为目的，面向社会开展后勤服务的配送组织。其主要特点是服务范围不局限于某一企业或企业集团内部。随着物流业的发展，物流服务逐步从其他行业中独立出来，向社会化方向发展，公用型配送中心作为社会物流的一种组织形式在国内外迅速普及。

2）按照配送中心的经济功能分类

（1）供应型配送中心。供应型配送中心是以向客户供应商品，提供后勤保障为主要特点的配送中心。在实践中，有许多配送中心与生产企业或大型商业组织建立起相对稳定的供需关系，为其供应原材料、零配件和其他商品，这类配送中心即属于供应型配送中心。

（2）销售型配送中心。销售型配送中心是以销售商品为目的，借助配送这一服务手段来开展经营活动的配送中心。这种类型的配送中心大多数是商品生产者和经营者为促进商品的销售，通过为客户代办理货、加工和送货等服务手段来降低物流成本，提高服务质量，由此而采用各种现代物流技术，装备各种物流设施，运用现代配送理念来组织物流活动而形成的配送中心。这类配送中心是典型的配销经营模式，在国内外普遍存在，我国近年由商业和物资部门改组重建的生产资料和生活资料配送中心等就属于这种类型，如钢材配送中心、家具配送中心等。

（3）储存型配送中心。储存型配送中心是充分强化商品的储备和储存功能，在充分发挥储存作用的基础上开展配送活动的配送中心。这类配送中心通常具有较大规模的仓库和储物场地，在资源紧缺条件下，能形成储备丰富的资源优势。我国储存型配送中心多起源于传统的仓储企业。

（4）加工型配送中心。这种配送中心的主要功能是对商品进行清洗、下料、分解、集装等加工活动，以流通加工为核心开展配送活动。如深圳市菜篮子配送中心，就是以肉类加工为核心开展配送业务的加工型配送中心。另外，如水泥等建筑材料及煤炭等商品的配送供应中心，通常需要大量的加工活动，所以，在生产资料的配送活动中有许多加工型配送中心。

3）按配送中心辐射范围分类

（1）城市配送中心。这类配送中心的配送范围以城市为中心，其配送运输距离通常在汽车运输的经济里程内，可以采用汽车作为运输工具，将商品直接配送到最终客户，运距较短、反应能力较强。其服务对象多为连锁零售商业的门店或最终消费者，城市配送是一种适于多品种、少批量、对用户的配送方式。

（2）区域配送中心。这类配送中心库存商品准备充分，辐射能力强，因而其配送范围广，可以跨省、市，甚至跨国开展配送业务，经营规模较大，配送批量也较大。其服务对象经常是下一级的城市配送中心、零售商或生产企业用户。例如，一些大型连锁集团建设的区域配送中心，主要负责某一区域范围内部分商品的集中采购，再配送给下一级配送中心。前面所提到的红旗连锁也是属于此类。

3. 配送中心的功能

从配送中心在世界各国的发展历程来看，欧、美、日等国家的配送中心基本上多是在仓储、运输、批发等企业基础上建设发展起来的，因此，配送中心不仅具有储存、集散、衔接等传统的物流功能，而且在物流现代化的进程中，配送中心在不断强化分拣、加工、信息处理等功能。配送中心的功能如图3-8所示。

1）储存功能

配送中心必须按照用户的要求，将其所需要的商品在规定的时间送到指定的地点，以满足生产和消费的需要，因此，必须储备一定数量的商品。储存在配送运行过程中创造着时间效用，配送中心通过集中商品，形成储备来保证配送服务所需要的货源。

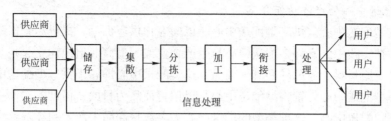

图 3-8 配送中心的功能示意图

2）集散功能

配送中心凭借自身拥有的物流设施和设备将分散的商品集中起来，经过分拣、配装、输送给多家客户。集散功能是流通型物流节点的一项基本功能，通过集散商品来调节生产与消费，实现资源的有效配置。

3）分拣功能

配送中心必须依据客户对于商品品种、规格、数量等方面的不同要求，从储备的商品中通过拣选、分货等作业完成配货工作，为配送运输做好准备，以满足不同客户的需要。这是配送中心与普通仓库和一般送货形态的主要区别。

4）加工功能

配送中心为促进销售、便利物流或提高原材料的利用率，按用户的要求并根据合理配送的原则而对商品进行下料、打孔、解体、分装、贴标签、组装等初加工活动，因而使配送中心具备一定的加工能力。加工功能不仅提高了配送中心的经营和服务水平，也有利于提高资源利用率。

5）衔接功能

配送中心是重要的流通结点，衔接着生产与消费，它不仅通过集货和储存平衡供求，而且能有效地协调产销在时间上、地域上的分离。

6）信息处理功能

配送中心不仅实现物的流通，而且也通过信息情报协调各环节的作业，协调生产与消费。配送信息随着物流活动的开展而产生，特别是多品种少批量生产和多频度、少批量配送，不仅使信息量增加，而且对信息处理的速度和准确性也提出了更高的要求。

4. 配送中心的配送模式

1）单配送中心的配送模式

单配送中心是指物流公司仅有一个配送中心或车场，所有配送车辆的起点和终点都是此配送中心。其具体配送模式如图 3-9 所示。其中，固定业务是指在物流公司调度计划安排之前，客户已经通知物流公司的业务；随机业务是指没有提前通知、不在计划安排以内的并且对时间要求比较紧，需要马上或者当天进行配送和运输的业务。单配送中心配送模式的优点是车辆调度安排比较简单。它适用于物流公司规模较小、业务较少、客户相对比较集中、范围分布不大的小型物流公司。

单配送中心配送模式进行配送车辆安排的时候，对于固定业务，可以根据货物的数量、性质及时间要求进行配送，让每一辆车完成相邻的任务后回到配送中心，这可以按照经典的车辆调度算法进行计算求解最优线路。对于调度计划安排之后客户提出的随机紧急的业务，

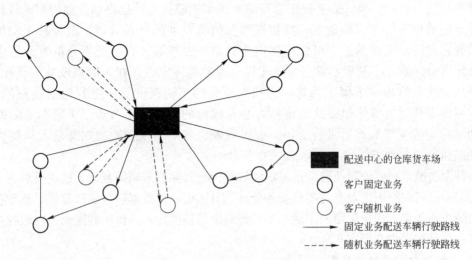

图 3-9 单配送中心的配送模式

可以直接从配送中心派车完成客户需求。

2) 准多配送中心的配送模式

准多配送中心的配送模式是指物流公司仅有一个配送中心或车场,根据公司的业务情况把配送区域划分成几个小区,部分配送车辆完成固定业务之后不是直接回到配送中心,而是到所在小区内的一个指定地点等候,准备完成该小区客户的随机需求。准多配送中心的配送模式如图 3-10 所示。

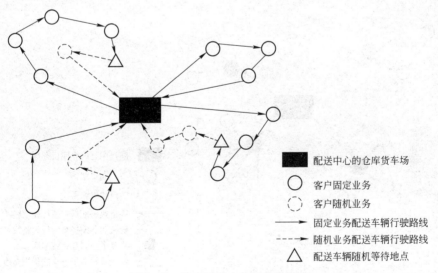

图 3-10 准多配送中心的配送模式

准多配送中心配送模式的优点是从时间和空间的角度,充分利用了运力,降低了成本,提高了服务水平。它适合于所在城市较大,配送业务较远,车辆从配送中心出发在短时间内难以到达客户,固定业务量不够大,车辆不能全天利用,随机业务较多的中小型物流公司。

准多配送中心配送模式需要确定合理的配送车辆随机等待地点和合理的配送线路。对于配送车辆随机等待地点的确定,可根据潜在随机业务的分布规律,选择易于发生随机业务的客户附近。在技术上,可分析随机业务的历史数据,利用聚类分析等方法进行分区并确定各分区重心,其重心就是配送车辆合理的等待地点。在车辆调度方案优化方面,可以把这个地点作为一个固定的客户,利用经典的车辆调度算法进行配送线路的求解,但要注意设定合适的条件使得这个虚拟客户在线路的最后一个节点。车辆在实际配送过程中到了指定的等待地点后进行等待,如果有随机客户需求,则通知驾驶人从等待地点直接到随机客户的地点。

这种配送模式还要确定在各配送车辆随机等待地点保留车辆的数量。这主要取决于随机业务的多少。可以把固定业务与随机业务分开,对历史业务数据进行统计分析、预测各分区每天的随机业务量。如果保留的车辆不足,则调度员根据当时的情况调度周边区域的空闲车辆或者直接从配送中心调度车辆。

3) 多配送中心的配送模式

多配送中心配送模式(见图3-11)是指物流公司除了有一个配送中心或车场以外,还有另外的一些子公司或者另外的配送中心,配送车辆以各子公司的配送中心为中心进行配送,起点和终点都是子公司配送中心,所有的配送相当于多个单配送中心的组合,但同时各子公司配送中心与总公司配送中心之间也有货物的交换,这种交换一般是在配送任务比较少的时间进行。多配送中心配送模式适合于所在城市规模比较大,配送在短时间内难以到达,并且总业务量比较多的大型物流公司。

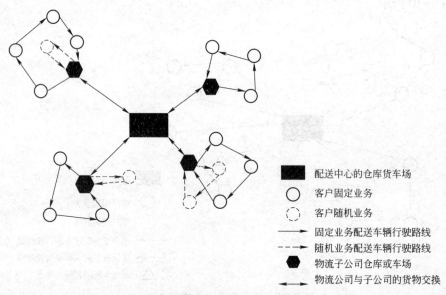

图3-11 多配送中心的配送模式

这种配送模式首先根据固定客户并结合随机客户的位置和需求数量,进行合理分区,结合实际情况确定子公司的配送中心位置。在算法上与准多配送中心配送模式中配送车辆随机等待地点的确定方法类似,只不过对随机业务和固定业务都要考虑。根据历史数据,利用聚类分析等方法确定重心。在各个分区内按照单配送中心配送模式进行计划安排,对于客户与子公司配送中心之间的车辆配送路线用车辆调度算法进行合理求解。同时还要考虑各子公司与总公司之间的货物交换。

另外,多配送中心配送模式还可以进行统一配送,即总公司根据整个城市所有业务需求综合考虑,对所有车辆进行统一调度,各配送中心没有调度权。这是一种全局最优的方案,理论上讲比各配送中心独立调度要好,但是这样的复杂度远远高于各自调度,需要有良好的调度软件进行支撑。另外,在管理方面也提出了更高的要求,所以比较难实现。

3.3.3 配送合理化

由于配送活动所涉及的各项成本之间往往存在着此消彼长的关系,因此配送合理化的一个基本思想就是"均衡",即从配送总成本的角度权衡得失。例如,对于配送费用,均衡的观点是从总配送费用入手,即使某一配送环节费用支出较高,但如果其他环节能够降低总成本或增加收益,就认为其是均衡的,即是合理可取的。

在配送管理实践中,切记配送合理化的原则和均衡的思想,做到不仅注意局部的优化,更注重整体的均衡。这样的配送管理对最大化企业经济效益是最有成效的。

1. 配送合理化的标志

对配送合理化的判断,是配送决策系统的重要内容,具体配送合理化标志包括库存标志、资金标志、社会运力标志、供应保证标志、成本和效益标志、客户企业仓库、供应、进货人力和物力节约标志6项,如表3-6所示。

表3-6 配送合理化标志

标志类型	配送合理化的内容
库存标志	(1)库存总量。在配送系统中,配送中心的库存数量加上各客户在实行配送后的库存量之和,应低于实行配送前各客户库存量之和。另外,从单个客户的角度把各客户在实行配送前后的库存量相比较,也是判断配送合理与否的标准。 (2)库存周转。由于配送企业的调剂作用,以低库存保持高的供应能力,库存周转一般总是快于原来各企业的库存周转。另外,从单个客户的角度把各客户在实行配送前后的库存周转相比较,也是判断配送合理与否的标准
资金标志	(1)资金总量。用于资源筹措所占用的流动资金总量,随着储备总量的下降及供应方式的改变,应当有较大幅度的降低。 (2)资金周转。从资金运用来讲,由于整个节奏加快,资金充分发挥了作用,导致资金周转加快。所以资金周转是否加快,也是衡量配送合理与否的标志
社会运力标志	运力使用的合理化是依靠送货运力的规划和整个配送系统的合理流程,以及与社会运输系统合理衔接来实现的。运力使用得是否合理可根据以下方面进行判断:社会车辆总数是否减少,承运量是否增加;社会车辆空驶是否减少;一家一户自提自运是否减少,社会化运输量是否增加
供应保证标志	(1)供应能力。配送企业的集中库存量所形成的供应保证能力应当高于实施配送前单个企业的供应保证能力。 (2)缺货次数。实行配送后,缺货次数必须减少,配送才合理。 (3)即时配送的能力及速度。即时配送是客户出现特殊情况的特殊供应保障方式,它应当高于未实行配送前客户紧急进货的能力及速度。需要指出的是,供应保证能力是有极限的,所以追求供应保证能力的合理化也是有限度的

续表

标志类型	配送合理化的内容
成本和效益标志	资源筹措成本、总效益、宏观效益、微观效益等都是判断配送是否合理的重要标志。对于不同的配送方式,可以有不同的判断侧重点。例如,配送企业、客户都是各自独立的以利润为中心的企业,此时不但要看配送的总效益,而且要看对社会的宏观效益及两个企业的微观效益
客户企业仓库、供应、进货人力和物力节约标志	配送的重要观念是以配送服务于客户,因此,实行配送后,各客户库存量、仓库面积、仓库管理人员减少为合理;用于订货、接货、从事供应的人员减少为合理

2. 实现配送合理化的途径

实现配送合理化的常见途径如下。

(1) 建设综合的专业化配送。通过采用专业设备、设施及操作程序,可以取得较好的配送效果,并降低配送的复杂程度及难度,从而追求配送合理化。

(2) 充分利用共同配送。通过共同配送,可以以最近的路程、最低的配送成本完成配送,从而追求合理化。

(3) 重视加工配送。把加工和配送结合起来,可以充分利用本来应有的中转,而不增加新的中转,以求得配送合理化。同时,借助于配送,加工目的更明确,和用户联系更紧密,避免了盲目性。

(4) 实行送取结合。配送企业可以与客户建立稳定、密切的协作关系。配送企业不仅成为客户的供应代理人,而且成为客户货物储存的承担者,甚至成为产品的代销人。在配送时,将客户所需的物资送到,再将该客户生产的产品用同一辆车运回,这种产品也成为配送中心的配送产品之一,或者代存代储,免去了生产企业的库存包袱。这种送取结合,能使运力得到充分利用,也能使配送企业发挥更大的作用。

(5) 推行即时配送。即时配送是最终解决客户企业断供之忧、大幅度提高供应保证能力的重要手段。即时配送是配送企业快速反应能力的具体化,是配送企业能力的体现。即时配送成本较高,但它是整个配送合理化的重要保证手段。此外,客户实行零库存,即时配送也是重要保证手段。

(6) 做到准时配送。准时配送是配送合理化的重要内容。配送做到了准时,客户才可以放心地实施低库存或零库存策略,进而有效地安排接货的人力、物力,以追求最高效率的工作。另外,保证供应能力也需要准时供应。

3.4 装卸搬运管理

3.4.1 装卸搬运管理概述

1. 装卸搬运的概念

在同一地域范围内(如车站范围、工厂范围和仓库内部等)以改变"物"的存放、支承状态的活动称为装卸,以改变"物"的空间位置的活动称为搬运,两者全称装卸搬运。有时候或在特定场合,单称"装卸"或单称"搬运"也包含了"装卸搬运"的完整含义。

在习惯使用中，物流领域（如铁路运输）常将装卸搬运这一整体活动称为"货物装卸"；在生产领域中常将这一整体活动称为"物料搬运"。实际上，活动内容都是一样的，只是领域不同而已。在实际操作中，装卸与搬运是密不可分的，两者是伴随在一起发生的。因此，在物流科学中并不过分强调两者的差别而是作为一种活动来对待。

"装卸"与"搬运"的主要区别是："装卸"是指在商品空间上发生的以垂直方向为主的位移，而"搬运"则是指商品在区域内所发生的短距离，以水平方向为主的位移。由于商品在空间上发生绝对的垂直位移或发生绝对的水平位移的情况是不多的，多数情况则是两者的复合运动，因此，有时以垂直位移为主即"装卸"，以水平位移为主即"搬运"。

2. 装卸搬运的特点

1）装卸搬运是附属性和伴生性的活动

装卸搬运是物流每一项活动开始及结束时必然发生的活动，因而有时常被人忽视，有时被看作其他操作时不可缺少的组成部分。例如，一般而言的"汽车运输"，就实际包含了相随的装卸搬运，仓库中泛指的保管活动，也含有装卸搬运活动。

2）装卸搬运是支持和保障性活动

装卸搬运的附属性不能理解成被动的，实际上，装卸搬运对其他物流活动有一定的决定性作用。装卸搬运会影响其他物流活动的质量和速度，例如，装车不当，会引起运输过程中的损失；卸放不当，会引起货物转换成下一步运动的困难。许多物流活动在有效的装卸搬运支持下，才能实现高水平。

3）装卸搬运是衔接性的活动

在任何其他物流活动互相过渡时，都是以装卸搬运来衔接的，因而，装卸搬运往往成为整个物流的"瓶颈"，是物流各功能之间能否形成有机联系和紧密衔接的关键，而这又是一个系统的关键。建立一个有效的物流系统，关键看这一衔接是否有效。比较先进的系统物流方式——联合运输方式就是着力解决这种衔接而实现的。

商品的装卸贯穿于商品实体运动的全过程。无论是商品的运输、储存和保管，还是商品的配送、包装和流通加工都伴随着装卸作业。在整个物流活动中，装卸搬运所占的比重很大。因此，装卸效率的高低、装卸质量的好坏、装卸成本的大小，都与整个物流活动关系密切。可以说，装卸合理化也是物流合理化的一个重要问题，改善装卸作业是加速车船周转、加快商品运达速度、减少资金占用、简化包装和减少货损的重要手段，对提高物流总体效益具有重要作用。

3.4.2 装卸搬运的设备

装卸搬运的技术水平是装卸搬运作业现代化的重要标志之一。装卸搬运技术的发展极大地减轻了人们的劳动强度，提高了物流运作效率和服务质量，降低了物流成本，在物流作业中起着重要作用。

1. 起重设备

起重设备用来垂直升降或水平移动货物，以满足货物的装卸、转载等作业要求。多数起重机械在吊具取料之后即开始垂直或垂直兼有水平的工作行程，到达目的地后卸载，再空行到取料地点，完成一个工作循环，之后再进行第二次吊运。不同类型的起重机如图 3-12 至图 3-14 所示。

图 3-12　桥式起重机

图 3-13　臂架式起重机

图 3-14　堆垛式起重机

不同类型起重机的对比见表 3-7。

表 3-7　不同类型起重机的对比

起重机	特点
轻小型起重机	轻小型起重机一般只作升降运动或沿一个直线方向移动，只需要具备一个运动机构。轻小型起重机主要包括起重滑车、吊具、千斤顶、手动葫芦、电动葫芦和普通绞车。轻小型起重机大多体积小、重量轻、使用方便

续表

起重机	特点
桥式类起重机	桥式起重机用一个横跨空间的横梁或桥架支撑起升机构、小车运行机构和大车运行机构，完成起重作业。它的特点是依靠这些机构的配合动作，使挂在吊钩或其他取物装置上的重物在一定的立方形空间内起升和搬运
臂架式起重机	臂架式起重机的特点与桥式起重机基本相同。臂架式起重机的结构包括起升机构、变幅机构、旋转机构。依靠这些机构的配合动作，使重物在一定的圆柱形空间内起重和搬运
堆垛式起重机	堆垛式起重机是可以在自动化仓库高层货架之间或高层码垛货场完成取送、堆垛、分拣等作业的专用起重机

2. 连续输送设备

连续输送机械是一种可以将物资在一定的输送线路上，从装载起点到卸载终点以恒定的或变化的速度进行输送，形成连续或脉动物流的机械。连续输送机械具有在一个区间内能连续搬运大量货物，搬运成本非常低廉，搬运时间比较准确，货流稳定的特点。因此，它被广泛用于现代物流系统中。在现代化货物或物料搬运系统中，连续输送机械担当着重要的作用。连续输送机械是生产加工过程中组成机械化、连续化、自动化的流水作业运输线所不可缺少的组成部分，是自动化仓库、配送中心、大型货场的生命线。

尽管连续输送机械具有诸多优点，但是由于连续输送机械只能按照一定的路线输送，每种机型只能用于一定类型的货物，一般不适于运输重量很大的单件物品，通用性差；此外，大多数连续输送机械不能自行取货，因而需要一定的供料设备。图3-15给出了两种常见的连续输送机械。

图3-15　常见的连续输送机械

3. 装卸搬运车辆

装卸搬运车辆是依靠机械本身的运行和装卸机构的功能，实现物资的水平搬运和装卸、码垛（小部分车辆无装卸功能）的车辆。装卸搬运车辆机动性好，实用性强，广泛地应用于仓库、港口、车站、车间和集装箱内作业。常见的三种装卸搬运车辆如图3-16所示。这三种装卸搬运车的对比见表3-8。

(a) 叉车　　　　　　　　　　　(b) 电动搬运车

(c) 牵引车和挂车

图 3-16　常见的三种装卸搬运车辆

表 3-8　三种装卸搬运车辆的对比

装卸搬运车辆	特点
叉车	叉车具有一副水平伸出的叉臂，叉臂可做上下移动。叉车在堆码、装卸作业和搬运、移动作业等方面十分灵活便利，使得叉车成为目前使用最广泛的装卸机械
电力搬运车	电力搬运车主要用于短距离搬运货物，由于载货平台低，且起升高度有限或者没有起升能力，所以一般不具备装卸功能
牵引车和挂车	牵引车只有动力，没有装载能力，主要用于拖带货车或挂车，可完成较远距离的运输，一台牵引车可以牵引很长一列挂车。挂车则没有动力，有一个载物平台，仅用于完成装载货物。牵引车经常和挂车组合使用。列车可长可短，可任意组合，十分灵活。缺点是需要大量人员参与，而且经常闲置，使用率低，不经济。比较适合长期运输量大的场合，如码头、铁路的中心货站、大型企业的原材料仓库等场所

3.4.3　装卸搬运的工作组织

1. 装卸搬运的基本要求

为了提高物流质量和效率，装卸搬运作业应当注意以下几项要求。

（1）减少不必要的装卸环节。从物流过程分析，装卸搬运作业环节不仅不增加货物的价值和使用价值，反而有可能增加货物破损的可能性和相应的物流成本。系统地分析研究物流过程各个装卸搬运作业环节的必要性，取消、合并装卸搬运作业和次数，避免进行重复的或可有可无的装卸搬运作业，这是减少不必要装卸搬运环节的措施。

（2）提高装卸搬运作业的连续性。必须进行的装卸搬运作业应按流水作业原则运作，各工序间应密切衔接，必须进行的换装作业也应尽可能采用直接换装方式。

（3）相对集中装卸地点。装载和卸货地点的相对集中可以减少装卸工作量。在货物堆场上，应将同类货物的作业集中在一起进行，以便于采用装卸搬运作业的机械化和自动化作业。

(4) 标准化装卸搬运设备、设施和工艺。为了促进物流各环节的协调，要求装卸搬运作业各工艺阶段间的工艺、装备、设施、效率与组织管理工作相协调。装卸搬运作业的工艺、装备、设施、货物单元和包装、运载工具、集装工具、信息处理等作业的标准化、系列化、通用化是装卸搬运作业实现机械化、自动化的基本前提。

(5) 提高货物集装化或散装化作业水平。成件货物集装化、粉粒状货物散装化是提高作业效率的重要方向。所以，成件货物应尽可能集装成托盘、集装箱、货捆、货架和网袋等货物单元再进行装卸作业。各种粉粒状货物尽可能采用散装化作业，直接装入专用车、船、库。不宜大量化装卸的粉粒状货物也可装入专用托盘箱、集装箱内，提高货物活化指数，便于采用机械设备进行装卸作业。

(6) 做好装卸搬运现场组织工作。合理设计装卸搬运现场的作业场地、进出口通道、作业线长度和人机配置，能使现有的和潜在的装卸搬运能力充分发挥或发掘出来，避免由于组织管理工作不当造成装卸搬运现场拥挤、阻塞、紊乱，确保装卸工作能够安全顺利地进行。

2. 装卸搬运机械的选择

为了保证装卸搬运高效、经济，要特别注意装卸搬运机械配置及主体装卸搬运机械设备类型的选择。装卸搬运作业机械配置的选择包括以下原则，如表 3-9 所示。

表 3-9 装卸搬运作业机械配置的选择原则

选择原则	说明
根据作业性质和作业场合进行选择	明确作业是单纯的装卸或搬运还是装卸、搬运兼顾，从而可选择更合适的装卸搬运机械。如果是以搬运为主，则采用输送带等设备；若以装卸为主，则可选择吊车；装卸和搬运均存在的作业场所则可选择叉车等设备。 另外，根据物流作业场合的具体情况，可适当选择合适的装卸搬运机械类型。例如，在有铁路专用线的车站、码头、仓库等，可选择门式起重机；在库房内可选择桥式起重机；在使用托盘和集装箱作业的生产条件下可尽量选择叉车和跨载起重机
根据作业运动形式进行选择	装卸搬运作业运动形式不同，需配置不同的机械设备。水平运动可选用卡车、连续运输机、牵引机、小推车等机械；垂直运动可选用提升机、起重机等机械
根据作业量进行选择	机械设备具有的作业能力应该和装卸搬运作业量大小相适应，作业量大时，应配备作业能力较大的大型专用机械设备；作业量小时，最好采用构造简单、造价低廉而又能保持相当生产能力的中小型通用机械设备
根据货物种类、性质进行选择	货物的物理性质、化学性质，以及外部形状和包装千差万别，有大小、轻重之分，有固体、液体之分，又有散装、成件之分，所以，对装卸搬运设备的要求也不尽相同
根据搬运距离进行选择	长距离搬运一般选用火车、船舶、载货汽车、牵引车和挂车等运输设备，较短距离可选用叉车、跨运车、连续运输机等机械设备。为了提高机械利用率，应当结合设备种类的特点，使行车、货运、装卸、搬运等作业密切配合

3. 装卸搬运机械数量的确定

制订货物装卸搬运计划的一个很重要的方面就是要确定货物装卸搬运机械设备的数量。

装卸搬运机械的数量一般根据以下几个指标确定,如表 3-10 所示。

表 3-10 影响装卸搬运机械数量的指标

指标名称	说明
作业量	一般情况下,装卸作业量越大,所需要的机械设备的数量就越多;反之则越少。但同样的货物量,由于货物的包装状态不同,作业环节不同和装卸次数不同,其作业量也不相同。因此,确定作业所需的机械设备的数量时,要综合考虑货物的实际作业量
设备类型和性能	在作业量一定的情况下,装卸搬运设备的类型、性能直接影响到所需设备的数量。在选择装卸搬运设备时,应尽量选用作业效率高、适应性强、安全可靠的机械设备
作业均衡性	货物装卸搬运大都是多环节、多机联合作业,要保持作业的连续性和均衡性,各环节的机械设备数量要按照各个环节的作业内容和特点,做到基本均衡
作业时间	当作业量一定的情况下,作业时间随着机械设备的增加而缩短,因而要合理确定作业时间
作业条件	在确定装卸搬运机械的数量时,要充分考虑作业面的大小,避免机械设备作业时相互干扰。另外,机械设备的运行速度与地形条件、道路情况有关。在确定机械设备作业能力时,应充分考虑作业条件,保证机械设备运行速度合理

3.4.4 装卸搬运合理化

装卸搬运是物流过程中的重要环节,人们在长期的生产实践中通过不断总结经验,探索装卸搬运活动规律,总结出了装卸搬运的基本途径,这对提高物流系统整体效用具有重要作用。装卸搬运合理化主要内容包括以下 5 个方面。

1. 防止和消除无效作业

所谓无效作业是指在装卸作业活动中超出必要的装卸、搬运量的作业。显然,防止和消除无效作业对装卸作业的经济效益有重要作用。为了有效地防止和消除无效作业,可从以下几个方面入手。

(1) 尽量减少装卸次数。要使装卸次数降低到最小,要避免没有物流效果的装卸作业。

(2) 提高被装卸物料的纯度。物料的纯度,指物料中含有水分、杂质与物料本身使用无关的物质的多少。物料的纯度越高则装卸作业的有效程度越高。反之,则无效作业就会增多。

(3) 包装要适宜。包装是物流中不可缺少的辅助作业手段。包装的轻型化、简单化、实用化会不同程度地减少作用于包装上的无效劳动。

(4) 缩短搬运作业的距离。物料在装卸、搬运当中,要实现水平和垂直两个方向的位移,选择最短的路线完成这一活动,就可避免超越这一最短路线以上的无效劳动。

2. 实现装卸作业的省力化

装卸搬运使物料发生垂直和水平位移,必须通过做功才能实现,要尽力实现装卸作业的省力化。

在装卸作业中应尽可能地消除重力的不利影响。在有条件的情况下利用重力进行装卸,可减轻劳动强度和能量的消耗。将设有动力的小型运输带（板）斜放在货车、卡车或站台上进行装卸，使物料在倾斜的输送带（板）上移动，这种装卸就是靠重力的水平分力完成的。在搬运作业中，不用手搬，而是把物资放在一台车上，由器具承担物体的重量，人们只要克服滚动阻力，使物料水平移动，这无疑是十分省力的。

利用重力式移动货架也是一种利用重力进行省力化的装卸方式之一。重力式移动货架的每层格均有一定的倾斜度，利用货箱或托盘物料可自己沿着倾斜的货架层板滑到输送机械上。物料滑动的阻力越小越好，通常货架表面均处理得十分光滑，或者在货架层上装有滚轮，也有的在承重物资的货箱或托盘下装上滚轮，这样将滑动摩擦变为滚动摩擦，物料移动时所受到的阻力会更小。

3. 合理组织装卸搬运设备，提高装卸搬运作业的机械化水平

物资装卸搬运设备运用组织是以完成装卸任务为目的，并以提高装卸设备的生产率、装卸质量和降低装卸搬运作业成本为中心的技术组织活动。它包括下列内容。

（1）确定装卸任务量。根据物流计划、经济合同、装卸作业不均衡程度、装卸次数、装/卸车时限等，来确定作业现场年度、季度、月、旬、日平均装卸任务量。装卸任务量有事先确定的因素，也有临时变动的可能。因此，要合理地运用装卸设备，就必须把计划任务量与实际装卸作业量两者之间的差距缩小到最低水平。同时，装卸作业组织工作还要对装卸作业的物资对象的品种、数量、规格、质量指标及搬运距离尽可能地做出详细的规划。

（2）根据装卸任务和装卸设备的生产率，确定装卸搬运设备需用的台数和技术特征。

（3）根据装卸任务、装卸设备生产率和需用台数，编制装卸作业进度计划。它通常包括：装卸搬运设备的作业时间表、作业顺序、负荷情况等详细内容。

（4）下达装卸搬运进度计划，安排劳动力和作业班次。

（5）统计和分析装卸作业成果，评价装卸搬运作业的经济效益。随着生产力的发展，装卸搬运的机械化程度定将不断提高。由于装卸搬运的机械化能把工人从繁重的体力劳动中解放出来，尤其对于危险品的装卸作业，机械化能保证人和货物的安全，这也是装卸搬运机械化程度不断得以提高的优势。

4. 推广组合化装卸搬运

在装卸搬运作业过程中，根据不同物料的种类、性质、形状、重量来确定不同的装卸作业方式。处理物料组合化装卸搬运的方法有三种形式：将普通包装的物料逐个进行装卸，叫作"分块处理"；将颗粒状物资不加小包装而原样装卸，叫作"散装处理"；将物料以托盘、集装箱、集装袋为单位进行组合后进行装卸，叫作"集装处理"。对于包装的物料，尽可能进行"集装处理"，实现单元化装卸搬运，可以充分利用机械进行操作。组合化装卸具有以下优点。

（1）装卸单位大、作业效率高，可大量节约装卸作业时间。

（2）能提高物料装卸搬运的灵活性。

（3）操作单元大小一致，易于实现标准化。

（4）不用手去触及各种物料，可达到保护物料的效果。

5. 合理地规划装卸搬运方式和装卸搬运作业过程

装卸搬运作业过程是指对整个装卸作业的连续性进行合理的安排，以减少运距和装卸次数。装卸搬运作业现场的平面布置是直接关系到装卸搬运距离的关键因素，装卸搬运机械要与货场长度、货位面积等相互协调。要有足够的场地集结货物，并满足装卸搬运机械工作面的要求，场内的道路布置要为装卸搬运创造良好的条件，有利于加速货位的周转。装卸搬运距离达到最小平面布置是减少装卸搬运距离最理想的方法。

提高装卸搬运作业的连续性应做到：作业现场装卸搬运机械合理衔接；不同的装卸搬运作业在相互联结使用时，力求使它们的装卸搬运速率相等或接近；充分发挥装卸搬运调度人员的作用，一旦发生装卸搬运作业障碍或停滞状态，立即采取有力的措施补救。

3.5 包装和流通加工管理

3.5.1 包装管理概述

1. 包装的概念

包装是对商品施加的外部保护措施，能够使商品在运输、仓储、搬运和销售过程中得到保护。商品种类繁多，性质特点和形状各异，因而它们对包装的要求也各不相同，除少数商品难以包装，不值得包装或根本没有包装的必要而采取裸装或散装的形式外，其他绝大多数商品都需要有适当的包装。商品包装是商品生产的继续，凡需要包装的商品，只有通过包装，才算完成生产过程，商品才能进入流通领域和消费领域，才能实现商品的使用价值和价值。

2. 包装的功能

包装的功能包括维持产品状态、方便储运和促进销售。包装层次包括个装、内装和外装三种状态。个装是到达作用者手中的最小单位包装，是对产品的直接保护状态；内装是把一个或数个个装集中于一个中间容器的保护状态；外装是为了方便储运，采取必要的缓冲、固定、防潮、防水等措施，对产品的保护措施。

包装在物流系统中具有十分重要的功能。包装是生产的终点，同时又是物流的起点，它在很大程度上制约物流系统的运行状况。对产品按一定数量、形状、重量、尺寸大小配套进行包装，并且按产品的性质采用适当的材料和容器，不仅制约着装卸搬运、堆码存放、计量清点是否方便高效，而且关系着运动工具和仓库的利用效率。具体来讲，包装具有以下功能。

1）保护功能

这是维持产品质量的功能，是包装的基本功能。在物流过程中各种自然因素（温度、湿度、日照、有害物质、生物等）对产品的质量产生的影响，会使产品损坏、变质。在装卸搬运、运输过程中，撞击、震动也会使产品受损。为了维持产品在物流过程中的完整性，必须对产品进行科学的包装、避免各种外界不良因素对产品的影响。

2）方便功能

经过包装的商品能为商品流转提供许多方便的条件。运输、装卸搬运通常是以包装的体积、重量为基本单位的，托盘、集装箱、货车等也是按一定包装单位来装运的。合适的包装形状、尺寸、重量和材料，能够方便运输、装卸搬运、保管的操作，提高其他物流环节的效率，降低流通费用。

3) 促销功能

包装是商品的组成部分,它是商品的形象。对于以大量销售方式为特征的商品,如超市、便利店销售的是由顾客在购物架上自由选择的商品,因此,包装具有连接商品与消费者的作用。商品包装上的商标、图案、文字说明等,是商品的广告和"无声的推销员",它是宣传推销商品的媒体,诱导和激发消费者的购买欲望,起到商品促销的作用。

3. 包装的标准化

当前,包装标准化已成为发展国际贸易的重要组成部分,包装标准化已成为国际交往中互相遵循的技术准则。国际贸易往来都要求加速实行商品包装标准化、通用化、系列化。

1) 包装材料标准化

商品包装材料应尽量选择标准材料,少用或不用非标准材料,以保证材料质量和材料来源的稳定。要经常了解新材料的发展情况,结合企业生产的需要,有选择地采用合适的包装材料。

包装材料主要有纸张、塑料、金属、木材、玻璃、纤维织物等。对这几大类包装材料的强度、伸长、每平方米重量、耐破程度、水分等技术指标应作标准规定,以保证包装材料制成包装容器后能够承受流通过程中损害商品的外力和其他条件。

2) 包装容器的标准化

包装容器的外形尺寸与运输车辆的内部尺寸和包装商品所占的有效仓库容积有关。因此应对包装外形尺寸作严格规定。运输包装的内尺寸和商品包装的外尺寸也有类似的关系,因此对运输包装的内尺寸和商品包装的外尺寸,也应作严格规定。为了节约包装材料和便于搬运、堆码,一般情况下,包装容器的长与宽之比为3∶2,高与长相等。

3) 包装工艺标准化

凡是包装箱、桶等,必须规定内装商品数量、排列顺序、合适的衬垫材料,并防止包装箱、桶内空隙太大导致商品游动。如木箱包装箱,必须规定箱板的木质、箱板的厚度、装箱钉子的规格、相邻钉子距离、包角的技术要求及钉子不得钉在夹缝里等;纸箱必须规定如何封口,腰箍的材料,腰箍的松紧及牢固度等;布包则要规定针距及捆绳的松紧度等。回收复用的木箱、纸箱及其他包装箱也都必须制定标准。

4) 装卸作业标准化

在车站、港口、码头、仓库等处装卸货物时,都要制定装卸作业标准,要搞好文明操作。机械化装卸要根据商品包装特点选用合适的机具,如集装袋、托盘等。工业、商业、交通运输部门交接货物时,要实行验收责任制,以做到责任分明。

5) 集合包装标准化

集合包装即适合机械化装卸,又能保护商品安全。我国集合包装近几年有较快的发展,并制定了部分国家标准,其中,20吨以上的集装箱采用国际标准。托盘的标准应和集装箱的标准规定尺寸相配套。

6) 包装检测标准化

包装产品在交付给使用方之前应该通过统一的检测。测试指标如下:测试目标消费者对可以刺激其购买欲望的外包装的形状、规格、色彩、图案、文字说明、品牌标记等信息的反应情况,投其所好,从而刺激消费者购买。

3.5.2 包装管理合理化

1. 不合理包装的表现

不合理包装是在现有条件下没有达到应有的包装水平,从而造成了包装不足、包装过剩、包装污染等问题。目前,不合理的包装主要有以下表现,如表 3-11 所示。

表 3-11 包装不合理的表现

表现形式	说明
包装不足	主要包括: ① 包装强度不足,导致包装防护性不足,造成商品的损失; ② 包装材料质量不过关,由于包装材料选择不当,材料不能很好地承担运输防护及促进销售的作用; ③ 包装容器的层次及容积不足,缺少必要层次,所需体积不足造成损失
包装过剩	主要包括: ① 包装强度设计过高,如包装方式大大超过强度要求等,使包装防护性过高; ② 包装材料选择不当,选择过高,如可以选择纸质包装却采用金属包装等; ③ 包装过剩,如包装层次过多、包装体积过大、包装过于豪华
包装不环保	主要包括: ① 包装材料中大量使用纸箱、木箱、塑料容器等,要消耗大量的自然资源; ② 商品包装采用不可降解的包装材料,严重污染环境

2. 实现包装合理化的途径

包装合理化是指在包装过程中使用适当的材料和适当的技术,制成与物品相适应的容器,节约包装费用,降低包装成本,既满足包装保护商品、方便储运、有利销售的要求,又要提高包装的经济效益的包装综合管理活动。要实现包装合理化,需要从以下几方面加强管理。

1) 广泛采用先进包装技术

包装技术的改进是实现包装合理化的关键。要推广如缓冲包装、防锈包装、防湿包装等包装方法,使用不同的包装技法,以适应不同商品的包装、装卸、储存、运输的要求。

2) 采用绿色包装方式

选择包装方式时,应遵循绿色化原则,通过减少包装材料、重复使用、循环使用、回收使用材料等包装措施,以及回收利用和生物降解、分解包装材料来推行绿色包装,节省资源。

3) 采用组合单元装载技术,即采用托盘、集装箱进行组合运输

托盘、集装箱是包装、输送和储存三位一体的物流设备,是实现物流现代化的基础。包装的大型化和组合化有利于机械的使用,提高物流活动效率。

4) 采用无包装的物流形态

对需要大量输送的商品(如水泥、煤炭、粮食等)来说,包装所消耗的人力、物力、资金、材料是非常大的,若采用专门的散装设备,则可获得较高的技术经济效果。散装并不是不要包装,它是一种变革了的包装,即由单件小包装向集合大包装的转变。

3.5.3 流通加工管理概述

1. 流通加工的概念

流通加工是一种特殊的物流功能要素，是在物品从生产领域向消费领域流动的过程中，为了促进销售、维护产品质量和提高物流效率，对物品进行的加工；是物品发生物理变化、化学变化或形态变化，以满足消费者多样化需求和提高服务水平的附加值需要。

中华人民共和国国家标准《物流术语》（GB/T 18354—2006）对流通加工的定义是："根据顾客的需要，在流通过程中对产品实施的简单加工作业活动（如包装、分割、计量、分拣、刷标志、拴标签、组装等）的总称。"流通加工示意图如图3-17所示。

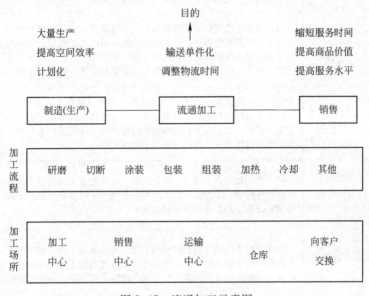

图 3-17 流通加工示意图

2. 流通加工与生产加工的区别

流通加工是在流通领域从事的简单生产活动，具有生产制造的性质。流通加工和一般的生产加工在加工方法、加工组织、生产管理等方面并无显著区别，但在加工对象、加工程度方面存在较大差别，其主要差别如表3-12所示。

表 3-12 流通加工和生产加工的区别

	生产加工	流通加工
加工对象	原材料、零配件、半成品	进入流通过程的产品
所处环节	生产加工	流通过程
加工程度	完成复杂的大部分加工	简单的、辅助性的补充加工
附加价值	创造价值和使用价值	完善其使用价值并提高价值
加工单位	生产企业	流通企业
加工目的	为交换、消费	为消费、流通

3. 流通加工的作用

流通加工丰富了生产加工的内容,对于用户、流通加工企业来说都具有积极的作用,流通加工的作用见表 3-13。

表 3-13 流通加工的作用

流通加工的作用	说明
方便流通、运输、储存、销售以及用户	流通加工的主要目的就是对各方面都存在着方便性。例如,钢板厂生产出来的钢板为 60 吨一卷,运输、吊装、储存都非常方便,但运到金属公司销售给用户时,有的用户只买几米,为了方便销售、方便用户,就需要金属公司用切板机将钢板切割、剪切成适合用户需要的形状尺寸,用户买回去就可以直接使用,因此钢板裁剪这种流通加工就起到了方便流通、运输、储存、销售及用户的作用
降低用户成本	对于用量小或有临时需要的用户,自身缺乏进行高效率初级加工的能力,依靠流通加工可以使用户省去自己进行初级加工所需要的机器设备的投资及人力,从而降低成本。目前发展较快的初级加工有:净菜加工,将水泥加工成生混凝土,将原木或板方材加工成门窗,冷拉钢筋及冲制异型零件,钢板预处理、整形、打孔等加工
提高生产效益和流通效益	生产企业和流通加工企业都可能在合理的流通加工中获得效益。采用流通加工,生产企业可以进行标准化、整包装生产,这样做既适应了大批量生产的特点,提高了生产效率,又节省了包装费用和运输费用,降低了成本;而流通企业可以促进销售,增加销售收入,同时也提高了流通效益
提高加工效益和设备利用率	建立集中加工点,可以采用效率高、技术先进、加工量大的专用机具和设备。这样做的好处是:①提高了加工质量;②提高了设备利用率;③提高了加工效率。其结果是降低了加工费用及原材料成本
充分发挥各种运输手段的最高效率	不同运输手段的适用范围有所不同。从流通加工到消费环节这一阶段距离短,主要是利用汽车和其他小型车辆来配送经过流通加工后的多规格、小批量、多用户的产品,这样可以充分发挥各种运输手段的最高效率,加快运输速度,节省运力费用
可实现物资充分利用、综合利用,提高物资利用率	合理的流通加工可以实现物资的充分利用、综合利用,最大化地减少浪费,从而提高物资利用率。例如,与分散下料相比,集中下料可以优才优用、小材大用、合理套裁,具有明显提高原材料利用率的效果

4. 流通加工的类型

为了充分体现流通加工对物流服务功能的增强,流通加工的种类很多。

1) 为弥补生产领域加工不足的深加工

有许多产品在生产领域的加工只能到一定程度,这是由于存在许多限制因素限制了生产领域不能完全实现终极的加工。例如,钢铁厂的大规模生产只能按标准规定的规格生产,以使产品有较强的通用性,使生产能有较高的效率和效益。木材如果在产地完成成材制成木制品的话,就会造成运输的极大困难,所以原生产领域只能加工到圆木、板方材这个程度,进一步的下料、切裁、处理等加工则由流通加工完成。

这种流通加工实际上是生产的延续,是生产加工的深化,对弥补生产领域加工不足有重要意义。

2）为满足需求多样化进行的服务性加工

从需求角度看，需求存在着多样化和变化两个特点，为满足这种要求，经常是用户自己设置加工环节，例如，生产消费型用户的再生产往往从原材料初级处理开始。

就用户来讲，现代生产的要求，是生产型用户能尽量减少流程，尽量集中力量从事较复杂的技术性较强的劳动，而不愿意将大量初级加工包揽下来。这种初级加工带有服务性，由流通加工来完成，生产型用户便可以缩短自己的生产流程，使生产技术密集程度提高。

对一般消费者而言，则可省去烦琐的预处置工作，而集中精力从事较高级的能直接满足需求的劳动。

3）为保护产品所进行的加工

在物流过程中，直到用户投入使用前都存在对产品的保护问题，防止产品在运输、储存、装卸、搬运、包装等过程中遭到损失，让使用价值能顺利实现。这与前两种加工不同，这种加工并不改变进入流通领域的"物"的外形及性质。这种加工主要采取稳固、改装、冷冻、保鲜、涂油等方式。

4）为提高物流效率，方便物流的加工

有一些产品本身的形态使之难以进行物流操作。如鲜鱼的装卸、储存操作困难；过大设备搬运、装卸困难；气体物运输、装卸困难等。进行流通加工，可以使物流各环节易于操作，如鲜鱼冷冻、过大设备解体、气体液化等。这种加工往往改变"物"的物理状态，但并不改变其化学特性，并最终仍能恢复其原物理状态。

5）为促进销售的流通加工

流通加工可以从若干方面起到促进销售的作用。如将过大包装或散装物（这是提高物流效率所要求的）分装成适合一次销售的小包装的分装加工；将原以保护产品为主的运输包装改换成以促进销售为主的装潢性包装，以起到吸引消费者、指导消费的作用；将零配件组装成用具、车辆以便于直接销售；将蔬菜、肉类洗净切块以满足消费者要求等。这种流通加工不改变"物"的本体，只进行简单的改装，也有许多是组装、分块等深加工。

6）为提高加工效率的流通加工

许多生产企业的初级加工由于数量有限、加工效率不高，也难以投入先进科学技术。流通加工以集中加工形式，解决了单个企业加工效率不高的弊病。以一家流通加工企业代替了若干生产企业的初级加工工序，促使生产水平有一个发展。

7）衔接不同运输方式，使物流合理化的流通加工

在干线运输及支线运输的节点，设置流通加工环节，可以有效解决大批量、低成本、长距离干线运输，多品种、少批量、多批次末端运输和集货运输之间的衔接问题，在流通加工点与大生产企业间形成大批量、定点运输的渠道，又以流通加工中心为核心，组织对多用户的配送，也可在流通加工点将运输包装转换为销售包装，从而有效衔接不同目的的运输方式。

3.5.4 流通加工合理化

流通加工合理化的含义是实现流通加工的最优配置，不仅做到避免各种不合理流通加工，使流通加工有存在价值，而且做到最优的选择。

为避免不合理现象，对是否设置流通加工环节，在什么地点设置，选择什么类型的加

工，采用什么样的技术装备等，需要做出正确抉择。目前，国内企业在进行这方面合理化的考虑中已积累了一些经验，取得了一定成果。

实现流通加工合理化的措施见表3-14。

表 3-14 流通加工合理化的措施

实现合理化的措施	说明
加工和配送相结合	将流通加工设置在配送点中，一方面按配送的需要进行加工，另一方面加工又是配送业务流程中分货、拣货、配货之一环，加工后的产品直接投入配货作业。这就无须单独设置一个加工的中间环节，使流通加工有别于独立的生产，而使流通加工与中转流通巧妙结合在一起。同时，由于配送之前有加工，可使配送服务水平大大提高。这是当前对流通加工做合理选择的重要形式，在煤炭、水泥等产品的流通中已表现出较大的优势
加工和配套相结合	在对配套要求较高的流通中，配套的主体来自各个生产单位，但是，完全配套有时无法全部依靠现有的生产单位，进行适当流通加工，可以有效促成配套，大大提高流通的桥梁与纽带的能力
加工和合理运输相结合	利用流通加工，在支线运输转干线运输或干线运输转支线运输这本来就必须停顿的环节，不进行一般的支转干或干转支，而是按干线或支线运输合理的要求进行适当加工，从而大大提高运输及运输转载水平
加工和合理商流相结合	通过加工有效促进销售，使商流合理化，也是流通加工合理化的考虑方向之一。加工和配送的结合，通过加工，提高了配送水平，强化了销售，是加工与合理商流相结合的一个成功的例证。此外，通过简单地改变包装加工，形成方便的购买量，通过组装加工解除用户使用前进行组装、调试的难处，都是有效促进商流的例子
加工和节约相结合	节约能源、节约设备、节约人力、节约耗费是流通加工合理化重要的考虑因素，也是目前我国设置流通加工，考虑其合理化的较普遍形式

对于流通加工合理化的最终判断，是看其是否能实现社会和企业本身的最优效益，对流通加工企业而言，与一般生产企业一个重要不同之处是，流通加工企业更应树立社会效益第一的观念。如果只是追求企业的微观效益，不适当地进行加工，甚至与生产企业争利，这就有违于流通加工的初衷，或者其本身已不属于流通加工范畴了。

本 章 小 结

物流职能管理环节由运输管理、仓储管理、配送管理、装卸搬运管理、包装和流通加工管理6个部分组成。本章有针对性地对6个部分进行了详细的论述。运输分为两大主要功能，分别为转移和储存。按照不同的运输方式，运输分为5种不同的类别，运输合理化的运用可以有效提高物流运输的效率，提高企业效益。仓储管理涉及仓储的6项管理内容，仓储的作业管理及仓储的合理化。配送管理主要讲述配送的概念和作用，配送的基本环节，着重讲述配送中心的分类、功能和配送模式及配送的合理化。装卸搬运主要涉及装卸搬运的概念、特点、装卸搬运设备的分类及装卸搬运的合理化。物流包装涵盖包装的概念、功能，包装的标准化和包装的合理化。流通加工讲述流通加工的概念、作用和类型，以及流通加工的合理化等。

对物流职能管理6个部分的介绍,有助于深入了解物流系统及物流职能之间的联系,以较为综合性的物流功能为现代企业提供一体化的物流功能服务。

本章习题

1. 名词解释

(1) 运输;(2) 仓储;(3) 包装;(4) 流通加工;(5) 配送;(6) 配送中心;(7) 装卸搬运

2. 选择题

(1) 下列运输方式中,成本最低的是_____。

  A. 铁路运输 B. 航空运输 C. 水路运输 D. 公路运输

(2) 公路运输的适用范围是_____。

  A. 远距离、大批量 B. 近距离、小批量

  C. 远距离、小批量 D. 近距离、大批量

(3) 仓储具有_____和静态仓储两种。

  A. 动态 B. 流动 C. 静止 D. 停滞

(4) 在仓储过程中对产品进行保护、管理、防止损坏而丧失价值,体现了仓储的_____功能。

  A. 保管 B. 整合 C. 加工 D. 储存

(5) 下列_____不属于物流包装的作用。

  A. 保护作用 B. 储存作用 C. 方便作用 D. 促销作用

(6) 流通加工与生产加工的区别不包含_____。

  A. 加工对象 B. 加工程度 C. 加工单位 D. 加工过程

(7) 以下_____不是流通加工合理化措施。

  A. 加工和配送相结合 B. 加工和配套相结合

  C. 加工和节约相结合 D. 加工与生产相结合

(8) 按照订单或出库单的要求,从储存场所选出物品,并放置在指定地点的作业是_____。

  A. 分拣 B. 配送 C. 流通加工 D. 保管

(9) 与其他环节相比_____具有伴随性的特点。

  A. 运输 B. 仓储 C. 配送 D. 装卸搬运

3. 简答题

(1) 五种运输方式分别适合运输哪些货物?

(2) 仓储的功能体现在哪几个方面?

(3) 流通加工的类型有哪些?

(4) 简述配送中心的三种配送模式。

(5) 包装的功能有哪些?

(6) 装卸搬运的特点有哪些?

第4章

物流信息管理

现代物流管理的重要特征是信息化,它也可以看作是实物流和信息流的结合。在现代物流管理过程中,通过使用计算机技术、通信技术和网络技术等手段,大大加快了物流信息的收集、处理和传递速度,从而使物流活动的效率和快速反应能力得到提高。在实现物流信息化的过程中,建立和完善物流信息系统对于开展现代物流活动极其重要。

4.1 物流信息与物流信息管理概述

物流信息是指与物流活动相关的信息,物流的各类活动都需要详细和准确无误的信息。一般来说,物流企业搜集的信息包括包装信息、装卸信息、运输信息、仓储信息和流通加工信息等内容。

现代物流是涉及社会经济生活各个方面的错综复杂的社会大系统,是涉及整个市场商品流通的全过程。商品的流动要准确快速地满足消费者的要求,离不开前期的信息流动,资金的及时回笼,也离不开相关物流信息的及时反馈。可见在现代物流中,信息起着非常重要的衔接作用,是现代物流的中枢神经。通过信息在物流系统中快速、准确和实时的流动,可使企业能动地对市场做出积极的反应,从而实现商流、信息流和资金流的良性循环。

物流信息作为中枢神经,连接整合从生产厂家,经过批发商和零售商,最后到消费者的整个供应链过程。物流信息不仅对物流活动具有支持保障的功能,而且对整个供应链的效率和整合具有重要的作用。物流主要是信息沟通的过程,物流的效率主要依赖于信息沟通的效率。由于物流信息具有的重要地位,使得其在现代企业的生存与发展中具有战略性地位。

4.1.1 物流信息的定义和特点

1. 物流信息的定义

物流信息(logistics information)是在物流活动进行中产生及使用的信息,是物流活动的内容、形式、过程以及发展变化的反映。根据中华人民共和国国家标准《物流术语》(GB/T 18354—2006),物流信息是"反映物流各种活动内容的知识、资料、图像、数据、文件的总称"。

物流信息是物流活动中各个环节生成的信息,一般是随着从生产到消费的物流活动的产生而产生的信息流,与物流过程中的运输、仓储、装卸、包装等各种职能有机结合在一起,是整个物流活动顺利进行所不可缺少的。物流信息包含的内容和对应的功能可以从狭义和广义两方面来说明。

从狭义范围来看,物流信息是指与运输、装卸、搬运、保管、包装、流通加工等物流基本活动相关的信息,对运输管理、库存管理、订单管理等物流活动具有支持保证功能。如图4-1所示物流各项活动产生了物流信息,并最终反作用于物流活动。

图4-1 物流信息的产生与流动

从广义范围来看,物流信息不仅指与物流活动有关的信息,还包括与买卖双方交易过程有关的商品交易信息及与市场活动有关的市场信息,具有连接整合整个物流系统和使整个物流系统效率化的功能。商品交易信息包括销售和购买信息、订货信息和接受订货信息、发出货款和收到货款信息等。市场信息包括消费者的需求信息、竞争者或竞争性商品的信息及与促销活动有关的信息等。物流信息与商品交易信息、市场信息有着密切的联系。例如,零售商根据对消费者需求的预测及库存现状制订订货计划,向批发商或生产商发出订货信息;批发商收到零售商的订单后,在确认现有库存水平能满足订单需求的基础上,向物流部门发出发货配货信息。如果发现现有库存无法满足订单需求,则立即组织生产,再按订单上的数量和时间向物流部门发出发货配货信息。

2. 物流信息的特点

物流信息是随着企业的物流活动而产生的信息。为使物流的各种功能顺畅运作,物流信息是不可或缺的。与其他领域的信息相比,物流信息所反映的企业物流活动的基本特征,具体表现在以下4个方面。

1) 信息量大

物流信息随着物流活动及商品交易活动的展开而大量产生。尤其是现代物流多以多品种、小批量、多频度生产及配送为主,因此库存及运输活动频繁,产生大量的物流信息。随着这些物流信息的大量产生,处理信息的信息技术和信息系统也逐渐产生与发展起来,比如销售时点信息系统(POS)、电子订货系统(EOS)和电子数据交换(EDI)技术等。随着信息时代的来临,企业之间合作的增强及信息技术的不断发展,都会导致物流信息量的持续增大。

为了使物流信息适应企业开放性、社会性的发展要求,必须对大量的物流信息进行有效管理。信息的产生、加工和应用在时间、地点上不一致,在方式上也不相同,这就需要有性能较高的信息处理机构与功能强大的信息收集、传输和储存能力。

2）动态性强

信息是在物流活动过程中产生的，货物流和信息流同时流动才能发挥信息的作用。在物流活动中，不断地产生信息，由于市场状况、用户需求的变化多端，物流信息会在瞬间发生变化，因而信息的价值衰减速度快。这就要求物流信息的收集、加工、处理速度快，具有很强的动态性。只有系统对信息的及时性管理有较高的处理能力，管理才能适应企业物流高效运行的即时要求。

物流信息动态性强、更新速度快的特点导致信息的收集、加工和处理需要很强的及时性。特别是多品种少批量生产，多频率小数量配送，尽可能地利用各种信息系统及时进行销售和补货，这就要求物流信息不断地、及时地更新，更新的速度越快越好。

3）种类多

物流信息不仅包括如生产信息、库存信息等企业内部的物流信息，而且包括企业间的物流信息，与物流活动相关的基础设施的信息，以及市场等多方面的信息。随着企业对供应链管理思想认识的加深，供应链上企业之间协调合作越来越受到企业的重视，企业之间广泛利用各种信息技术，如 EDI 技术等，进行物流信息快速及时的传递，实现信息共享。另外，企业从事物流活动还需要利用道路、港口、机场等基础设施的信息。随着物流行业的发展，物流信息的种类会越来越多，来源也将更加复杂多样。

4）信息不对称

由于信息在物流活动过程中形成，信息的产生、加工在时间地点上不对称，采集周期和衡量尺度不一致，在应用方式上也不一致。因此为了有效控制物流系统中的各类信息，需要建立统一完善的数据采集系统。另外，繁忙时节和平常相比，信息量的差异会很大，因而必须加强系统对信息的处理能力。

此外，不同类别的物流信息还有一些不同的特点。例如，物流系统自身的信息要求全面、完整地收集，而对其他系统信息的收集，则需根据物流要求予以选择。

为了实现不同系统之间的信息共享，需要供应链上的各个成员相互协调合作，并且采用国际或者国家信息标准。

4.1.2 物流信息的内容和标准

1. 物流信息的内容

从物流信息输入和使用的角度分，物流信息包括物流系统内信息和物流系统外信息。

物流系统内的信息是指与运输、仓储、包装和装卸搬运等物流活动有关的信息。它伴随物流活动而发生，并且在物流活动的管理与决策中发挥着重要作用，如：运输工具的选择、运输线路的确定、在途货物的追踪、仓库的有效利用和订单管理等，都要有详细和准确的物流信息，因为物流信息对运输管理、库存管理、订单管理等物流活动具有支持保证的功能。

物流系统外的信息主要用于指导物流，包括供货商信息、顾客信息、订货合同信息、交通运输信息、市场信息、政策信息，还有来自企业内生产、财务等部门的与物流有关的信息。

2. 物流信息的标准

物流信息标准的目标是通过汇集与物流信息系统相关的现有国家标准，提出新的相关国家标准，一方面明确标准制定工作的需求，另一方面反映现有标准化状况，来为物流信息系统设计人员提供参考，为进一步采用国际标准和国外先进标准提供支撑。物流信息标准的产生促进了物流活动的社会化、现代化和合理化。

随着电子商务的产生与发展，物流系统日趋信息化。通过标准化来实现系统间的信息共享和数据交换是电子商务时代的必然要求。

物流信息分类编码标准化是信息分类标准化的专业领域及分支，目的是通过将信息分类编码标准化技术引入到物流信息系统中，从而实现自动数据采集、系统之间的数据交换和资源共享。简单地说，信息分类编码就是对大量的信息进行合理分类，然后通过代码来表示。物流信息分类编码标准体系如图4-2所示。

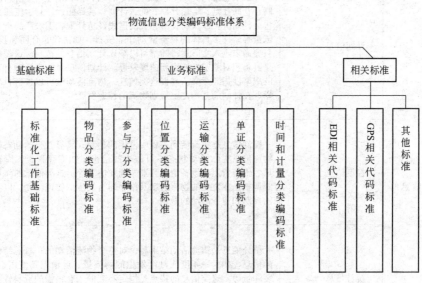

图4-2　物流信息分类编码标准体系

4.1.3　物流信息的分类和作用

1. 物流信息的分类

在处理物流信息和建立信息系统时，对物流信息进行分类是一项基础工作。物流信息可以按不同的分类标准进行分类，如表4-1所示。

表4-1　物流信息的分类

分类标准	类别	说明
按照物流信息的领域分类	物流活动形成的信息	物流活动形成的信息是发布物流信息的主要信息源，不但可以指导下一个物流运作，还可以提供给社会，成为经济领域的一个重要信息
	供给物流使用的其他社会信息源产生的信息	这类信息是物流信息收集的对象，是社会其他领域对物流运作有导向作用的信息

续表

分类标准	类别	说明
按照物流信息的来源分类	外部信息	外部信息是发生在物流活动以外供物流活动使用的信息，如供货商信息、客户信息、订货信息、交通运输信息及来自企业内生产、财务等部门的与物流有关的信息
	内部信息	内部信息是来自物流系统内部的各种信息的总称，如物流管理信息、物流作业信息、物流控制信息等
按照物流信息的功能分类	计划信息	计划信息指的是尚未实现但已当作目标确认的一类信息，如物流控制、仓储计划、运输计划、配送计划、装卸搬运计划、流通加工计划和包装计划等，以及与物流相关的国民经济计划、工农产品产量计划和物流量等。许多具体的物流活动作业安排，如协议、合同和投资等信息，只要尚未进入实际运行的都可以纳入计划信息的范畴。这类信息的特点是具备相对稳定性，更新速度较慢。计划信息对物流活动有着非常重要的战略性指导意义。掌握这类信息，物流活动就可以进行自身的战略策划，在计划的基础之上规划物流的长远发展
	控制信息	控制信息是物流活动过程中发生的信息，具有较强的动态性，是掌握物流信息实际活动状态不可缺少的信息，如库存种类、库存量、运输量、价格费用、设备情况和港站到发情况等。这类信息的作用是用以控制调整正在发生的物流活动及指导即将发生的物流活动，以实现对过程的控制和业务活动的微调
	统计信息	统计信息是物流活动结束后，对整个物流活动的一种总结性、归纳性的信息，如上一年度或月度发生的物流量、运输工具使用量、仓储量、装卸量等。这类信息的特点是恒定不变的，有很强的资料性。掌握了统计信息，可以正确地掌握过去的物流活动及规律，以指导物流战略发展和制订计划
	支持信息	支持信息是指对物流计划、业务、操作有影响的文化、科技、法律、教育等方面的信息，如物流技术革新、物流人才需求等。这些信息不仅对物流战略发展具有价值，而且对控制、操作物流业务也起到指导和启发的作用，是属于从整体上提高物流水平的一类信息
按照物流信息的加工程度分类	原始信息	原始信息是指未经加工的信息，是信息工作的基础，也是最有权威性的凭证性的信息，它是加工信息可靠性的保证
	加工信息	加工信息指对原始信息进行各种方式和各个层次处理后的信息，它是原始信息的提炼、简化和综合，它可以压缩信息存量并将信息整理成有使用价值的数据和资料
按照信息载体类型分类	物流单据（凭证）、报表（台账）等	这类信息是企业最基础的原始记录，如进货票据、销售票据、运输作业票据、仓储作业票据、装卸作业票据和流通加工单据等
	物流计划	物流计划是企业物流管理中很重要的信息，是企业物流管理决策的具体体现。企业的物流计划一般包括物料需求计划、采购计划、运输计划和储存计划等

续表

分类标准	类别	说明
按照管理层次分类	战略管理信息	这类信息是企业决策管理层制定企业生产经营目标、企业战略决策必需的信息，比如，市场动态信息、企业的经营综合信息和国家的相关政策法规等
	战术管理信息	战术管理信息是企业部门领导进行局部或者中短期决策所需要的信息，比如，企业的月度计划、季度计划、产品成本和市场行情等
	知识管理信息	知识管理信息是知识管理部门对其知识进行采集、分类、存储和查询的信息，比如，专家的决策知识和物流企业相关业务知识等信息
	运作管理信息	运作管理信息是企业最基层作业部门在实际生产经营物流运作时形成的信息，是最基础最原始的信息，也是企业需要的第一手资料，比如，企业的生产日报、销售日报和供货日报等，这类信息具有信息量大和发生频率高等特点

2. 物流信息的作用

物流信息贯穿于物流活动的整个过程中，对物流活动起到支持保证的作用，可以被看作是物流活动的中枢神经。物流活动中的信息流可以被分为两类：一类信息流的产生先于物流，它控制物流产生的时间、流量的大小和流动方向，对物流起着引发、控制和调整的作用，如各种计划、用户的订单等，这类信息流被称作计划信息流或协调信息流；另一类信息流与物流同步产生，反映物流的状态，如运输信息、库存信息和加工信息等，这类信息流被称作作业信息流。

可见，物流信息除了反映物品流动的各种状态外，更重要的是控制物流的时间、方向、大小和发展进程。物流信息的总体目标是要把涉及物流的各种企业的具体活动综合起来，加强整体的综合能力。物流信息的作用主要表现在以下几个方面。

1）物流信息有利于企业内部各业务活动之间的衔接

企业内采购、运输、库存及销售等各项活动互相作用，形成一个有机的整体系统，物流信息在其中充当桥梁和纽带。各项业务活动之间的衔接通过信息进行，基本资源的调度也通过信息的传递来实现。物流信息保证了整个系统的协调性和各项活动的顺利运转。

2）物流信息有助于物流活动各个环节之间的协调与控制

在整个物流活动过程中，每一个环节都会产生大量的物流信息，而物流系统则通过合理应用现代信息技术对这些信息进行挖掘和分析，得到每个环节下一步活动的指示性信息，进而对各个环节的活动进行协调和控制。

3）物流信息有助于提高物流企业科学管理和决策水平

物流管理需要大量、准确、实时的信息和用以协调物流系统运作的反馈信息，任何信息的遗漏和错误都将直接影响物流系统运转的效率和效果，进而影响企业的经济效益。物流管理通过加强供应链中各活动和实体间的信息交流与协调，使其中的物流和资金流保持畅通，实现供需平衡。同时，物流管理运用科学的分析工具，对物流活动所产生的各类信息进行科学分析，从而获得更多富有价值的信息。这些信息在系统各节点间共享，有效地缩短了订货提前期，降低了库存水平，提高了搬运和运输效率，减少了递送时间，及时高效地响应顾客提出的各种问题,提高了顾客满意度和物流系统的竞争力。

4.1.4 物流信息管理概述

物流信息管理是指运用计划、组织、指挥、协调和控制等基本职能对物流信息进行收集、检索、研究、报导、交流,并有效地运用人力、物力和财力等基本要素以期达到物流管理总体目标的活动。具体地说,物流信息管理就是对物流信息资源进行统一规划和组织,并对物流信息的收集、加工、存储、检索、传递和应用的全过程进行合理控制,从而使物流供应链中的各个环节协调一致,实现信息共享和互动,减少信息冗余和错误,辅助决策支持,改善客户关系,最终实现信息流、资金流、商流和物流的高度统一,达到提高物流供应链竞争力的目的。

物流信息管理的主要内容如表 4-2 所示。

表 4-2 物流信息管理的主要内容

内容	说明
政策制定	物流信息政策的制定可以实现不同区域、国家、企业或者部门之间的物流信息交换和共享,实现物流供应链信息的通畅传递。物流信息政策是一系列共同遵守和认同的物流信息规则或规范,如信息的格式与精度、信息传递的协议、信息共享的规则、信息安全的标准、信息存储的要求等
信息规划	信息规划是指从企业或者行业的战略角度出发,对信息资源的管理、开发和利用进行长远的发展计划,以此来确定后续工作的目标和方向,制定各个阶段的具体任务,保证信息管理工作有序地进行
信息收集	信息收集是指利用各种手段,通过各种渠道获取物流信息,从该信息中反馈物流系统及其所处的环境状况,为物流信息管理提供素材和原料。信息收集是整个物流信息管理中工作量最大、最费时间、最占人力的环节。因此,要求信息收集要把握以下几个重点:进行详细地需求分析,合理地选择信息源,有计划地进行系统性和连续性的收集工作
信息处理	信息处理就是根据使用者的信息需求,对收集到的信息进行筛选、分类、加工及储存等活动,从而得到对使用者有用的信息
信息传递	信息传递是指信息从信息源发出,经过适当的媒介和信息通道转给接收者的过程
服务与应用	信息工作的目标就是将信息提供给用户进行使用。其内容主要有:信息发布和传播服务、信息交换服务、信息技术服务和信息咨询服务

案例 4-1:交通运输物流信息互联共享标准(2015 版)发布

《交通运输物流信息互联共享标准(2015)》(简称新《标准》)正式对外发布,新《标准》中增加装箱单和设备交接单电子单证、平台服务功能调用接口技术要求等,标准并修订了道路运输电子单证、物流资源应用服务等标准内容。

据了解,《交通运输物流信息互联共享标准》于 2014 年交通运输部季度新闻发布会上首次正式对外发布,由基础标准、平台互联与交换标准、应用与服务规范、标准升级维护管理规范和标准符合性测试规范组成。随着国家物流平台用户数量越来越多,需要覆盖的信息范围越来越广,对于标准的功能需求也随之扩大,原有的标准已不能充分满足用户的需求。交通运输物流公共信息平台标准工作组针对标准平台业务拓展实际情况,对原有标准持续加

94

以修订和完善，推出了《交通运输物流信息互联共享标准（2015）》。

2015 版《标准》新增了装箱单和设备交接单电子单证、平台服务功能调用接口技术要求、信用应用服务等标准。同时，新《标准》修订了数据元（代码集）、道路运输电子单证、海运托运单和配舱回单电子单证、车货跟踪应用服务、物流资源应用服务等标准内容。其中，2015 版道路运输电子单证的修订内容主要基于冷链运输、食品药品运输及移动 APP 应用的相关需求开展。据标准工作组负责人陈键飞介绍，2014 版《标准》中关于道路运输电子单证的内容针对的是普通的道路运输信息，覆盖面较窄，而冷链运输这样的行业对温度、湿度等信息需要更加严谨，食品药品运输则对位置信息的查询跟踪有更高要求。因此，新《标准》重新定位，覆盖了冷链运输业务、食品药品运输业务领域，标准的内容更加完整，适用范围更加广泛。

此外，新《标准》新增的平台服务功能调用接口技术要求，使平台的技术标准框架内容更加完整。据介绍，2014 版《标准》内容主要基于业务上传报文而编制的，标准规定了平台互联企业业务报文信息的上传。新《标准》增加了平台服务功能调用接口技术要求，作为业务报文上传这种信息共享方式的补充，企业若有查询信息的需求，可发起请求，通过平台直接查询，实现不落地数据的信息查询和共享，提高信息共享的效率。

新《标准》不但使道路运输电子单证标准覆盖业务领域更广，而且进一步完善和充实了平台标准框架，标准各部分内容更加完整和成体系化，不断满足交通运输物流信息共享、信息交换与应用服务的需求。

4.2 物流信息系统

由于物流信息量大、动态性强、种类多和信息不一致等特点，通过手工方法来管理物流信息的效率低下，尤其是随着信息量的增大、企业规模的扩大，建立物流信息系统是提升企业竞争力的必要条件。

物流信息系统是企业管理信息系统的一个分支，通过计算机技术对企业与物流相关的物流信息进行采集、加工处理和利用来实现对物流活动的有效控制与管理，同时也为企业高级管理层制定战略规划及重要决策提供了良好的支持。因此，物流信息系统逐渐成为企业物流活动的中枢神经，物流信息在该系统内快速、实时地流动，可以使企业能够根据有效的信息进行快速规划、组织和控制。

现代物流管理是物流实体流通与信息流通的结合，最重要的特征是物流的信息化。物流信息化可以提高物流效率、降低物流成本、保障物流安全、提升物流品质，因此物流信息技术得到企业的高度重视。在物流信息技术的支撑下，形成了以自动化仓储管理、客户服务管理、财务管理等多种业务集成的一体化的现代物流信息系统。

4.2.1 物流信息系统概念

物流信息系统（logistics information system，LIS）是以现代管理理论为指导，以计算机、网络等现代信息技术为基础，由人员、计算机软硬件、网络通信设备和其他办公设备组成的人机交互系统。其主要功能是进行物流信息的收集、存储、传输、加工整理、维护和输出，为物流管理者和其他组织管理人员提供战略、战术及运作决策的支持，以达到组织的战略竞优，提高物流运作的效率与效益。物流业务人员使用物流信息系统处理物流业务，物流管理人员使用物流信息系统控制物流过程，决策人员使用物流信息系统辅助决策。

从系统的观点来看，物流信息系统是企业信息系统的一个子系统，它本身又可以分解成一系列的子系统。因为物流企业的核心业务是物流，所以有人也把物流企业的管理信息系统简称为物流信息系统。物流管理系统的启动往往需要从物流信息系统得到信息，无论多好的物流管理系统，如果不能与信息系统相默契，也难以高效地运转。从物流系统的整体角度看，信息流和物流是同时进行的，关键是两者内容必须一致并且信息先行。建立现代物流管理系统必须有先进的物流信息系统，物流信息系统可以提高企业效率、降低经营成本、增强企业的核心竞争力，从而获得最大效益。

随着工业和技术的不断进步，物流作业的方式发生了很大的变化。配合物流作业方式的变化，物流信息系统的模式经历了4个阶段，即人工作业阶段、合理化和计算机应用阶段、自动化信息整合阶段及智能化信息整合阶段。在不同的阶段，物流信息系统具有不同的功能，发挥着不同的作用，如表4-3所示。

表4-3 物流信息系统的不同发展阶段

发展阶段	人工作业阶段	合理化和计算机应用阶段	自动化信息整合阶段	智能化信息整合阶段
状态说明	① 人工制单；② 人工统计、汇总；③ 人工转账；④ 具有简易管理功能	① 事务作业合理化；② 报表单据合理化和标准化；③ 引进计算机制单；④ 计算机汇总统计；⑤ 计算机结算；⑥ 计算机提供各项管理报表；⑦ 各计算机之间彼此独立，拥有独立的数据库	① 计算机软硬件集成化；② 建立数据库管理系统；③ 做信息统计分析、制定各项决策；④ 系统对外联网进行信息接收、储存、转换和输出	① 引入人工智能；② 引入专家系统；③ 引入系统计算机辅助
主要内容	① 制作出入库凭证；② 制作财务、会计凭证；③ 制作结算单；④ 人事薪金计算和制单；⑤ 人工制作会计账目、人工填写库存账册	① 订单信息处理系统；② 出入库处理系统；③ 库存管理系统；④ 会计总账系统；⑤ 人事考核和薪金管理系统；⑥ 采购管理系统；⑦ 应收、应付账款管理系统，票据、发票管理系统；	① 订单信息处理系统（包括通过网络订购）；② 销售预测系统；③ 物资管理系统；④ 车辆调派系统；⑤ 运输线路选择、规划系统；⑥ 供应商管理系统；⑦ 财务成本核算系统；⑧ 银行转账、结算系统；⑨ 信息系统的集成化连接；⑩ 绩效考核管理系统	① 建立后勤支持系统；② 物流动态分析系统；③ 安全库存量自动控制系统；④ 仓库规划布局系统；⑤ 车辆运输自动调度系统；⑥ 仓库软硬件设备、人力使用分析控制系统

4.2.2 物流信息系统的分类

根据分类方法的不同，物流信息系统可以从以下4个角度进行分类。

1. 按系统的结构分类

按这种分类标准,物流信息系统被分成单功能系统和多功能系统。

(1) 单功能系统指只能完成一种职能的系统,如物流财务系统、合同管理系统和物资分配系统等。

(2) 多功能系统指能够完成一个部门或一个企业所包括的物流管理职能的系统,如仓库管理系统和某个企业的经营管理决策系统等。

2. 按系统功能的性质分类

按这种分类标准,物流信息系统被分成操作型系统和决策型系统。

(1) 操作型系统指为管理者处理日常业务的系统。它的主要工作是进行数据处理,如记账、汇总、统计、打印报表等。

(2) 决策型系统是在处理日常业务的基础上,运用现代化管理方法,进一步加工计算,为管理人员或领导者提供决策方案的定量依据。这类系统通常又被称为辅助决策系统或决策支持系统。

3. 按系统所采用的设备和技术分类

按这种分类标准,物流信息系统被分成单机系统和网络系统。

(1) 单机系统只使用一台计算机,这台机器可以只有一个终端,也可以有多个终端,通常对数据采用批处理方式。如果采用分时处理方式,就必须配有多个终端。

(2) 网络系统使用多台计算机,相互间以通信网连接起来,实行资源共享。

4. 按系统作用的对象分类

对于涉及产品流通的企业来讲,可以分为生产型企业、流通型企业和以物流生产为主业的第三方物流企业。因此,根据物流生产的主体不同,物流信息系统被分为三类。

(1) 面向生产企业的物流信息系统。生产型企业从原材料或者半成品生产厂家购买原材料或者半成品,运用技术和设备生产产品,然后投放市场,获取产品的销售利润。从这个过程中可以看出,生产型企业获取的利润来源于产品的劳动增值和技术增值。就采购来看,生产型企业采购的很可能是多种原材料,采购完毕后进入生产环节,产生废弃物和可回收物,最后进行销售。就涉及的物流作业看,包括供应采购、原材料仓储、生产配送(含领料)、产品仓储与销售运输(配送),此外,还包含废弃物物流与回收物流。

(2) 面向流通企业的物流信息系统。流通型企业的主要生产方式是向生产型企业采购产品,通过适当的销售渠道销售给顾客,赚取进销的差价利润。在这种生产过程中,针对销售企业不同的销售模式,可能会存在如下的物流过程,即订货采购、仓储与配货(含配送、店面及仓库储存)及销售送货(包括退货、补货)等。

(3) 面向第三方物流企业的物流信息系统。第三方物流企业服务于生产企业、流通企业及消费者,以提供第三方物流服务为主业。在第三方物流的整个生产过程中,商品本身价值不发生任何变化,但是由于物流成本的存在,商品的价格会发生一定程度的变化。

4.2.3 物流信息系统的组成和体系结构

1. 物流信息系统的组成

物流信息系统是一个由人和计算机共同组成的,能够进行物流信息收集、传递、存储、加工整理、维护和输出的系统。物流信息系统的基本组成要素有硬件、软件、数据库与数据仓库、人员等。

（1）硬件包括计算机、服务器和网络通信设备等，是物流信息系统的物理设备、硬件资源，是实现物流信息系统的基础及构成系统运行的硬件平台。

（2）软件是物流信息系统应用的核心，与物流活动相对应，各个活动都有软件的支持，具体来说是指系统软件、实用软件和应用软件。系统软件主要有操作系统、网络操作系统等。它控制、协调硬件资源，是物流信息系统必不可少的软件。实用软件主要有数据库管理系统、计算机语言、各种开发工具软件、国际互联网上的浏览器、电子邮件等，主要用于开发应用软件、管理数据资源和实现通信等。应用软件是面向问题的软件，与物流企业业务运作相关，实现辅助企业管理的功能。

（3）数据库与数据仓库用来存放与应用相关的数据，是实现辅助企业管理和支持决策的数据基础，目前大量的数据存放在数据库中。随着物流信息系统应用的深入，采用数据挖掘技术的数据仓库也应运而生。数据库系统主要面向一般管理层的事务性处理，数据仓库是面向主题的、集成的、稳定的、不同时间的数据集合，用以支持经营管理中的决策制定过程。数据仓库系统也是一个管理系统，它由三部分组成：数据仓库、数据仓库管理系统和数据仓库工具。

（4）人员主要包括系统分析员、系统设计员、系统实施人员、操作员、系统维护人员、数据准备人员及各层次管理机构的决策者和各部门业务人员等。物流信息系统本身也是一个系统，具备系统的一般特性。信息系统是一个企业或者组织的内部神经系统，具有整体效应；其目的性表现在信息系统的最终目标是为管理决策提供信息支持。由于信息系统最终目标是为管理和决策提供服务，而管理和决策要依赖于企业或者组织内部各方面的变化、依赖于外部环境的变化，因此，一个良好的信息系统应该具备良好的环境适应能力。

2. 物流信息系统的体系结构

物流信息系统的体系结构就是组成信息系统各个部分之间的相互关系的总和。体系结构反映了信息系统的特点、功能和现阶段人们对信息系统的认识和技术发展水平。虽然信息系统是组织信息流的综合体，但是，它的结构与组织结构不一定相同。组织结构一般是树状的，是为完成组织各项目标而形成的管理体系，然而，信息系统的结构可以不受组织结构的束缚，大多是网状的，是为了满足信息的采集、处理、存储、分析和传递等需要而建立的。随着信息技术的发展，信息系统的结构也经历了由低级到高级、由简单到复杂、由单项到综合的发展过程。

1）物流信息系统的层次结构

物流系统中存在着不同的物流活动环节及不同的物流管理部门和人员，对物流信息的需求和管理也有所不同。所以，一个完善的物流信息系统应该具备以下几个层次，如图4-3所示。

（1）业务操作层。业务操作层的任务是有效地利用现有资源展开各项活动，包括作业控制和业务处理。它根据管理控制层制订的计划和进度表组织人员和其他资源去完成上级指示，比如，订单处理、计划管理、运输管理和采购管理等，以及对合同、票据和报表等进行日常处理，将收集加工的物流信息以数据库的形式进行储存。业务操作层的信息系统处理过程是比较稳定的。在这一层次上，信息系统通常由事务处理、报告处理和查询处理组成。这

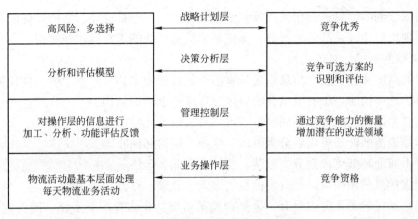

图 4-3 物流信息系统的层次结构

3 种处理方式的工作过程很相似。首先，将处理请求输入到系统之中，系统自动从文件中搜索相关的信息进行分析处理，最后，将处理结果或者报告输出。业务操作层处理的信息一般是确定型的，决策过程是程序化的，所以，决策问题一般也是结构化的。

（2）管理控制层。管理控制层的任务是建立物流系统的特征值体系、制定评价标准、建立控制与评价模型，根据运行信息检测物流系统的状况，并通过对业务操作层输出的数据和信息进行加工分析，产生相应的评估报告，为管理人员提供基础信息，以支持他们在管理控制活动中能够正确地制订各项计划和了解计划的完成情况。管理层需要的信息和数据的来源一般有 3 种渠道：一是控制企业活动的预算、标准和计划等；二是作业活动所提供的数据和信息；三是市场商情信息等其他信息。

（3）决策分析层。决策分析层的任务是建立各种物流系统分析模型，协助管理人员比较物流可选方案，进行战术上的决策分析。决策分析涉及的方面有：物流合同管理、质量管理和客户关系管理等。

（4）战略计划层。战略计划层的主要任务是确定企业的总体目标和长远发展计划。战略计划层是物流信息系统的重要组成部分，一个完善的战略计划层可以有效地帮助企业高层深刻地理解物流战略的制定、实施和评价，为企业的未来发展指明方向。因此，战略计划层具有高度的概括性和综合性，比如：对企业当前能力的评价和未来能力的预测，对市场需求和竞争对手的分析等。由于外部信息的不确定性，要解决的决策问题多数是非结构化的。

2）物流信息系统的概念结构

物流信息系统的概念结构由信息源、信息处理器、用户和管理者组成，如图 4-4 所示。

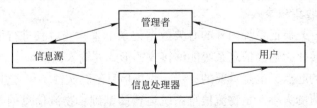

图 4-4 物流信息系统的概念结构

信息源指的是原始数据产生的地方，也是物流信息系统的基础。信息处理器利用计算机资源对原始数据进行采集、加工、处理和存储，将其转化为有用的信息，再传输给信息的用户。用户根据收到的信息进行相关决策。信息管理者的任务是设计和维护管理信息系统,以及在系统实现之后协调系统各个部分,保证整个信息系统的正常运作和使用。

3) 物流信息系统的功能结构

从用户的角度来看,物流信息系统具有明确的目标和多种多样的功能,且各种功能之间由信息连接,从而构成一个有机结合的整体,形成一个功能结构。

物流信息系统的功能根据不同的方式可划分为以下几种。

(1) 根据物流的性质可以划分为供应、生产、销售和回收等。
(2) 根据流通环节可以划分为包装、装卸、存储和运输。
(3) 根据信息的流向可以划分为信息的输入、处理、存储和输出等。

物流信息系统的子系统主要有:报关管理子系统、仓储管理子系统、销售管理子系统、运输管理子系统等,其功能结构如图4-5所示。

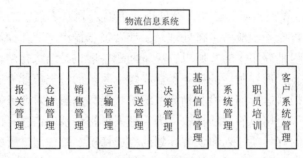

图4-5 物流信息系统的功能结构

4.2.4 物流信息系统的功能

物流系统的各个层次及不同作业环节之间是通过信息流紧密联系在一起的,因此物流信息系统中都需要具备以下基本功能,如图4-6所示。

图4-6 物流信息系统的基本功能

1. 物流信息的收集和录入

物流信息系统首先要把系统内外的有关数据记录下来,并对其进行可能与必要的检验,再将数据集中起来转化为物流信息系统能够接收的形式并输入到系统中。物流信息的收集是物流信息系统运行的起点,也是重要的一步。收集信息的真实性、可靠性、准确性和及时性决定着信息时效价值的大小,是物流信息系统运行的基础。物流信息的收集要遵循针对性、系统性、连续性等原则。

2. 物流信息的存储

数据进入物流信息系统后,通过整理和加工得到有用的信息,并将这些信息存储起来。

物流信息的存储要考虑信息的安全性及使用的便利性，还应充分考虑数据的冗余度和一致性等。

3. 物流信息的处理

物流信息系统的最基本目标就是将输入系统的数据加工处理成物流信息。信息处理可以是简单的查询、排序，也可以是复杂的模型求解和预测。信息处理能力的强弱是衡量物流信息系统能力的一个重要方面。由于收集到的物流信息大都是零散的、相互独立的、形式各异的，要存储和检索这些不规范信息，必须要进行再分析、整理和加工。采用科学方法对收集到的物流信息进行筛选、分类、比较、计算、存储，使之条理化、有序化、系统化、规范化，才能成为综合反映某一现象特征的真实、可靠、适用而有较高使用价值的信息，满足多元化的信息需求。

4. 物流信息的传递

物流信息的传递不仅包括物流信息在企业内部的传输，也包括物流信息在外部环境中要素间的传递。在物流过程中，由于作业场所的不断变更，必然产生传递信息的要求。物流信息传递是指从信息源出发，经过一定的媒介和信息通道输送给接收者的过程。物流信息的传递最基本的要求是迅速、准确和经济。

5. 物流信息的查询和输出

为解决因信息数量的"爆炸"而给物流信息查询带来的困难，物流信息系统应具有检索查询功能。同时由于使用者的目的不一样，物流信息系统应具有多种检索方法和功能，其对检索结果还应具有输出功能，用以反映物流信息管理的最终结果。经过信息的收集、加工、存储等活动，最终以报表、文字、图形等形式提供给决策者或管理者。

4.3 物流信息技术

信息技术以其技术优势和广阔的发展前景增强了企业竞争力，使传统的企业获得新生。现代信息技术是一股不可抗拒的力量，加速了企业经营方式和管理方式的变革，这种变革是任何一个企业都无法避开的。

信息技术是物流观念和物流产业形成的非常重要的前提条件之一，而物流信息技术则是现代信息技术在物流各作业环节的应用。物流信息技术主要由基础技术、信息标识技术、信息存储与传输技术、信息跟踪技术、信息处理技术等组成，包括计算机与网络技术、条码与射频识别技术、数据库技术、电子数据交换技术、GPS 与 GIS 技术等。同时，物流信息技术的应用与发展还离不开与物流相关的其他信息系统。将信息技术引入到物流企业各个业务环节中，形成了需求管理、订单管理、仓储管理、销售管理、财务管理及客户关系管理等一体化的现代物流管理。物流信息技术的应用和发展不仅可以提高物流的管理水平，促进物流企业的管理决策，而且还可以改变企业业务的运作方式，改善物流企业的管理手段。

物流信息技术中的基础技术主要指计算机技术和网络技术。其中，计算机技术主要是指计算机的操作技术，而网络技术是指通过整合互联网分散的资源，实现资源的全面共享和有机协作，使人们能按需获取信息。在物流管理中，网络技术为物流供应链管理提供技术实现手段，实现信息在企业之间的交互与共享。下面主要从信息标识技术、信息存储与传输技术、信息跟踪技术和一些运用信息处理技术的信息系统几方面介绍物流信息技术，表 4-4

显示的是物流信息技术的主要内容。

表 4-4　物流信息技术的主要内容

名称	项目
基础技术	计算机技术
	网络技术
信息标识技术	条码技术
	射频识别技术
信息存储与传输技术	数据库技术
	电子数据交换技术（EDI）
信息跟踪技术	全球定位系统（GPS）
	地理信息系统（GIS）
信息处理技术	数字分拣系统（DPS）
	电子订货系统（EOS）
	销售时点信息系统（POS）

4.3.1　信息标识技术

在物流系统应用中，首先要对货物进行信息识别，把货物的名称、型号、规格、数量、单价等性能指标用数字化手段存入计算机数据库系统中，从而引出了货物标识软硬件技术的应用。常用的标识技术有条码技术、复合码技术和射频识别技术等。

1. 条码技术

条码技术是在 20 世纪计算机的应用中产生和发展起来的一种自动识别技术，是光机电技术、计算机技术、通信技术和条码印制技术于一身的综合性技术。

条码技术的优点是制作简单、信息收集速度快、准确率高、信息量大、成本低和方便易用等。因此，在商品从生产厂商到最终消费者的流通转移过程之中，条码技术起到了准确识别和快速跟踪的重要作用，它是整个物流信息管理工作的基础。

按照维数，条码技术可分为一维码和二维码。

按照码制，条码可分为 UPC 码、EAN 码、交插 25 码、39 码、Code Bar 码、128 码、93 码、49 码等；二维码又可分为 QR 码、PDF417 码、Code49 码、Code 16K 码、Data Matrix 码、MaxiCode 码等，主要包括层排式和矩阵式两大类。

1）条码

条码是世界范围内通用的商品代码的表示方法，在流通和物流活动中被广泛应用。条码由一组黑白相间且粗细不同的条纹组成，用一组数字来表示商品的名称、产地、价格及种类等信息，按使用目的分为商品条码和物流条码。几种常见条码如图 4-7 所示。

商品条码是用于标识国际通用的商品代码的一种模块组合型条码，按照国际物品编码协会（EAN）统一规定的规则分为标准版商品条码（简称 EAN-13 码）和缩短版商品条码（简称 EAN-8 码）。商品条码以直接面向消费者销售的商品为标识对象，通常由 13 位数字组成，最前面的 3 位数字表示前缀码，由国际物品编码协会统一决定，中国的代码是 690～

图 4-7　几种常见的条码示意图

695。接着的 4 位数字是制造厂商代码,其后的 5 位数字是表示商品品种的代码,最后一位数字是校验码,用来检验商品条码中前 12 位数字代码的正确性。EAN-13 码的结构如表 4-5 所示。

表 4-5　EAN-13 码的结构

	左侧空白区	起始符	左侧数据符	中间分隔符	右侧数据符	校验符	终止符	右侧空白区
模块	9	3	42	5	35	7	3	9
13 位	1 位前置字符		6 位数字		5 位数字	1 位		

物流条码是在物流过程中以商品为对象、以集合包装商品为单位使用的条码。标准的物流条码由 14 位数字组成,除了第一位数字是表示物流的识别代码之外,其余 13 位数字所代表的含义与商品条码相同。商品条码和物流条码的区别见表 4-6。

表 4-6　商品条码与物流条码的比较

	应用对象	数字构成	包装形状	应用领域
商品条码	向消费者销售的商品	13 位数字	单个商品包装	POS 系统;补充订货管理
物流条码	物流过程中的商品	14 位数字(标准物流条码)	集合包装(如纸箱、集装箱等)	出入库管理;运输保管分拣管理

条码技术是现代物流系统中非常重要的进行大量、快速信息采集的技术。该技术可以大幅度地提高物流的运行效率。条码技术包括条码编码技术、条形符号设计技术、快速识别技术和计算机管理技术等,这些都是实现以计算机管理和电子数据交换为基础的尖端技术。条码在物流系统中的应用非常广泛,主要表现在以下 3 个方面。

(1)销售信息系统。为商品贴上条码就能快速、准确地利用计算机进行销售和配送管理。具体过程是,在对销售商品进行结算时,通过光电扫描器读取信息,将信息输入计算机,然后输入收款机,收款后开出收据。同时,通过计算机处理并掌握商品的进、销、存数据。

（2）库存系统。在库存物资上应用条码技术，尤其是对规格包装、集装和托盘货物，在入库时自动扫描信息并将信息输入计算机，由计算机处理后形成库存信息，然后输出入库区位、货架和货位等指令。出库时的程序则与销售信息系统的条码应用类似。

（3）分货、拣选系统。在进行配送和仓库出货时，采用分货、拣选的方式，需要快速处理大量的货物信息，利用条码技术便可自动进行分货、拣选，并实现有效的管理。其具体过程是：一个配送中心接到若干个配送订货需求，并将若干订货需求汇总。待每一品种汇总成批后，逐批发出与其条码相符的拣货标签。拣货人员将标签贴在仓库的每件商品上，并将货物取出用自动分拣机分货。分拣机始端的扫描器对处于运动状态的分拣机上的货物进行扫描，以确认所分拣出的货物是否正确，同时识读条码上的用户标记，给出商品在确定的分支分流的指令，到达各个用户的配送货位，完成分货、拣选作业。

2）二维码

二维码是用某种特定的几何图案，按照一定的规律，在平面（二维方向上）分布的、用黑白相间的图形记录数据符号信息的；在代码编制上，巧妙地利用构成计算机内部逻辑基础的"0"和"1"比特流的概念，使用若干个与二进制相对应的几何形体来表示文字数值信息，通过用图像输入设备或者光电扫描设备自动识读以实现自动处理。

二维码具有条码技术的一些共性，每种码制有其特定的字符集，每个字符占有一定的宽度，具有一定的校验功能等，同时还具有信息容量大、容错能力强、加密等特点。如今，二维码技术虽然在物流领域应用还不太普遍，但是在手机扫描、身份识别、电子商务等方面已比较常见。随着现代物流的发展及对物流信息精细化的要求，二维码技术应用于现代物流管理中已成趋势。下面介绍在现实生活中较常见的二维码。

QR码是由日本Denso Wave公司于1994年9月研制出的一种矩阵式二维码，如图4-8所示。QR来自英文"Quick Response"的缩写，即快速反应的意思，源自发明者希望QR码可让其内容快速被解码，所以QR码又被称为快速响应矩阵码。

图4-8　QR码

QR码符号共有40个版本，分别为版本1，版本2，…、版本40。版本1的规格为21模块×21模块、版本2的规格为25模块×25模块，以此类推，每一版本符号比前一版本每边增加4个模块，直到版本40，规格为177模块×177模块。条码呈正方形，只有黑白两色。位于符号的左上角、右上角和左下角，印有较小、像"回"字的正方形图案。这3个图案是位置探测图形，能够帮助解码软件定位，使用者不需要对准，无论以任何角度扫描，资料都可被正确读取。

QR码可用来表示数字、字母、8位字节型数据、日文汉字和中文汉字字符等内容，其容量密度大，可以放入1 817个汉字，或7 089个数字，或4 200个英文字母。QR码用数据压缩方式表示汉字，仅用13 bit即可表示一个汉字，比其他二维码表示汉字的效率提高了20%。QR码具有4个等级的纠错功能，即使破损也能够正确识读。QR码与其他二维码相比，具有识读速度快、数据密度大、占用空间小的优势。

3）条码技术的优点

条码技术是电子与信息科学领域的高新技术，是多项技术相结合的产物。条码技术与其他识别技术相比有如下特点。

（1）简单。条码符号制作和扫描操作简单。

(2) 信息采集速度快。普通计算机的键盘录入速度是 200 字符/分，而利用条码扫描录入的速度是键盘录入的 20 倍。

(3) 采集信息量大。利用条码扫描，一次性可以采集几十位字符的信息，并且可以通过选择不同码制的条码增加字符密度来增加采集的信息量。

(4) 可靠性高。键盘录入数据的误码率是三百分之一，而条码技术的误码率约为万分之一。

(5) 设备易操作、低成本。条码识别设备的结构简单，操作方便，不需要对使用者进行专门的培训，且与其他识别技术相比，条码技术所需要的费用较低。

2. 复合码

为了加强对物流商品的管理，提高物流管理中商品信息自动采集的效率，全球条码技术的倡导者和推动者——国际物品编码协会（EAN International，EAN）和美国统一代码委员会（UCC）首次合作，于 1999 年初联合推出了一种全新的适用于各个行业的物流条码标准——复合码（composite symbology，CS）。所谓复合码，就是将条码与二维码有机地叠加在一起，以实现在读取商品的识别信息的同时，还能够获取更多描述商品物流特征的信息。作为一种新的条码码制，它很好地保持了国际物品编码体系（EAN/UCC 系统）的完整性及兼容性，主要用于物流及仓储管理。

复合码中的条码采用缩小面积的条码符号，目的在于尽量减少商品条码占用的面积，增加条码所包含的商品信息容量，同时用于进行商品标识的定位符，以实现识别时的定位。在设计复合码时，应使条码的数据内容与二维码的数据内容相关联，以免扫描条码时造成错误。用户扫描条码，可录入商品或包装箱的单品标识信息，而扫描二维码，则录入商品或包装箱的描述性信息。因此，在条码包含的数据与二维码包含的数据之间建立一种绝对的联系，是多年来编码工作者一直研究的问题。

长期以来，计算机技术在商业领域及物流管理中的成功运用，已经使人们深刻地认识到现有的商品条码受信息容量的严格限制，已无法满足商业及物流管理工作的需要。而复合码的适时出现，帮助人们解决了标识微小物品及表述附加商品信息的棘手问题。以前在标识微小物品时，只能用 8 位的 EAN/UCC 缩短码，其所表述的信息仅为商品的 8 位唯一编号。这种缩短码由于信息容量小、占用面积大、号资源紧张等原因，有着较大的局限性。而采用复合码以后，单位面积条码的信息容量有效地增大了，不但可以表示商品的单品编码，还可以将商品的包装日期、最佳食用日期等附加商品信息标识在商品上，便于零售店采集。复合码为商店散装商品及蔬菜水果等的条码标识提供了理想的解决方案，方便对商品实施有效的计算机管理和监控。

3. 射频识别技术

射频识别技术（radio frequency identification，RFID）是 20 世纪 90 年代开始兴起的一种自动识别技术，是一种基于射频原理实现的非接触式自动识别技术。自 2004 年起，全球范围内掀起了一场射频识别技术的热潮，包括沃尔玛、宝洁、波音公司在内的商业巨头无不积极推动射频识别技术在制造、物流、零售、交通等行业的应用。

RFID 技术及其应用正处于迅速上升的时期，被业界公认为 21 世纪最具潜力的技术之一，它的发展和应用推广将是自动识别行业的一场技术革命。RFID 利用无线射频信号，通过读写器、天线和安装在载体上的 RFID 标签，构成 RFID 系统，实现对载体的非接触的识别和数据信息交换。其优点在于不局限于视线，识别距离比光学系统远，射频识别卡即可读出信息，又可写入数据，携带数量大，难以伪造，且有智能化特点，适用于物料跟踪、运载工具和货架识别等要求非接触数据采集和交换的场合。根据RFID系统完成的应用功能的不同，可以把RFID应用系统分为以下4种类型。

1) 电子商品防盗系统

电子商品防盗（electronic article surveillance，EAS）系统是一种设置在需要控制物品出入门口的RFID技术，主要由检测器、解码器和电子标签3部分组成，是目前大型零售行业广泛采用的商品安全措施之一。

在应用EAS系统时，首先在物品上黏附EAS标签，当物品被正常购买或者合法移出时，在结算处通过一定的装置使EAS标签失活。物品经过装有EAS系统的门口时，EAS装置能自动检测标签的活性，发现活性标签时EAS系统会发出警告。EAS技术的应用可以有效地防止物品被盗，不管是大件商品，还是很小的物品。应用EAS系统，物品不用再被锁在玻璃橱柜里，而是可以让顾客自由地观看、检查商品，这在自选购物日益流行的今天有着非常重要的意义。

2) 便携式数据采集系统

便携式数据采集系统使用带有RFID阅读器的手持式数据采集器采集RFID标签上的数据，具有较大的灵活性，适用于不宜安装固定式RFID系统的应用环境。RFID阅读器可以在读取数据的同时，通过无线电波数据传输方式实时地向主计算机系统传输数据，也可以将数据暂时存储在阅读器中，再一批一批地向主计算机系统传输数据。

3) 物流控制系统

物流控制系统中，固定布置的RFID阅读器分散布置在给定的区域，并且阅读器直接与计算机控制系统相连，射频标签是移动的，一般安装在移动的物体上或人身上。当物体或人经过RFID阅读器时，阅读器会自动扫描射频标签上的信息并把数据信息输入计算机控制系统进行存储、分析和处理，以达到控制物流的目的。

4) 定位系统

RFID阅读器放置在移动的车辆、轮船或者自动化流水线中移动的物料、半成品、成品上，射频标签嵌入到操作环境的地表下面。射频标签上存储有位置识别信息，RFID阅读器一般通过无线的或者有线的方式连接到计算机控制系统。该系统适用于自动化加工系统的定位及对车辆、轮船等进行运行定位的环境。

RFID系统主要由电子卷标（tag）、读取器（reader）和天线（antenna）组成，如图4-9所示。

(1) 电子卷标（tag）。主要是由具有模拟（analog）、数字（digital）与内存（memory）功能的芯片，以及依不同频率、应用环境而设计的天线所组成。其中被动式电子卷标是以读取器所提供的能量作为本身操作所需的能源，所以被动式电子卷标可以达到体积小、价格便宜及使用寿命长等目的。

(2) 读取器（Reader）。主要是由模拟控制（analog control）、数字控制（digital control）、中央处理单元（单晶片或单板电脑）及读取天线组成，读取器可以利用相关搜寻技术或协定，达到每秒辨识数百个不同电子标签的辨识能力。

(3) 天线（antenna）。指在卷标和读取器之间传递射频信号的设备。天线与RFID系统

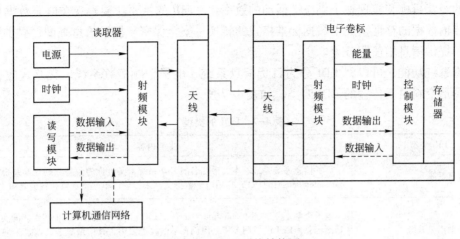

图 4-9 RFID 系统结构图

工作的频段有关,其形状、位置也会对数据的传输产生一定的影响。

4.3.2 信息存储与传输技术

1. 数据库技术

数据库是以一定的组织方式存储在一起的相关的数据集合,这些数据没有有害或不必要的冗余,能为多个用户或应用程序服务,数据的存储独立于应用程序。应用程序能够用一种公用的、可控的方法向数据库插入新数据,修改和检索原有数据,结构化处理后的数据可以为今后的应用服务。同文件系统相比,数据库具有以下特点:数据的最小冗余、数据的充分共享、数据的相对独立、数据管理与控制的统一。

数据库系统是由计算机系统、数据库、数据库管理系统和有关人员组成的具有高度组织的总体。数据库系统是在文件系统基础上发展起来的更为先进的数据管理技术,它的应用使信息系统的水平提高到一个新的阶段,数据库系统是现代物流信息系统不可缺少的一部分。

数据库管理系统经历了 30 多年的发展,成了一门内容丰富的学科,形成了总量达数百亿美元的一个软件产业。目前,市场上具有代表性的数据库产品包括 Oracle、DB2、SQL Server 和 Sybase 等。在一定意义上,这些产品的特征反映了当前数据库产业界的最高水平和发展趋势。因此,分析这些主流产品的发展现状,是了解数据库技术发展的一个重要方面,同时也是了解现代物流信息管理中信息存储技术的途径。

2. 电子数据交换技术

电子数据交换(electronic data interchange,EDI)是 20 世纪 80 年代发展起来的一种新颖的电子化贸易工具,是计算机、通信和现代管理技术相结合的产物。它通过电子方式,采用标准化的格式,利用计算机网络进行结构化数据的传输和交换,是一种在生产、运输、贸易、保险、银行和海关等与物流有关的行业或部门之间实现订单、票据等作业文件无纸化传输、应用和管理的电子化手段。EDI 的目的是通过建立企业间的数据交换网来实现票据处理、数据加工等事务作业的自动化、省力化、及时化和正确化,同时通过有关销售信息和库存信息的共享来实现经营活动的效率化。需要指出的是,企业在应用 EDI 时,不仅应关注在供应链参与各方之间传送信息的及时性和有效性,更重要的是如何利用这些信息来实现企业各自的经营目标和实现整个供应链活动的效率化。EDI 的主要功能表现在电子数据传输和交换、传输数据的存证、文书数据标准格式的转换、安全保密、提供信息查询、提供技术咨询服务、提供信息增值服务等。

根据系统功能，可以将 EDI 分为订货信息系统、电子金融汇兑系统、交互式应答系统和带有图形资料自动传输的 EDI 四类，如表 4-7 所示。

表 4-7　EDI 的类型

EDI 类型	主要内容
订货信息系统	订货信息系统是最基本、最知名的 EDI 系统，又可称为贸易数据互换系统（trade data interchange，TDI），它用电子数据文件来传输订单、发货票和各类通知
电子金融汇兑系统	电子金融汇兑（electronic fund transfer，EFT），即在银行和其他组织之间实行电子费用汇兑。EFT 已使用多年，但仍在不断改进之中，其中最显著的改进是同订货信息系统联系起来，形成一个自动化水平更高的金融汇兑系统
交互式应答系统	交互式应答（interactive query response，IQR）可应用于旅行社或航空公司，作为机票预订系统。在应用这种 EDI 时，先要询问到达某一目的地的航班，要求显示航班的时间、票价或其他信息，然后根据旅客的要求确定所要的航班，打印机票
带有图形资料自动传输的 EDI	最常见的是计算机辅助设计（computer aided design，CAD）图形的自动传输。比如，设计公司完成一个厂房的平面布置图，将其平面布置图传输给厂房的主人，请主人提出修改意见。一旦该设计被认可，系统将自动输出订单，发出购买建筑材料的报告。在收到这些建筑材料后，自动开出收据。如美国一个厨房用品制造公司 Kraft Maid 公司，在 PC 上用 CAD 设计厨房的平面布置图，再用 EDI 传输设计图纸、订货单证、收据等，大大提高了工作效率

EDI 的产生是以现有的计算机软件和硬件、通信技术及数据的标准化为前提条件的。换句话说，业务处理的计算机化是实现 EDI 的前提，数据通信网络是实现 EDI 的基础，数据的标准化是实现 EDI 的保证。因此，构成 EDI 系统的 3 个要素是 EDI 软硬件、通信网络和数据标准。

所谓物流 EDI 是指货主、承运业主及其他相关的单位之间，通过 EDI 系统进行物流数据交换，并以此为基础实施物流作业活动的方法。物流 EDI 参与单位有发送货物业主（如生产厂家、贸易商、批发商、零售商等）、承运业主（如独立的物流承运企业等）、实际运送货物的交通运输企业（铁路企业、水运企业、航空企业、公路运输企业等）、协助单位（政府有关部门、金融企业等）和其他的物流相关单位。

下面通过一个实例来说明 EDI 在企业物流系统中的应用，如图 4-10 所示。某企业采用 EDI 系统后，通过计算机通信网络接收到来自用户的一笔 EDI 方式的订货单，企业的 EDI 系统随即检查订货单是否符合要求和工厂是否接收订货，然后向用户回送确认信息。企业的 EDI 系统根据订货单的要求检查库存，如果需要则向相关的零部件和配套设备厂商发出 EDI 订货单；向铁路、海运、航空等部门预订车辆、舱位和集装箱；以 EDI 方式与保险公司和海关联系，申请保险手续和办理出口手续；向用户开 EDI 发票；同银行以 EDI 方式结算账目等。从订货、库存检查与零部件订货，办理相关手续及签发发货票等全部过程都由计算机自动完成，既快速又准确。

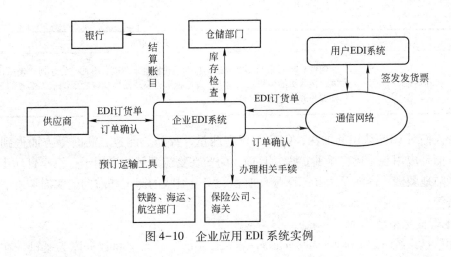

图 4-10　企业应用 EDI 系统实例

4.3.3　信息跟踪技术

1. 全球定位系统

全球定位系统（global positioning system，GPS）是由美国国防部开发的一个基于卫星的无线导航系统。GPS 利用分布在高度为 20 200 千米的 6 个轨道上的 24 颗卫星对地面目标的状况进行精确测定，每条轨道上拥有 4 颗卫星，在地球上任何一点、任何时刻都可以同时接收到来自 4 颗卫星的信号，卫星所发射的空间轨道信息覆盖整个地球表面。

GPS 主要应用于船舶和飞机的导航、对地面目标的精确定时和精密定位、地面及空中交通管制、空间与地面灾害的监测等。GPS 能对静态或动态对象进行动态空间信息的获取，快速、精度均匀、不受天气和时间限制地反馈空间信息。GPS 不仅是一种可以定时和测距的定点导航系统，还可以向全球用户提供连续、定时、高精度的三维位置和时间信息，以满足军事部门和民用部门的需要。

GPS 系统的特点如表 4-8 所示。

表 4-8　GPS 系统的 5 个特点

特点	主要内容
定位精度高	GPS 卫星发送的导航定位信号能够进行厘米级至毫米级精度的静态定位，米级至亚米级精度的动态定位，亚米级至厘米级精度的速度测量和毫微秒级精度的时间测量
全天候作业	全球、全天候连续导航定位，为用户提供位置、速度和时间。GPS 观测可以在 1 天 24 小时内的任何时间进行，不受阴天黑夜、起雾刮风、下雪等气候的影响
观测时间短	随着 GPS 的不断完善，软件的不断更新，目前，以 20 千米为相对静态定位，仅需 15~20 分钟；快速静态相对定位测量时，当每个流动站与基准站相距在 15 千米以内时，流动站观测时间只需 1~2 分钟，然后可随时定位，每站观测只需几秒钟
抗干扰性能好、保密性强	GPS 采用扩频技术和伪码技术，用户不发射信号，因而 GPS 卫星所发送的信号具有良好的抗干扰性和保密性，在战时不易受到电子战的影响

特点	主要内容
操作简便	随着GPS接收机不断改进，自动化程度越来越高，有的已经达到"傻瓜化"的程度；接收机的体积越来越小，重量越来越小，极大地减轻了测量工作者的工作紧张程度和劳动强度

随着人们对GPS认识的加深，GPS不仅在测量、导航、测速、测时等方面得到更广泛的应用，而且应用领域还将不断扩大。目前，GPS在物流领域可应用于：汽车自动定位、跟踪调度、陆地救援；内河及远洋船队最佳航程、安全航线的测定和航向的实时调度、监测及水上救援等。

2. 地理信息系统

地理信息系统（geographic information system，GIS）是以空间数据库为基础，在计算机软硬件的支持下，对整个或部分地球表层（包括大气层）空间中的有关地理分布数据进行采集、存储、管理、处理、分析、显示和描述，为地理研究、综合评价和管理、定量分析和决策而建立的计算机应用系统。

地理信息系统是一种特定的、十分重要的空间信息系统，其处理、管理的对象是多种地理空间实体数据及其关系，包括空间定位数据、图形数据、遥感图像数据、属性数据等，用于分析和处理在一定地理区域内分布的各种现象和过程，解决复杂的规划、决策和管理问题。

GIS技术主要应用于物流分析，利用强大的地理数据功能来完善物流分析技术。目前一些国外公司已经开发出利用GIS为物流分析提供专门分析的工具软件。完整的GIS物流分析软件集成了车辆路线模型、网络物流模型、分配集合模型和设施定位模型等。

现代物流信息技术发展已趋成熟，信息资源的共享为物流GIS的建设提供了基础和保障，同时现代物流自身的发展也需要充分利用数字化技术来进入新的阶段。地理信息系统在最近的30多年内取得了惊人的发展，广泛地应用于资源调查、环境评估、灾害预测、国土管理、城市规划、邮电通信、交通运输、军事公安、水利电力、公共设施管理、农林牧业、统计、商业金融等几乎所有领域。

4.3.4 信息处理技术

1. 数字分拣系统

数字分拣系统（digital picking system，DPS）是第二次世界大战后在美国、日本和欧洲的物流配送中心广泛采用的一种分拣系统，目前已经成为发达国家大中型物流中心不可缺少的一部分。数字分拣系统中常用的技术是电子标签辅助拣货技术，它是一种无纸化的拣货系统。

传统拣货是指拣选人员根据拣货单逐一进行拣货，工人劳动强度大，容易造成错拣或漏拣现象。而数字分拣系统省略了打印拣货单的过程，在货架上加装一组LED显示器及线路，客户的订单资料直接由计算机传输到货架上的显示器，拣货人员根据显示器上的数字进行拣货，拣货完成之后按一下确认键即可。采用这种方式可大大提高拣选效率，降低工人的劳动强度。数字分拣系统具有以下特点。

1) 连续、大批量地分拣货物

自动分拣系统采用流水线自动作业方式，不受气候、时间、人的体力等因素的限制，可以连续运行。据统计，自动分拣系统的分拣能力是连续运行 100 小时以上，每小时可分拣 7 000 件包装商品。

2) 分拣误差率低

自动分拣系统的分拣误差率主要取决于所输入分拣信息的准确性，而准确性的高低又取决于分拣信息的输入机制。如果采用人工键盘或语音识别方式输入，则误差率较高；如果采用条码扫描输入，除非条码的印刷本身有差错，否则是不会出错的。因此，目前自动分拣系统主要采用条码技术来识别货物。

3) 分拣作业基本实现无人化

使用自动分拣系统的目的之一，就是为了减轻员工的劳动强度，提高人员的使用效率。因此，自动分拣系统能最大限度地减少人员的使用，基本实现分拣作业无人化。

2. 电子订货系统

电子订货系统（electronic ordering system，EOS）是指企业间利用通信网络和终端设备，以在线连接的方式进行订货作业和订货信息交换的系统。EOS 系统按照应用范围可分为企业内部的 EOS 系统（如连锁经营的各个连锁分店与总部之间建立的 EOS 系统）、零售商与批发商之间的 EOS 系统及零售商、批销商和生产商之间的 EOS 系统。

EOS 系统能够及时、准确地交换订货信息，在企业物流管理中可发挥以下作用。

（1）可以缩短从接到订单到发出订货的时间，缩短订货商品的交货期，减少商品订单的出错率，节省人工费用，尤其是针对传统的订货方式，如上门订货、邮寄订货、电话订货、传真订货等。

（2）有利于降低企业库存水平，提高企业的库存管理效率，同时也能防止商品，特别是畅销商品缺货现象的出现。

（3）对于生产厂家和批发商来说，通过分析零售商的商品订货信息，能准确判断畅销商品和滞销商品，有利于企业调整商品生产和销售计划。

（4）有利于提高企业物流信息系统的效率，使各个业务信息子系统之间的数据交换更加便利和迅速，丰富企业的经营信息。

由于 EOS 系统给贸易伙伴带来了巨大的经济效益和社会效益，在商业化迅速发展的今天，越来越显示出它的重要性。随着科学技术的不断发展和 EOS 系统的日益普及，EOS 的系统化、社会化、标准化、国际化和网络化已经成为当今 EOS 系统的发展趋势。

3. 销售时点信息系统

销售时点信息系统（point of sales，POS）是由收款机和计算机联机构成的商业网络系统，通过自动读取设备（如收款机）在销售商品时直接读取商品销售信息（如商品品名、单价、销售数量、销售时间、销售店铺、购买顾客等），并通过计算机系统传送到有关部门进一步加工处理，如实时跟踪销售情况、分析数据、传递反馈、强化商品的销售管理等，以提高经营效率。

POS 系统最早应用于零售业，后来逐渐扩展到其他领域，如金融、旅馆等服务行业，而该系统的利用范围也逐步从企业内部扩展到整个供应链。现代 POS 系统已不仅仅局限于电子收款技术，而是要考虑将计算机网络、电子数据交换技术、条码技术、电子监控技术、电子收款技术、电子信息处理技术、远程通信、电子广告、自动仓储配送技术、自动售货、备货技术等一系列科技手段融为一体，从而形成一个综合性的信息资源管理系统。同时，它必须符合和服从商业管理模式，按照对商品流通管理及资金管理的各种规定进行设计和运行。

目前，国内对于 POS 系统存在两种不同的观点。一种观点指的是销售应用的 POS 系统，该系统对商店零售柜台的所有交易信息进行加工整理，实时跟踪销售情况，分析数据并进行传递反馈，可以强化对商品的营销管理。另一种观点指的是银行应用的 POS 机或 POS 系统（electronic fund transfer point of sales system），称为销售点电子转账服务作业系统。该系统是由银行设置在商业网点或特约商户的信用卡授权终端机，是通过公用数据交换网与银行计算机系统联机构成的电子转账服务作业系统。它的功能是为持卡人在销售点购物及消费提供通过电子转账系统直接扣款或者信用记账服务。

案例 4-2：精技电脑（股份有限）公司的物流车队即时货况管理应用

精技电脑（股份有限）公司是中国台湾地区主要的信息科技产品渠道商之一，企业营运项目主要分为自动识别事业部与科技产品渠道事业部，自动识别事业部主要提供工业级掌上电脑（personal digital assistant，PDA）、条码扫描器与 RFID 等系统设计与解决方案服务；科技产品渠道事业部主要代理惠普、IBM、Apple 等产品，2006 年渠道集团总营业额达 132 亿。科技产品渠道产业竞争激烈，营业毛利率也偏低，同时因为信息产品硬件本身的差异化不明显，市场以价格导向为主，因此如何提高服务效率来回应客户需求，成为提升企业服务价值的思考方向，也是竞争力的主要来源之一。为了有效进行物流管理并控制成本，精技电脑（股份有限）公司 2000 年于林口自建物流中心，同时也自行拥有配送物流车队，针对人员、流程、物品与信息流通强调做更有效的管理，除了建置企业资源计划（enterprise resource planning，ERP）系统，也建置完善的仓储管理系统，另外于物流配送环节之中也导入了卫星车队即时货况追踪信息系统，让物流管理向更精致化发展。

在导入此套系统后，每日由主管派遣调度车辆，并由系统下载该班次配送订单于手持终端机，司机领取货物并比对订单无误后出车，每台运输车上都配置安装 GPS 卫星定位的车机系统，于每个间隔时间内传输坐标信息，后台信息系统接收到车辆坐标后，对应于电子地图中的相对位置，主管可随时了解在外所有车辆的即时位置，即可远程随时调度与掌握全局。当司机将货物送至客户端时，通过 PDA 扫描记录到点时间，并可记录送达状态，当客户想要了解货品是否已经顺利送达客户时，主管或客服人员可以立即上网查询，第一时间即可给予客户满意的回应，同时也结合客户关系管理（customer relationship management，CRM）系统提供顾客个人化服务，更可以节省传统纸笔作业所花费的时间与人力成本，真正实现提升工作效率与客户满意度。

精技电脑（股份有限）公司所采用的车队货况管理系统，其主要的功能可分为三个面向。

（1）面向客户。提供企业客户查询货品到货的服务平台，加速客户回应速度，不论是货主或者是其客户皆可轻松掌握货品位置与状况。

（2）面向管理者。使管理者易于管理在外车辆，机动调度能力增加，减少不必要的沟通，同时管理者通过自动化的管理方式，可充分掌握运输工作的信息，从而实现协助管理者制定与配送相关的物流策略并能有效降低营运成本。

（3）面向司机。工作日志电子化，减少文书作业时间、绩效统计透明化，轻轻松松完成每日工作任务。

在运输配送的物流环节中，应用 GPS、PDA 与移动无线通信技术，不但使物流业者能充分掌握车辆、订单、货物资料的时效性，同时也能即时满足客户对货物即时查询之需，有效强化企业后勤支援能力，让物流交易能顺畅进行，充分利用时间以节省成本并创造更高的效益。

4.4 物流信息化

物流信息化是指物流企业运用现代信息技术对物流过程中产生的全部或者部分信息进行采集、分类、传递、汇总、识别、跟踪和查询等一系列处理活动，通过分析控制物流信息和利用信息来管理和控制物流，提高物流运作决策水平，达到合理配置物流资源，降低物流成本，提高物流服务水平的目的。随着现代信息技术（计算机技术、通信技术和网络技术）的飞速发展，信息资源的开发和利用逐渐受到重视，物流信息化水平也成为衡量一个国家现代化水平和综合国力的重要标准。

4.4.1 物流信息化的内容

物流信息化的内容包括物流技术信息化和物流管理信息化两方面，如表 4-9 所示。

表 4-9 物流信息化的内容

物流信息化	主要内容
物流技术信息化	物流技术信息化是指物流生产（运输、储存、装卸搬运、包装和配送等）活动中应用的条码识别技术、射频识别技术、全球定位系统、地理信息系统和激光自动导向系统等网络信息技术
物流管理信息化	物流管理信息化是指物流管理过程中应用的管理信息系统和决策系统技术的信息化

4.4.2 物流信息化的必要性

1. 物流信息化促使物流成本的降低

在物流系统中，大量的信息不仅随时间波动，而且还依赖于气象和经济条件，是不稳定的。因此，物流管理和决策作业与活动需要实时地分析各种条件，并在最短时间内给出最佳实施方案。诸如配舱、装箱、运输资源的使用、运输路线的选择、工作计划的拟订、人员的安排、库存数量的决策、需求和成本的预测、系统的控制等，都需要优化或智能规划。而在物流信息系统中，自觉运用智能规划理论和方法，实现管理和决策的最优化、智能化，可以最合理地利用有限的资源，以最小的消耗取得最大的经济利益。

2. 物流信息化促使物流流程的重组

物流信息化的直接结果是信息流动的加快、信息流动的及时准确，而信息迅速流动直接关系到物流的工作流程的平衡。物流信息化关键的目标是要平衡物流系统各个组成部分，这也决定了必须对物流流程进行重组。但是对物流流程的重组不是对原有物流系统的全盘否定，而是使物流系统再升华，使物流更加合理化、高效化、现代化，使物流时间和空间范围更加扩展。

3. 物流信息化促使物流的标准化

据估算，如果有一个可参照的标准，目前我国物流企业的信息系统开发费用可以降低80%，将各系统连通起来的成本也可以减少50%以上，从而避免大量低水平的重复开发与建设成本。

目前，基于信息技术和现代网络技术的现代物流标准化趋势有以下3个方面。

（1）业务流程标准化。企业的业务流程要体现在信息系统的软件当中，只有把企业的业务流程标准化以后，才有利于信息系统与企业的具体业务相结合。

（2）信息标准化。信息标准化的重点是企业各类信息的编码、管理信息、经营数据和技术数据标准化问题。

（3）文件格式标准化。文件格式标准化主要是为了解决数据的互联与互通。

这3个方面的核心任务是实现数据交换和信息的共享，这是信息时代先进企业标准化的一个特点。

4. 物流信息化可提高物流企业竞争力

在供应链形成之后，特别是在第三方物流企业形成以后，整个物流过程或者供应链过程的管理效率和管理水平的提高成为主要的竞争焦点，物流竞争已从环节的竞争转到物流供应链的整个过程的竞争。如果不采取信息化，物流企业就没有竞争力。

4.4.3 物流信息化的发展阶段

物流信息化的发展经历了3个阶段，如表4-10所示。

表4-10 物流信息化的发展阶段

物流信息化的发展阶段		主要内容
内部操作和客户服务信息化	内部操作信息化	通过内部各流程自动化、智能化的应用，提高效率，减少人为原因造成的不必要失误，提高客户满意度
	客户服务信息化	在线服务模块使客户可以通过互联网实现网上下订单、网上对单、网上跟踪等功能，降低公司员工工作量，提高效率并提升企业形象
管理和决策信息化	管理信息化	通过数据辅助管理人员对作业进行远程管理和跟踪，加强对地理分散各点的管理
	决策信息化	辅助决策人员对经营决策提供支持，以直观易懂的方式比较全面地反映企业经营情况及其发展趋势，以便于企业决策者更加科学准确地进行决策
协同作业信息化		协同作业指一笔物流作业的完成需要物流链上所有相关企业共同协作完成。整个物流链上的任何一个物流环节出现问题最终都会导致客户满意度的下降，且从长远来看会涉及整个物流链的所有企业。 协同作业信息化指通过开放或技术路线，以更加宏观的角度全局地设计整个物流系统。其通过标准接口连接物流链上所有企业的信息系统，构成统一的物流协同作业平台，从而加快整个物流的速度，从整体上提高服务质量，提高客户忠诚度，实现物流企业与自己的客户和合作伙伴共同成功、共同发展

案例 4-3：联想集团物流信息化建设

在中国 IT 业，联想集团是当之无愧的龙头企业。自 1996 年以来，联想电脑一直位居国内市场销量第一。2000 年，联想电脑整体销量达到 260 万台，销售额 284 亿元。IT 行业特点及联想的快速发展，促使联想加强完善信息系统建设，以信息流带动物流。高效的物流系统不仅为联想带来实际效益，更成为同类企业学习效仿的典范。

1. 高效率的供应链管理

联想的客户，包括代理商、分销商、专卖店、大客户及散户，通过电子商务网站下订单，联想将订单交由综合计划系统处理。该系统首先把整机拆散成零件，计算出完成此订单所需的零件总数，然后再到 ERP 系统中去查找数据，看使用库存零件能否生产出客户需要的产品。如果能，综合计划系统就向制造系统下单生产，并把交货日期反馈给客户；如果找不到生产所需要的全部原材料，综合计划系统就会生成采购订单，通过采购协同网站向联想的供应商要货。采购协同网站根据供应商反馈回来的送货时间，算出交货时间（可能会比希望交货时间有所延长），并将该时间通过综合计划系统反馈到电子商务网站。供应商按订单备好货后直接将货送到工厂，此前综合计划系统会向工厂发出通知，说明哪个供应商将在什么时间送来什么货。工厂接货后，按排单生产出产品，再交由运输供应商完成运输配送任务。运输供应商的网站与联想的电子商务网站连通，给哪个客户发了什么货、装在哪辆车上、何时出发、何时送达等信息，客户都可以在电子商务网站上查到。客户接到货后，这笔订单业务才算完成。在原材料采购生产制造和产品配送的整个物流环节中，信息流贯穿始终，带动物流运作，物流系统构建在信息系统之上，物流的每个环节都在信息系统的掌控之下。信息流与物流紧密结合是联想物流系统的最大特点，也是物流系统高效运作的前提条件。

经过多年努力，联想企业信息化建设不断趋于完善，达到用信息技术手段实现全面的企业管理。联想率先实现了办公自动化，之后成功实施了 ERP 系统，使整个公司所有不同地点的产、供、销的财务信息在同一个数据平台上统一和集成。2000 年 5 月，联想开始实施供应链管理（supply chain management，SCM）系统，并与 ERP 系统进行集成。企业信息化系统中，基础网络设施将联想所有的办事处，包括海外的发货仓库、配送中心等，都连接在一起，物流系统就构建在这一网络之上。与物流相关的是 ERP 与 SCM 这两部分，而 ERP 与 SCM 系统又与后端的研发系统和前端的客户关系管理系统连通。例如，研发的每种产品都会生成物料需求清单，物料需求清单是 SCM 与 CRM 系统运行的前提之一：客户订单来了，ERP 系统根据物料需求清单进行拆分备货，SCM 系统同时将信息传递给 CRM 系统，告诉它哪个订户何时订了什么货、数量多少、按什么折扣交货、交货是早了还是晚了等。系统集成运作的核心是，用科学的手段把企业内部各方面资源和流程集中起来，让其发挥最高效率。这是联想信息化建设的成功之处。

2. 信息流带动下的物流系统

借助联想的 ERP 系统与高效率的供应链管理系统，利用自动化仓储设备、柔性自动化生产线等设施，联想在采购、生产、成品配送等环节实现了物流与信息流实时互动与无缝对接。供应商按联想综合计划系统提出的要货计划备好货后，送到联想生产厂自动化立体库，立体库自动收货、入库、上架。

联想集团北京生产厂生产线管理控制室的控制系统对联想电脑生产线的流程进行控制，并根据生产情况及时向供货商或生产厂的自动化立体库发布物料需求计划。

在联想集团北京生产厂自动化立体库物料出货区，自动化立体库控制系统与联想电脑生产线系统集成并共享信息，当自动化立体库接收到生产计划要货指令后，即发布出货分拣作业指令，立体库按照要求进行分拣出货作业。

目前，联想集团最具优势和战斗力的就是拥有一个被其他企业羡慕不已的管理平台。这个平台已引入了客户关系管理系统、产品技术管理系统和供应链管理系统，使联想在物流、资金流、信息流和关系网络各方面的控制管理能力几近完美。

本 章 小 结

信息在现代物流中起着非常重要的作用，信息化是物流现代化的重要标志。通过在物流领域中应用信息技术，可以使企业降低物流成本，提高物流运作效率和对市场反应的灵敏度，从而更好地满足客户的需求，增强企业的核心竞争力。

本章主要介绍物流信息与物流信息管理的概念与作用。物流信息是在物流活动进行中产生及使用的信息，是物流活动的内容、形式、过程及发展变化的反映；而物流信息系统是以现代管理理论为指导，以计算机、网络等现代信息技术为基础，由人员、计算机软硬件、网络通信设备和其他办公设备组成的人机交互系统。除此之外，本章还介绍了物流信息系统的分类、组成和功能，对信息标识技术、存储与传输技术、跟踪技术和处理技术等物流信息技术进行了讲述，也对物流信息化的内容、必要性和发展阶段进行了介绍。

本章习题

1. 名词解释

（1）物流信息；（2）物流信息管理；（3）物流信息系统；（4）条码；（5）全球定位系统

2. 选择题

（1）以下_____不属于物流信息的特点。

  A. 信息量大 B. 信息一致 C. 动态性强 D. 种类多

（2）_____通过电子方式，采用标准化的格式，利用计算机网络进行结构化数据的传输和交换。

  A. 条码技术   B. 射频识别技术

  C. 数据库技术   D. 电子数据交换技术

（3）按照物流信息的功能分类，_____是物流活动过程中发生的信息。

  A. 计划信息   B. 控制及作业信息

  C. 统计信息   D. 支持信息

（4）按照系统功能的性质分类，物流信息系统可以分为操作型和_____。

  A. 决策型 B. 调控型 C. 服务型 D. 支持型

（5）现如今，越来越火的二维码属于物流信息技术中的_____。

  A. 基础技术   B. 信息存储技术

C. 信息标识技术　　　　　　　　D. 信息跟踪技术
（6）从系统的观点来看，物流信息系统由硬件、软件、数据库与数据仓库、人员和____
____组成。
　　　A. 计算机　　　　　　　　　　　B. 数据库管理系统
　　　C. 物流管理思想　　　　　　　　D. 供应链系统
（7）以下没有体现出物流信息化必要性的是_____。
　　　A. 物流信息化促使物流成本的降低
　　　B. 物流信息化促使物流流程的重组
　　　C. 物流信息化促使物流的标准化
　　　D. 物流信息化促使物流效益的增加
（8）超市中收银台清点货物运用的是_____。
　　　A. EOS　　　　　B. DPS　　　　　C. POS　　　　　D. GPS

3. 简答题

（1）从物流信息输入和使用的角度分，物流信息包含哪些内容？
（2）物流信息的作用主要表现在哪些方面？请举例说明。
（3）请列举生活中常用的射频识别技术。
（4）简述全球定位系统的特点和用处。
（5）简述两种常用的条码标识。
（6）物流信息系统有哪些功能？
（7）请举例说明几种常见的物流处理技术。
（8）简述物流信息化的发展阶段。

第5章 物流成本管理

企业从原材料采购开始,到顺利加工成零部件,把零部件组装成产成品,最后产成品出厂投入消费领域,自始至终都离不开物流活动。在物流过程中,为了提供有关服务,要占用和耗费一定的活劳动和物化劳动。这些活劳动和物化劳动的货币表现,即为物流成本。降低物流成本,可以提高企业的物流管理水平,加强企业的经营管理,促进经济效益的提高。物流成本管理的内容一般包括:物流成本预测、物流成本计划、物流成本核算、物流成本控制、物流成本分析和物流成本评价。

5.1 物流成本与物流成本管理概述

5.1.1 物流成本概述

1. 物流成本的概念

物流成本是指产品的空间移动或时间占有中所耗费的各种活劳动和物化劳动的货币表现。物流成本是在物流过程中产生的,物流过程随着物流进程的不同,成本的构成也不同。也就是说,物流成本是物流过程中各项活动成本的综合,是各项活动的总成本,是一个特殊的成本体系。

在社会经济活动中,物流活动一般存在于两类经济实体中:一类是专门从事生产制造的企业;另一类是专门从事商品流通的企业。在这两类企业中,由于经营性质不同,其物流形态也存在一定的差异,所以它们的物流成本构成也就不尽相同。

制造业企业的主要目标是生产能够满足社会需要的产品,以此换取企业的利润。为了进行生产经营活动,企业必须同时进行有关生产资料的购进、储存、搬运和产成品的销售等。制造业企业的物流成本,是指企业在进行供应、生产、销售和回收等过程中所发生的运输、包装、仓储和配送等方面的费用。与流通企业相比,制造业企业的物流成本大多体现在产品的成本中,具有与产品成本的不可分割性。流通企业的物流成本是指在组织物品的购进、运输、仓储和销售等一系列活动中,所消耗的人力、物力和财力的货币表现。

物流成本包括物流各项活动的成本,是特殊的成本体系。一方面,它将运输、仓储、装卸、加工、配送和信息等方面有机结合,形成完整的供应链管理。对于物流成本问题,有必要建立一套完整的理论体系指导实践,把物流成本管理提升到企业会计管理的高度,这样才能将物流成本管理纳入企业常规管理的范畴之内。另一方面,从企业组织结构来看,有必要从根本上改变企业部门和其职能的结构,比如成立物流部、物流科等职能部门。这样才对物流成本实行单独核算,并对物流成本进行系统分析与控制。

2. 物流成本的特点

1) 隐含性

在传统的成本核算中,物流成本总是被分解得支离破碎、虚实难辨。由于物流成本没有被列入企业的财务会计制度,制造业企业习惯于将物流成本计入产品成本,而流通企业则将物流成本包括在商品流通成本中。因此,对于制造业企业和流通企业而言,不仅难以按照物流成本的内涵完整地计算出物流成本,而且连已经被生产领域或流通领域分割开来的物流成本,也不能单独真实地进行计算。这导致物流成本的真实情况被隐藏,从而阻碍管理者对其支出的了解与控制。

2) 乘法效应

物流成本类似于物理学中的杠杆原理,即通过一定的支点,物流成本的小幅降低可以使销售额成倍提高;反之,其小幅上升也可使销售额成倍削减。假定某企业的销售额为1 000万元,物流成本约占销售额的10%,即100万元。这意味着,只要降低10%的物流成本,就可以增加10万元的利润。如果该企业的销售利润率为2%,则多创造10万元的利润需要增加500万元的销售额。也就是说,降低10%的物流成本所起的作用,相当于增加50%的销售额。由此可见,物流成本的下降无疑会提高企业效益。

3) 效益背反性

效益"背反"现象,也被称为"交替损益"现象,即改变系统中任何一个要素,会影响其他要素的改变。系统中任何一个要素的增益,必将对系统中其他要素产生减损的作用。通常情况下,人们希望物流数量最大、物流时间最短、服务质量最好、物流成本最低。显然,这些要求很难同时得到满足。例如,在储存子系统中,保证供应要求储存大批量的物资,而从加速资金周转、减少资金占用的角度,则希望降低库存。

3. 物流成本的影响因素

影响物流成本的因素主要包括竞争性因素、产品因素和空间因素。

1) 竞争性因素

在竞争性市场中,除了产品的价格、性能和质量的竞争外,客户服务水平和物流系统的性能也是决定企业间竞争成败的关键。及时可靠地提供产品和服务可以有效地提高客户服务水平。而客户服务水平取决于物流系统的性能,高效的物流系统意味着高昂的物流成本。由此可见,激烈的市场竞争驱动企业提高服务水平,从而使得物流成本大幅度增加。

2) 产品因素

产品的特性不同也会影响物流成本,如产品价值、产品密度和易损性等。一般来讲,产品的价值和密度越大、易损性越高,物流成本就越高。另外,一些特殊搬运要求,比如物品在搬运过程中需要持续加热或制冷,也会增加物流成本。

3）空间因素

空间因素是指物流系统中企业的制造中心或仓库相对于目标市场或供货点的位置关系。一般来讲，如果制造中心或仓库距离目标市场太远，会增加运输及包装等成本；而在目标市场建立或租用仓库，会增加库存成本。因此空间因素对物流成本也具有重要影响。

5.1.2 物流成本管理的内涵和意义

1. 物流成本管理的内涵

依据中华人民共和国国家标准《物流术语》（GB/T 18354—2006）的描述，物流成本管理（logistics cost control）是指"对物流活动发生的相关费用进行的计划、协调与控制"。具体来说，物流成本管理是在自物流设计到物流运行及物流结算的全过程中，对物流成本的形成所进行的计划、组织、指挥、监督和调控。值得注意的是，物流成本管理的对象是物流而不是成本，成本只是一种管理方法。

从总体上看，物流成本管理系统分为物流成本核算层、物流成本管理层和物流成本效益评估层三个层次。物流成本核算层的主要任务是明确物流成本的构成内容和核算目的，并把物流总成本按一定的标准进行分配与归集核算。物流成本管理层的主要任务包括物流成本性态及盈亏平衡分析、物流成本预算管理和物流责任成本管理等。物流成本效益评估层则主要负责评估物流系统的经济效益和对企业收益的贡献程度。

2. 物流成本管理的意义

物流成本管理是物流管理的重要内容，降低物流成本与提高物流服务水平构成了企业物流管理最基本的课题。物流成本管理的意义在于，通过对物流成本的有效把握，利用物流要素之间的"效益背反"现象，科学、合理地组织物流活动，加强对物流活动过程中费用支出的有效控制，降低物流活动中的活劳动和物化劳动的消耗，从而达到降低物流总成本、提高企业和社会经济效益的目的。具体来说，物流成本管理的意义可以从宏观和微观的角度来看。

1）物流成本管理的宏观意义

（1）有利于提高行业总体竞争力。如果全行业的物流效率普遍提高，物流成本平均降低到一个新的水平，那么该行业在国际上的竞争力将会得到增强。对于一个地区的行业来说，可以提高其在全国和全球市场的竞争力。

（2）有利于调整商品价格。全行业物流成本的普遍下降，将会对商品的价格产生影响，导致物价相对下降，这有利于保持消费物价的稳定，相对提高国民的购买力。

（3）有利于节约社会资源。对于全社会而言，物流成本的下降意味着创造同等数量的财富，在物流领域所消耗的物化劳动和活劳动得到节约。实现以尽可能少的资源投入创造尽可能多的物质财富和节省资源消耗的目的。

（4）有利于调整和优化产业结构。加强以物流成本为手段的物流管理，可以促进新的产业形态的形成，优化区域产业结构。现代物流的本质是第三产业，是现代经济分工和专业化高度发展的产物，物流产业结构的优化将对第三产业的发展起到积极的促进作用。

2）物流成本管理的微观意义

（1）有利于降低成本，增加企业利润。物流成本在产品成本中占有较大比重，通过对物流成本进行管理，可以使企业的物流成本降至最低。在其他条件不变的情况下，这就意味着扩大了利润空间，提高了利润水平。

（2）有利于降低库存，加速资金周转。实施物流成本管理可以改善物流流程，削减不必要的物流环节，减少低效率的作业，提高快速响应能力，减少企业流动资金的占用，加快资金的周转速度。

（3）有利于扩大销售份额，增强竞争力。物流成本的降低使企业在产品价格方面具备一定的竞争优势，从而利用相对低廉的价格在市场上出售产品，提高产品的市场竞争力，扩大销售份额。

5.1.3 物流成本管理的内容

物流成本管理的内容一般包括：物流成本预测、物流成本计划、物流成本核算、物流成本控制、物流成本分析和物流成本决策。

1. 物流成本预测

物流成本预测是根据相关成本数据和企业具体的发展情况，运用一定的技术方法，对未来的物流成本水平及其变动趋势做出科学的估计。成本预测是成本决策、成本计划和成本控制的基础工作，可以提高物流成本管理的科学性和预见性。

2. 物流成本计划

物流成本计划是根据成本决策所确定的方案、计划期的生产任务、降低成本的要求及有关资料，通过一定的程序，运用一定的方法，以货币形式规定计划期物流各环节的耗费水平和成本水平，并提出保证成本计划顺利实施所采取的措施。通过成本计划管理，可以在降低物流各环节的成本方面给企业提出明确的目标，推动企业落实成本管理责任制，增强企业的成本意识，控制物流各环节费用，挖掘降低成本的潜力，保证企业顺利实现降低物流成本的目标。

3. 物流成本核算

物流成本核算是根据企业确定的物流成本计算对象，采用相适应的成本计算方法，按照规定的成本项目，通过物流费用汇集与分配的一定程序与方法，最终计算出各项物流活动或作业的成本计算对象的实际总成本和单位成本。通过物流成本核算，可以如实地反映生产经营过程中有关物流活动的实际耗费，同时，也是对物流成本费用支出的控制过程。物流成本核算应为物流成本分析、物流成本控制、物流成本预测、物流成本计划和物流成本决策等环节提供真实可靠的数据，是物流成本管理的基础工作。

4. 物流成本控制

物流成本控制是根据计划目标，对成本发生和形成过程及影响成本的各种因素和条件施加主动的影响，以保证实现物流成本控制目标的一种行为。从企业生产经营过程来看，成本控制包括成本的事前控制、事中控制和事后控制。

物流成本事前控制是整个成本控制活动中最重要的环节，它直接影响着未来各作业流程成本的高低。物流成本事前控制活动主要有物流配送中心的建设控制、物流设施与设备的配备控制和物流作业过程的改进控制等。事中控制是对物流作业过程实际耗费的控制，包括设备耗费的控制、人工耗费的控制、劳动工具耗费和其他费用支出的控制等方面。事后控制是通过定期对过去某一段时间成本控制的总结与反馈来控制成本。通过成本控制，可以及时发现物流活动中所存在的问题，采取纠偏措施，保证成本目标的实现。

5. 物流成本分析

物流成本分析是在成本核算及其他有关资料的基础上，运用一定的方法，揭示一定时期内物流成本水平变动程度，并进一步提示与查明影响物流成本变动的各种因素。通过物流成本分析，提出相应的改进建议，帮助相关责任部门采取必要措施，以便有效地控制物流成本。

6. 物流成本决策

成本决策是在成本预测的基础上，结合其他有关资料，运用一定的科学方法，从若干个备选方案中选择一个较为满意方案的过程。从物流整个流程来说，有配送中心新建、改建、扩建的决策；装卸搬运设备、设施决策；货物合理配送决策；运输方式选取决策及流通加工合理下料的决策等。这些决策分析常常以其总成本最小化或功能成本比最大化为目标，从而将其转化为成本决策问题。进行成本决策、确定目标成本是编制成本计划的前提，也是实现成本的事前控制、提高经济效益的重要途径。

上述各项物流成本管理活动的内容是互相配合、相互依存的一个有机整体。成本预测是成本决策的前提；成本计划是成本决策所确定目标的具体化；成本核算是对成本形成过程与结果的记录与反映；成本控制是对成本计划的实施进行监督，以保证目标的实现；成本分析既是对成本目标是否实现的检验，也是对其差异成因的确定。

案例 5-1：物流大师亚马逊的盈利之道

电子商务企业用虚拟的网络店面经营，虽然节约了实体店面的租金，却增加了物流成本。"物流执行成本"（包括运输、订单处理、仓储、收发货和退换货等成本）已成为电子商务企业除销货成本外的最大支出。

以当当网为例，2010 年前 9 个月的利润率为 22%。其中营销费用、技术费用和一般管理费用合计占总销售收入的 9.3%，但仅"物流执行成本"一项就占到销售收入的 13%，致使公司前三季度（加上其他业务收益后）净利润率仅为 1%。而亚马逊在 20 世纪 90 年代，"物流执行成本"也一度占到总成本的 20%，目前下降到 10% 左右，但仍占总销售收入的 8.5%。亚马逊最大的成本是销货成本，由于在销货成本的基础上确定售价，因此其销货成本占销售收入的比例一直保持在 80% 左右。至于其他成本，占总销售收入的比例较小。由此可见，物流成本的降低对电子商务企业至关重要。亚马逊当初之所以能扭亏为盈，其关键因素也是物流成本的降低。

1999—2003 年，亚马逊重新整合物流体系，使外部运输成本占销售收入的比重从 13.8% 下降到 9.7%。订单执行成本（主要是呼叫中心运营、订单处理、仓储、收发货及支付系统成本）占销售收入的比重从最高时的 15% 下降到 9.1%。

另外，从利润数据来看，亚马逊从 1995 年成立到 2002 年实现盈利的这段时间，"产品目录的成熟和规模效应"及"运输成本的下降"分别贡献了 3.5 个点的毛利润率，推动毛利润率上升了 7 个百分点；同时，"订单执行成本"的下降，也贡献了 5 个点的利润率；再加上商誉等无形资产摊销和重组成本等非经营性成本的大幅降低，使亚马逊的营业利润率从 −30% 上升到 0%。因此，从经营的角度看，亚马逊的扭亏主要来自物流成本和支付成本的下降。

亚马逊物流成本的降低为其提供了新的促销空间，它不断降低免运费门槛，以此来打击竞争对手。免运费订单的最低额度，从最初的99美元降到49美元，2002年进一步降至25美元。2005年，亚马逊又推出一项会员服务，即一年支付79美元，就可以享受无限量的免运费两日内送达服务，以及折扣价的次日送达服务。

据亚马逊测算，2005年，公司总计为消费者节约了4.75亿美元的运费支出。这也就意味着，亚马逊为消费者提供了4.75亿美元的补贴，这项举措的直接后果是导致公司2005年第四季度没能达到利润目标，并使业绩公布当天的股价暴跌10%。当时，很多投资人质疑亚马逊的"物流促销"方案是否太"昂贵"了，对投资人来说是否值得。

但亚马逊坚持推广它的物流促销计划。结果是公司从客户处收取的运费，1999年时相当于运输成本的105%，到2004年时已降至68%。而到2010年9月，公司从消费者处收取的运费仅能覆盖毛运输成本的48%，相应地，净运输成本则从0上升到销售收入的4%左右（若不是运输成本的降低，该比例将上升至7%）。但是，市场份额的增长和销售规模的扩大，降低了订单执行的固定成本；而其他业务的开展，则弥补了净物流成本的上升。

亚马逊的物流促销，成为电子商务行业的经典案例。那它是如何用5年时间使物流成本降低近一半的？与国内企业深度介入物流运输环节不同，亚马逊的配送环节全部外包。美国境内部分外包给美国邮政和UPS，国际部分外包给基华物流CEVA、联邦快递等。亚马逊是如何掌控物流环节的？

答案就是大规模建设"物流中心"。截至2009年年底，亚马逊在美国本土拥有物流仓储中心约110万平方米，在海外则达到53万平方米。上述物流中心，除了为亚马逊自己的货物提供收发货和仓储周转服务外，也为亚马逊网站上代销的第三方卖家提供物流服务。无论是个人卖家还是中小企业，都可以把货物送到较近的亚马逊物流中心，亚马逊按每立方英尺每月0.45美元收取仓储费（相当于每立方米每月人民币106元）。客户下单后，亚马逊的员工就会负责订单处理、包装、发货、第三方配送及退换货事宜，并按每件货物0.5美元或每磅0.40美元收取订单执行费。目前，由第三方销售的商品占到亚马逊总销量的30%，活跃的卖家有190万房，通过亚马逊系统配送的货物达100多万种。

通过物流中心，亚马逊将分散的订单需求集中起来（不仅是信息集中，也是货物集中），再对接UPS、基华物流等规模化物流企业，以发挥统筹配送的规模效应。规模化的平台也为现代科技的应用提供了空间。2006年，亚马逊选定"伯灵顿北方圣达菲物流"BNSF logistics作为其美国本土的"物流管理解决方案"提供者，通过进一步优化物流体系来降低物流成本。

亚马逊模式的启示是用物流中心提高行业集中度。亚马逊模式的核心是用物流中心聚合订单需求，以对接大型物流企业，发挥规模效应。

在国内，由于尚不具备UPS、联邦快递这类真正具有规模优势的现代物流企业，因此，许多电子商务公司选择了"自建物流队伍"。但从国际物流行业的发展趋势看，"规模化"和"专业化"是行业发展的必然方向，自建物流队伍不仅会面临"重资产"的压力，而且较长时期内物流成本也难以对抗专业化的物流公司。

所以，电子商务公司要突破物流瓶颈，根本途径不是全盘自建物流体系，而是用规模化的物流中心，聚合海量货物，进而培植规模化的物流企业，最终，通过规模效应的发挥降低物流成本。

5.2 物流成本核算的基本方法

5.2.1 物流成本核算的目的和对象

1. 物流成本核算的目的

物流成本核算是根据企业确定的成本计算对象，采用相应的成本计算方法，按照规定的成本项目，通过一系列物流费用的汇集与分配，从而计算出各物流环节成本计算对象的实际总成本和单位成本。物流成本核算的目的是要促进企业加强物流管理，提高管理水平，创新物流技术，提高物流效益。具体地说，物流成本核算的目的可以体现在以下七个方面。

（1）通过对企业物流成本的全面计算，弄清物流成本的大小，从而提高企业内部对物流重要性的认识。

（2）通过对某一具体物流活动的成本计算，弄清物流活动中存在的问题，为物流运营决策提供依据。

（3）按不同的物流部门组织计算，计算各物流部门的责任成本，评价各物流部门的业绩。

（4）通过对某一物流设备或机械（如单台运输卡车）的成本计算，弄清其消耗情况，寻求提高设备效率、降低物流成本的途径。

（5）通过对每个客户物流成本的分解核算，为物流服务收费水平的制定及有效的客户管理提供决策依据。

（6）通过对某一成本项目的计算，确定本期物流成本与上年同期成本的差异，查明成本超降的原因。

（7）按照物流成本计算的口径计算本期物流实际成本，评价物流成本预算的执行情况。

2. 物流成本核算的对象

物流成本如何归集与计算，取决于所评价与考核的成本计算对象。成本计算对象的选取方法不同，得出的物流成本结果也不同，正确确定成本计算对象，是进行成本计算的基础与前提。

1）物流成本计算对象的构成要素

物流成本计算对象，指企业或成本管理部门，为归集和分配各项成本费用而确定的、以一定时期和空间范围为条件而存在的物流成本计算实体。企业的物流活动都是在一定的时空范围内进行的，从物流的各个环节来看，其时间上具有连续性，空间上具有并存性。因此，各项成本费用的发生，需要从其承担实体、发生期间和发生地点三个方面进行划分，这就形成了成本计算对象的三个基本构成要素。

（1）成本费用承担实体。成本费用承担实体是指发生并应合理承担各项费用的特定经营成果的体现形式，包括有形的各种产品和无形的各种劳务作业等。例如，工业企业的某种、某批或某类产品；服务行业的某一经营项目；施工企业的某项工程；运输业的某种运输劳务等。

就物流企业来讲，其成本费用承担实体主要是各种不同类型的物流活动或物流作业。

（2）成本计算期间。成本计算期间，是指汇集生产经营费用、计算生产经营成本的时间范围。例如，工业企业成本计算期间按产品的生产周期和日历月份；农业、种植业按轮作周期；服务业、劳务性企业一般按日历月份等。物流企业的成本计算期间视其物流作业性质可有不同的确定方法，如对于远洋货物运输作业来讲，因其生产周期较长（以航次为生产周期），所以应以航次周期作为成本计算期间。

(3) 成本计算空间。成本计算空间，是指成本费用发生并能组织企业成本计算的地点或区域（部门、单位、生产或劳务作业环节等）。例如，工业企业的成本计算空间可按全厂、车间、分厂、某个工段或某一生产步骤划分；服务性等企业可以按部门、分支机构或班组等单位来确定各个成本计算空间。

2) 物流成本计算对象的选取

就物流企业来讲，物流成本的计算并非越全越细越好，其成本计算对象也并非越全越好，过细过全的成本计算是不必要的，也是不经济的。物流成本计算对象的选取，常常取决于企业领导对各种物流活动代价的关心程度，以及成本计算人员对成本数据收集的难易程度、能力差别等。严格地讲，这些因素不能作为成本计算对象选取的根本依据。

物流成本计算对象的选取，应当放在成本控制的重点上。成本控制的重点如下。

(1) 按成本责任划定的责任成本单位。

(2) 当前成本费用开支比重较大或根据当前需要有必要分清并分别计算其物流成本的部门或作业活动。

(3) 新开发的物流作业项目等。

由于各个企业在物流成本的发生期间、发生地点和承担实体的划分方法上不尽相同，因此，即使生产或劳务作业类型相同的企业，也可能在进行成本对比时不完全具有可比性。

5.2.2 物流成本的传统核算方法

在实际物流活动中，常用的适应一般生产组织和工艺过程特点及成本管理需要的成本计算方法，主要有以下4种。

(1) 按照产品或作业的品种计算产品成本，称为品种法。

(2) 按照产品或作业的批别计算产品成本，称为分批法。

(3) 按照产品或作业的生产步骤计算产品成本，称为分步法。

(4) 按照劳务作业项目计算劳务成本，可称为作业成本法。

本节介绍前3种物流成本计算方法，也称之为传统的核算方法，下一节介绍作业成本法。

1. 品种法

品种法，是以产品品种作为成本计算对象，归集生产费用计算产品成本的一种成本计算方法。

1) 品种法的特点

品种法的特点如下。

(1) 以产品品种作为成本计算对象，按产品品种归集其生产费用并计算其成本。

(2) 按月定期计算产品成本。

(3) 对于单步骤生产企业，因其生产品种单一，且生产周期短，月末一般不会存在在产品，所以一般不需要将生产费用在完工产品和月末在产品之间分配。

2）品种法的计算程序

品种法的计算程序如下。

（1）按产品品种设置成本明细账，并按各成本项目设置费用专栏。

（2）编制各种费用要素分配明细表，对于各种产品发生的直接费用，如直接耗用的原材料、生产工人工资等，按各种产品计入各自的产品成本明细账；对于间接费用，则应选择适当的分配标准按照相应的分配方法进行分配，计入各受益的产品成本明细账中。当然，从对成本责任单位考核与评价角度考虑，间接费用也可单独进行计算，不再以分配的形式计入产品或劳务作业成本。

（3）月末将归集在各产品成本明细账中的费用汇总，如果月末没有在产品，其汇总的费用即为完工产品总成本。

（4）根据总成本与产品产量计算该产品的单位成本。

品种法计算程序如图 5-1 所示。

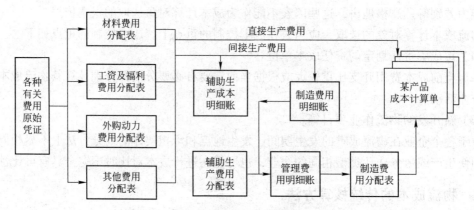

图 5-1　品种法的计算程序

2. 分批法

分批法是以产品的批别作为成本计算对象，归集分配生产费用并据此计算产品成本的一种方法。

1）分批法的特点

分批法的特点如下。

（1）以产品批别作为成本计算对象。如果生产订单上只有一种产品，但数量较大，也可将其划分成若干生产批次，并按批别计算各批产品成本。

（2）产品成本计算是不定期的，在有完工产品（同一批产品全部完工时才算作完工产品）的月份才计算完工产品成本。成本计算期与产品生产周期一致。

（3）一般不需要将生产费用在完工产品和月末在产品之间进行分配。

2）分批法的计算程序

分批法的计算程序如下。

（1）以产品的批别设置成本计算单。

（2）按批别归集和分配直接费用和间接费用，对于间接费用可按一定的方法分配给所受益的产品批别，从对成本责任单位考核与评价的角度考虑，间接费用也可单独进行计算，不再以分配的形式计入产品或劳务作业成本。

(3) 月末汇总完工产品成本计算单中所归集的各项生产费用，即为某批完工产品的总成本。

(4) 根据总成本和该批完工产品产量计算其单位成本。

分批法计算程序如图 5-2 所示。

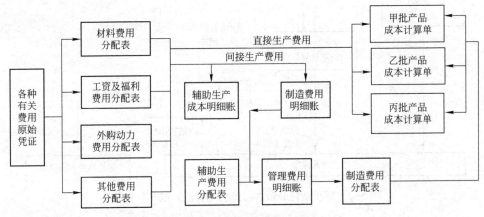

图 5-2　分批法的计算程序

3. 分步法

分步法是以产品的品种和每种产品所经过的生产步骤为成本计算对象，来归集生产费用并计算产品成本的一种方法。它适用于大批量、多步骤的生产企业，也适用于多环节、多功能、综合性营运的物流企业。分步法又可分为逐步结转法和平行结转分步法。

1) 分步法的特点

分步法具有下列特点。

(1) 成本计算的对象是各生产步骤的各种半成品和最后一个步骤的产成品。

(2) 定期地在每月月末计算成本，计算期与产品的生产周期不需一致。

(3) 以生产步骤为成本计算的空间，即在各个生产步骤范围内归集生产费用，并按步骤计算产品成本。

(4) 需要采用一定的方法将本步骤归集的生产费用在完工产品和月末在产品之间进行分配，以确定完工产品成本和月末在产品成本。

2) 分步法的计算程序

分步法的计算程序如下。

(1) 按各生产步骤所生产的产品品种设置成本计算单。

(2) 各步骤发生的用于产品生产并能够具体到某种产品的直接费用，应直接计入该步骤该种产品成本计算单相应的成本项目中；对于不能直接计入产品成本的间接费用，可按一定方法，分配计入各步骤的产品成本计算单中。

(3) 月末根据各步骤各种产品成本计算单所汇集的生产费用，采用适当的方法在各步骤的完工产品与在产品之间进行分配，以计算各步骤完工产品成本与月末在产品成本。

(4) 根据完工产品产量与总成本，计算出完工产品的单位成本。

逐步结转分步法（综合结转法）计算程序如图5-3所示。

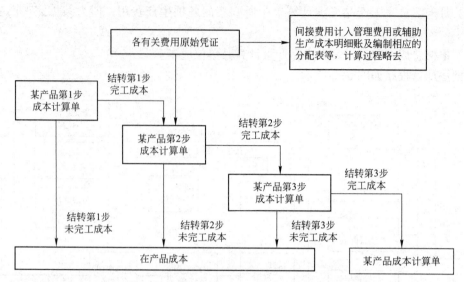

图5-3　逐步结转分步法（综合结转法）的计算程序

在一定条件下采用品种法、分批法和分步法核算成本是快捷简便的，但这些传统的核算方法的适用性不高，主要存在以下不足。

（1）不能提供准确的物流成本信息且核算工作量大。

（2）成本核算和成本分类不能有效地满足物流成本管理的需要。

（3）由于物流成本的核算对象是分职能部门进行的，因此企业对物流成本的全貌难以了解。

（4）传统的核算方法仅针对物流成本支出的处理，不利于企业对整体物流成本的把握。

5.2.3　作业成本法

作业成本法（activity based costing，ABC），也称为作业成本会计或作业成本核算制度，它是以成本动因理论为基础，通过对作业进行动态追踪，反映、计量作业和成本对象的成本，评价作业业绩和资源利用情况的方法。

1. 作业成本法中的基本概念

1）作业

作业，是指企业为提供一定量的产品或劳务所消耗的人力、技术、原材料、方法和环境等的集合。也可以说，作业是企业为提供一定的产品或劳务所发生的、以资源为重要特征的各项业务活动的统称。

作业是汇集资源耗费的第一对象，是资源耗费与产品成本之间的连接中介。作业成本法将作业作为成本计算的基本对象，并将作业成本分配给最终产出（如产品、服务或客户），形成产品成本。

一个企业，特别是物流企业，其作业多种多样，十分复杂。从作业成本法角度，有必要对其进行分类。按照成本层次可以分为：单位作业、批别作业、产品作业和工序作业；按作业与成本动因的关系密切程度可以分为：专属作业和共同消耗作业。

2）成本动因

成本动因是指导致企业成本发生的各种因素，也是成本驱动因素。它是引起成本发生和变动的原因，或者说是决定成本发生额与作业消耗量之间内在数量关系的根本因素。例如，直接人工小时、机器小时、产品数量、准备次数、材料移动次数、返工数量、订购次数、收取订单数量和检验次数等。

成本动因按其对作业成本的形成及其在成本分配中的作用可分为资源动因和作业动因。

（1）资源动因。资源动因也称为作业成本计算的第一阶段动因，主要用于各作业中心内部成品库之间的资源分配。按照作业会计的规则：作业量的多少决定着资源的耗用量，但是资源耗用量的高低与最终的产品量没有直接关系。资源消耗量与作业量的这种关系称为资源动因。

资源动因反映资源被各种作业消耗的原因和方式，它反映某项作业或某组作业对资源的消耗情况，是将资源成本分配到作业中去的基础。例如，搬运设备所消耗的燃料直接与搬运设备的工作时间、搬运次数或搬运量有关，那么搬运设备的工作时间、搬运次数或搬运量即为该项作业成本的资源动因。

（2）作业动因。作业动因也称为作业成本计算的第二阶段动因，主要用于将各成本库中的成本在各产品之间进行分配。

作业动因是各项作业被最终产品消耗的原因和方式，它反映的是产品消耗作业的情况，是将作业中心的成本分配到产品或劳务中的标准，是资源消耗转化为最终产出成本的中介。

3）作业中心与作业成本库

作业中心是成本归集和分配的基本单位，它由一项作业或一组性质相似的作业所组成。

一个作业中心就是生产流程的一个组成部分。根据管理上的要求，企业可以设置若干个不同的作业中心，其设立方式与成本责任单位相似。作业中心与成本责任单位的不同之处在于：作业中心的设立是以同质作业为原则，是相同成本动因引起的作业的集合。

由于作业消耗资源，所以伴随作业的发生，作业中心也就成为一个资源成本库，也称为作业成本库。

2. 作业成本法的基本原理

作业成本法的理论基础是所谓的成本因素理论，即企业间接制造成本的发生是企业产品生产所必需的各种作业所"驱动"的结果，其发生额的多少与产品产量无关，而只与"驱动"其发生的作业数量相关，成本驱动因素是分配成本的标准。例如，各种产品的生产批次驱动生产计划制定及产品检验、材料管理和设备调试等成本的发生；接收货物的订单驱动收货部门的成本发生；发送货物的订单驱动发货部门的成本发生；采购供应和顾客的订单驱动与原材料库存、在产品和库存成品有关的成本发生等。

作业成本法的基本原理是，根据"作业耗用资源，产品耗用作业；生产导致作业的产生，作业导致成本的发生"的指导思想，以作业为成本计算对象，首先依据资源动因将资源的成本追踪到作业，形成作业成本，再依据作业动因将作业的成本追踪到产品，最终形成产品的成本。其原理如图5-4所示。

3. 作业成本法的特点

作业成本法与传统成本会计方法相比有以下特点。

（1）作业成本法提供的会计信息，并不追求传统成本会计法下的"精确"计算，只要求数据能够准确到保证制订计划的正确性即可。

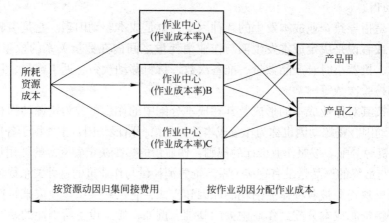

图 5-4 作业成本法的基本原理

(2) 作业成本有利于企业进行产品成本控制。在产品设计阶段,可以通过分析产品成本动因对新产品的影响,达到降低产品成本的目的;而在产品生产阶段,则可以通过成本系统反馈的信息,降低新产品成本,并减少无价值的作业活动。

(3) 作业成本可用于分析企业生产能力的利用情况。以成本动因计算的作业量,将能更准确地反映企业实际消耗的作业量水平。如果将作业成本系统建立在标准成本计算法上,将会提高间接成本差异分析的有效性。

(4) 作业成本法可用于制定产品生产种类的决策。产品的开发、减产或停产等决策与企业未来经营活动密切相关,因而企业的未来差量收入和差量成本将变为对决策有用的关键信息。作业成本信息则为预测这些未来成本数据提供了基础。

4. 作业成本法计算程序

1) 确认各项作业的成本动因

成本动因的确认是否客观合理,是实施作业成本法有无成效的关键。因此,成本动因的确认与筛选,应由有关技术人员、成本会计核算人员和管理人员等共同分析讨论。

在确定成本动因时,应遵循以下 3 个原则。

(1) 确定的成本动因应简单明了,能从现有的资料中直接分辨出来。

(2) 在选择成本动因时,为避免作业成本计算过于复杂,要筛选具有代表性和重要影响的成本动因。

(3) 选择信息容易获得的成本动因,以降低获取信息的成本。

2) 对作业进行筛选整合并建立作业中心

首先对各项作业进行确认,其确认的方法主要有业务职能活动分解法、过程定位法、价值链分析法和作业流程图分析法等。其中,业务职能活动分解法,是将企业各业务职能部门的活动进行分解,确定每一个部门应完成的作业有几种、多少人参与该项作业及作业耗费的资源;作业流程图分析法,是通过绘制作业流程图来描述企业各部门的作业及它们之间的相互联系,以便确定完成特定业务所要求的各项作业、各项作业所需要的人员及所要消耗的时间。

在确认作业的基础上,对作业进行筛选与整合。在一个企业内部,其作业数量的多少取决于其经营的复杂程度,生产经营的规模与范围越大,复杂程度越高,导致成本产生的作业量也就越多。事实上,如果列示全部的作业数量,有可能过于烦琐和复杂,并增大信息采集的成本。因此,有必要对这些作业做必要的筛选与整合,确保最后可设计出特定而有效的作业中心。

作业筛选与整合的原则如下。

(1) 重要性原则。从成本管理角度,分析每项作业的重要性,以便评价其是否值得单独列为一个独立的作业中心。对于非重要的作业,可与其他作业合并为一个作业中心。

(2) 相关性原则。从成本动因角度,分析和确认作业的相关性,以便评价各项作业的成本形态是否同质,从而考虑其是否可能被合并为同一个作业中心。

在确认作业中心之后,应按每个作业中心设置相应的作业成本库,以便归集各作业中心的作业成本。

3) 按资源动因归集间接费用

在对企业作业和资源动因进行全面分析的基础上,应依据各项资源耗费结果、资源动因及作业之间的相关性,将当期发生的生产费用按不同的作业中心进行归集,即按各作业中心的作业成本库归集作业成本,并计算全部成本库中的成本总和。

4) 按作业动因分配作业成本

当成本归集到各作业中心的作业成本库后,应按作业动因及作业成本额计算出作业成本的分配率,并按不同产品所消耗的作业量多少分配作业成本,最终计算出产品应承担的作业成本。作业成本分配率的计算式为:

$$某项作业成本的分配率 = \frac{该作业中心作业成本总额}{该中心的成本动因量化总和}$$

某成品应承担的某项作业成本分配额=该成品消耗某作业量总和×该项作业成本的分配率

5. 作业成本法计算举例

某企业的某生产部门生产两种产品,即产品甲和产品乙,现采用作业成本法对其生产费用组织核算。

(1) 该企业根据管理与核算上的需要,对资源动因进行确认与合并。确认合并后,共有6项,即材料移动、订单数量、准备次数、维修小时、质检数量及直接工时;将全部作业分解与合并为6个作业中心,即材料采购作业中心、材料处理作业中心、设备维修作业中心、质量检验作业中心、生产准备作业中心及动力与折旧作业中心(作业的分解与合并的具体做法与过程略去),并按各作业中心分别建立作业成本库。

(2) 对于直接生产费用即直接材料费、直接人工费用,不需计入各作业成本库,可直接按产品进行归集,计入产品成本。产品甲与产品乙当期(月)产量及各项直接生产费用和共同耗用的制造费用见表5-1。

表5-1 产品甲与产品乙当期(月)产量、各项直接生产费用、共同耗用的制造费用

项目	产品甲	产品乙
该月产量/件	400 000	200 000
直接材料费用/元	380 000	420 000
直接人工费用/元	106 000	168 000

续表

项目	产品甲	产品乙
直接人工工时/时	400 000	600 000
共同耗用的制造费用/元	1 864 000	

（3）该生产部门的全部制造费用（即间接费用），按资源动因归集到各作业成本库的结果见表5-2。

表5-2 该生产部门的全部制造费用

作业中心（作业成本库）	资源动因	资源动因数量统计结果	作业成本费用归集/元
材料处理	材料搬运/次	2 500	414 000
材料采购	订单数量/张	7 500	320 000
生产准备	准备次数/次	800	160 000
设备维修	维修小时/时	20 000	310 000
质量检验	检验次数/次	4 000	240 000
动力与折旧	直接工时/时	200 000	420 000
制造费用总额/元			1 864 000

（4）在费用归集和成本动因分析的基础上，将各作业成本库中的成本按相应作业动因（本例假定作业动因与资源动因相同），分配到各产品中去。产品甲与产品乙的作业动因数量统计情况见表5-3。根据表5-3中的作业动因数量统计分析结果，可将制造费用在产品甲与产品乙之间进行分配。作业动因比率的计算见表5-4，根据计算出的作业动因比率，分配作业成本，分配过程与结果见表5-5。

表5-3 产品甲与产品乙的作业动因数量统计表

作业中心（作业成本库）	资源动因	作业动因数量统计结果		
		合计	产品甲	产品乙
材料处理	材料搬运/次	2 500	2 000	500
材料采购	订单数量/张	7 500	5 000	2 500
生产准备	准备次数/次	800	550	250
设备维修	维修小时/时	20 000	12 500	7 500
质量检验	检验次数/次	4 000	3 000	1 000
动力与折旧	直接工时/时	200 000	120 000	80 000

表5-4 作业动因比率的计算

作业中心（作业成本库）	资源动因	资源动因数量统计结果	作业成本总额/元	成本（动因）
材料处理	材料搬运/次	2 500	414 000	165.6
材料采购	订单数量/张	7 500	320 000	42.666 67
生产准备	准备次数/次	800	160 000	200

续表

作业中心 （作业成本库）	资源动因	资源动因 数量统计结果	作业成本总额/元	成本（动因）
设备维修	维修小时/时	20 000	310 000	15.5
质量检验	检验次数/次	4 000	240 000	60
动力与折旧	直接工时/时	200 000	420 000	2.1

表 5-5 作业成本分配过程与结果

作业成本库	成本（动因）	产品甲		产品乙		作业成本 合计/元
		动因数量	分配额/元	动因数量	分配额/元	
材料处理	165.6	2 000 次	331 200	500 次	82 800	414 000
材料采购	42.666 67	5 000 次	213 333	2 500 张	106 667	320 000
生产准备	200	550 次	110 000	250 次	50 000	160 000
设备维修	15.5	12 500 时	193 750	7 500 时	116 250	310 000
质量检验	60	3 000 次	180 000	1 000 次	60 000	240 000
动力与折旧	2.1	120 000 小时	252 000	80 000 小时	168 000	420 000
总计		—	1 280 283	—	583 717	1 864 000

（5）计算产品成本。将按产品甲与产品乙所归集的直接材料费用、直接人工费用和所分配来的制造费用进行汇总，分别计算产品甲与产品乙的总成本与单位成本，见表5-6。

表 5-6 产品甲与产品乙的总成本与单位成本

成本项目	产品甲（产量 400 000 件）		产品乙（200 000 件）	
	总成本/元	单位成本/(元/件)	总成本/元	单位成本/(元/件)
直接材料费用	380 000	0.95	420 000	2.1
直接人工费用	106 000	0.27	168 000	0.84
制造费用	1 280 283	3.20	583 717	2.92
合计	1 766 283	4.42	1 171 717	5.86

5.3 物流成本预算与控制

5.3.1 物流成本预算概述

1. 物流成本预算的本质和特点

物流成本预算是指企业根据预算期的特殊生产和经营情况所编制的预定成本。它属于一种预计或未来成本。传统的预算方法强调数据的确认和主要趋势与变量的解释，这些工作大多是由企业管理者来进行的，财务分析人员只是信息员的角色。但基于活动的预算规则不同，财务分析人员需要整合财务和非财务测度方法和信息，并且提供可预见的、体现财务绩效的指标体系。现代物流成本预算是根据物流成本核算和盈利率分析中所形成的活动驱动因素对未来做出预算,是基于活动的预算。流程变革、生产率增长、能力利用和资源获取都可以纳入成本管理中,以用于确定组织变化中的预算。基于活动的预算与传统的预算不同,它不仅关注对顾客增值的活动和流程,同时也关注组织内部因管理而产生的效果。

基于活动的预算要求职能管理者和流程管理者进行协商。现代物流成本核算,特别是作业成本法通过识别实施的活动、资源要求和单位活动成本为基于活动的预算提供了框架,预算协商流程运用这些信息,以决定实施什么活动、供应什么驱动因素和资源、会产生多大程度的资金要求。基于活动的预算需要对以下费用支出进行调整,即物流部门内的各种支出的相互调整;物流费用不同期的相互调整;物流成本和制造成本及销售成本之间相互调整;以及物流成本和物流设施、外来人员及物流收益之间的相互调整。正是因为物流成本预算涉及很多内容,因此,一方面它要求了解所有物流和经营人员的意见,另一方面形成科学合理的管理机制,尤其是信息能够迅速传达和回馈的内部报告制度。

物流预算管理不仅仅是预算活动本身,而是在活动信息和评估商业流程中增值活动内容的基础上,制定前瞻性的战略和运作决策,即基于活动的管理(activity based management,ABM)。例如,ABM 在零售业中表现得最为明显,ABM 使得零售商可以有效地评估商品接受成本、销售规划和仓储成本、提供货架空间成本、劳动力成本和不同经营产品线的成本等,这些信息能够帮助零售管理者。所以,物流预算是一种战略性的管理行为,它既是基于企业经营和物流方针的,同时又进一步推动了企业物流管理和战略的发展。

2. 编制物流成本预算的作用

物流成本预算作为物流系统成本计划的数量反映,是控制物流活动的重要依据和考核物流部门的绩效标准。它有如下作用。

1)预测成本未来

物流成本计划是以物流成本预算为基础的。物流成本预算是根据对未来期间的物流成本进行预测而编制的。在确定物流成本预算之前,需要根据历史数据,并通过各种调查或运用适当的统计和数学方法,预测物流活动各个环节中所发生的各项成本。做好物流成本预算可以在掌握物流成本现状、预计物流成本未来上有充分的主动性,从而便于物流计划的准确可靠、物流管理的绩效考核和物流成本的降低。

2)建立成本目标

物流成本预算是物流成本计划的定量反映,明确建立和显示物流系统所要实现的近期成本目标,通过总的物流成本预算,以及按照一定的对象进行分解后的物流成本预算,可以使各级物流运营主体明确自身的成本管理和控制目标,从而使他们能够在此基础上不断控制成本,同心协力完成物流系统的总体成本目标。

3)绩效评估与成本控制

经确定的各项成本预算数据,可以作为评估物流工作完成情况的一种尺度。对物流部门及其主管的成本控制绩效,一般都以成本预算为标准进行衡量和评估。若发现成本差异,就要采取适当措施进行控制,使之尽量符合预算。

总之,通过物流成本预算可以比较及时准确地预测物流成本的信息,从而使物流成本管理工作能够有明确的方向;通过物流成本预算又可以明确各种物流成本控制目标,使每个物流部门和物流运营者为各自的成本控制目标而努力,有利于提高各部门和个人的积极性、主动性和创造性;通过物流成本预算来为评估物流成本控制绩效提供标准,只有通过评估和比较才能发现差异且修正方案，进而使物流部门和物流运营者能够按科学的计划去开展物流业务，降低物流成本。

5.3.2 弹性预算法和零基预算法

物流成本预算的方法包括固定预算法、弹性预算法、增量预算法和零基预算法等方法。下面主要介绍弹性预算法和零基预算法。

1. 弹性预算法

1）弹性预算的概念

编制预算的传统方法是固定预算法，即根据固定业务量水平（如产量、运输量、销售量）编制出预算。这种预算的主要缺陷是：当实际发生的业务量与预期的业务量发生较大偏差时，各项变动费用的实际发生数与预期之间就失去了可比基础。在市场形势多变的情况下，这种偏差出现的可能性极大，因而将导致固定预算失去应有的作用。为了弥补该缺陷，就必须根据实际业务量的变动对原预算数进行调整，于是就产生了弹性预算。

弹性预算也称为变动预算或滑动预算。所谓弹性预算，是指在编制成本预算时，预先估计计划期内业务量可能发生的变动，编制出一套能适应多种业务量的成本预算，以便分别反映在不同业务量水平下所应支出的成本水平。由于这种预算随着业务量的变化而变化，本身具有弹性，因此称为弹性预算。

2）弹性预算的基本原理和特点

弹性预算的基本原理是把成本按成本形态分为固定成本和变动成本两大部分。由于固定成本在其相关范围内，其总额一般不随业务量的增减而变动，因此在按照实际业务量对预测进行调整时，只需调整变动成本即可。弹性预算具有以下特点。

（1）弹性预算能够反映不同业务量下的成本预期水平，具有伸缩性。

（2）弹性预算的编制是以成本可划分为变动成本与固定成本为前提的。

弹性预算由于可根据不同业务量进行事先编制或根据实际业务量进行事后调整，因此弹性预算增强了预算对生产经营变动情况的适应性，具有适用范围广的优点。只要各项成本计算的基准不变，弹性预算就可以连续地使用下去，而不用每期都重新编制成本预算。由于弹性预算的编制是以成本可划分为变动成本和固定成本为前提的，所以可以分清成本增加的正常与非正常因素，有利于成本分析和控制。

3）物流成本弹性预算的编制过程

弹性预算在成本控制中可用于编制各种成本预算。其编制步骤如下。

（1）确定各物流成本费用的成本依存度。成本依存度是指成本总额对业务量的依存关系。首先应根据成本依存度把各项成本划分为：变动成本（如运输中的燃油费、包装消耗的直接材料费）、固定成本（如物流设施和设备的折旧费）和混合成本（如物流机械设备的修理费）。

（2）选取合适的业务量计量对象。编制弹性预算时要随业务量水平的变化，计算出不同的计划成本。因此，业务量计量对象的选取，应以代表性强、直观性强为原则，并要求所选取的计量对象与预算中的变动部分有直接联系。例如，对于运输成本的预算来说，可以选择吨·千米作为计量单位，表示将一吨的货物运输一千米为一个业务量单位。

（3）确定各项物流成本与业务量之间的数量关系。逐项研究、确定各项物流成本与业务量之间的数量关系。固定成本一般不随业务量变化而变化;对于变动成本,需确定单位业务量的变动成本,即增加单位业务量而增加的成本;将混合成本分解为固定成本和变动成本,列出表达式。进行混合成本分解的过程如下:

$$Y = a + bX$$

式中:Y——混合成本;

a——混合成本中的固定部分;

b——混合成本中单位业务量的变动成本;

X——业务量。

然后将已知的两个业务量和相应的混合成本代入方程,联立方程组,求解得出 a 和 b。

(4)选择弹性预算表达方式,计算预算物流成本。物流成本的弹性预算表达方式通常有公式法和列表法两种。公式法是将所有物流成本项目分解为固定成本和变动成本,确定预算。列表法是先确定业务量变化范围,划分出若干个业务量水平,再分别计算各项物流成本项目的预算成本,汇总列入一个预算表格。确定业务量变动范围时应满足业务量实际变动需要,一般为正常经营活动水平的70%~120%,也可按过去历史资料中的最低业务量和最高业务量为上下限。表5-7就是一个运输成本弹性预算表达方式。

表 5-7 运输成本弹性预算

项目	预算值				
业务量/(10^4 吨·千米)	60	80	100	110	120
单位变动成本	10	10	10	10	10
变动成本总额	60 000	80 000	100 000	110 000	120 000
固定成本总额	60 000	60 000	60 000	60 000	60 000
运输成本总预算	120 000	140 000	160 000	170 000	180 000

需要指出的是,弹性预算只是编制物流成本的一种方法,在具体编制时,仍然要按照前面所述的各种物流成本预算的对象来编制弹性预算,然后再进行汇总,并在期末根据实际业务量来对成本预算数与实际发生数进行比较考核。

2. 零基预算法

1)零基预算的概念

零基预算(zero based budgeting,ZBB),也称为"以零为基础编制计划和预算"。在编制间接费用或固定费用预算时,传统的方法是以以往的各种费用项目的实际开支数为基础,考虑到预算期业务变化,对以往的开支数做适当的增减调整后加以确定。这种方法的不足之处在于,以往的开支中势必有不合理的费用支出,如果仅仅笼统地在此基础上加以增减,很可能使这些不合理的费用开支继续存在下去,无法使预算发挥其应有的作用。为了解决这个问题,人们提出了零基预算的预算编制方法。

零基预算是美国得克萨斯仪器公司20世纪70年代率先倡导实施的新型预算管理方法,它是将企业所有经营业务都作为新型业务,在同一基准上编制预算。这种方法打破了以往考虑历史情况进行预算的惯例,按照企业现行和未来发展的需要,在相同基础上,设定各业务的优先级,以此进行预算、资源配置和业务调整。

正如上面所述，零基预算不同于传统的预算编制方法，它对于任何一项预算支出，不是以过去或现有费用水平为基础，而是一切都以零为起点，从根本上考虑它们的必要性及其数额的多少。所以，这种预算编制方法更切合实际情况，从而使预算充分发挥其控制实际支出的作用。

2) 零基预算的作用

物流成本零基预算是物流管理费用效益分析的一种重要工具，它体现了一种新型的物流管理理念。具体来讲，物流成本零基预算的作用主要表现在以下4点。

(1) 物流成本零基预算的实行，使物流管理真正建立在整体绩效优化的基础上。无论过去业务执行情况如何，所有的资产和业务都以现在和未来的视野进行评估和分配资源。如果某些业务和资产不再符合企业物流战略发展的要求，就可以将其砍掉或置于资源分配的优先级后面，这样有利于物流活动的良性发展和最大绩效的产生。

(2) 物流成本零基预算有利于转变企业预算管理运作的方法。由于物流成本零基预算是将所有业务根据企业今后物流发展的要求来排序分配资源，因此，其预算活动实现了从常规管理向目标管理方向转化，以及从原来将预算作为惩罚手段向目标管理的手段进行演进。

(3) 物流成本零基预算有助于改变物流决策的方式。因为物流成本零基预算的实行使得任何业务的兴废都建立在举证的基础上，必须有利于企业的长远发展，所以物流活动推进的决策权无疑从高层、领导决策向系统化管理决策转变。

(4) 物流成本零基预算有利于细化物流成本核算、盈利率分析及其他管理分析活动。零基预算由于在预算期将所有业务同等看待，需要就每个业务和资产现时点的状态、贡献程度、成本费用及在企业整体物流战略和管理层次上的地位等因素进行重新评估。因此，不仅有利于细化管理活动，而且还真正实现了现场管理。

物流成本零基预算还有助于促进全方位、全过程和全人员成本管理。全方位是指从生产到售后服务的一切活动，包括供货商、制造商、分销商在内的各个环节；全过程是指从生产过程物流管理到质量控制、企业物流战略、员工培训、物流外包决策和财务监管等企业内外各职能部门各方面的工作，以及企业竞争环节的评估、内外部价值链、供应链管理和知识管理等；全人员是指从高层经理人员到中层管理人员再到基层员工。之所以物流成本零基预算能促进全方位、全过程和全人员的成本管理，是因为只有了解企业物流运作的每个方面、每个领域及每个层次，才能正确有效地评价物流业务和资产现在或未来的价值和贡献度。所以，它推进了综合系统化成本管理，可以说，物流成本零基预算是企业物流整合管理的重要手段之一。

3) 物流成本零基预算的编制过程

物流成本零基预算的编制过程如下。

(1) 按照企业或物流系统计划期的目标和任务，列出在计划期内需要发生的各个成本项目，并说明成本开支的目的性，以及需要开支的具体数额。

(2) 对各项物流成本费用进行成本—效益分析，权衡利弊得失，评价成本费用的合理性。

(3) 将各项物流成本费用按轻重缓急的先后顺序排序，考虑可动用的资金，先保证顺序在前的项目实施，依此类推。

(4) 按照上一步骤所定的顺序，结合可动用的资金来源，分配资金，落实预算。

零基预算由于对每一项成本都是从零开始考虑的，因此其工作量必然繁重，但其带来的效益和效果也是十分可观的。在物流系统中，如果认为现行成本发生中存在诸多不合理因素，就可以排除历史数据而实施零基预算，然后将零基预算结果与实际发生结果进行比较，从而找寻降低物流成本的途径。

5.3.3 目标成本法与责任成本法

1. 目标成本法

目标成本是一种预计成本，是指产品、劳务和工程项目等在其生产经营活动开始前，根据预定的目标所预先制定的产品、劳务和工程项目等在生产和营建过程中各种耗费的标准，是成本责任单位和成本责任人为之努力的方向与目标。

1）目标成本的作用

通过对目标成本的确认，并在实际工作中为之努力，将使目标成本发挥以下作用。

（1）充分调动企业各个部门或各级组织及职工个人的工作主动性、积极性，使上下级之间、部门之间和个人之间相互配合，围绕共同的成本目标而努力做好本职工作。

（2）目标成本是有效进行成本比较的一种尺度。将成本指标层层分解落实，使其与实际发生的生产费用对比，揭示差异，查明原因，采取措施，以防止损失和浪费的发生，起到控制成本的作用。

（3）确认目标成本的过程，也是深入了解和认识影响成本各因素的主次关系及其对成本影响程度的过程，这将有利于企业实行例外管理原则，将管理的重点转到影响成本差异的重要因素上，从而加强成本控制。

2）目标成本确定的方法

（1）倒扣测算法。倒扣测算法是根据通过市场调查确定的服务对象可接受的单位价格（如售价、劳务费率等），扣除企业预期达到的单位产品目标利润、根据国家规定的税率预计的单位产品税金及预计单位产品期间费用而倒算出单位产品目标成本的方法。其计算式为：

单位产品目标成本＝预计单价-单位产品目标利润-预计单位产品税金-预计单位产品期间费用

（2）本量利分析法。本量利分析法是指在利润目标、固定成本目标和销量目标既定的前提下，对单位变动成本目标进行计算的方法。依据成本、销售量与利润三者的关系式，可导出目标单位变动成本的计算式。

利润＝单位售价×销售量-单位变动成本×销售量-固定成本

$$目标单位变动成本 = 单位售价 - \frac{利润+固定成本}{预计销售量}$$

其实在计算产品目标单位变动成本之前，先要确定其目标固定成本，两者相互依存，两者之和（指以目标单位变动成本和预计销售量计算的目标变动成本总额与目标固定成本总额之和）形成目标总成本。

2. 责任成本法

1）责任成本法的意义

责任成本是指责任单位能对其进行预测、计量的各项可控成本之和。责任成本是按照谁负责谁承担的原则，以责任单位为计算对象来归集的，所反映的是责任单位与各种成本费用的关系。采用责任成本法，对于合理确定与划分各物流部门的责任成本，明确各物流部门的成本控制责任范围，进而从总体上有效地控制物流成本有着重要的意义。

（1）使物流成本的控制有了切实保障。建立了责任成本制，由于将各责任部门、责任人的责任成本与其自身的经济效益密切结合，可将降低成本的目标落实到各个具体物流部门及个人，使其自觉地把成本管理纳入本部门或个人的本职工作范围，使成本管理落到实处。

（2）使物流成本的控制有了主动力。建立责任成本制，可促使企业内部各物流部门及个人主动寻求降低成本的方法，积极采用新材料、新工艺、新能源、新设备，充分依靠科学技术来降低物流成本。

2）成本责任单位的划分

确定责任成本的前提是划分成本责任单位（以下简称为责任单位）。责任单位的划分不在于单位大小，凡在成本管理上需要、责任可以分清、其成本管理业绩可以单独考核的单位都可以划分为责任单位。通常可按照物流活动过程中特定的经济任务来划分责任单位。物流企业或企业物流部门，其内部各个活动环节相互紧密衔接和相互交叉，形成一个纵横交错、复杂严密的网络。

（1）横向责任单位。横向责任单位是指企业为了满足生产经营管理的需要而设置的平行职能机构。它们之间的关系是协作关系，而非隶属关系。横向责任单位主要包括：供应部门、生产部门、劳资部门、设计部门、技术部门、销售部门、计划部门、设备管理部门和质量管理部门等。

上述各部门内部下属的平行职能单位之间，也可以看作是横向责任单位，如供应部门内部的采购部门与仓储部门之间互为横向责任单位。横向责任单位的划分，从某种意义上讲，是物流成本和成本管理责任在横向责任单位之间的合理划分。

（2）纵向责任单位。纵向责任单位是指企业及其职能部门为了适应分级管理的需要，自上而下层层设置的各级部门或单位。纵向责任单位之间虽然是隶属关系，但因其在成本的可控性上有其各自的责任与职权，所以有必要在责任单位划分上将其区别出来。以运输部门为例，其纵向责任单位分为：公司总部、分公司、车队和单车（司机）。

3）责任成本的计算与考核

为了明确各责任单位责任成本的执行结果，必须对其定期进行责任成本的计算与考核，以便对各责任单位的工作做出正确的评价。

（1）责任成本的计算方法。责任成本的计算方法有直接计算法和间接计算法两种。

① 直接计算法。直接计算法是将责任单位的各项责任成本直接加计汇总，以求得该单位责任成本总额的方法。其计算公式为：

$$某责任成本单位责任成本 = 该单位各项责任成本之和$$

这种方法的特点是计算结果较为准确，但工作量较大，需逐笔计算出各项责任成本。

② 间接计算法。间接计算法是以本责任单位的物流成本为基础，扣除该责任单位的不可控成本，再加上从其他责任单位转来的责任成本的计算方法。其计算公式为：

$$某责任单位责任成本 = 该责任单位发生的全部成本 - 该单位不可控成本 + 其他单位转来的责任成本$$

这种方法不需逐笔计算各责任单位的责任成本，所以计算工作量比直接计算法小。在运用此法时，应合理确认该单位的不可控成本与其他单位转来的责任成本。

（2）责任成本评价考核的依据。在实际工作中，对责任单位的责任成本考核的依据是责任预算和"业绩报告"。责任成本的业绩报告是按各责任单位责任成本项目，综合反映其责任预算数、实际数和差异数的报告文件。

业绩报告中的"差异"是按"实际"减去"预算"后的差额。负值为"节约"，也称为"有利差异"；正值为"超支"，也称为"不利差异"。成本差异是评价各责任单位成本管理业绩好坏的重要标志，也是企业进行奖惩的重要依据。业绩报告应按责任单位层次进行编报。在进行责任预算指标分解时，其方式是从上级向下级层层分解下达，从而形成各责任单位的责任预算。在编制业绩报告时，其方式是从最基层责任单位开始，将责任成本实际数逐级向上汇总，直至企业最高管理层。

每一级责任单位的责任预算和业绩报告，除最基层只编报本级的责任成本之外，其余各级都应包括所属单位的责任成本和本级责任成本。下面举例说明纵向责任单位责任成本、横向责任单位责任成本及企业总部责任成本的计算与考核。

4）纵向责任单位责任成本的计算与考核

纵向责任单位系统内各单位责任成本的计算，是从最基层逐级向上进行的。以生产系统为例，其纵向责任单位责任成本的计算是从班组开始，逐级上报至企业总部。

（1）班组责任成本的计算与考核。班组责任成本由班组长负责，各班组应在每月月末编制班组责任成本业绩报告送交车间。在业绩报告中，应列出该班组各项责任成本的实际数、预算数和差异数，以便对比分析。例如，甲生产车间下设 A、B、C 三个生产班组，各班组均采用间接计算法来计算其责任成本。其中 A 班组业绩报告见表 5-8。

表 5-8 责任成本业绩报告

责任单位：甲车间 A 班组　　　　　××××年×月　　　　　单位：元

项目	实际	预算	差异
直接材料	—	—	—
原料及主要材料	12 080	12 200	-120
辅助材料	11 400	11 300	+100
燃料	11 560	11 500	+60
其他材料	1 450	1 460	-10
小计	36 490	36 460	+30
直接人工工资	—	—	—
生产工人工资	16 300	15 200	+1 100
生产工人福利费	2 120	2 100	+20
小计	18 420	17 300	+1 120
制造费用	—	—	—
管理人员工资及权利费	11 140	11 000	+140
折旧费	11 450	10 660	+790
水电费	1 680	2 000	-320
其他制造费用	11 350	11 500	-150
小计	35 620	35 160	+460

续表

项目	实际	预算	差异
生产成本合计	90 530	88 920	+1 610
减：折旧费	11 450	10 660	+790
废料损失	150	—	+150
加：修理费	5 300	5 000	+300
责任成本	84 230	83 260	+970

表 5-8 表明，甲车间 A 班组本月归集的实际生产成本 90 530 元减去不应由该班组承担的折旧费 11 450 元，并减去废料损失（系因供应部门采购有质量问题的材料而发生的工料损失 150 元），再加上从修理车间转来的应由该班组承担的修理费，即为 A 班组的责任成本 84 230 元。

从总体上看，A 班组当月责任成本预算执行较差，超支 970 元。但从各成本项目来看，"直接材料"中的"原料及主要材料"和"其他材料"共节约 130 元；"制造费用"中的"水电费"和"其他制造费用"共节约 470 元；"直接人工"实际比预算超支 1 120 元；由企业机修车间转来的修理费 5 300 元，比预算超支 300 元。对于超支的项目，应查明其超支的原因并采取相应措施降低成本，对于节约的费用项目也应进一步加以分析，找出节约的原因，以巩固取得的成绩。

（2）车间责任成本的计算与考核。车间责任成本也是定期（一般以月为周期）以业绩报告形式汇总上报企业总部。以上例为例，甲车间在编制业绩报告时，除归集本车间的责任成本外，还应加上三个班组的责任成本。甲车间的业绩报告见表 5-9。

表 5-9　责任成本业绩报告

责任单位：甲车间　　　　××××年×月　　　　单位：元

项目	实际	预算	差异
A 班组责任成本	84 230	83 260	+970
B 班组责任成本	68 930	67 890	+1 040
C 班组责任成本	76 890	77 880	-990
合计	230 050	229 030	+1 020
甲车间可控成本	—		
管理人员工资	24 500	24 300	+200
设备折旧费	22 960	23 000	-40
设备维修费	22 430	22 500	-70
水电费	5 600	5 200	+400
办公费	3 000	2 500	+500
低值易耗品摊销	6 980	6 800	+180
合计	85 470	84 300	+1 170
本车间责任成本合计	315 520	313 330	+2 190

从表 5-9 中可以看出，甲车间的 A、B、C 三个班组中，C 班组的成本业绩是最好的，

甲车间当月责任成本超支 2 190 元，其中下属三个班组共超支 1 020 元，本车间可控成本超支 1 170 元；A、B 两班组超支合计为 2 010 元（970 元+1 040 元）是成本控制的重点。

对于甲车间可控成本中的超支项目，还应进一步详细分析，查找原因，采取措施，加以控制。

5）横向责任单位责任成本的计算和考核

横向责任单位责任成本的计算和考核与纵向责任单位基本相同，即由各部门负责人负责按月编制部门业绩报告报送企业总部。在此，仅以供应部门为例，说明其责任成本的计算与考核方法。

企业的供应部门主要负责材料的采购、保管与收发。对供应部门的责任成本的考核，主要包括：采购费用、整理费用、仓库经费、办公费用和人员工资等。其业绩报告格式略。

6）企业总部责任成本的计算与考核

企业总部责任成本应包括所属各管理部门的责任成本，所以当企业总部（财会部门）收到所属各部门报送的业绩报告后，应汇总编制公司的责任成本业绩报告，其格式见表 5-10。

表 5-10　××公司责任成本业绩汇总表

××××年×月　　　　　　　　　　　　　　　　　单位：元

业绩报务	实际	预算	差异
甲车间业绩报告			
A 班组责任成本	84 230	83 260	+970
B 班组责任成本	68 930	67 890	+1 040
C 班组责任成本	76 890	77 880	−990
车间可控成本	85 470	84 300	+1 170
甲车间责任成本合计	315 520	313 330	+2 190
乙车间业绩报告	—	—	—
⋮	⋮	⋮	⋮
供应科业绩报告	—	—	—
⋮	⋮	⋮	⋮
公司总部责任成本业绩报告	131 500	132 000	−500
责任成本总计	1 223 450	1 221 400	+2 050
销售收入总额	1 455 450	1 445 300	+10 150
盈利及盈利净增额	232 000	223 900	+8 100

表 5-10 表明，该公司销售收入实际数超出预算数 10 150 元，在抵减责任成本超支数 2 050 元后，其盈利额实际数比预算数净增 8 100 元。对销售收入增加 10 150 元的增收原因，还需进一步加以分析，比如看其是否与责任成本增加有关。

5.3.4　物流成本差异的计算与分析

日常的成本控制是通过计算实际成本与预算成本（标准成本）之间的成本差异，并对其差异产生的原因进行因素分析后采取相应的措施来实现的。

1. 成本差异计算与分析的意义

显然，以标准价格、标准消耗量编制的费用预算与实际价格、实际消耗量反映的费用执行结果之间，必然会出现数额上的差异。凡实际成本大于预算成本的差异，称之为不利差异；凡实际成本小于预算成本的差异，称之为有利差异。

成本差异是可以计算出来的，并且可以对其进行因素分析，以确定各因素对差异的影响数额，进而有针对性地采取措施，对不利差异的影响因素进行必要的控制。成本差异的计算与分析，是成本控制的一项重要工作，其在成本控制中的作用如图 5-5 所示。

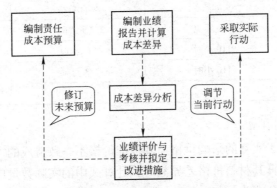

图 5-5　成本差异的计算与分析在成本控制中的作用

2. 成本差异计算的基本原理

成本差异计算与分析的对象，主要是标准成本与实际成本之间的差异。由于标准成本中一般由直接材料、直接人工和变动制造费用 3 个成本项目构成，而直接材料、直接人工和变动制造费用这 3 个成本项目都具有单独的价格标准和数量标准，因此，这 3 个成本项目的成本差异，都可概括为"标准价格×标准数量"与"实际价格×实际数量"之差。其基本原理如图 5-6 所示。

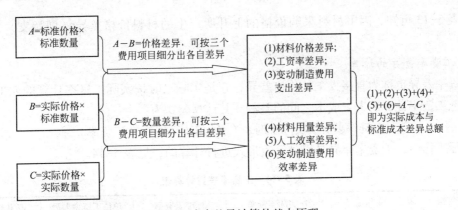

图 5-6　成本差异计算的基本原理

3. 成本差异的计算

现以某物流企业的某加工车间甲工位的甲产品成本数据为例（见表 5-11 和表 5-12），说明变动成本差异的计算方法。

表 5-11　该车间某月标准成本数据资料

成本项目	用量标准	价格标准	标准成本
直接材料	4 千克/件	2 元/千克	8 元/件
直接人工	2 小时/件	10 元/时	20 元/件
变动制造费用	2 小时/件	4 元/时	8 元/件
合　计	—	—	36 元/件

表 5-12　该车间某月实际成本数据资料（实际产量 60 件）

成本项目	实际数量	实际价格	实际成本/元
耗用直接材料	235 千克	2.2 元/千克	517
耗用直接人工	110 小时	11 元/时	1 210
支付变动制造费用	110 小时	3.8 元/时	418
合　计	—	—	2 145

1）材料价格差异的计算

材料价格差异是由于实际的采购价格与其标准价格不一致造成的，其责任应由采购供应部门承担。因此，在计算其材料价格差异额时，计算式中的实际数量应为实际采购量，而不是实际耗用量。其计算公式为：

材料价格差异＝实际采购数量×(实际价格－标准价格)

实际工作中，材料价格差异是以表格形式计算和报告的。其格式见表 5-13。

表 5-13　材料价格差异计算表

材料名称	实际采购量	实际价格	标准价格	单位价差	价格差异总额
计算关系	①	②	③	④＝②－③	⑤＝④×①
甲材料	300 千克	2.2 元/千克	2 元/千克	0.20 元/千克	+60 元

由表 5-13 可知，因甲材料采购价格的上升所产生的材料价格差异（即超支）总额为 60 元。

2）工资率差异的计算

工资率差异也称为直接人工的价格差异，它是实际工时按实际工资率计算的人工成本，与按标准工资率计算的人工成本之间的差额。其计算公式为：

工资率差异＝实际工时×（实际工资率－标准工资率）

实际工作中，工资率差异是以计算表形式进行计算的，见表 5-14。

表 5-14　工资率差异计算表

工资等级	实际工时	实际工资率	标准工资率	单位工资率差异	工资率差异总额
计算关系	①	②	③	④＝②－③	⑤＝④×①
××级	110 小时	11 元/时	10 元/时	+1 元/时	+110 元

如果该工位的工人工资标准不一，可分开计算，然后再加以汇总。

3) 变动制造费用支出差异的计算

变动制造费用支出差异是指变动制造费用的价格差异，也称为变动制造费用耗费差异。它是实际发生的变动制造费用，与按实际工时计算的标准变动制造费用之间的差额。其计算式有以下两种方式。

（1）变动制造费用支出差异=实际工时×（实际变动制造费用比率-标准变动制造费用比率）。

（2）变动制造费用支出差异=实际变动制造费用-标准变动制造费用比率×实际工时

本例变动制造费用支出差异的计算见表5-15。

表5-15 变动制造费用支出差异计算表

	实际工时	实际变动制造费用比率	标准变动制造费用比率	比率差异	变动制造费用支出差异总额
计算关系	①	②	③	④=②-③	⑤=④×①
该工位	110小时	3.8元/时	4元/时	-0.2元/时	-22元

4) 材料用量差异的计算

材料用量差异是指按材料标准价格计算的实际耗用量与标准耗用量之间的材料成本的差额，它反映直接材料成本的数量差异。其计算式为：

材料用量差异=标准价格×实际用量-标准价格×标准用量 或 材料用量差异
=标准价格×（实际用量-标准用量）

本例材料用量差异的计算见表5-16。

表5-16 材料用量差异计算表

材料名称	标准价格	实际用量	标准用量	用量差异	用量差异总额
计算关系	①	②	③	④=②-③	⑤=④×①
甲材料	2元/千克	235千克	240千克	-5千克	-10元

表5-16中的实际用量，是指该工位加工甲产品所耗用的甲材料的实际用量，而并非是实际采购量；标准用量240千克是以甲产品的实际产量60件，与甲材料的标准用量4千克/件相乘计算出来的。

5) 人工效率差异的计算

人工效率差异是指直接人工成本的数量差异，它是指按标准工资率计算的实际工时，与标准工时之间的人工成本差额。其计算式为：

人工效率差异=标准工资率×（实际工时-标准工时）

上式中的标准工时，是指本期实际产量与直接人工用量标准的乘积。本例人工效率差异的计算见表5-17。

表5-17 人工效率差异计算表

工资等级	标准工资率	实际工时	标准工时	工时差异	人工效率差异总额
计算关系	①	②	③	④=②-③	⑤=④×①
××级	10元/小时	110小时	120小时	-10小时	-100元

表5-17中的标准工时120小时，是直接人工用量标准2小时/件，与甲产品实际产量

60件的乘积。

6）变动制造费用效率差异的计算

变动制造费用效率差异是指变动制造费用在工时用量上的差异，用以反映工作效率的好差情况，它是指按标准变动制造费比例计算的实际工时与标准工时之间的差额。其计算式为：

变动制造费用效率差异＝标准变动制造费用比例×（实际工时－标准工时）

本例变动制造费用效率差异的计算见表5-18。

表5-18 变动制造费用效率差异计算表

	标准变动制造费用比率	实际工时	标准工时	工时差异	变动制造费用效率差异总额
计算关系	①	②	③	④＝②－③	⑤＝④×①
该工位	4元/小时	110小时	120小时	－10小时	－40元

7）成本差异的汇总

上述各项差异的计算，应通过汇总表的形式加以综合反映。本例成本差异汇总见表5-19。

表5-19 成本差异汇总表

成本差异	差异额/元	差异属性	可能的责任部门
材料成本差异	—	—	—
材料价格差异	＋60	价格差异	采购、企业外部
材料用量差异	－10	用量差异	生产、采购、维修
小计	＋50	—	—
人工成本差异	—	—	—
工资率差异	＋110	价格差异	生产、人事
人工效率差异	－100	用量差异	生产、维修、采购
小计	＋10	—	—
变动制造费用差异	—	—	—
变动制造费用支出差异	－22	价格差异	生产、供应
变动制造费用效率差异	－40	用量差异	生产、维修、采购
小计	－62	—	—
合计	－2	—	—

从表5-19中可以看出，材料价格差异对生产部门（生产班组或工人）来说，是不可控的，所以在计算生产部门的成本差异额时，不应包括材料价格差异。故此，该生产工位的可控成本差异额（成本业绩）应为：－2－（＋60）＝－62（元）。

4. 成本差异的分析

1）材料价格差异的分析

材料价格差异主要是因材料实际采购价格与其计划价格发生偏差而产生的，与采购部门的采购工作质量密切相关，可作为评价采购部门业绩的重要依据，一般不能用来评价生产耗用部门的成本业绩。本例中的材料价格差异超支60元，属不利差异，应查明原因并加以必要的控制。

2）工资率差异的分析

工资率差异常为不利差异，其原因可能是企业提高了职工工资水平，或该工位更换为技术等级高的工人，或临时加班提高了工时津贴等。在实际工作中，如果在技术等级低的工位上安排了技术等级高（相应工资级别高）的工人，也会产生不利的工资率差异，这应该是工资费用控制的重点。

3）变动制造费用支出差异的分析

变动制造费用支出差异所反映的不仅是费用明细项目支付价格方面的节约或超支，同时也包括各费用明细项目在用量方面的节约或浪费。因此，对变动制造费用的各明细项目有必要加以详细分析，找出超支的主要原因。例如，将变动制造费用进一步分解为间接材料、间接人工、动力费等，并从其价格与用量两个方面进行详细分析。

4）材料用量差异的分析

导致材料用量差异的因素，主要包括生产工人的技术熟练程度和对工作的责任感、加工设备的完好程度及产品质量控制是否健全、有无贪污盗窃等。显然，由于材料的质量问题或工艺要求的变化导致的材料用量增加，不应由生产部门负责。

例如，采购部门为压低材料进价，大量购入劣质材料而造成的生产部门用料过多，甚至增加了废次品等，由此而产生的材料用量差异应由采购部门负责。由于设备维修部门原因而使设备失修，出现材料用量上的浪费现象，也必然反映在材料用量差异上，而这部分差异应由设备维修部门负责。在剔除非生产部门责任造成的用量差异后，对剩余的用量差异应查找出原因，看其是否是由于工人粗心大意、缺乏训练或技术水平较低等原因造成的。

5）人工效率差异的分析

人工效率差异实质反映在实际生产过程中工时的利用效率上。实耗工时与实耗标准工时不一致，说明其生产效率（以工时表示）利用的好差，实耗工时小于实耗标准工时，说明其生产效率高，反之说明其生产效率低。

实耗工时高低的决定因素是多方面的，例如工人的责任心、生产积极性、技术水平、时间利用程度、机器设备利用程度等。在一般情况下，人工效率差异应由生产部门负责，但如果系采购部门购入不合格的材料或因停工待料、机器维修、工艺调整、甚至停电、停水等生产部门无法控制的因素所导致的人工效率差异，则应由相应的责任部门负责。

6）变动制造费用效率差异的分析

变动制造费用效率差异也是反映在实际生产过程中工时的利用效率情况，这项差异应称为工时的效率差异，但人们已习惯称之为变动制造费用效率差异。此项差异的因素分析方法基本与人工效率差异的分析方法相同。

5.4 物流成本绩效评价

5.4.1 物流成本绩效评价概述

1. 物流成本绩效评价的意义

物流成本管理绩效评价是运用数理统计等方法，建构物流成本管理综合评价指标体系，设立相应的评价标准，运用定量与定性相结合的方法，对企业一定期间物流成本管理情况和物流获利能力等进行综合评价。

开展物流成本绩效评价有利于全面了解企业物流成本的管理情况，及时发现物流活动中存在的问题，充分调动部门和员工的积极性，不断提高企业物流的获利能力，同时也为企业制定物流发展战略提供了依据。

2. 物流成本管理绩效评价的基本原则

1）整体性原则

物流成本存在"效益背反"现象，一项成本的降低可能带来另一项成本的提高，而企业管理者关注的是物流总成本的高低。同时，物流成本与物流服务水平之间也存在"效益背反"现象，物流成本的小幅下降可能带来物流服务水平的大幅下降，这是物流成本管理者应极力避免的现象。所以物流成本管理绩效评价不应该局限于局部物流成本的控制和考查，而应从整体上对物流成本和物流活动的绩效进行评价。

2）定量与定性相结合的原则

想要综合了解企业物流成本管理绩效，必须从定量和定性两个方面设计相应的指标体系。通过定量指标，可以了解企业物流成本管理绩效的概况。除了可以量化的指标，企业物流活动和成本管理还涉及物流活动风险、客户满意度、制度建设、流程规范等问题，这些问题往往很难进行量化，所以还应当设计相应的定性指标，以全面反映企业物流成本绩效。

3）可比性原则

可比性原则不仅包括相关定量指标在企业不同时期的可比，而且还包括企业相关指标与行业内其他企业之间的可比。所以，企业在设计相关评价指标时，一定要调整不可比因素，这是企业进行物流成本绩效评价的前提。

4）经济性原则

企业的任何管理活动都要考虑成本和收益之间的关系，即以最少的投入获取最大的收益。具体到物流成本绩效评价活动，其经济性原则主要指在建立评价指标体系时，涉及的指标既不能过多也不能过少，指标过少会使评价结果不准确、不全面，指标过多会使评价成本上升。所以，企业在设计评价指标体系时，应结合企业实际和管理需要，选择合理数量的评价指标。

3. 物流成本绩效评价的步骤

1）建立绩效评价机构

绩效评价机构负责组织实施物流成本管理绩效评价。绩效评价机构成员应具有丰富的物流管理、财务会计等专业知识，同时熟悉物流成本绩效评价业务，具有较强的综合分析和判断能力。

2）制订绩效评价工作方案

绩效评价工作方案通常包括评价的目标、对象、指标、标准、方法等内容。

（1）评价目标。绩效评价的目标是整个评价工作的指南和目的，它服务于企业的总目标，由企业的总目标来决定。评价目标决定了评价指标、评价标准和方法的选择。

（2）评价对象。绩效评价的对象就是"对什么进行评价"。一般来说，绩效评价的对象主要有两个：一是企业；二是员工。这里，物流成本管理绩效评价的对象主要是企业。

（3）评价指标。评价指标是对评价对象进行评价的具体内容，是评价方案的重点和关键。评价指标既包括财务指标,也包括非财务指标。

(4) 评价标准。评价标准是判断评价对象业绩好坏的标准。科学、有效的评价标准具有以下特征:一是具有一定的难度,使得评价对象只有经过努力才能达到;二是具有可行性,能够被评价对象接受。一般来说,物流成本管理绩效评价的标准包括历史标准、年度预算标准和竞争对手标准等。

(5) 评价方法。物流成本绩效评价的方法包括定量方法和定性方法,通常使用定量与定性相结合的方法。

3) 收集和整理有关信息

物流成本管理绩效评价机构根据指定的工作方案,收集、核实和整理有关资料,包括企业物流成本及相关财务数据、其他企业的评价方法和标准和企业物流成本管理绩效评价的历史资料等。

4) 进行评价

这是物流成本管理绩效评价的关键环节和步骤。根据工作方案确定有关内容,利用收集的信息计算相关评价指标的实际数值,并与评价标准进行比较。

5) 撰写绩效评价报告

绩效评价报告是物流成本管理绩效评价的结论性文件。绩效评价人员根据收集的资料,在计算评价指标实际值的基础上,通过与评价标准进行比较,对企业物流成本管理绩效情况进行评价,找出差异,明确责任,为今后物流成本管理提供借鉴性思路。

5.4.2 物流成本绩效评价指标分析

物流成本绩效评价是利用物流成本相关数据和其他相关资料,对物流成本效益进行分析比较,以帮助物流企业掌握物流成本的效益状况与存在的问题,从而为进行相关物流成本决策提供依据。下面分别说明各类指标的含义、计算及评价标准。

1. 营运能力指标分析

物流经营的目的是追求利润最大化,而物流企业的物流营运能力正是获取利润的基础。物流的营运能力可描述为:物流企业基于外部市场环境的需要,通过内部人力资源和作业资源的配置组合而对实现财务目标产生作用的程度。无疑,营运能力的大小对获利能力的持续增长有着决定性的影响,具体包括以下指标。

1) 人力资源营运能力指标

人是物流作业的主体和物流财富的原始创造者,其素质水平的高低对物流营运能力的形成具有决定性作用。而分析评价物流人力的着眼点首先在于如何充分调动经营管理者的积极性、能动性,从而通过物流作业经营效率的提高奠定物流营运能力持续、稳定扩展的基础。物流作业是以人为核心展开的,物流成本中有相当的支出花费在人力资源的获取之上。衡量人力资源营运能力的指标为劳动作业效率指标。

劳动作业效率是指物流服务营业净额与平均员工人数(可以视不同情况具体确定)的比值,其计算公式为:

$$物流劳动作业效率 = \frac{物流服务营业净额}{从事作业的员工人数的平均值}$$

$$物流营业净额 = 物流营业额 - 物流营业折扣与折让$$

对物流劳动效率进行考核评价主要是采取比较的方法。例如,将实际劳动效率与本企业物流计划水平、历史先进水平或同行业平均先进水平等指标进行对比,进而确定实际劳动效率与计划、历史先进水平或同行业平均先进水平的差异程度。分析原因,采取适宜对策,进一步发掘提高物流人力资源劳动效率的潜能。物流劳动作业效率越高,说明每一个从事物流工作的人员创造的物流营业净额越高,因而人力资源利用得越好,物流人力资源的营运能力越强。

2)作业资源营运能力指标

物流企业物流成本中很大一部分是为了获取完成各项物流作业所需的作业资源而耗费的。物流拥有或控制的企业资源表现为各项资产的占用。因此,作业资源营运能力实际上就是物流总资产及其各构成要素的营运能力。

(1)物流总资产周转率。物流总资产的营运能力集中在总资产的营运水平,即其周转率方面。也就是说,物流总资产周转率代表着物流总资产的营运能力。物流总资产周转率是指物流营业额净额与平均物流资产总额的比值,其计算公式为:

$$物流总资产周转率=\frac{物流营业额净额}{平均物流资产总额}$$

在上述公式中,平均物流资产总额应按不同的计算期分别确定,且公式中的平均物流资产总额与物流营业额净额应属于同一计算期,即在时间上保持一致。年平均物流资产总额的计算公式为:

$$年平均物流资产总额=\frac{1/2 年年初值+一季度值+二季度值+三季度值+1/2 年年末值}{4}$$

当物流总资产所占用的资金波动比较大时,可以采取加大数据采集密度的方法来计算平均物流资产总额,如上述公式中,由原来的以每季度末的数据进行计算,变为以每月末的数据进行计算。而当物流总资产所占用的资金相对比较稳定,波动幅度较小时,可以采取以下公式来计算平均物流资产总额:

$$平均物流资产总额=\frac{期初物流资产占用额+期末物流资产占用额}{2}$$

物流总资产周转率,全面综合反映了全部物流资产的营运能力。一般来说,物流总资产周转率越高,即在一定的计算期内,物流总资产周转的次数越多,表明周转速度越快,物流总资产的营运能力也就越强。

为了更加深入地剖析总资产的周转情况及其快慢的影响因素,必须进一步分析流动资产与固定资产的周转情况。在此,需要指出的是,营业收入直接来源是流动资产的周转额,而固定资产的作用是对流动资产有效规模的推动及对流动资产价格转换能力与转换效率(流动资产周转速度和流动资产利润率)的影响。所以对物流流动资产的考核应着眼于营业收入实现状况,而对固定资产则侧重于其利用效率的考察。

(2)物流流动资产周转率。物流流动资产营运能力的大小主要体现为物流流动资产周转率,其计算公式为:

$$物流流动资产周转率=\frac{物流营业额净额}{物流流动资产平均占用额}$$

物流流动资产平均占用额与物流资产总额的计算方法相同(其中的应收账款应按剔除

坏账准备后的净额计算)。对物流流动资产周转率的分析主要在于揭示物流流动资产实现营业的能力、物流流动资产投资的节约与浪费情况等问题。物流流动资产实现营业的能力,即周转额的大小。在一定时期内,物流流动资产周转速度越快,表明计算期内实现的周转额越多,对财务目标的贡献越大。物流流动资产占用额与流动资产周转速度有着密切的制约关系。在物流营业额既定的条件下,流动资产周转速度越快,物流流动资产的占用额就越少,反之则越多。计算公式为:

$$物流流动资产相对节约或浪费额 = (分析期流动资产实际占用率 - 基期实际或分析期计划流动资产占用率) \times 分析期实际销售额$$

其中,

$$物流流动资产占用率 = \frac{流动资产平均占用额}{营业收入净额} = \frac{1}{流动资产周转率(次数)}$$

为了对物流流动资产的周转状况做出更加详尽的分析,并进一步揭示影响物流流动资产周转速度变化的因素,在对物流流动资产总体周转情况进行分析的基础上,还可以对其各构成要素,如应收账款、存货等的周转进行考查,以查明物流流动资产周转率升降的原因所在。

(3) 应收账款周转率。应收账款周转率是指商品或产品赊销收入净额与应收账款平均余额的比值,它反映应收账款流动程度的大小,其计算公式为:

$$应收账款周转率(次数) = \frac{赊销收入净额}{应收账款平均余额}$$

其中,赊销收入净额 = 营业收入 - 现销收入 - 营业折扣与折让。应收账款平均余额的确定方法同前。应收账款周转率反映了物流应收账款变现速度的快慢及管理效率的高低,周转率高表明:收账迅速,账龄期限较短;资产流动性大,短期偿债能力强;可以减少坏账损失和收账费用,从而相对增加物流流动资产的投资效益。同时,借助应收账款周转天数和物流信用期限的比较,可以更好地评价客户的信用程度及物流原定信用条件的合理性。

利用上述公式计算分析应收账款周转率需要注意以下几个问题:公式中的应收账款包括会计核算中的"应收账款"与"应收票据"等全部赊销账款在内。应收账款余额应为扣除坏账准备后的净额,否则水分较大。如果应收账款余额波动性较大,应尽可能使用更详尽的计算资料。分子、分母的数据应注意其时间的相对性。

(4) 存货周转率。存货周转率是指营业成本与存货平均资金占用额的比值,计算公式为:

$$存货周转率(次数) = \frac{营业成本}{存货平均资金占用额}$$

存货周转速度的快慢,不仅反映出物流采购、储存、作业和营业各环节管理工作状况的好坏,而且对物流的偿债能力及获利能力产生决定性的影响。一般来讲,存货周转率越高,表明分析期变现速度越快,周转额越大,资产占用水平越低,成本费用越节约。因此,通过存货分析,有利于找出存货管理存在的问题,尽可能降低资金占用水平,提高存货投资的变现能力和获利能力。

在计算存货周转率时应注意下列几个问题。

第一,分子采用营业成本而不是营业收入净额。这主要是为了剔除毛利对周转速度的虚假影响,因为存货是按成本计价的,分子、分母应当保持口径一致。存货周转率通常能够反映物流存货流动性的大小和存货管理效率的高低。但存货周转率过高也可能意味着物流存货不足。反之,在存货周转率过低时,应当进一步分析存货的质量结构,弄清存货中是否包含有实际价格远低于账面价值的即将报废或已损坏的存货。

第二,为了进一步判明存货的内部结构,还可以分别分析各构成部分对整个存货周转率的影响。

第三,在其他条件不变的前提下,存货周转越快,所实现的周转额也就越大,利润数额、水平相应越高。所以该指标也可以衡量物流的获利能力。当然也可以作为分析偿债能力的辅助指标。

第四,采用不同的存货计价方法,对存货的周转率具有较大的影响。因此,在计算和分析时应保持口径一致。当存货计价方法变动时,应对此加以说明,并计算这一变动对周转率的影响。

第五,分子和分母的数据应注意时间上的对应性。

(5) 固定资产周转率。严格地讲,物流服务收入并不是由固定资产的周转带来的,物流服务收入只能直接来源于流动资产的周转。而且固定资产要完成一次周转必须经过整个的折旧期间,因此,如果用营业收入净额除以固定资产平均占用额来反映固定资产周转速度具有很大的缺陷,即它并非固定资产的实际周转速度。但如果从固定资产对推动流动资产周转速度和周转额的作用来看,固定资产又与物流的营业收入有着必然的联系,即流动资产投资规模、周转额的大小及周转速度的快慢在很大程度上取决于固定资产的作业经营能力及利用效率。因此,结合流动资产投资规模、周转额和周转速度来分析固定资产的营运能力还是非常有价值的。考核固定资产营运能力主要采用以下指标:

$$固定资产周转率 = \frac{营业收入净额}{固定资产平均占用额} = \frac{流动资产平均占用额}{固定资产平均占用额} \times 流动资产周转率$$

式中的固定资产平均占用额应按固定资产原值计算,否则会因为所采用的折旧方法或折旧年限的不同而产生人为的差异,导致该指标缺乏可比性。可见,固定资产营运能力分析在于说明物流是否以相对节约的固定资产投资推动尽可能多的流动资产规模及其周转速度,最终通过流动资产投资规模的扩大和周转速度的加快,为物流实现更多的营业收入。该指标越高,说明固定资产的营运能力越高;反之亦然。

2. 获利能力指标分析

对效益的不断追求是物流资金运动的动力源泉与直接目的,也是物流成本控制的根本所在。因此,所谓获利能力分析实际上就是指物流的资金增值能力,它通常体现为物流收益数额的大小和水平的高低。

一般来说,物流获利能力的大小是由其经常性的经营管理业绩决定的。那些非经常性的事项及其他特殊事项虽然也会对物流效益产生某些影响,但不能反映物流真实获利能力水平。在分析物流获利能力时,应尽可能剔除那些非经常性因素对物流获利能力的虚假影响。其主要分析指标如下。

1) 物流服务(作业)利润率

物流服务(作业)利润率是指物流利润与物流营业收入净额的比值。从利润表上看,物流的利润可以分为五个层次:营业收入毛利、营业利润、利润总额和利润净额。其中利润总额或利润净额包含着非营业利润因素。所以能够更直接地反映营业获利能力的指标是毛利率、经营利润率和营业利润率。因此，物流利润和物流营业收入净额之比是物流服务（作业）利润率中的主要指标，计算公式为：

$$物流服务（作业）利润率=\frac{物流利润}{物流营业收入净额}$$

物流服务（作业）利润率是正向指标，该指标越大，说明该项服务（作业）的获利能力越强。

2）物流作业成本利润率

成本利润率是指利润与成本的比值。物流作业成本利润率可用以下公式表述：

$$物流作业成本利润率=\frac{物流利润}{物流成本}$$

在计算物流作业的成本利润率时，必须注意物流成本与物流利润之间的匹配关系，因为成本同利润一样，也包含有不同的层次：

经营成本＝经营费用＋营业税金及附加

营业成本＝经营成本＋管理费用＋财务费用＋其他业务成本

税前成本＝营业成本＋营业外支出

税后成本＝税前成本＋所得税

只有将物流成本与利润对应起来，才能有效地揭示物流成本的获利能力。经营成本利润率是指主营业务利润与经营成本的比率，税前利润率是指税前利润与销售收入的比率。在实践当中，经营成本利润率指标的重要性最高，它能够反映出主要物流成本的利用效果。将该项指标与其他的物流作业成本利润指标配合使用，可以帮助物流企业发现物流系统中存在的问题：当各项收益及税率一定时，经营成本利润率很高而税前成本利润率却很低，就说明物流系统的管理费用、财务费用及营业外支出开支过多，应当在以后的工作中对这些成本进行控制；相反，如果经营成本利润率与税前成本利润率均很低，而且差异很小，就说明物流成本过高，是今后控制的重点；当经营成本利润率与税前成本利润率均比较高时，说明物流系统成本管理效果较好。物流服务（作业）的成本利润率为正向指标，即该指标越高越好。

3）物流作业的资产利润率

物流作业的资产利润率是反映物流资产获利能力的风向标，具体指标如下。

（1）物流总资产利润率。利润与资产平均占用额的比值，根据利润层次的不同，可以列出三类物流总资产利润率：

$$物流总资产息税前利润率=\frac{息税前物流利润总额}{平均物流资产总额}$$

$$物流总资产利润率=\frac{物流利润总额}{平均物流资产总额}$$

$$物流总资产净利润率=\frac{物流利润净额}{平均物流资产总额}$$

物流总资产利润率主要是从资金来源（资本＋负债）的角度出发，对物流资产的使用效益进行评价，因此，所有者与债权人都十分重视该指标：对于债权人而言，只要物流总资产的息税前利润率大于负债利息率，其债务本息的偿还就能得到保证；对所有者来说，较高的物流总资产息税前利润率能降低或避免不能偿还债务本息的风险，为了确保资本得到保值增值，还需要对物流总资产利润率与物流总资产净利润率进行分析。

（2）物流流动资产利润率。为获取物流流动资产支出的物流成本与其周转是物流利润的主要来源。因此物流流动资产的利润率能够揭示物流利润增长的基础是否稳固。考核物流流动资产获利能力的指标主要有两项，公式如下：

$$物流流动资产经营利润率 = \frac{物流经营利润}{物流流动资产平均占用额}$$

$$物流流动资产营业利润率 = \frac{物流营业利润}{物流流动资产平均占用额}$$

其中，物流流动资产经营利润率比物流流动资产营业利润率更为重要。

（3）物流固定资产利润率。由于物流固定资产是物流流动资产周转获利的物质基础，因此还应当考核物流固定资产利润率，公式如下：

$$物流固定资产经营利润率 = \frac{物流经营利润}{物流固定资产平均占用额}$$

$$= \frac{物流流动资产平均占用额}{物流固定资产平均额 \times 物流流动资产经营利润率}$$

$$物流固定资产营业利润率 = \frac{物流营业利润}{物流固定资产平均占用额}$$

$$= \frac{物流流动资产平均占用额}{物流固定资产平均额 \times 物流流动资产营业利润率}$$

以上三大类指标均为正向指标。

（4）物流作业的净资产利润率。物流作业的净资产利润率用以下公式表示：

$$物流净资产利润率 = \frac{物流利润净额}{物流净资产}$$

物流企业支出物流成本的最终目的是实现物流系统利润的最大化，要达到这一目的，首先就要最大限度地提高物流净资产利润率。因此，物流净资产利润率是物流获利能力指标的核心。物流净资产净利润率取决于3个因素：资产获利能力、产权比率和资产营运效率。该项指标为正向指标。

由于商品制造物流企业和商品流通物流企业的收入与利润的获得来源于多方面，很难分离出由物流作业带来的收入与利润，因此可以采取内部转移价格的形式获取与物流作业相关的收入与利润，并利用以上指标对物流企业的物流成本的效益进行分析。物流服务供应商的主要业务是向客户提供物流服务，其收入与利润主要来源于物流作业，因此可以直接使用上述指标。

5.4.3　物流成本绩效评价的方法

物流成本绩效评价采用的方法是多种多样的，它可以采用会计的方法、统计的方法或数学的方法。在实际的物流成本绩效评价工作中，使用最广泛的方法主要有指标对比法和因素分析法。

1. 指标对比法

指标对比法又称比较法，这是实际工作中广泛应用的分析方法。它是通过相互关联的物流成本指标的对比来确定数量差异的一种方法。通过对比，揭露矛盾，发现问题，寻找差距，分析原因，为进一步降低物流成本、提高物流成本使用效益指明方向。物流成本指标的对比分析可采取以下3种形式。

1）实际指标与计划指标对比

在进行物流成本绩效评价时，可以将实际成本指标与计划成本指标进行比较，通过对比，说明计划完成的程度，为进一步分析指明方向。

2）本期实际指标与前期（如上年同期或历史最高水平）实际指标对比

通过对比，反映物流企业物流成本动态和变化趋势，有助于吸取历史经验，改进物流成本管理。

3）本期实际指标与同行业先进水平对比

通过对比，可以反映本物流企业与国内外先进水平的差距，以便扬长避短，努力挖掘降低物流成本的潜力，不断提高物流企业的经济效益。

应该指出的是，采用指标对比法时，应注意对比指标的可比性，即对比指标采用的计量单位、计价标准、时间单位、指标内容和计算方法等应具有可比的基础和条件。在同类物流企业比较物流成本指标时，还必须考虑它们在技术经济上的可比性。指标可以用绝对数对比，也可以用相对数对比。

2. 因素分析法

因素分析法是将某一综合指标分解为若干个相互联系的因素，并分别计算和分析每个因素影响程度的一种方法。比如物流企业物流成本是一个综合性的价值指标，各方面因素都会影响物流成本水平。物流成本升降是由许多因素造成的，概括起来有两类：一类为外部因素，另一类为内部因素。外部因素来自社会，是外部经济环境和条件所造成的；内部因素是由物流企业本身经营管理所造成的。这样分类有利于评价物流企业各方面的工作质量。

因素分析法的一般做法是：①确定分析指标由几个因素组成；②确定各个因素与指标的关系，如加减关系、乘除关系等；③采用适当方法，将指标分解成各个因素；④确定每个因素对指标变动的影响方向与程度。

因素分析法的具体计算程序是：以物流成本的计划指标为基础，按预定的顺序将各个因素的计划指标依次替换为实际指标，一直替换到全部都是实际指标为止，每次计算结果与前次计算结果相比，就可以求得某一因素对计划完成情况的影响。下面举例说明指标与因素的关系。

设物流成本指标 N 是由 A、B、C 因素乘积所组成，其计划成本指标与实际成本指标分别列示如下：

计划成本指标 $N_1 = A_1 \times B_1 \times C_1$

实际成本指标 $N_2 = A_2 \times B_2 \times C_2$

差异额 $G = N_2 - N_1$

计算程序是：计划成本指标 $A_1 \times B_1 \times C_1 = N_1$

第一次替换 $A_2 \times B_1 \times C_1 = N_3$，$N_3 - N_1$ = 因素 A 变动的影响；

第二次替换 $A_2 \times B_2 \times C_1 = N_4$，$N_4 - N_3$ = 因素 B 变动的影响；

第三次替换 $A_2 \times B_2 \times C_2 = N_2$，$N_2 - N_4$ = 因素 C 变动的影响。

以上三个因素变动影响的总和为：

$$(N_3-N_1) + (N_4-N_3) + (N_2-N_4) = G$$

从上式可知，三个因素变动的差异之和与前面计算的实际物流成本指标脱离计划成本指标的总差异是相符的，这就确定了各个因素对成本指标升降的影响程度，并可以确定各个因素所占差异比重程度，为物流成本绩效评价提供可靠的依据。从上例可以看出，因素分析法是在指标对比法的基础上开展的，是指标对比法的补充。

本 章 小 结

本章对物流成本和物流成本管理的概念进行了介绍，从概念、特点、影响因素、意义等方面进行了说明，重点介绍了物流成本的核算、预算、控制和评价过程。其中，预算方法包括品种法、分批法、分步法和作业成本法。作为新型的核算方法，作业成本法可以弥补传统核算方法的缺陷。通过弹性预算法和零基预算法说明了物流成本的预算方法，以目标成本法和责任成本法为代表说明了物流成本的控制方法，最后介绍了指标对比法和因素分析法两种物流成本绩效评价方法。本章将物流成本管理细化，为企业降低物流成本提供了具体的管理技术方法，有利于提高企业的物流管理水平，从而增加企业经济效益。

本章习题

1. 名词解释

（1）物流成本；（2）成本计算期间；（3）品种法；（4）作业；（5）资源动因；（6）弹性预算；（7）责任成本；（8）成本利润率

2. 选择题

（1）下列不属于影响企业物流成本的因素的是_____。

  A. 竞争性因素   B. 产品因素

  C. 空间因素   D. 时间因素

（2）以下_____不属于成本计算对象的三个基本构成要素。

  A. 发生期间   B. 发生地点

  C. 承担实体   D. 承担费用

（3）以下_____不是常用的成本计算方法。

  A. 品种法   B. 分批法

  C. 分步法   D. 加权平均法

（4）以成本动因理论为基础，通过对作业进行动态追踪，反映、计量作业和成本对象的成本，评价作业业绩和资源利用情况的方法是_____。

  A. 作业成本法   B. 品种法   C. 分批法   D. 分步法

（5）以下_____不属于作业成本法的特点。

  A. 作业成本法提供的会计信息，并不追求传统成本会计法下的"精确"计算，只要求数据能够准确到保证制订计划正确性即可

  B. 作业成本有利于企业进行产品成本控制

  C. 作业成本不可用于分析企业生产力的利用情况

D. 作业成本法可用于制定产品生产种类的决策

（6）指企业为提供一定量的产品或劳务所消耗的人力、技术、原材料、方法和环境等的集合体的是_____。

A. 作业　　　　B. 费用　　　　C. 成本　　　　D. 库存

（7）以下_____不是作业筛选与整合的原则。

A. 重要性原则从成本管理角度，分析每项作业的重要性，以便评价其是否值得单独列示为一个独立的作业中心。对于非重要的作业，可与其他作业合并为一个作业中心

B. 根据产品对作业的消耗，将成本分配给中间产品，计算产品成本

C. 相关性原则从成本动因角度，分析和确认作业的相关性，以便评价各项作业的成本性态是否同质，从而考虑其是否可能被合并为同一个作业中心

D. 依据资源动因，将各项作业所耗费的资源追踪到各作业中心，形成作业成本库

（8）标准成本中一般由_____三个成本项目构成。

A. 车间经费、直接人工和变动制造费用

B. 直接材料、废品损失和变动制造费用

C. 直接材料、直接人工和销售费用

D. 直接材料、直接人工和变动制造费用

（9）物流成本管理绩效评价的基本原则不包括_____。

A. 整体性　　　B. 可比性　　　C. 持续经营性　　　D. 经济性

（10）_____不属于作业资源营运能力指标。

A. 物流总资产周转率　　　　　B. 劳动作业效率

C. 应收账款周转率　　　　　　D. 存货周转率

3. 简答题

（1）简述物流成本管理的意义。

（2）影响企业物流成本的因素有哪些？并举例分析各个因素产生的影响。

（3）简述传统物流成本核算方法及其特点。

（4）简述作业成本法的基本原理。

（5）试述目标成本和责任成本的作用。

（6）针对物流成本的差异，试给出分析。

（7）试述物流成本管理绩效评价的基本原则。

（8）营运能力指标具体包括哪些？

第6章

供应链管理

供应链管理是一种集成化、系统化的管理方式，它从全局的角度通过合作伙伴间的密切合作对供应链上的物流、信息流、资金流及知识流进行控制和调度。本章介绍了供应链的概念和特点、供应链的3种管理方法、供应链的3种基本模式及供应链合作伙伴关系的管理。当今市场的竞争已不再是企业与企业之间的竞争，而是供应链之间的竞争，因此供应链管理对于企业而言极其重要。

6.1 供应链管理概述

6.1.1 供应链管理的概念

供应链管理（supply chain management，SCM）源于迈克·波特1980年发表的《竞争优势》一书中提出的"价值链"（value chain）的概念。其后，供应链管理的概念、基本思想和相关理论在美国迅速发展。到20世纪90年代初，关于供应链管理的文献大量出现，与供应链管理相关的学术组织也开始涌现，到目前为止，比较公认的几个供应链管理定义如表6-1所示。

表6-1 供应链管理的定义

	物流的定义
美国学者 Willian C. Copacino	The art of managing the flow of materials and products from source to user（对物料和产品从供应者到使用者这一流程管理的技术）管理科学到目前为止将主要的注意力放在业务流程内各环节的改进上，但是SCM强调的是将注意力放在从物料供应一直到产品交付的整个业务流程流动和相互连接上
美国物流管理协会	Supply chain management encompasses the planning and management of all activities involved in sourcing, procurement, conversion, and logistics management. It also includes the crucial components of coordination and collaboration with channel partners, which can be suppliers, intermediaries, third-party service providers, and customers. In essence, supply chain management integrates supply and demand management within and across companies.（供应链管理包括计划和管理涉及采购、制造和物流管理的所有活动。与供应商、中间商、第三方服务提供商和客户这样的渠道合作伙伴的合作和协调也是其重要组成部分。从本质上讲，供应链管理整合企业内和跨企业的供应和需求管理。）该定义进一步描述了SCM的4个基本流程：计划，采购，制造和配送，表明SCM是一种跨企业、跨企业多种职能、多个部门的管理活动

续表

	物流的定义
日本经营学杂志《日经情报》	供应链管理跨越企业组织的边界，作为一个完整的流程共享经营资源和信息，以整体优化为目标，彻底消除流程中浪费的管理技术。它强调了供应链是由多个企业组成的，因此为了达到供应链整体优化的目标，多个企业必须共享资源，这首先就需要多个企业建立合作关系。这个定义从某种意义上来说，反映了日本式供应链管理的突出特点。日本的 SCM 学术团体研究会认为以上诸定义都忽略了一个重要的视角：客户。他们从客户的角度出发，提出了自己的 SCM 定义："把整个供应链上各个环节的业务看作一个完整的、集成的流程，以提高产品和服务的客户价值为目标，跨越企业边界所的流程整体优化的管理方法的总称。"
中国	中华人民共和国国家标准《物流术语》（GB/T 18354—2006）对供应链管理的定义："对供应链涉及的全部活动进行计划、组织、协调与控制。"

综合上述各定义，本书将供应链管理的概念概括如下：供应链由原材料零部件供应商、生产商、批发经销商、客户和运输商等一系列企业组成。原材料零部件依次通过"链"中的每个企业，逐步变成产品，产品再通过一系列流通配送环节，最后交到最终客户手中，这一系列的活动就构成了一个完整的供应链的全部活动。供应链管理的思想是要把整条"链"看作一个集成组织，把"链"上的各个企业都看作合作伙伴，对整条"链"进行集成管理。供应链管理的目的，主要是通过"链"上各个企业之间的合作和分工，致力于整个"链"上物流、商流（链上各个企业之间的关系形态）、信息流和资金流的合理性改进和优化，从而提高整条"链"的竞争能力。

6.1.2　供应链管理的产生和发展

20 世纪 90 年代以前，企业出于管理和控制的目的，对与产品制造有关的活动和资源主要采取自行投资和兼并的"纵向一体化"模式，企业和为其提供材料或服务的单位是一种所有权的关系。"大而全""小而全"的思维方式使许多制造企业拥有从材料生产到成品制造、运输和销售的所有设备及组织机构，甚至很多大型的企业拥有医院、学校等单位。但是，面对高科技的迅速发展、全球竞争日益激烈和客户需求不断变化的趋势，纵向发展会增加企业的投资负担，迫使企业从事不擅长的业务活动，而且企业也会面临更大的行业风险。进入 90 年代以后，越来越多的企业认识到了"纵向一体化"的弊端，为了节约投资，提高资源的利用率，应该把企业主营业务以外的业务外包出去。自身则采取集中发展主营业务的"横向一体化"战略。原有企业和为其提供材料或服务的企业就形成了一种平等的合作关系。

在这种形式下，对同一产业链上的企业之间的合作水平，信息沟通，物流速度，售后服务和技术支持提出了更高的要求，供应链管理就是为适应这一形式而产生和发展起来的。

供应链管理的发展历程基本上可分为 4 个阶段，如表 6-2 所示。

表 6-2　供应链管理的发展历程

发展历程	说明
传统的供应链管理阶段	1980—1989 年，供应链管理的萌芽阶段。此时企业面临市场份额大，需求变动不剧烈的市场环境，供应链上成员企业的管理理念基本上都是"为了生产而管理"，企业之间的竞争是在产品数量上和质量上的竞争，企业间的业务协作是以"本位主义"为核心的，即使在企业内部，其组织结构也以各自为政的职能化或者区域性的条条框框为主。此时的供应链管理是一种层级式的、静态的和信息不透明的管理模式。虽然有了供应链管理的雏形，但仍存在不少缺陷。供应链管理还处于企业内部供应链管理阶段，企业同上游企业之间的供应商关系管理系统，以及与下游客户之间的客户关系管理系统都还没有建立起来，还有很大发展空间

续表

发展历程	说明
精细供应链管理阶段	1990—1995年，供应链管理处于初步形成阶段。精细供应链（lean supply chain，LSC）的出现，减少了不确定性对供应链的负面影响，使得生产和经营过程更加透明，将没有创造价值的活动减少到最低限度，同时使订单处理周期和生产周期得以缩短。 在这个阶段，由于信息技术的发展和计算机应用的引入，企业有了更好的管理工具，其业务联系方式也不断改善，使上下游业务链在市场竞争的驱使下逐渐向供应链运作方式演变，这些都促使供应链管理概念在企业管理理念的不断变化过程中逐步形成。但由于供应链中各个企业的经营重点仍是注重企业的独立运作，时常忽略与外部供应链成员企业的联系。因此，与供应链相关的各企业（部门）之间时而发生利益冲突，这种冲突导致供应链管理的效率下降，无法从整个供应链的角度出发来实现供应链的整体竞争优势。另外，信息流在向上传递时常会发生信息曲解现象及客户不满意现象。信息不能有效地共享也成为企业提高整体供应链竞争力的一个重要障碍
集成化供应链管理阶段	1996—2000年，在新的经济一体化的竞争环境下，供应链业务运作也不断发展和成熟，利润的源泉已经转移到企业与外部交易成本的节约、库存的控制和内部物流的梳理上。为了进一步挖掘降低产品成本和满足客户需求的潜力，各行各业的领先型企业均认识到如果想尽可能地提高效益，应把需求预测、供应链计划和生产调度作为一个集成的业务流程来看待。因此，企业开始将目光从管理企业内部生产过程转向产品全生命周期中的供应环节和整个供应链系统。 随着市场环境逐步向需求品种多、需求变动大的特点转变，集成化的敏捷供应链管理应运而生，该管理模式将供应商、制造商、分销商、零售商及最终客户整合到一个统一的、无缝化程度较高的功能网络链条中，以形成一个极具竞争力的战略联盟，其实质是在优化整合企业内外资源的基础上快速响应多样化的客户需求
客户化供应链管理阶段	2000年以后，在以供应链竞争为主的经济环境中，为了寻找新的竞争优势，企业必须以"订单需求"为中心，将客户化生产和供应链管理一体化，通过客户化供应链管理（customized supply chain management，CSCM）来提升供应链的市场应变力和整体竞争力。 在这个阶段，许多企业开始把它们的努力进一步集中在供应链成员之间的协同上，特别是与下游成员业务间的协同上，同时供应商关系管理（supplier relationship management，SRM）、产品生命周期管理（product life-cycle management，PLM）、供应链计划（supply chain planning，SCP）和供应链执行（supply chain executing，SCE）等系统的应用使得供应链成员间的业务衔接更加紧密，整个供应链的运作更加协同化。企业正是通过与供应商和客户间的这种协同运作，来明确要从供应商那里得到什么，以及要提供给客户什么

供应链管理从其产生到发展经历了若干阶段。在物料采购领域，随着供应双方在信息、技术、资金和人员等方面有了更多的交流，供应链从采购管理发展到了供应链管理；在流通配送领域，以消费者的需求为出发点，以此来制订生产计划，进行供应链上的生产管理、库存管理和采购管理，形成了快速反应（quick response，QR）和有效客户反应（efficient Consumer response，ECR）等思想。

6.1.3 供应链管理的特点和内容

供应链管理是一种集成化、系统化的管理方式，它从全局的角度通过合作伙伴间的密切合作对供应链上的物流、信息流、资金流及知识流进行控制和调度，以最小的成本和费用产生最大的价值和最佳的服务。良好的供应链管理可以大幅度降低链上企业之间的交易成本，实现整个供应链利润的最大化。

1. 供应链管理的特点

与传统物流相比，供应链管理的特点表现在以下几个方面，见表6-3。

表 6-3　供应链管理的特点

特点	说明
供应链管理是对互动的管理	从管理的对象来看，物流是以存货资产为其管理对象。而供应链管理则是对存货流动（包括必要的停顿）中的商务过程的管理，后者是对关系的管理，因此更具有互动的特征。美国兰博特教授认为，必须对供应链中所有关键的商务过程实施精细管理、需求管理、订单执行管理、制造流程管理、采购管理和新产品开发及其商品化管理等。在有些企业的供应链管理过程中还包括从环境保护理念出发的商品回收渠道管理，如施乐公司
供应链管理是物流管理的更高级的形态	供应链管理也是从物流的基础上发展起来的，在企业运作的层次上，从实物分配到整合物资管理，再到整合相关信息，通过功能的逐步整合形成了物流的概念。从企业关系的层次来看，则是从制造商向批发商、分销商再到最终客户的前向整合，以及向供应商的后向整合。由此通过关系的整合形成了供应链管理的概念。从作业功能的整合到渠道关系的整合，使物流从战术的层次提升到战略高度。所以，供应链管理实际上是传统物流管理的延伸，物流是供应链管理系统的子系统
供应链管理是协商的机制	物流在管理上是一个计划的机制。主导企业通常是制造商，制造商力图通过一个计划来控制产品和信息的流动，与供应商和客户的关系本质上是利益冲突的买卖关系，常常导致存货向上游企业的转移或成本的转移。供应链管理同样需要制订计划，但目的是为了谋求在渠道成员之间的联动和协调。供应链管理作为一个开放的系统，它的一个重要的目标是通过分享需求和当前存货水平的信息来减少或消除所有供应链成员企业所持有的缓冲库存。这就是供应链管理中"共同管理库存"的理念
供应链管理更强调组织外部一体化	物流主要是关注组织内部的功能整合，而供应链管理认为只有组织内部的一体化是远远不够的。供应链管理是一项高度互动和复杂的系统工程，需要同步考虑不同层次上相互关联的技术经济问题，进行成本效益权衡。比如，要考虑在组织内部和组织之间存货以什么样的形态放在什么样的地方，在什么时候执行什么样的计划；考虑供应链系统的布局和选址决策，信息共享的深度；考虑实施商务过程一体化管理后所获得的整体效益如何在供应链成员之间进行分配；特别是要求供应链成员在一开始就共同参与制定整体发展战略或新产品开发战略等
供应链管理对共同价值的依赖性	作为系统结构复杂性增加的逻辑必然，供应链管理将更加依赖信息系统的支持。如果说物流的运作是为了提高产品的客户可行性的话，那么供应链管理则首先解决在供应链伙伴之间的信息可靠性问题。所以有时也把供应链看作是基于信息增值交换的协作伙伴之间的一系列关系，互联网为提高信息可靠性提供了技术支持，但如何管理和分配信息则取决于供应链成员之间对商务过程一体化的共识程度。所以，与其说供应链管理依赖网络技术，还不如说供应链管理是对供应链伙伴的相互信任、相互依存、互惠互利和共同发展的共同价值观的依赖
供应链管理是"外源"整合组织	与垂直一体化物流不同，供应链管理更多是在自己的"核心业务"基础上，通过协作整合外部资源来获得最佳的总体运作效果，除了核心业务以外，几乎每件事都可能是"外源的"，即从公司外部获得的。知名企业通常外购或外协所有的部件，而自己集中精力于新产品的开发和市场营销。这一类公司有时也被称为"虚拟企业"或者说"网络组织"。 垂直一体化以拥有为目的，而供应链管理以协作和双赢为手段。所以，供应链管理优化是资源配置的方法，其内在的哲学是"有所为有所不为"。供应链管理在获得外源配置的同时，也将原先的内部成本外部化，有利于过程核算和成本控制的清晰化，可以更好地优化客户服务和实施客户关系管理
供应链管理是一个动态的响应系统	在供应链管理的具体实施中，贯穿始终地对关键过程的管理测评是不容忽视的。高度动态的商业环境要求企业管理层对供应链的运作实施规范性要进行经常的监控和评价，当管理目标没有实现时，就必须考虑可能的替代供应链和做出适当的应变

2. 供应链管理的主要内容

按照企业物流作业的性质，供应链管理包括采购与供应管理、生产作业管理、分销与需求管理、仓储与库存管理、运输与配送管理、第三方物流管理、同步化的运作计划与控制、全球信息网络集成与共享和集成化绩效评价等内容。在提高客户满意度的同时，实现销售的增长、成本的降低及资产的有效运用，从而全面提高企业的竞争力。具体体现在对供应链过程中涉及的跨行业、跨企业、跨部门的物流、资金流和信息流运行进行整体规划设计与管理。因此，可以将供应链管理的主要内容归为4个方面：物流网络职能管理、物流信息流管理、供应链流程管理及供应链关系管理，如图6-1所示。

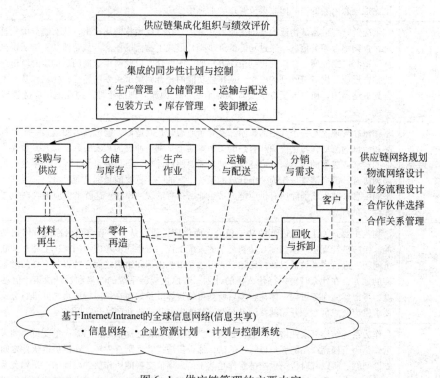

图6-1 供应链管理的主要内容

注：⇨ 表示供应链物流；⇦ 表示逆向的供应链物流；---▶ 表示供应链信息流

1）物流网络职能管理

随着现代企业的生产方式的转变，包括采购与供应、运输与配送、仓储与库存等物流职能都需要随之转变运作方式，实行准时供应和准时采购等。另外，客户需求的瞬时化要求企业能以最快的速度把产品送到客户手中，以提高企业快速响应市场的能力。这些都要求企业的物流系统具有和制造系统协调运作的能力，以提高供应链的敏捷性和适应性。因此，物流管理不再是传统的保证生产过程连续性的问题，而是要在供应链管理中发挥重要作用，具体体现在以下4个方面：

（1）既要创造客户价值，同时又要降低物流成本，从而提升企业价值；

（2）协调物流与制造作业，实现同步化运作，提高企业对客户需求的敏捷性认识；

（3）提供个性化客户服务，提升客户服务满意度，塑造企业高品质的服务形象；

（4）通过物流信息集成共享系统，提供供应链上各节点企业的物流信息反馈情况，协调供需矛盾。

2) 供应链信息流管理

信息流是供应链有效性的保证,实施供应链管理的关键就在于增强供应链各节点之间的相互合作,提高信息的共享程度,用针对整个供应链网络的决策系统代替分散的、仅覆盖单个企业的决策体系,从而更好地协调各节点企业,消除信息传递所引起的牛鞭效应。

供应链中的信息流管理是以信息网络和应用软件为基础,目的是实现彼此快速、准确的沟通。信息流动通畅是有效管理供应链的前提。在信息技术支持下的供应链管理不仅可以提高客户服务水平、降低生产和库存成本、缩短供货提前期,还可以提高产品质量及供应链信息共享水平。

在整合的供应链系统中,企业管理者通过各种基于计算机的信息系统(computer based VInformation system,CBIS)管理"信息流"从而管理供应链的运作。企业管理者对"信息流"的管理主要表现在收集信息整合运输系统、订单系统和生产制造系统以进行全面物流管理,同时关注订单变化情况,根据订单的变化修正生产、物流及仓储计划。而且有了信息流管理,可以对产品运输进行跟踪,了解存货的流动。通过相互之间的信息交流,上下游企业的需求信息和产品信息可以快速进入信息系统,方便企业对信息做出及时的反映。

3) 供应链流程管理

成功的供应链管理需要一个转变,即从单独功能部门管理转变为将所有活动集成为一个关键供应链进行管理。全球供应链论坛(global supply chain forum)提出了7项关键的供应链管理业务流程,即

(1) 客户关系和客户服务管理;
(2) 需求与供给能力匹配管理;
(3) 客户订单接收与履行管理;
(4) 生产流程最优化运营管理;
(5) 采购和供应商关系管理;
(6) 上下游产品联合开发管理;
(7) 退货和废旧回收物物流管理。

6.2 供应链管理方法

6.2.1 快速反应

1. 快速反应(quick response)QR 概述

QR 是由美国纺织服装业发展起来的一种供应链管理方法,它是由美国零售商、服装制造商及纺织品供应商开发的整体业务概念。QR 指在供应链中,为了实现共同的目标,零售商和制造商建立战略伙伴关系,利用 EDI 等 IT,进行销售时点的信息交换及订货补充等其他经营信息的交换,用多频度、小数量的配送方式连续补充商品,以实现缩短交货周期、减少库存、提高客户服务水平和企业竞争力为目标的供应链管理方法。其最终目的是,减少从原材料到销售点的时间和整条供应链上的库存,最大限度地提高供应链管理的运作效率。

从以上 QR 的发展背景中可以看到,建立 QR 系统的基础是准确把握销售动向,运用 POS 系统的单品管理功能,及时掌握每一种商品的销售状况和库存状况,同时对在零售阶段

获得的销售信息在供应链上下游企业中进行共享。也就是说，下游零售阶段的销售动向要及时、准确地反映到生产计划上。

QR方法要求供应链中企业在面对纺织服装业这一类多品种、小批量的买方市场时，不是预先储备好"产品"，而是准备各种"要素"，一旦客户提出要求，能以最快速度抽取"要素"，及时"组装"，提供所需服务或产品。

2. QR过程的实施

在实施QR的过程中，需要经过6个步骤，每一个步骤都需要之前一个步骤作为基础，并比前一个步骤有更高的回报，但是需要额外的投资。实施过程的步骤具体描述如图6-2所示。

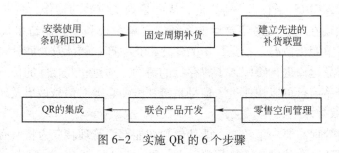

图6-2 实施QR的6个步骤

1）安装使用条码和EDI

零售商首先必须安装通用产品代码（universal product code，UPC）、POS扫描和EDI等技术设备，以加快POS机收款速度、获得更准确的销售数据并使信息沟通更加通畅。POS扫描用于数据输入和数据采集，即在收款检查时用光学方式阅读条码，然后将条码转换成相应的商品代码。

2）固定周期补货

QR的自动补货要求供应商更快、更频繁地运送再次订购的商品，以保证店铺货源充足，来提高销售额。通过对商品实施QR并保证这些商品能敞开供应，零售商的商品周转速度更快，消费者可以选择更多的花色品种。某些基本商品每年的销售模式实际上都是一样的，一般不会受流行趋势的影响。因为这些商品的销售是可以预测的，所以不需要对商品进行考察来确定重新订货的数量。

自动补货指基本商品销售预测的自动化。自动补货基于过去和目前的销售数据及其可能变化的数据，通过软件进行定期预测，同时考虑目前的存货情况和其他一些因素，以确定订货量。自动补货是由零售商和批发商在仓库或店内进行的。

3）建立先进的补货联盟

建立先进的补货联盟是为了保证补货业务的流畅。零售商和消费品制造商联合起来检查销售数据，制订关于未来需求的预测和计划，在保证有货和减少缺货的情况下降低库存水平。还可以进一步由消费品制造商管理零售商存货和补货，以加快库存周转速度，来提高投资毛利率（销售商品实际实现的毛利除以零售商的库存投资额）。

4）零售空间管理

零售空间管理指根据每个店铺的需求模式来规定其经营商品的花色品种和补货业务。一般来说，对于花色品种、数量、店内陈列及培训或激励售货员等，消费品制造商也可以参与甚至制定决策。

5) 联合产品开发

联合产品开发这一步的重点不再是一般商品和季节性商品，而是像服装等生命周期很短的商品。厂商和零售商联合开发新产品，其关系的密切超过了购买与销售的业务关系，缩短从新产品概念到新产品上市的时间，而且经常在店内对新产品进行试销。

6) QR 的集成

通过重新设计业务流程，将前 5 步的工作和公司的整体业务集成起来，以支持公司的整体战略。QR 前 4 步的实施，可以使零售商和消费品制造商重新设计产品补货、采购和销售业务流程。前 5 步使配送中心得以改进，可以适应频繁的小批量运输，使配送业务更加流畅。

同样，由于库存量的增加，大部分消费品制造商也开始强调存货的管理，改进采购和制造业务，使自身能够做出正确的反应。最后一步零售商和消费品制造商重新设计其整个组织、绩效评估系统、业务流程和信息系统，设计的重点围绕着消费者而不是传统的公司职能，这要求集成的 IT。有时可以先完成最后一步工作，至少是设计整体体系结构，这样补货的改进和新产品的开发就能尽可能地互相吻合。

6.2.2 有效客户反应

1. (efficient consumer responce) ECR 概述

ECR 是以满足顾客要求和最大限度地降低物流过程成本为原则，能及时做出准确反应，使提供的物品供应或服务流程最佳化的一种供应链管理战略。

ECR 的最终目标是建立一个具有高效反应能力和以客户需求为基础的系统，使零售商及供应商以业务伙伴方式合作，提高整条供应链的效率，而不是单个环节的效率，从而大大降低整个系统的成本、库存和物资储备，同时为客户提供更好的服务。其优点在于，供应链上各方为了提高消费者满意这个共同的目标进行合作，同时分享信息和诀窍。ECR 是一种把以前处于分离状态的供应链联系在一起来满足消费者需要的工具。ECR 概念的提出者认为，ECR 活动是一个过程，主要由贯穿供应链各方的 4 个核心过程组成，如图 6-3 所示。

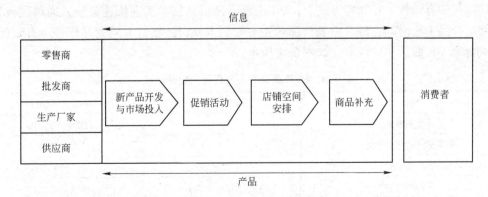

图 6-3　ECR 和供应链过程

由图 6-3 可知，ECR 的战略主要集中在以下 3 个领域：有效的新产品开发与市场投入、有效的促销活动、有效的店铺空间安排和有效的商品补充。ECR 具备以下几个特征：①管理意识的创新；②供应链整体协调管理；③涉及行业范围广。

2. ECR 过程的实施

ECR 是供应链各方推进真诚合作来实现消费者满意及实现基于各方利益的整体效益最大化的过程，其实施原则有以下 5 点。

（1）以较低的成本，不断致力于向食品杂货供应链客户提供更优的产品、更高的质量、更好的分类、更好的库存服务及更多的便利服务。ECR 通过整条供应链整体的协调和合作来实现以低成本向消费者提供更高价值服务这一目标。

（2）ECR 必须由相关的商业带头人启动。该商业带头人应决心以代表共同利益的商业联盟取代旧式的贸易关系，从而达到获利的目的。ECR 要求供需双方关系必须从传统的赢输型交易关系向双赢型联盟伙伴关系转化，这就需要商业带头人或企业的最高管理层对各企业的组织文化和经营习惯进行改革，使得供需双方关系转化成为可能。

（3）必须利用准确、适时的信息以支持有效的市场、生产及后勤决策。这些信息将以 EDI 的方式在贸易伙伴间自由流动，它将影响以计算机信息为基础的系统信息的有效利用。

（4）产品必须跟随其不断增值的过程，即从生产至包装，直至流动到最终客户的购物篮中，以确保客户能随时获得所需产品。

（5）必须建立共同遵循的成果评价体系。该体系注重整个系统的有效性（即通过降低成本与库存及更好的资产利用来实现更多价值），清晰地标识出潜在的回报（即增加的总值和利润），促进对回报的公平分享。

3. ECR 与 QR 的比较

1）ECR 和 QR 的差异

ECR 和 QR 的主要差异体现在它们的实施对象不同。ECR 主要以食品行业为对象，其主要目标是降低供应链各环节的成本，提高效率。而 QR 主要集中在一般商品和纺织行业，其主要目标是对客户的需求做出快速反应，并快速补货。

因此，QR 适用于单位价值高、季节性强、可替代性差及购买频率低的行业；ECR 适用于产品单位价值低、库存周转率高、毛利少、可替代性强及购买频率高的行业。另外，QR 侧重于缩短交货提前期，快速响应客户需求；ECR 侧重于减少和消除供应链的浪费，提高供应链运行的有效性。在管理方法上，QR 主要借助信息技术实现快速补货，通过联合开发产品缩短产品上市时间；ECR 除新产品快速有效引入外，还实行有效商品管理、有效促销。ECR 商品和 QR 商品的特性差异如表 6-4 所示。

表 6-4 ECR 商品和 QR 商品的特性比较

特性	食品类（ECR）	服装类（QR）
零售商形式	超市	百货店/专业店
每家店铺的单品数量	低（2.5 万~3 万）	高（50 万专业店）
每家店铺的单品年均销售额/万美元	高（400~500）	低（50~100）
库存周转次数	高（10~25 次）	低（2~5 次）
单位重量/体积的价值	低	高
削价	低	高
毛利	低（20%~25%）	高（35%~50%）

续表

特性	食品类（ECR）	服装类（QR）
产品生命周期	长	短
季节性	弱	强
产品的可替代性	高	低
购买频率	高	低

从表6-4可以看出服装类商品的单品数量非常多，产品生命周期短，季节性强，库存周转慢，存货削价幅度大，毛利高；而食品的单品数量少，商品单价低、周转快。所以超市可以以低毛利有效地经营。它们也不得不如此，因为消费者很容易判断店铺的差异。在这两种不同的零售业中，如果某种单品缺货，带来的成本也不一样。

对服装类商品来说，如果消费者找不到所期望的颜色和规格，就可能换一家店铺。店铺就会损失这件商品的销售额，同时会损失潜在的购买和未来的购买。对食品来说，如果消费者不能发现一种特定的商品，他会买另一种规格或一种替代品，采购也可能延期到下一次。除非这种情况频繁发生，否则消费者不会更换店铺。

由于所处的环境不同，改革的重点也是为了应对不同的挑战。对于食品行业来说，改革的重点是效率和成本；对于服装类店铺来说，改革的重点是补货和订货的速度，目的是最大限度地消除缺货，并且只有在有商品需求时才去采购。

2）ECR和QR的共性

（1）共同的外部环境，实施QR和ECR的主要行业都受到了两种重要的外部变化的影响。

① 经济增长速度的放慢加剧了竞争，因为零售商必须生存并保持客户的忠诚度。

② 零售商和供应商之间的交易平衡发生了变化。由于通信技术的发展及向传统领域之外扩张的欲望，零售商变得越来越向全国化甚至是国际化方向发展。交易平衡的重心已偏向零售商。

在引入QR和ECR之前，供应商和零售商两者之间往往缺乏信任感。两者都各自追求自己的目标，而忘记了经营的真正原因——满足客户的需要。当前，供应商和零售商都受到了新的贸易方式的威胁。对于零售商来说，威胁主要来自大型综合超市、廉价店、仓储俱乐部及折扣店等新型零售形式，它们采用新的低成本进货渠道。这些新的竞争者把精力集中在每日低价、绝对的净价采购及快速的库存周转等策略上。对于供应商来说，压力来自其他品牌商品的快速再增长，这些商品威胁了它们的市场份额。

（2）共同的目标。上述的威胁迫使纺织和食品行业都必须采取行动。其目标都是为了快速补货，降低供应链运行成本，提高销售额和经营收益，提高客户满意度和忠诚度。尽管按照各环节自己的业绩测量标准，这两种供应链都认为它们是有效的，但是从整个供应链来说，其效率并不乐观。提升QR和ECR效率的途径在于，供应商和零售商只有集中一个共同的目标，以最低的总成本向消费者提供他们真正想要的商品，整个系统的高效率才能实现。

（3）共同的策略。QR和ECR都重视供应链的核心业务，对业务进行重新设计，以消除资源的浪费。这些业务包括以下方面。

① 补货。这项业务是指对于那些可补货的商品和普通商品，以尽可能低的存货水平和

成本来保持较高的顾客服务水平。

② 品种管理。它决定每家店铺应该销售什么商品,以什么方式展示和销售。

③ 产品开发。它指开发和导入更能满足顾客需要的产品。

④ 促销。这项业务是指面向顾客沟通商品的现货情况和价值。

(4) 共同的信息技术。企业间通过积极、灵活地运用信息技术来提高供应链运作效率。企业间订货、发货业务全部通过 EDI 来进行,实现订货数据或出货数据的传送无纸化。同时,贸易伙伴间共享商业信息,零售商将 POS 系统商品管理数据提供给制造商或分销商,制造商或分销商通过对这些数据的分析来实现高精度的商品进货和调整计划,降低产品库存,防止出现次品,进一步使制造商能制订、实施所对应的生产计划。

6.2.3 企业资源计划

1. 企业资源计划概述

企业资源计划(enterprise resource planning,ERP)这一概念最初是于 20 世纪 90 年代初由美国高德纳咨询公司(Gartner Group)提出的,其实质是在 MRP II 基础上进一步发展而成的面向供应链的管理思想,综合应用了客户-服务器体系、关系数据库结构、面向对象技术、图形客户界面、第四代语言(4GL)和网络通信等信息产业成果。

ERP 是管理企业的一种思想和管理理念,它的基本思想是将制造业企业的制造流程看作一条紧密结合的供应链,其中包括供应商、制造工厂、分销网络和客户等;并将企业内部划分成几个相互协同作业的支持子系统,如财务、市场营销、生产制造、质量控制、服务维护和工程技术等,还包括对竞争对手的监视管理。

美国高德纳咨询公司(Gartner Group)提出 ERP 具备的功能标准应包括以下 4 个方面。

(1) 超越 MRP II 范围的集成功能,包括质量管理、流程作业管理、配方管理、产品数据管理、维护管理、管制报告和仓库管理。

(2) 支持混合方式的制造环境,包括既可支持离散又可支持流程的制造环境,按照面向对象的业务模型组合业务过程的能力和国际范围内的应用。

(3) 支持能动的监控能力,提高业务绩效,包括在整个企业内采用控制和工程方法、模拟功能、决策支持和用于生产及分析的图形功能。

(4) 支持开放的客户-服务器计算环境,包括客户-服务器体系结构,图形用户界面(graphical user interface,GUI),计算机辅助软件工程(computer aided software engineering,CASE),面向对象技术使用结构化查询语言(structured query language,SQL)对关系数据库进行查询,内部集成的工程系统、商业系统、数据采集和外部集成。

ERP 是对 MRP II 的超越,从本质上看,ERP 仍然以 MRP II 为核心,但在功能和技术上却超越了传统的 MRP II,它是顾客驱动的、基于时间的和面向整条供应链管理的。

2. ERP 的实施过程

经过多年发展,ERP 已经形成了一套比较成熟的实施方法论。但是国内外的管理环境不同,各公司的 ERP 软件产品适用的行业、管理思路也有所不同,因而也会有不同的实施方法。对于大中型企业的 ERP 项目,其实施步骤如表 6-5 所示。

表 6-5　ERP 实施步骤

步骤	说明
第 1 步：确定项目的目标和范围	由于 ERP 实施过程由客户、企业、ERP 软件供应商、咨询公司和系统集成商等多方同时参与，为了明确各方的责任、权力和利益，就必须清楚地界定项目的范围，制定切实合理的项目目标。这是成功实施 ERP 的重要前提条件。 　　这一阶段需要明确将要开展哪些业务模块，各业务模块应该实现哪些具体的功能，各模块上线后应该产生怎样的效果和收益等
第 2 步：成立三级项目组织	项目实施必需落实责任与权利。在 ERP 实施过程中，按照对项目实施的作用不同，通常把项目组织分为三个级别：项目领导小组、项目实施小组与项目应用小组，即三级项目组织
第 3 步：制订项目实施计划	项目实施计划的制订一般在咨询公司的指导下进行，由企业的项目实施小组根据企业具体情况讨论、修改，最后由项目领导小组批准。项目实施计划一般分为两类：项目进度计划与业务改革计划
第 4 步：业务调研并确定企业蓝图	在该阶段，实施人员需要对企业的 ERP 业务管理需求进行全面调研，并根据企业的管理情况提出管理变革方案。如果企业的业务复杂、规模较大，则花费的时间会较多。调研报告与咨询方案要经实施小组与领导小组讨论并通过。ERP 的调研报告与咨询方案通常包括企业管理现状描述、ERP 的管理流程和方式、业务变革与实现和实施后达到的效果等。在进行详细、深入的系统调研后，就可以确定企业的业务蓝图，即运营模式、组织架构和业务流程
第 5 步：系统安装	系统安装主要包括软、硬件环境的设计与安装。硬件方案的设计可以与业务调研同步进行，一定要考虑企业的现有资源，可以提供几种方案供企业参考，并通过与硬件供应商合作，制订企业的硬件系统建设方案。在未详细规划企业的 ERP 应用工作点之前，必须先考虑在企业的计算机中心或一些主要的业务部门建立 ERP 系统的安装与测试工作点；应该对硬件的规划做出比较全面的考虑；要充分地考虑各项业务的数据采集和处理要求。一般来说，该过程以安装服务器软件为主，而后根据需要进行工作点扩充，主要是为了满足培训与测试的需要
第 6 步：开始培训与业务改革	企业在推行 ERP 前，各部门普遍缺乏对 ERP 的深入理解，因此培训的目的就是使企业顺利实施 ERP 系统，理解 ERP 的思想与理论，提升企业的管理水平。ERP 培训的类型有理论培训、实施方法培训、项目管理培训、系统操作应用培训和计算机系统维护培训等。面向不同的培训对象要制订不同的培训计划
第 7 步：基础数据的准备	在确定项目范围与完成业务调研后，就可以开始收集基础的业务数据，也就是进入数据准备阶段。基础数据可以分为两种类型：静态数据和动态数据。静态数据指在一段时间内相对稳定、一般不随时间改变的数据，如物料主数据、物料清单、工艺路线、工作中心数据、会计科目、供应商数据和客户数据等；动态数据一般随时间变化而改变，如库存余额、总账余额等。对于静态数据，往往在实施的开始阶段就应着手准备，准备时间也比较长，可以安排专人负责；而动态数据往往在系统上线切换点之前才开始准备，准备时间短，因而需要投入的人力也比较多
第 8 步：原型测试	这个阶段，企业的测试人员在实施顾问的指导下，将收集的数据录入到 ERP 软件系统中，对软件功能进行系统的测试。因为 ERP 的业务数据与处理流程相关性很强，所以不按系统的处理逻辑处理，系统就无法对录入的数据进行正确处理，甚至根本无法录入。例如，要录入物品的入库单，则必须先录入物料代码、库存的初始数据等
第 9 步：客户化、二次开发和模拟运行	因为企业自身的特点，ERP 的软件系统可能会有一定量的客户化与二次开发的工作，如客户需要的特殊操作界面、报表和业务流程等。 　　客户化一般指不涉及程序代码改动的工作，这种工作可以由实施顾问对系统维护人员进行培训，以后长期的维护工作就可以由企业的维护人员完成。二次开发需要对 ERP 软件的程序进行修改，会增加实施成本，延长实施周期，并影响实施人员（服务方与应用方）的积极性。因此，在决定是否进行二次开发和对哪部分功能进行二次开发时一定要非常慎重。 　　当二次开发或客户化完成后，要组织人员进行实际数据的模拟运行，通过对处理过程及输出结果的检验确认成果

续表

步骤	说明
第10步：建立工作点	工作点就是ERP的业务处理点，即客户端。建立工作点时一般要考虑以下几点。 ① 一般先根据ERP各个模块的业务处理功能，如采购系统基础数据、采购请购单录入与维护及采购订单处理等来划分工作点。 ② 结合企业的硬件分布（如电脑终端的分布）和企业员工的工作地点分布情况等。 ③ 考虑企业的管理状况，如人员配置、人员水平和管理方式等。 建立工作点后，要对各个工作点的作业规范做出规定，即确定ERP的工作准则，形成企业的标准管理文档
第11步：并行	在相关的准备工作（如系统安装、培训、测试等）就绪后，则进入系统的并行阶段。所谓的并行是指ERP系统与现行的手工业务处理，或原有的软件系统同步运行，保留原有的账目资料、业务处理与有关报表等。并行是为了保持企业业务工作的连续性和稳定性，并行阶段是ERP正式运行的磨合期。企业在该阶段要全力支持并做好资源调配工作，及时发现和解决出现的问题
第12步：系统切换	系统切换又称正式运行。系统切换也要有计划、有步骤、分模块和分部门的逐步进行，如果在并行阶段确认了新系统能够正确处理相关业务，新的业务流程运作已经可以顺利进行，业务人员已经熟悉系统并达到了规定的操作要求，就可以停止原来手工作业或旧系统的运作方式，将相关业务完全转由ERP系统处理
第13步：评估与持续改进	实施效果的评估工作主要涵盖总体效果、计划与控制过程、数据管理、持续改进过程、计划与控制评价和企业工作评价6个主要方面。一般考核以下指标：库存准确率、产品准时交货率、生产周期、采购周期、产品开发周期、废品率、库存占用资金、原材料利用率、成本核算工作效率和产品销售毛利润增长等

案例6-1：青岛啤酒公司实施ERP的效果

经过两期的实施，青岛啤酒公司通过ERP系统，统一了34 000多种物料的编码、品名、计量单位、基本属性及分类；统一了会计科目编码；统一了固定资产分类编码，清理了资产；统一了客户、供应商编码及信息格式，整理了2 400多个客户档案、4 000多个供应商档案等，通过以上集成数据的规范整理形成了公司整体的编码规则，加强了公司的基础管理，为将来的滚动实施做好了准备。

另外，规范、优化了公司内部业务流程：全面梳理了六大类100多个流程，通过软件平台固化，划分了责、权、利；流程设计以客户为中心，剔除了非增值环节，向服务导向型发展；按新流程的要求取消和修改了8种关键业务单据。通过以上工作，使业务流程尽可能地向规范、透明、符合国际惯例的标准业务流程靠拢。实现了完整的过程控制：控制过程由原有的事后控制变为事前的预算、事中的控制和事后的核算，杜绝了许多管理上的失控。

已实施ERP项目的单位，数据在业务的起点一次录入、处处可用；在任何地方都可以实时存取信息，保证了企业组织做出更好的决策和更快的反馈，以满足客户的需求及适应市场的变化；透过更快、更准的交货及可承诺交货能力来提高客户服务水平，改善了各部门沟通的核心业务程序；合并的财务系统使期末关账更快，同时减少了会计人员的工作负荷；ERP还在以下方面取得显著效果：集中的销售流程处理、增强的应收账管理，集成的库存控制；规范的采购系统，查询时间由原来的1~2天缩短为现在的1~2分钟，及时发货率由原来的82.7%调高到94%，月末结账期由原来的6天缩短为现在的1天。

6.3 供应链管理的基本模式

供应链管理模式是随着经济的发展而不断演变的，尤其是在现代供应链变得日益复杂的情况下，提高客户的价值是供应链管理的主导思想。由此，经济活动中围绕客户价值这一主导思想，产生的很多先进的价值观和文化观都融入了现代供应链管理模式中。

6.3.1 推动式供应链管理模式

推动式供应链（push supply chain）管理模式，在运行上是以制造企业生产产品为中心，以生产制造商为驱动源点。在管理上是以生产为中心，尽量提高生产率，降低单件产品成本来获得利润。通常，生产制造企业根据自己的 MRP Ⅱ/ERP 计划来安排整个采购、生产和销售流程，如图 6-4 所示。

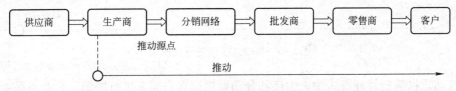

图 6-4　推动式供应链管理模式

在推动式供应链上，生产商以自己为核心企业（核心组织）购买原材料、生产产品，并将产品流经各种渠道，如分销商、批发商和零售商一直推至终端客户。在这种供应链上，生产商对整个供应链起主导作用，是供应链上的核心成员，其他环节的成员则处于被动地位，其运作、实施都相对容易。推动式供应链的最大特点是合作者之间的集成度低，由于生产商在供应链上远离客户，缺乏对客户需求的了解，往往会出现供给和需求不相匹配，满足消费者需求、快速响应程度较低和主要依靠增加库存量来满足需求变化的情况。早期出现的供应链几乎都属于推动式的，现今仍有些供应链采用推动式管理模式。

推动式供应链最大的缺陷是容易发生"牛鞭效应"（bullwhip effect）。在推动式的供应链上，由于生产商无法掌握下游特别是末端客户的需求，一旦下游有微小的需求变化，反映到上游时这种变化将会逐级放大。供应链上失真的信息流从末端（最终客户）向源端（原始供应商）传递时逐级放大（甚至是方差放大）的现象，在图形显示上很像一条甩起的牛鞭，因而被形象地称为牛鞭效应。在推动式供应链上，生产商离终端客户的距离越远，这种现象的影响越大，本质的原因是企业间集成度低，存在着一定程度的不信任，不能保证有效地实施信息共享。这种信息扭曲如果和企业生产过程中的不确定因素叠加在一起，将会导致巨大的经济损失。

但是对于需求不确定性低、需要规模经济、降低成本的企业，就应该采用推动式供应链管理模式，即根据长期预测管理供应链的模式。日用品行业中的啤酒、挂面和食物油等都属于这一类。这类产品的需求相当稳定，企业可以根据长期预测来管理库存，也可以通过满载运输来降低运输成本，这对整个供应链成本控制而言十分重要，因而传统的推动式供应链管理模式对这类企业的发展非常有利。

6.3.2 拉动式供应链管理模式

随着经济的发展，生产效率和产品质量不再成为生产企业的绝对竞争优势，为了更好地适应市场竞争，企业纷纷把满足客户需求作为经营的核心。由此，供应链管理的运营模式也从推动式转变为以客户需求为原动力的拉动式模式。拉动式供应链（pull supply chain）管理的理念是以客户为中心，按照市场和客户的实际需求及对需求的预测来拉动产品的生产和服务。在拉动式供应链上，生产商以客户需求为核心来组织生产，然后按下游需求向市场分销产品。分销商、零售商和消费者处于主动地位，最终客户是生产的核心驱动力。拉动式供应链管理模式在运作和管理方面都需要整个供应链有较高集成度，供应链成员间有更强的信息共享、协同、快速响应和适应能力。拉动式供应链管理模式示意图如图6-5所示。

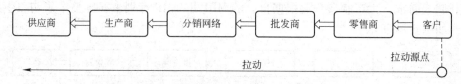

图6-5　拉动式供应链管理模式

在拉动式供应链管理模式中，生产和分销要根据客户需求进行协调，企业不需持有太多库存，只需对订单快速反应即可。同时，按订单生产，可缩短提前期。这样，供应链下游分销商和零售商的库存大大减少，供应链系统变动程度减小，尤其是生产商的变动性减小，同时生产商的库存也降低了。拉动式供应链管理模式虽然整体上绩效表现出色，但对供应链上合作企业的管理和信息化程度要求较高，对整个供应链的集成和协同运作的技术和基础设施要求也较高。

6.3.3 推拉式供应链管理模式

现实经济活动中，很多供应链的业务流程不是完全推动或完全拉动，而是推拉结合的战略，称之为推拉式供应链管理模式。推拉式供应链在运作和管理上完全取决于客户的订单。比如说供应链的下游即面向客户端应尽可能提高响应性，因为客户并不关心整个供应链是怎样运作的，他最关心的是自己的订单提出后企业的响应速度怎样。所以从供应链运作来讲，应力争做到既提高响应性，同时尽可能降低成本，或者说以合理的成本实现响应速度。这就要求供应链的一方面按照低成本、高效率及规模经济的要求组织生产和分销，另一方面按照客户要求尽量提高反应性。推拉式供应链管理模式示意图如图6-6所示。推动式与拉动式的接口处被称为推拉边界，也称为客户需求切入点。

图6-6　推拉式供应链管理模式

推拉式供应链管理模式可分为前推后拉和前拉后推两种模式。

1) 前推后拉式供应链管理模式

在推拉式供应链管理模式中,供应链最初的几层以推动的形式经营,其余的层次采用拉动式战略。装配的起点就是推和拉的分界线。在装配之前的绝大部分流程都是推动式流程,绝大部分甚至所有的零部件已经在供应商处标准化、模块化地生产出来了。这些零部件具有通用性和标准性,模块化的批量生产具有规模经济性,供应商通常按照预测、订单及一定的库存标准组织生产。订单之外的这部分按预测和库存标准生产的通用零部件,主要用来应对满足即时订单的需求。从装配流程启动这个时点开始,直到完成装配并将产品送达消费者手中的全过程即为拉动式流程。

2) 前拉后推式供应链管理模式

那些需求不确定性高,但生产和运输过程中规模效益十分明显的产品和行业多采用前拉后推式供应链管理模式。家具行业是这种情况的最典型例子。一方面,一般家具生产商提供的产品在材料上差不多,但在家具外形、颜色和构造等方面的差异却很大,因此它的需求不确定性相当高。另一方面,由于家具产品的体积大,所以运输成本也非常高。此时就有必要对生产、分销策略进行区分。

从生产角度看,由于需求不确定性高,企业不可能根据长期的需求预测进行生产计划,所以生产要采用拉动式战略。但这类产品体积大、运输成本高,所以,分销策略又必须充分考虑规模经济的特性,通过大规模运输来降低运输成本。事实上许多家具厂商正是采取这种战略。就是说家具制造商是在接到客户订单后才开始生产,当产品生产完成后,将此类产品与其他所有需要运输到本地区的产品一起送到零售商的商店里,进而送到客户手中。因此,家具厂商的供应链战略是这样的:采用拉动式战略按照实际需求进行生产,采用推动式战略根据固定的时间表进行运输,是一种前拉后推式的供应链管理模式。

案例 6-2:戴尔公司的推拉式供应链管理模式

戴尔公司是全球领先的电脑产品及服务的提供商。全球所有的消费者都可以通过戴尔的直销网站或免费电话订购产品。戴尔的网上订单页面每隔 1.5 小时自动更新一次,然后,系统会对客户订单做出反应:订单传至戴尔公司信息中心,公司控制中心的系统自动识别和分类订单,并根据订单情况自动制订生产和采购计划;生产计划自动传输给生产部门,采购计划中的订单子任务通过互联网和企业间信息网分派给各独立配件供应商;各供应商按戴尔电子订单进行配件的生产组装,再按戴尔控制中心的时间表实施 JIT 供货;戴尔公司在成品车间完成组装和系统测试后,由客户服务中心负责安排产品送达消费者。这个过程是戴尔公司的"拉式"流程。

事实上,在戴尔下达订单之前,所有的零部件已经在供应商处模块化地批量生产出来了。在接到戴尔的订单后,供应商要做的事情是即时配送,或者按订单要求进行配件的定制化组装后再配送,这个过程对戴尔公司而言,是一个推动流程。

戴尔的推动流程是一种推动战略。戴尔公司及时把自己对 PC 零部件的更新要求发布到供供应商定制的页面上,供应商可以及时了解信息并与戴尔互动,这样,即使推动式的生产过程,其零部件也具有颇具竞争的性价比。推拉式的供应链管理模式,不仅使得戴尔实现了零库存,也实现了供应链和合作者的共赢,更使得戴尔的产品成了市场的引领者。

6.4 供应链合作伙伴关系管理

6.4.1 供应链合作伙伴关系管理概述

供应链是围绕核心企业,通过物流、信息流和资金流将供应商、制造商、分销商和最终客户组成一个整体的功能链。供应链中每一个成员企业既是后一个成员企业的供应商,同时也是前一个成员企业的采购商,供需关系贯穿整个供应链。供应链本身的动态性,以及成员企业在合作中由于信息不对称、利益冲突而引起的种种矛盾,注定供应链是一个典型的需要管理的系统,管理的目的就在于使得整个供应链获得的利益大于各成员企业单独获得的利益之和。

1. 供应链合作伙伴关系管理的含义及内容

1) 供应链合作伙伴关系管理的含义

供应链作为一种特殊的组织形式,它的管理直接关系到供应链整体的效益。由于供应链是由多个独立的经济利益主体构成,如何管理各个成员企业之间的利益关系就显得至关重要。供应链合作伙伴关系管理就是要对供应链企业间的关系进行管理,建立解决问题的管理机制、渠道和平台,即供应链关系管理是以合作为关系协调的指导思想,广泛采用各种协调理论、分析工具和技术实现手段,通过协商、谈判、约定和沟通等管理方式,建立供应链企业关系管理机制和管理渠道,达到同时改善和优化供应链整体绩效和成员企业绩效的目标。

2) 供应链合作伙伴关系管理的内容

从供应链合作伙伴关系管理的定义得知,供应链合作伙伴关系管理的主要对象是供应链企业间以供需交易关系为主体的一系列关系的总和,包括供应链企业间物流、资金流和信息流的管理和企业间的合作关系的管理。但从供应链关系管理问题的解决途径和手段来看,可以将供应链关系管理的内容归纳为以下3个层次,如表6-6所示。

表6-6 供应链关系管理的内容

内容	说明
供应链企业间的信息共享	这是供应链关系协调的第一层次。信息共享在供应链的运营中具有举足轻重的作用,也是供应链关系管理的一个重要的基础。如果没有信息的有效传递和共享,必然会导致供应链关系的不协调,如"牛鞭效应"。信息的有效共享是供应链协调的第一步
供应链企业间的经济利益协调	这是供应链关系协调的中间环节。为保证供应链的竞争力,必须防止成员企业片面追求自身利益最大化的行为。但是,由于供应链固有的外部性的限制,不可能要求成员企业无偿放弃自身利益而维护供应链的整体利益。显而易见,只有供应链整体利益大于不存在战略合作时各企业利益之和时,供应链才可能维持下去。因此,核心企业必须从战略角度出发,挖掘所处的供应链与其他供应链不同的竞争优势,保证供应链的利益,并将增加的利益进行公平合理的分配

续表

内容	说明
供应链企业间的信任	这是供应链管理中的较高层次。供应链中的信任主要有两个方面。一方面是核心企业对其他成员企业的信任，这主要是一种忠诚信任。这种信任可以通过签订约束性的合同，或加大其他企业寻找新的战略伙伴的机会成本来实现。另一方面是其他成员企业对核心企业的信任，这主要是一种能力信任，即核心企业有能力在不确定的市场环境下通过构建和领导现有的供应链获得更大的市场份额，提高整体收益，并让各成员企业分享收益。这就要求核心企业不断提高自身的实力

上述3个层次是一个渐进的过程，只有前面的层次得以实现，后面的层次才有保证。只有建立长久和稳定的战略伙伴关系才能保证高效率的实现供应链管理。

2. 供应链合作伙伴关系管理的措施

1）建立公平机制

获利是形成合作伙伴关系的动力，程序公平则是维持良好合作伙伴关系的基础。无论合作伙伴实力的强弱，他们在参与供应链运作时应一律平等，按照事先规定的流程办事。程序公平能使合作伙伴在心理上平衡，促进相互间的信任，确保供应链良性运转。合作伙伴可以对核心企业的决策提出异议，表明自己的观点和立场，双方就有关问题进行沟通协商，得到对双方都更为有利的解决方案。除了在出现问题时进行沟通外，核心企业与合作伙伴之间在平时也要加强交流，对公司的相关政策、行动和流程予以解释，一方面可以增进双方的了解和信任，另一方面也有利于发现新的合作机会。

2）加强信息共享

在供应链中，各个企业的订单决策都是根据相邻成员的订单量，按照一定的方法预测得出的。由于上游企业不直接接触终端市场，整条供应链中的订单信息会出现放大的现象，称之为"牛鞭效应"。牛鞭效应产生的这种需求不能真实地反映实际情况，会对企业排产或销售造成极大的压力。通过信息共享，企业可以直接根据来自零售商的信息安排企业的生产，随时监控下游成员企业的库存情况，以及上游企业的供货能力，从而有效地减少牛鞭效应的影响，降低整条供应链的需求不确定性。

实现供应链合作伙伴间信息共享可以通过多种途径，主要有完善企业信息系统平台、构建第三方系统平台和建立公共平台3种（见表6-7）。

表6-7 实现供应链合作伙伴间信息共享的途径

途径	说明
完善企业信息系统平台	供应链合作伙伴间通过完善企业信息系统平台，协调供应链企业间的信息系统，从而实现信息的快速、准确传递。核心企业可以把信息直接传递给合作伙伴，合作伙伴可以直接把核心企业传递来的信息存放在自己的数据库中
构建第三方系统平台	在供应链中引入第三方信息企业，由第三方信息企业建设公共数据库，收集外部信息资料，加工处理与供应链相关的信息，向供应链企业提供额外的信息服务
建立公共平台	通过建设公共平台，实现企业内部信息数据库和信息平台数据库间的数据传输和处理的计算机自动化。信息平台服务商只对平台进行维护或根据客户的需求开发新的功能模块，不提供具体的信息服务，共享信息的种类和要求由供应链相关企业商定

在实现信息共享的过程中，核心企业可以根据自身的财务及经营状况，选择合适的信息传输手段，只要能够将有价值的信息及时准确地传递给对方也就达到了信息共享的目的。

3）建立信任机制

信任是企业合作的基础。合作双方签订合同时，很难拟定涵盖一切偶然因素的合同，在这种情况下，只有建立了相互信任关系，才能弥补合同的不足。对于供应链中的企业来说，信任就意味着遵守合同。比如，按时交货、按时付款、保持一贯的高质量和严格遵守合同条款。一般来说，企业会对合作企业建立信誉记录，形成有效的信任考察机制。然而在对对方建立考核机制的同时，企业也应该树立自己的信誉形象。在供应链之中享有良好的声誉会使本公司更容易找到合适的联盟伙伴，也会使对方更加信任自己，从而使合作关系更长久。构建信任机制的措施如表6-8所示。

表6-8 构建信任机制的措施

措施	说明
协调供应链合作伙伴目标	在供应链的发展过程中经常会出现两种情况：①合作伙伴的目标存在冲突，但在供应链建立初期有所掩盖；②目标在开始时是一致的，但随着时间的推移逐渐产生冲突，形成对立。这就需要在合作的过程中不断调整目标，使其满足整体利益的需求，即一切从供应链整体的绩效需要出发。一般来讲，在供应链中，可能会存在相互冲突的长期目标，这主要是因为合作伙伴既希望从供应链中得到好处，又极力保持相当程度的自主权。自主权的存在会导致供应链目标的潜在冲突，目标的不一致就会促使各方为了各自的利益采取机会主义的行为，导致信任关系的破裂。为此，各方都要随时对供应链状况和发展目标进行定期的检查，以确保供应链目标的协调一致
协调供应链企业间文化	统一的供应链文化能减少合作伙伴间的矛盾和冲突，确保彼此间的信任关系受到最小的干扰和破坏。要形成统一的供应链文化，就需要核心企业的管理人员敏锐地意识到各合作伙伴的文化差异，通过跨企业的管理培训、鼓励非正式接触、提高行为和策略的透明度等措施来努力消除彼此间的隔阂，使各种文化在供应链中相互渗透和相互交融，最终形成各方都能接受的、所信仰的文化基础，使供应链内不同文化背景的伙伴之间能够进行良好的沟通，以促进信任关系的建立和发展
提高欺骗成本	在信息不对称的情况下，要使每个合作伙伴的行为理性化，就必须在供应链内部建立阻止相互欺骗和防止机会主义行为的机制，提高欺骗成本，增加合作收益。 增加合作收益的一个重要内容就是为伙伴提供隐性"担保"，即利用供应链拥有的无形资产，如信誉、商标等使参与供应链的伙伴出于供应链本身的声誉和影响力，在客户心中树立起良好的商誉和品牌形象，从而获得较高的经济效益，使各合作伙伴都认识到，建立合作伙伴关系能比单干获得更大利益

4）建立激励机制

核心企业在建立信任机制后，应当建立激励机制（encourage mechanism），没有有效的激励机制，就不可能维持良好的合作伙伴关系。激励的手段包括以下3个方面。

（1）价格、订单激励。在供应链管理中，各个企业在战略上是相互合作关系，但是并不能忽略各个企业的自身利益。价格的确定要考虑供应链利润在所有企业间的分配，以及供应链优化所得的额外收益在所有企业间的均衡。对供应商来说，高的价格能增强企业合作的积极性，不合理的低价会挫伤企业合作的积极性。但是，价格激励本身也隐含着一定风险，这就是逆向选择问题，即制造商在挑选供应商时，由于过分强调低价格的谈判，往往选中了报价较低的企业，而将一些整体水平较好的企业排除在外，其结果影响了产品的质量、交货期等。

因此，使用价格激励机制时要谨慎从事，不可一味强调低价策略。除此之外，在供应链内的企业也需要订单激励。一般来说，一个制造商拥有多个分销商，多个分销商的竞争来自制造商的订单，更多的订单对分销商是一种有效激励。

（2）建立淘汰机制。在实施供应链合作伙伴关系中，为了能有效地使整个供应链的整体竞争力保持在一个较高的水平，核心企业必须建立起有效的淘汰机制，以此在供应链系统中形成一种危机激励机制，让各成员企业产生一种危机感，供应链上各成员企业为了维持长期的战略合作关系及其既得利益就会从各个方面注意自己的行为。

（3）新产品的共同研发。在供应链合作伙伴关系中，通过让可靠的合作伙伴参与新产品的开发和新技术的研制，并让其占有相对合理比例的股份，可以调动合作伙伴的积极性，形成稳定的战略合作伙伴关系。另外，还可以对合作伙伴进行必要的投资，以维护这种合作关系。例如，核心企业可以从整体利益出发，对合作伙伴进行有关设备、流程设计、技术培训、技术创新等方面的投资。

5）动态合同控制

动态合同即柔性合同（flexibility contract），在内容上根据合作伙伴工作进展和市场变化情况设置相应的可灵活选择的条款，在形式上采用以序列合同为基础的合同形式，即若需要自动续签下一项合同，必须完成现有合同所规定的任务，并达到相应的标准；同时合同内容体现出对于完成不同阶段任务并达标的，给予相应的褒奖和优惠，动态合同执行过程中配以相应的动态检查机制、激励与惩罚机制、利益分配和风险分担机制和清算机制。动态合同具有以下4个优点。

（1）核心企业将所负责的任务或项目分割成不同的部分或阶段，避免一次性将任务全部交给一个合作伙伴而被套牢的现象，从而有效避免因合作伙伴选择不当所带来的风险。

（2）动态合同在形式上采用序列合同的形式，能有效地激励合作伙伴按时、按质和按量地完成所承担的任务。否则，不仅会损害自身的信誉，得不到足额的报酬，而且还会失去自动续签下一阶段项目或任务合同的机会。

（3）内容上可根据工作进展和市场变化情况，设置可灵活选择的条款，有利于供应链合作伙伴关系的协调管理和双赢目标的实现。

（4）能够进行动态检查，有利于随时了解合作伙伴的实际工作情况，为下一阶段的决策提供依据，同时也可以减少合作伙伴的弄虚作假等行为的发生，起到检查和监督作用。

6.4.2 供应链合作伙伴的评价选择

建立供应链合作伙伴关系，必须挑选合适的合作伙伴以确保真正"双赢"的实现。随着企业对动态联盟实践的日益深入，越来越多的企业在专用的企业网上公开自己的实力和优势，核心企业将发现众多优秀的企业可供选择，而评价选择合作伙伴又是建立供应链合作伙伴关系的基础。

1. 供应链合作伙伴评价选择的流程

在分析了供应链合作伙伴评价选择的原则后，本节介绍供应链合作伙伴关系建立的步骤。具体的供应链合作伙伴评价选择流程如图6-7所示。

（1）分析市场竞争环境。市场需求是企业一切活动的驱动源，是建立信任、合作和开

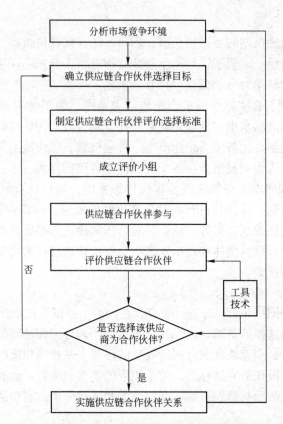

图 6-7 供应链合作伙伴评价选择流程

放性交流的供应链长期合作关系的基础。分析市场需求,了解现在的产品需求是什么,产品的类型和特征是什么,以确认客户的需求,确认是否有建立供应链合作关系的必要。如果已建立供应链合作关系,则根据需求的变化确认供应链合作关系变化的必要性,从而确认供应链合作伙伴评价选择的必要性。同时分析现有供应链合作伙伴的现状,总结企业存在的问题。

(2) 确立供应链合作伙伴评价选择目标。企业不但要确定供应链合作伙伴评价选择程序,例如如何实施、信息流程如何运作和由谁负责等,而且必须建立实质性、实际的目标。其中降低成本是主要目标之一,供应链合作伙伴评价选择不仅是一个评价、选择过程,它本身也是企业自身、企业与企业之间的一次业务流程重构过程。如果实施得好,就可带来一系列的利益。

(3) 制定供应链合作伙伴评价选择标准。供应链合作伙伴综合评价选择的指标体系是企业对供应链合作伙伴进行综合评价选择的依据和标准,是反映企业本身和环境不同属性的指标,是按隶属关系、层次结构有序组成的集合。根据系统全面性、简明科学性、稳定可比性和灵活可操作性的原则,建立供应链合作伙伴的综合评价选择指标体系。不同行业、企业、产品需求和不同环境下的供应链合作伙伴评价选择应是不一样的。但都涉及供应商合作伙伴的业绩、设备管理、人力资源开发、质量控制、成本控制、技术开发、客户满意度和交货协议等可能影响供应商合作关系的方面。

(4) 成立评价小组。企业必须建立一个小组以控制和实施供应链合作伙伴评价。组员以来自采购、质量、生产和工程等与供应链合作关系密切的部门为主,组员必须有团队合作精神、具有一定的专业技能。评价小组必须同时得到企业和供应链合作伙伴企业最高领导层的支持。

(5) 供应链合作伙伴参与。一旦企业决定进行供应链合作伙伴评价,评价小组必须与初步选定的供应链合作伙伴取得联系,以确认他们是否愿意与企业建立供应链合作关系,是否有获得更高业绩水平的愿望。企业应尽可能早地让供应链合作伙伴参与到评价的设计过程中来。因为企业的力量和资源是有限的,企业只能与少数的、关键的合作伙伴保持紧密合作,所以参与的供应链合作伙伴不能太多。

(6) 评价供应链合作伙伴。评价供应链合作伙伴的一个主要工作是调查、收集有关合作伙伴的生产运作等全方位的信息。在收集合作供应商伙伴信息的基础上,可以利用一定的工具和技术方法进行供应链合作伙伴的评价。在评价的过程后,根据一定的方法选择供应链合作伙伴。如果选择成功,则可以开始实施供应链合作关系;如果没有合适的供应链合作伙伴可选,则重新确立供应链合作伙伴选择目标,再次进行评价选择。

(7) 实施供应链合作伙伴关系。在实施供应链合作伙伴关系的过程中,市场需求将不断变化,可以根据实际情况的需要及时修改供应链合作伙伴评价标准,或重新开始供应商合作伙伴评价选择。在重新选择供应链合作伙伴的时候,应给予旧的供应链合作伙伴以足够的时间适应变化。

2. 供应链合作伙伴评价选择的指标体系

供应链合作伙伴关系可以出现在供应链不同成员企业之间,其中以制造商对其供应商的评价选择最多。制造商只有拥有了强有力的原材料供应,才有可能在全球化的竞争中占据主动,才能减少自己的经营风险。合作伙伴的评价选择应尽可能地揭示对方的真实实力和经营活动的细节,那么建立一套合理有效的评价选择指标体系就显得更为迫切。

1) 供应链合作伙伴评价选择指标体系建立的原则

供应链合作伙伴评价选择指标体系的建立应该遵循以下原则(见表6-9)。

表6-9 供应链合作伙伴评价选择指标体系建立的原则

原则	说明
科学性原则	评价选择指标应准确地反映合作伙伴的实际状况,有利于企业通过评价选择指标公正、客观和全面地评价选择合作伙伴
可行性原则	评价选择指标要贴近特定的工作目标,指标体系的设计尽量简化、突出重点,在实践中易于操作、切实可行
可度量性原则	核心企业应该坚持定量指标与定性指标相结合的原则,设计科学合理的评价选择指标。评价选择指标所涉及的时间和空间范围、计算方法都应具有可比性
灵活性原则	评价选择指标应具有足够的灵活性,从而使企业根据自己的特点及实际情况,对指标灵活运用
层次性原则	评价选择指标应该能分出评价的层次,然后在各个层次中划分为不同的模块进行重点分析

2) 供应链合作伙伴评价选择指标体系

本节以制造商对供应商的评价选择为例介绍合作伙伴评价选择指标体系的相关内容。

1966年狄克森通过分析170份对美国采购经理协会的采购代理人和采购经理的调查结果，首次总结了供应商评价选择的标准，如表6-10所示。

表6-10 狄克森的供应商评价选择指标

排序	准则	排序	准则	排序	准则
1	质量	8	财务状况	15	维修服务
2	交货	9	遵循报价程序	16	态度
3	历史效益	10	沟通系统	17	形象
4	保证	11	荣誉度	18	包装能力
5	生产设施/能力	12	业务预测	19	劳工关系记录
6	价格	13	管理与组织	20	地理位置
7	技术能力	14	操作控制	21	以往业务量

自狄克森之后，许多学者从不同的角度对供应商的评价选择指标问题进行了广泛、深入的研究，总体来说，这些指标如表6-11所示。

表6-11 供应商评价选择指标

一级指标	二级指标
质量	产品合格率和实物检验质量、产品寿命、产品维修率
成本	价格、运输费用率、期间费用率
交货	交货准时率
	交货提前率
生产状况	生产能力、设计能力、在同行中的竞争地位
	技术装备水平和工艺水平
	生产柔性
设计研发	R&D投入比率
	员工培训支出
	人才技术水平
信誉	客户的直接经验和间接经验、市场业绩
其他指标	项目管理能力
	供应商的地理位置
	供应商的库存水平

（1）质量。质量是指合作伙伴所提供的产品或服务满足企业生产的程度。主要指合作伙伴所供给的原材料、初级产品或消费品等的质量。传统的评价选择指标体系都将质量问题摆在首要的位置，现在电子商务或供应链管理下合作伙伴评价选择一样把质量放在首要位置。衡量产品质量的指标不仅是产品合格率，还应该包括一套完整质量保证系统，比如ISO质量认证体系、全面质量管理方法（TQM）以及质量改善计划等。

（2）成本。成本是竞争力的重要组成部分，成本控制程度通过运输费用率、产品价格和期间费用率来度量。合作伙伴的产品价格决定了消费品的价格和整条供应链的投入产出比，对生产商和销售商的利润率产生一定程度的影响。在现代采购环境下，企业虽然可以实时了解全球供应信息，却未必能支付得起高昂的运输成本，在合作伙伴选择的过程中运输费用必须重点考虑。

（3）交货。合作伙伴的供货能力十分重要，它将直接决定企业能否迅速满足市场的需求。其中，交货准时率反映的是合作伙伴在一定时期内准时交货的次数占总交货次数的百分比。在对合作伙伴企业能力如生产柔性和生产规模考核达到指定要求的基础上，如果合作伙伴的准时交货率低，就会影响生产商的生产计划和销售商的销售计划与销售时机，由此引起连锁反应，导致大量的浪费和供应链的解体。为了降低库存，许多企业都尽量实行准时生产，在这种形势下，合作伙伴交货的准时性就显得更为重要。

对于企业和供应链来说，市场是外在系统，它的变化或波动会引起企业或供应链的变化或波动，市场的不稳定性会导致供应链各级库存的波动。由于交货提前期的存在，必然造成供应链各级库存变化的滞后性和库存的逐级放大效应。交货提前期越小，库存量的波动越小，企业对市场的反应速度越快，对市场反应的灵敏度越高。由此可见，交货提前期也是重要因素之一。

（4）生产状况。生产状况主要从生产设计能力、生产技术水平和生产柔性3个方面来衡量。

① 生产设计能力代表着一个企业的经营规模和经营范围。企业采购往往是大批量大范围的，寻找具有一定生产和设计能力的企业有利于发展长期的战略性合作伙伴关系。

② 生产技术水平决定了产品的科技含量。往往科技含量高的设备，对使用企业而言能够节约成本、提高产值，更好地满足客户的需求，从而给企业带来较高的利润。

③ 生产柔性对上游企业而言，是指达到所能承受的非计划的20%增产能力所需要的天数；对下游企业而言，是指在没有存货和成本损失的情况下，在交货期30天之前企业所能承受的订货减少百分比。

（5）设计研发。集成化供应链是供应链的未来发展方向，产品的更新与工艺的改进是企业的市场动力。产品研发和工艺改进不仅仅是制造商的事情，集成化供应链要求合作伙伴也应承担部分研发和设计工作，提高供应的灵活性。合作伙伴的设计研发能力主要从R&D投入比率、新产品开发率和人均培训支出3个方面综合反映合作伙伴在新产品研发方面的投入产出比率。

（6）信誉。信誉就是诚实和讲信用。

① 企业推向市场的产品和劳务应具有信得过的质量、价格和交货期。

② 对客户合理要求的承诺其及在售后服务中对客户所做的各种承诺要有及时兑现的信用。

③ 对与本企业发生各方面联系的以及具有契约关系的各方面要有真诚履约的行为。

信誉对企业来说就是财富，是生存之本，企业有信誉，就会有市场竞争力并得到客户的喜爱，从而取得很好的效益。因此，企业信誉度是衡量企业的重要指标之一。

（7）其他指标。其他指标包括项目管理能力、供应商的地理位置、供应商的库存水平、环境保护能力和环境污染程度等指标。

目前我国企业在评价选择合作伙伴时，主要的标准是产品质量，这与国际上重视质量的趋势是一致的。价格、交货提前期和生产柔性也是企业考虑的主要因素。

通过调查分析，我国企业评价选择合作伙伴时存在较多问题。

① 企业在评价选择合作伙伴时，主观成分过多。有时会根据企业的印象来确定合作伙伴的选择，选择时大多存在个人感情的成分。

② 选择的标准不全面。目前企业的评价选择标准多集中在企业的产品质量、价格、柔性、交货准时性、提前期和批量等方面，没有形成一个全面的综合评价选择指标体系，不能对合作伙伴做出全面、具体和客观的评价选择。

案例6-3：沃尔玛公司的供应链管理

"让顾客满意"是沃尔玛公司的首要目标，顾客满意是保证未来成功与成长的最好投资，这是沃尔玛数十年如一日坚持的经营理念。为此，沃尔玛为顾客提供"高品质服务"和"无条件退款"的承诺绝非一句漂亮的口号。在美国只要是从沃尔玛购买的商品，无须任何理由，甚至没有收据，沃尔玛都无条件受理退款。沃尔玛每周都做对顾客期望和反映的调查，管理人员根据计算机系统收集整理的信息，以及通过直接调查收集到的顾客期望和反映的信息即时更新商品的组合，组织采购，改进商品陈列拜访，营造舒适的购物环境。

沃尔玛能够做到及时地将消费者的意见反馈给厂商，并帮助厂商对产品进行改进和完善。过去，商业零售企业只是作为中间人，将商品从生产厂商传递到消费者手里，反过来再将消费者的意见通过电话或书面形式反馈到厂商那里。看起来沃尔玛并没有独到之处，但是结果却差异很大。原因在于，沃尔玛能够参与到上游厂商的生产计划和控制中去，因此能够将消费者的意见迅速反映到产品改进中，而不是简单地充当二传手或者电话筒。

供应商是沃尔玛唇齿相依的战略合作伙伴。早在20世纪80年代，沃尔玛就采取了一项政策，要求从交易中取消制造商的销售代理，直接向生产厂商订货，同时将采购价格降低2%~6%，大约相当于销售代理的佣金数额，如果生产厂商不同意，沃尔玛就拒绝与其合作。沃尔玛的这种做法造成它和供应商关系紧张的局面，一些供应商为此还在新闻界展开了一场谴责沃尔玛的宣传活动。直到20世纪80年代末期，技术革新提供了更多督促生产厂商降低成本、削减价格的手段，供应商才开始全面改善与沃尔玛的关系，通过网络和数据交换系统，沃尔玛与供应商共享信息，从而建立伙伴关系。沃尔玛与供应商努力建立关系的另一做法是在店内安排适当的空间，有时还在店内安排生产厂商自行设计布置自己商品的展示区，以在店内营造更具吸引力和更专业化的购物环境。

沃尔玛还有一个零售链接系统，供应商可以直接进入到沃尔玛的这个系统。任何一个供应商都可以进入这个系统中了解它的产品卖得怎么样，昨天，今天，上一周，上个月和去年卖得怎么样。它们可以知道这种商品卖了多少，而且它们可以在24小时之内就进行更新。供货商可以在沃尔玛公司的每一个店中，及时了解有关情况。

另外，沃尔玛不仅仅等待上游生产厂商供货、组织配送，而且也直接参与到上游生产厂商的生产计划中去，与上游生产厂商共同商讨和指定产品计划、供货周期，甚至帮助上游生产厂商进行新产品研发和质量控制方面的工作。这就意味着沃尔玛总是能够最早得到市场上最急需的产品，当其他零售商正在等待供货商的产品目录或者商谈合同时，沃尔玛的货架上已经开始热销这款产品了。

沃尔玛的前任总裁大卫·格拉斯曾说过："配送设施是沃尔玛成功的关键之一，如果说我们有什么比别人干得好的话，那就是配送中心。"沃尔玛第一间配送中心建立于1970年，占地6 000平方米，负责供货给4个州的32间商场，公司所销商品的40%在配送中心集中处理。在整个物流过程中，配送中心起中枢作用，将供应商向其提供的产品运往各商场。从工厂到上架，实行"无缝链接"平滑过渡。供应商只需将产品提供给配送中心，无须自己向各商场分发。这样，沃尔玛的运输、配送及对于订单与购买的处理等所有的过程，都是一个完整的网络当中的一部分，可以大大降低成本。

随着公司的不断发展壮大，配送中心的数量也不断增加。现在沃尔玛的配送中心，分别服务于美国18个州，约2 500间商场，配送中心约占地10万平方米。整个公司销售商品的85%由这些配送中心供应，而其竞争对手只有约50%～65%的商品能做到集中配送。如今，沃尔玛在美国拥有完整的物流系统，配送中心只是其中一小部分。沃尔玛完整的物流系统不仅包括配送中心，还有更为复杂的资料输入采购系统、自动补货系统等。

供应链的协调运行建立在各个环节主体间高质量的信息传递与共享的基础上。沃尔玛投资4亿美元发射了一颗商用卫星，实现了全球联网。沃尔玛通过网络可在1小时之内对全球4 000多家门店每种商品的库存、上架时间和销售量全部盘点一遍，所以在沃尔玛的门店，不会发生缺货情况。20世纪80年代末，沃尔玛开始利用电子数据交换系统与供应商建立了自动订货系统，该系统又称为无纸贸易系统，通过网络系统，向供应商提供商业文件、发出采购指令，获取数据和装运清单等，同时也让供应商及时准确地把握其产品的销售情况。沃尔玛还利用更先进的快速反应系统代替采购指令，真正实现了自动订货。该系统利用条码扫描和卫星通信，与供应商每日交换商品销售、运输和订货信息。凭借先进的电子信息手段，沃尔玛做到了使商店的销售与配送保持同步，配送中心与供应商运转一致。

本章小结

供应链管理主要是利用计算机网络技术全面规划供应链中的物流、资金流和信息流等，并对其进行计划、组织、协调与控制。供应链管理的实质是一种集成化的管理策略和方法。

本章首先对供应链管理进行了概述，介绍了供应链管理的产生和发展，并详细说明了供应链管理的特点和主要内容。其次着重介绍了供应链管理中3种较为常见的管理方法：QR、ECR及ERP，以及供应链管理中的3种基本模式：推动式供应链管理模式、拉动式供应链管理模式和推拉式供应链管理模式。最后介绍了供应链合作伙伴关系管理，主要内容包括：供应链合作伙伴关系管理的含义和内容，供应链合作伙伴关系管理的措施；供应链合作伙伴的评价选择，主要包括供应链合作伙伴评价选择的流程和供应链合作伙伴评价选择的指标体系。

本章习题

1. 名词解释

（1）供应链管理；（2）ERP；（3）拉动式供应链管理模式；（4）供应链合作伙伴关系管理

2. 选择题

（1）以下关于供应链管理的说法错误的是_____。

　　A. 供应链管理的概念涵盖了物流的概念，用系统论的观点看，物流是供应链管理系统的子系统

　　B. 供应链管理的一个重要的目标就是通过分享需求和当前存货水平的信息来减少或消除所有供应链成员企业所持有的缓冲库存

　　C. 供应链管理主要是关注组织内部的功能整合，强调组织内部的一体化

　　D. 供应链管理更多是在自己的"核心业务"基础上，通过协作整合外部资源来获得最佳的总体运作效果。除了核心业务以外，几乎每件事都可能是"外源的"，即从公司外部获得的

（2）以下关于供应链管理与传统管理的区别描述错误的是_____。

　　A. "需求"是整个供应链中节点企业之间事实上共享的一个概念，它决定了整个供应链的成本和市场占有份额

　　B. 供应链管理最关键的是需要采用集成的思想和方法

　　C. 供应链管理通过管理库存和合作关系去达到高水平的服务

　　D. 供应链管理强调根据客户的状况和需求，来决定服务水平和服务方式

（3）关于 QR 的含义，下列说法正确的是_____。

　　A. QR 是由美国纺织服装业发展起来的一种供应链管理方法，它是由美国零售商、服装制造商及纺织品供应商开发的整体业务概念

　　B. QR 指在供应链中，为了实现共同的目标，制造商和供应商建立战略合作伙伴关系，利用 EDI 等 IT，进行销售时点的信息交换及订货补充等其他经营信息的交换

　　C. QR 是用多频度、大批量的配送方式连续补充商品，以实现缩短交货周期，减少库存，提高客户服务水平和企业竞争力的供应链管理方法

　　D. QR 的最终目的是，减少从原材料到生产制造的时间和整条供应链上的库存，最大限度地提高供应链管理的运作效率

（4）下列不属于 ECR 实施原则的是_____。

　　A. 从原材料采购到制造，产品随其不断增值的过程，以确保所需产品的生产

　　B. ECR 通过整条供应链整体的协调和合作来实现以低成本向消费者提供更高价值服务的目标

　　C. 必须利用准确、适时的信息以支持有效的市场、生产及后勤决策

　　D. ECR 必须由相关的商业带头人启动

　　D. 必须建立共同遵循的成果评价体系

（5）下面不是 ECR 和 QR 的共性的有_____。

　　A. 共同的外部环境　　　　　　　　B. 共同的目标

　　C. 实施对象相同　　　　　　　　　D. 共同的策略

（6）供应链关系管理可划分为三个层次，其中不包含_____。

　　A. 供应链企业间的信息共享　　　　B. 供应链企业间的斗争

　　C. 供应链企业间的经济利益协调　　D. 供应链企业间的信任

（7）供应链合作伙伴关系管理的激励机制中，以下_____不属于激励的手段。

A. 价格、订单激励　　　　　B. 建立淘汰机制
C. 新产品的共同研发　　　　D. 提高欺骗成本

3. 简答题

（1）供应链管理的特点是什么？请简述。

（2）试述 ECR 与 QR 的异同。

（3）推拉式供应链有哪两种模式？并简述这两种模式。

（4）供应链合作伙伴评价选择的流程有哪些？

（5）简述供应链合作伙伴关系管理的措施。

第7章

第三方物流与第四方物流

随着市场经济的发展，物流专业化分工越来越细，生产企业为了专注主业，提高效率，逐渐把物流配送业务交由专业的物流企业去做。第三方物流和第四方物流分别代表了专业的和广泛的物流服务，是物流服务一种高级的和成熟的形态。第三方物流和第四方物流能为企业提供优质服务，使企业省心、省力和省时，极大地提高了物流运作效率。

7.1 第三方物流概述

第三方物流理念源于管理学概念中的"外包"。"外包"指的是企业动态地配置自身和其他企业的功能和服务，利用外部的资源为企业内部的生产经营服务。将外包概念引入物流管理领域当中，就产生了第三方物流的概念。

7.1.1 第三方物流的定义

1. 广义的第三方物流

学术界和实业界对于第三方物流有一个不断深化的认识过程。"第三方物流"（third party logistics，3PL）一词于20世纪80年代中后期开始盛行，1998年美国物流管理协会的一项顾客服务调查中首次提到"第三方物流提供者"。"第三方"这一词来源于物流服务提供者作为发货人（甲方）和收货人（乙方）之间的第三方这样一个事实。物流公司在货物的移动中并不是一个独立的参与者，而是代表发货方或收货方来执行货物的移动。

中华人民共和国国家标准《物流术语》（GB/T 18354—2006）中对第三方物流的定义是："独立于供需双方，为客户提供专项或全面的物流系统设计及系统运营的物流服务模式。"美国物流管理协会曾定义第三方物流是指将企业的全部或部分物流任务外包给专业公司管理经营。而这些能为顾客提供多元化物流服务的专业公司称为第三方物流提供商。实际上，第三方物流是物流渠道中的专业化物流中间人以签订合同的方式，在一定期间内为其他企业提供所有或某些方面的物流业务服务，因此又称为合同物流、外协物流或物流联盟。

上述定义皆指广义的第三方物流。广义的第三方物流是从商品交易关系中加以定义的，即商品交易的买卖双方之外的第三方专业物流公司提供的物流服务，是一个为外部客户管理、控制和提供部分或全部物流作业的服务。

2. 狭义的第三方物流

狭义的第三方物流是从物流交易关系的角度加以定义，即物流需求和物流供应双方之外的第三方提供物流服务。狭义的第三方物流企业专指本身没有固定资产或者不利用自身资产，但仍承担物流业务，借助外界力量来代替客户完成整个物流过程的物流服务公司。狭义的第三方物流企业不利用或只部分利用自己的资源为用户提供服务。它可以拥有自己的物质资源，也可以不拥有自己的物质资源。在这里，第二方物流企业是物流供应方。第二方物流企业可能是一个，也可能是多个，如图7-1所示。由于第三方物流企业与第一方物流企业之间是合约关系，因此第三方物流企业是责任人，承担法律责任。同时，第三方物流企业与第二方物流企业也有合约，第二方物流企业直接向第三方物流企业承担责任。第二方物流企业不直接向第一方承担责任，第一方和第二方物流企业之间是业务关系，没有合约关系。狭义的第三方物流企业是至少两个以上的企业（多个法人）以多重合约的方式为第一方物流企业提供物流服务的组织形式。

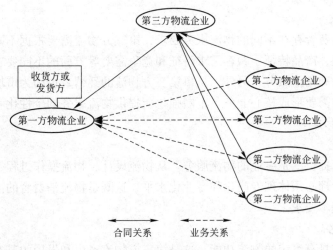

图7-1 狭义的第三方物流

7.1.2 第三方物流的特征

与一般物流运作相比，第三方物流整合了多个物流功能，能最大限度地优化物流路线，能选择合适的运输工具，并围绕客户的需要提供诸如存货管理、生产设备、组装和集运等特殊服务。第三方物流与一般物流的主要区别如表7-1所示。

表7-1 第三方物流与一般物流的区别

项目	第三方物流	一般物流
合约关系	一对多	一对一
法人构成	数量少（对用户）	数量多（对用户）
业务关系	一对一	多对一
服务功能	多功能	单功能
物流成本	较低	较高

续表

项目	第三方物流	一般物流
增值服务	较多	较少
质量控制	难	易
营运风险	大	小
供应链因素	多	少

从物流业的现状来看，第三方物流在发展中已逐渐形成鲜明特征，具体来说有以下5个方面。

1. 关系合同化

第三方物流是通过契约形式来规范物流经营者与物流消费者之间的关系。物流经营者根据契约规定的要求，提供多功能直至全方位一体化物流服务，并以契约来管理所有提供的物流服务活动及其过程。另外，第三方物流发展物流联盟也是通过契约的形式来明确各物流联盟参与者之间的权责关系。

2. 服务个性化

不同的物流消费者存在不同的物流服务要求，第三方物流需要根据不同物流消费者在企业形象、业务流程、产品特征、顾客需求特征和竞争需要等方面的不同要求，提供针对性强的个性化物流服务和增值服务。另外，从事第三方物流的经营者也因为市场竞争、物流资源和物流能力的影响需要形成核心业务，不断强化所提供物流服务的个性化和特色化，以增强在物流市场竞争能力。

3. 功能专业化

第三方物流所提供的是专业的物流服务。从物流设计、物流操作过程、物流技术工具和物流设施到物流管理必须体现专门化和专业化水平，这既是物流消费者的需要，也是第三方物流自身发展的基本要求。

4. 管理系统化

第三方物流应具有系统的物流功能，这是第三方物流产生和发展的基本要求，第三方物流需要建立现代管理系统才能满足运行和发展的基本要求。

5. 信息网络化

信息技术是第三方物流发展的基础和必要条件。现代信息技术实现了数据快速和准确的传递，提高了仓库管理、装卸运输、采购、订货、配送发运和订单处理的自动化水平，使订货、包装、保管、运输和流通加工实现一体化。目前，用于支撑第三方物流的信息技术有：实现信息快速交换的EDI技术、实现资金快速交付的（ele ctronic fundstransfer）技术、实现信息快速输入的条码技术和实现网上交易的电子商务技术等。

7.1.3 第三方物流的服务内容

第三方物流是合同导向和个性化的一系列物流服务，业务内容主要集中在物流战略咨询、物流管理、物流规划、物流作业和物流信息系统等方面。

欧洲和美国最常用的物流服务项目及其所占比例如表7-2所示。

表 7-2 欧洲和美国最常用的物流服务项目及其所占比例

物流功能	仓库管理	合同配送	车辆管理	订单履行	产品回收	搬运选择	信息系统	运价谈判	产品装配	订单处理	库存补充	客户零部件
西欧/%	74	56	51	51	39	26	26	13	10	10	8	3
美国/%	54	49	30	24	3	19	30	16	8	3	5	3

具体来说，第三方物流主要提供以下服务。

1. 开发物流系统及提供物流策略

具体包括提供物资管理信息系统的设置、配送方案、装配方法和运输方式等。由第三方物流提供的这些服务最能体现其核心竞争力，也使其服务范围不仅仅局限于提供港到港或门到门的服务。

2. 信息处理

信息处理的实质是通过信息管理系统来控制物流各个环节，使服务和成本两个目标之间达到最佳的平衡点。因此，第三方物流企业的信息处理能力是提供高质量物流服务的一个基本的最为关键的服务平台。

3. 货物集运

货物集运包括仓储、铁路运输、公路运输及海运方面。集运能力的高低与配送中心的选址、布局、设计及功能设置是否合理等密切相关。对于第三方物流企业来说，合理规划和设计配送中心可显著提高货物集运能力。

4. 选择运输商及货代企业

第三方物流也需要与其他战略合作伙伴协作来共同为客户提供高质量的物流服务。因此，它们往往需要代替客户选择运输商或货代企业。

5. 仓储功能

仓储功能是第三方物流企业的一个基本服务平台。

6. 咨询

随着与顾客的合作伙伴关系的建立，第三方物流企业所提供的服务还包括物流咨询。例如，利用第三方物流企业在消费者和货主之间的桥梁作用，为货主提供前期的市场调研及预测；根据不同国家的贸易等级要求，建议货主使用不同的包装材料及包装方法等。

7. 运费支付

它主要指支付给提供协作的其他第三方物流企业的运费，符合社会化分工和分工细化的经济规律。

7.1.4 第三方物流的分类

起源于不同行业的第三方物流企业经过激烈的市场竞争不断地发展和成熟，目前，其业务主要以操作为主，但已经具有向专一管理服务发展的趋势。具体来说，这些企业又各自具有不同的特点，存在着差异性和多样性，按照不同的标准有不同的分类方法。

1. 按照基础来源不同分类

（1）以运输为基础的物流企业。这些企业都是大型运输企业的分公司，它们的一些服务项目是利用其他公司的资产完成的。其主要的优势在于企业能利用母公司的运输资产，扩展其运输功能，提供更为综合的物流服务。

（2）以仓库和配送业务为基础的物流企业。传统的公共或合同仓库与配送物流供应商已经在较大的范围内扩展了物流服务。以传统的业务为基础，这些企业已介入了存货管理、仓储与配送等物流活动。

（3）以货代为基础的物流企业。这些企业一般无资产，非常独立并与许多物流服务供应商有来往。它们具有把不同物流服务进行合理组合，以满足客户需求的能力。当前，它们已从货运中间人角色转向更广范围的第三方物流服务公司。

（4）以托运人和管理为基础的物流企业。这一类型的企业是从大企业的物流组织演变而来的。该类企业具有物流的专业知识和一定的信息技术资源，具有管理母公司物流的经验。

（5）以财务和信息管理为基础的物流企业。该类型的第三方供应商能提供如运费支付、成本会计审批与控制和监控、采购、跟踪及存货管理等管理工具。

2. 按照所提供的服务种类

（1）资产基础型物流企业。资产基础型物流企业是指拥有雄厚的资产，并以此提供第三方物流服务的企业。这里的资产可以是机械、装备、运输工具、仓库、港口和车站等从事物流活动并具有物流功能的实物资产，也可以是信息系统硬件、软件、网络及相关人才等信息资产。传统物流服务企业只依靠第一种类型资产，而现代物流企业两者皆备。

（2）管理基础型物流企业。管理基础型物流企业通过系统数据库和咨询服务来提供物流管理服务。这类第三方物流企业不把第一种类型资产作为向客户提供服务的手段，而是以本身的管理、信息和人才等优势作为第三方物流的核心竞争力。该类第三方物流企业不是没有资产，而是以知识产权作为核心竞争力，通过网络信息技术的深入应用，以高素质的人才和管理力量，利用社会设施和装备等劳动手段向客户提供优良服务。

（3）优化型物流企业。优化型物流企业也称综合服务型物流企业，它们拥有一定的资产，但提供的服务远远不限于自己的资产范围。优化型第三方物流企业拥有信息、组织和管理方面的优势，同时建立少量必要的物流设施装备系统。在充分利用外界资源的同时，优化型物流企业注重避免过大投资和系统服务灵活性不足的问题。

3. 按照所属细分市场分类

（1）操作型物流企业。在操作型细分市场中，凭借成本优势而在激烈的竞争中赢得市场，往往特别精于某项或某几项操作。

（2）行业倾向型物流企业。为了满足某一特定行业的需求而设计自己的业务能力，全力为该行业提供专业物流服务。

（3）多元化物流企业。多元化物流企业提供一系列彼此相关而又不会相互竞争的服务，如班轮运输中的相关服务：集装箱、码头、卡车运输、仓储和水运等。

（4）客户定制化物流企业。面向专业化要求很高的客户，客户定制化物流企业依靠服务而不是成本优势来应对竞争。

4. 按照第三方物流服务客户数量和服务集成度双维标准分类

如图7-2所示，横坐标代表服务客户数量，纵坐标代表服务集成度，按客户数量和服务集成度的双维标准，第三方物流可分成4类。

（1）针对少数客户提供低集成度的物流服务的第三方物流。这种第三方物流的形成有

图 7-2　第三方物流类型

两种情况：一种是作为第三方物流成长阶段性而存在的，是由发展初期企业的服务能力和客户资源有限导致的；另一种是第三方物流将自身的发展定位于这一类型，即以有限的资源和能力满足少数客户特定的物流服务需求，一些中小型的第三方物流企业比较适合这一定位。

（2）同时为较多客户提供低集成度的物流服务的第三方物流。这是目前存在的比较多的一种第三方物流形式。从国际物流企业的发展实践来看，这类物流企业有望成为我国未来物流市场上的主流模式。

（3）针对较少的客户提供高集成度的物流服务的第三方物流。这种企业提供的物流服务的个性化很强，介入客户的运营程度也比较深，与客户往往结成战略伙伴关系，甚至进行共同投资。这种类型在西方发达国家市场中很典型，但由于服务的特殊性，一般很难大规模经营。

（4）同时为较多客户提供高集成度的物流服务的第三方物流。这种企业在我国还没有出现，即使西方发达国家也很少见。原因在于：一是客户对于高集成度的物流服务选择十分慎重，一经选择便具有很强的排他性；二是个性化本身就与大规模相冲突，因此大规模运作要求第三方物流要具有强大的实力；三是高集成度物流服务的需求与供给主体，目前数量还很少。

案例 7-1：如何选择自建物流与众包配送模式

在北京的三元桥远洋新干线附近，有一家小餐馆，经营它的是几位广东人，他家的叉烧饭是我在北京吃过的最好吃的。有一天又去吃，心血来潮问老板能不能提供外送，老板说可以啊。当时心里在想，这么一家小店还能提供外送？这时候老板递过来一张名片跟我说：上这个网站可以点外送。那张名片是"饿了么"的。

也许你也注意到了，身边越来越多的人开始用这些外送服务来解决自己的吃饭需求。可能一年前大家还在用电话叫外卖，现在只要点几下鼠标或者手机，周边常去的那些饭馆的饭菜就能被送到嘴边了；又或者开会加班的时候闲下来想吃点东西，星巴克、酸奶、薯片都能送到办公室。到底这些餐饮外送服务是如何突然崛起的，它们又是如何运作、如何让用户"越来越懒"的？跟着 PingWest 看看两家完全不同模式的互联网外送服务是怎么做到让你"饭来张口"的。

1. 管理系统和人工物流：到家美食会

到家美食会成立于 2010 年，前不久刚刚完成了 D 轮的融资。创始人孙浩说，到家美食会的运转模式是"管理系统+人工物流"：用户用网站或者软件下单，相应范围内的服务站接到订单信息后再通过无线打印的方式向餐厅下单，然后按照约定的时间去取餐并且送到用户的手中，如图7-3所示。

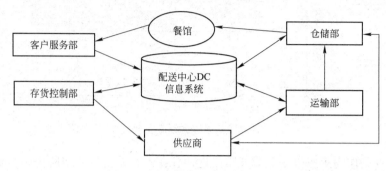

图7-3 物流营运过程

听上去这样的模式更像是一个跑腿的工作。不过当然不只是跑腿那么简单：首先需要保证的是菜品和时间。到家美食会的方式是与这些餐馆达成合作，根据情况尽量优先出餐，提高配送员的效率。同时要有足够数量的派送员，并且每个派送员有足够的经验，因为与快递物流的预先规划路线不同，一个派送员在将A点的餐送到B点的同时，有可能要在路途中取另外一份餐，也有可能收到新的订单。这些方面都需要派送员有专门的培训和足够的经验。

其次是管理和服务。最明显的问题是：外卖点完了，告诉你两个半小时后送到，你一定取消订单了，所以快是最重要的；另外，光快是不够的，送达的外卖与店里的食物在安全和品质上也不能有太大差别。到家美食会的方式是动态调节餐馆的接单量：如果今天某家餐馆人特别多，无法保证出餐速度和配送速度，相应的服务站会发出指令，让后台下架这家餐厅。虽然用户无法继续点这个餐厅的食品，但是总比可以点却送不到让人体验好一些。

在美国，很多人都习惯在家点外卖，而餐厅通常也会有自己的服务员专门负责外送——电影里我们经常见到开着店里的车去送比萨的小店员，而餐厅负责外送的人员，基本上都是做兼职或者临时工作，餐厅不负担他们的人工成本，收入都从客人的小费中赚取，而且小费并不低。

而这一套方式在中国就行不通，中国用户的外送模式没有培养起来，真正让大家了解外送的还是麦当劳、肯德基这样的快餐行业。与之对应的现状是，家庭或者个人自己做饭的时间越来越少，在快节奏的生活下，人们更希望能快速地解决吃饭问题。而到家美食会这样自建的物流团队相当于给餐厅做了一个外包服务。对于自建物流团队的模式来讲，还有一个问题需要解决，那就是区域的划分和选择。人口密集但是餐馆数量稀少不适合，餐馆多但是白天用户数量极少的住宅区也不太适合。考虑到送餐员的销量，以及最大单程不能超过半个小时、尽量不要频繁跨越主干道等都是划分区域的因素。

2. 众包模式+产品渠道：爱鲜蜂

与到家美食会不同，爱鲜蜂虽然也提供及时配送餐饮的服务，但是却采用了众包+产品的模式。在采访之前我并没有想到，爱鲜蜂没有自己的物流团队，甚至也没有合作或者租用其他的物流团队，他们所有的配送都是由合作商铺来完成的。如果你登录爱鲜蜂的平台会发现，他们所提供的食品并不是解决一日三餐的正餐，而是以在嘴馋的时候、消夜的时候或者饿了的时候吃的零食居多。这些零食的提供者是爱鲜蜂所谈下来的分布在各处的便利店或者小商铺，用户下单的信息会根据地理位置直接反映到商铺手中，然后由商铺确认订单并且进行配送，一旦出现缺货或者人手不够等问题只需要由商铺进行反馈，系统就会向其他商铺发送订单信息。

听上去好像不是那么靠谱，但是我实际使用的几次却很快就拿到了想要的食品，包括冰激凌也能正常配送。爱鲜蜂的负责人姬婷婷告诉PingWest，这主要得益于仓储模式的放射状结构，便利店的数量形成的网状结构足以满足区域内的用户。假设A便利店接单正在配送至用户1处，而用户2下了订单，则可以由B便利店进行配送，不需要等A折回之后再次向用户2出发。

众包模式虽然可以最大限度地节省自己的人力和成本，但是问题也很明显：不可控。对于这个问题，姬婷婷介绍说，爱鲜蜂采用的是利用产品渠道和利益模式来保证与便利店良好的合作。除去便利店本身的商品之外，爱鲜蜂还与中粮合作，提供一些独家产品供便利店销售，这些产品通常是一些不太好买到的中高端商品，同时价格与沃尔玛等大型超市相比有着很大的价格优势。一方面作为产品渠道商，另外一方面为便利店带来额外的订单，通过这样的方式来让便利店保证按需服务。

虽然到家美食会和爱鲜蜂的模式和针对人群都有所不同，不过却都提到了一个共同点：服务。双方都认为，作为外送这个行业来说，抓住用户的唯一条件就是服务。在用户越来越接受为服务买单的前提下，提供足够让用户满意的服务才能形成良性的循环。而从另一个角度看，中国的市场环境有着服务人员成本较低的先天优势，与其说互联网带给餐饮外送服务新的机会，不如说互联网促使用户去享受这些服务为自己带来方便。

7.2 第三方物流企业

7.2.1 第三方物流企业的定义

第三方物流企业是以信息技术为基础，在特定的时间段内按特定的价格向物流需求方提供个性化、系列化物流服务的企业。另外，第三方物流企业也可广义地定义为提供部分或全部企业物流功能服务的一个外部提供者。现在大部分第三方物流企业是由传统的"类物流业"，如仓储业、快递业和货代等为起点发展起来。这些企业不制造产品，而是根据客户（物流需求方）的需要为客户提供多种物流服务方式。第三方物流企业自己不一定拥有库房、车辆等硬件设施，它往往将物流服务委托给专门经营运输、仓储等业务的承运商来执行，自己负责对整个物流服务执行过程进行规划、调控和监督。如图7-4所示。

7.2.2 第三方物流企业的类型

1. 按照服务内容和服务对象分类

（1）针对少数客户提供的低集成度的物流服务，存在两种情况。一种情况是作为成长阶段性存在的，即物流企业在发展初期，其客户资源有限，且服务能力还处于不完善阶段，

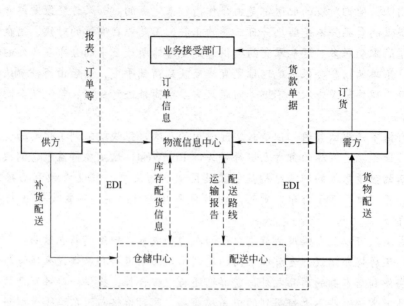

图 7-4　第三方物流企业的基本运作流程

能够提供的物流服务集成度有限。目前，在国内有些大型的投资商涉足物流，尽管它们有为更多客户提供一体化物流的潜力，但由于发展的历史较短且中国物流需求市场还没完全开启，基本上属于第一类企业。另一种情况即物流服务商的市场定位就是第一类第三方物流企业。这些物流服务提供商自身规模和能力有限，不具备提供高集成度物流的能力，同时，由于投入能力的限制，只能为有限的客户提供服务。

（2）同时为较多的客户提供低集成度的物流服务。这是目前存在较多的一种第三方物流企业。比较典型的有宝供物流等。从国内物流业的发展和国外的实践看，第二类物流企业将是未来物流市场的主流模式。

（3）针对较少的客户提供高集成度的物流服务是西方物流服务的一种典型形式。很多大型物流集团在针对具体客户进行操作时，采用与客户共同投资新的物流企业的方式，全面管理客户的物流业务。高集成度的物流服务由于个性化强，物流企业参与客户的营运程度深，一般不适合大规模运作，即一家企业同时为很多家企业同时提供高集成度的物流服务的困难性较大。例如，联邦快递在欧洲就同某家具公司专门成立了一家物流公司，负责该家具公司全球物流业务的具体管理和运作。

（4）同时为较多的客户提供高集成度的物流服务。同时为较多的客户提供高集成度的物流服务很困难，即便在西方发达国家，能同时为很多客户提供高集成度的物流服务的公司，目前还未出现。

2. 按照企业的形成结构分类

（1）占据较大市场份额，由传统仓储、运输企业经过改造转型而来的物流企业。如中远国际货运公司、中国对外贸易运输（集团）总公司（简称中外运）、中国储运总公司、中国邮政和中铁快运等，凭借原有的物流业务基础和在市场、经营网络、设施和企业规模等方面的优势，不断拓展和延伸其他物流服务，逐步向现代化物流企业转化。这类公司的地方子公司都是独立核算，各地网点间缺乏信息沟通，作业不能配合与协调，资源得不到有效利用。除非很大的客户，多数客户难以享受到较为全面的物流服务，各网点实际处于分散的节点状态，网络并未真正形成。这类企业一般都能提供运输、仓储服务，但由于规模大，要负担庞大的人力资本，价格稍高于区域性的中小物流企业。此外，企业在观念上还比较落后，对客户需求不够重视，服务意识不强，服务质量较差。部分企业还残留着行业老大的痕迹，灵活性差，运作效率不是很高。

（2）新创办的国有或国有控股的新型物流企业，它们是现代企业改革的产物，管理机制比较完善，发展比较快。例如，1993年11月成立的中海物流公司，从仓储开始发展物流业务，提供包括仓储、运输、配送和报关等多功能的物流服务。这类公司一般依托原来的仓储系统，并拥有自己的车队，可在本地区提供运输、仓储等基本服务，服务价格较低。随着市场竞争的加剧，它们也开始不断提高自身的能力，以适应客户的需求。个别企业随着不断的积累，也能做得比较出色，但尚不能成为全国性企业。这些企业的仓库结构和设施比较陈旧；由于历史遗留的体制问题，多数企业负担沉重；在管理方法和对物流服务的认识上，多数企业还局限于传统、分离和单一的基本业务。

（3）外资和港资物流企业。它们一方面为原有客户进入中国市场提供延伸服务，另一方面用它们的经营理念、经营模式和优质服务吸引中国企业，逐渐向中国物流市场渗透，如丹麦有利物流公司主要为马士基船运公司及其货主提供物流服务，日本近铁物流公司主要为日本在华的企业服务。这类公司在资金、人才、理念、管理方法、服务及技术等方面都具有优势。凭借着这些优势，它们占据了外资企业物流供给的大部分市场。

（4）民营物流企业。它们由于机制灵活、管理成本低等特点而发展迅速，是我国物流行业中最具朝气的第三方物流企业，如广州的宝供物流集团。这类企业作为后进入市场者，定位一般都是成为专业化的第三方物流服务提供者，要在短期内打入市场，规避物流设施投资大、回收期长的风险。很多民营物流企业都采取了非资产型的第三方物流代理模式，它们的服务水平与外资物流企业相近，但服务地域要广些，不仅仅限于大城市和沿海地区。

7.2.3 第三方物流企业的竞争优势

1. 具有专业水平和相应的物流网络

通过专业化的发展，第三方物流企业已经开发了信息网络并且积累了针对不同物流市场的专业知识，包括运输、仓储和其他增值服务。许多关键信息，比如，卡车运量、国际通关文件、空运报价和其他信息通常是由第三方物流企业收集和处理。对于第三方物流企业来说，获得这些信息方便且经济，因为其费用可以分摊到很多的客户头上。对于非物流专业企业来讲，获得这些信息的费用就会非常高。

2. 拥有规模经济效益

由于拥有较强大的购买力和货物配载能力，一家第三方物流企业可以从运输公司或者其他物流服务商那里得到比其客户更为低廉的运输报价，可以从运输商那里大批量购买运输服务，然后集中配载很多客户的货物，大幅度地降低单位运输成本。

3. 有助于减少资本投入

通过物流外包，制造企业可以降低运输设备、仓库投资和其他物流过程中所必需的投资，从而改善企业的盈利状况，把更多的资金投在企业的核心业务上。许多第三方物流企业在国内外都有良好的运输和分销网络。希望拓展国际市场或其他地区市场以寻求发展的企业，可以借助这些网络进入新的市场。

4. 资源优化配置

第三方物流企业还能使企业实现资源优化配置，将有限的人力、财力集中于核心业务进行重点研究，发展核心技术，努力开发出新产品参与世界竞争；同时为企业节省费用，减少资本积压，减少库存，提升企业形象。第三方物流企业与顾客不是竞争对手，而是战略合作伙伴，它们为顾客着想，通过全球性的信息网络使顾客的供应链管理完全透明化，顾客随时可通过互联网了解供应链的情况；第三方物流企业是物流专家，它们利用完备的设施和训练有素的员工对整个供应链实现完全的控制，减少物流的复杂性。它们通过遍布全球的运送网络和服务提供者（分承包方）大大缩短了交货期，帮助顾客改进服务，树立品牌形象。第三方物流企业通过"量体裁衣"式的设计，制订出以顾客为导向、低成本高效率的物流方案，为企业在竞争中取胜创造有利的条件。

5. 第三方物流企业拥有信息技术

许多第三方物流企业与独立的软件供应商结盟或者合作开发内部的信息系统，这使得它们能够最大限度地利用运输和分销网络，有效地进行货物追踪和电子交易，生成提高供应链管理效率所必需的报表和进行其他相关的增值服务。因为许多第三方物流企业已在信息技术方面进行了大量的投入，可以做到帮助它们的客户明确哪种技术最有用、如何实施及如何跟上日新月异的物流管理技术发展。与合适的第三方物流企业合作可以使得企业以最低的投入充分享用更好的信息技术。

7.2.4 第三方物流企业发展的阻碍因素

1. 企业本身抵制变化

许多企业，尤其是那些目前财务状况还令人满意的企业，不愿意通过物流外包的方式来改变现有的业务模式。此外，寻求第三方物流企业有时还会遇到来自企业内部某些部门的抵制。库存管理部门为避免缺货而希望拥有仓库；更重要的是如果将物流业务外包出去，很多人目前从事的工作很可能会被第三方物流企业取代。尤其是一些国有企业，物流外包意味着大批员工失业，这对企业的领导来说要面临极大的风险。

2. 企业害怕失去控制

由于供应链的实施在提高企业竞争力方面的重要作用，许多企业宁愿有一个"小而全"的物流部门，也不情愿把对这些功能的控制权交给别人。此外，供应链流程的部分功能需要与客户直接打交道，许多企业担心如果失去内部物流能力，会在与客户交往和其他方面过度依赖第三方物流企业。这种担心在那些从来没有进行过物流外包业务的企业中更为普遍。其实这种担心没必要，因为最佳的物流设计方案是寻求自营与外包的平衡点，没有人会建议企业必须将一切业务外包出去。大多数已经进行了物流外包的企业表示，他们通过和第三方物流企业的合作，实际上改善了信息流动，增强了控制力及其他业务管理的能力。

3. 将物流外包自身有其复杂性

供应链业务通常和企业其他业务，如财务、营销或制造集成在一起，物流业务外包本身就很复杂。对一些实际业务，包括运输和仓储的集成可能会带来组织上、行政上和实施上的一系列问题。此外，企业内部信息系统的集成性特点，使得把物流业务交给第三方物流企业来运作变得很困难；实际上，第三方物流企业在过去几年里获得的业务经验和信息技术应用方面的进展，都大大减低了物流外包的复杂性。目前国内一些著名企业，比如"格力空调"和"养生堂"等都开始了物流外包的作业。

4. 衡量第三方物流的效果受诸多因素影响

准确衡量物流成本对信息技术和人力资源的影响比较困难，因为很多企业并没有实施此类系统，很难确定物流业务外包到底能够带来多少潜在的成本好处。另外，各个企业业务的独特性和企业供应链作业的能力，通常被认为是不宜向外部公开的内部信息，因此很难准确地比较企业供应链能力。很多企业并不知道该如何在自营物流和第三方物流中进行选择。幸好，现在许多第三方物流企业已经开发出确定企业物流成本的方法，以帮助客户决策。

5. 短暂的历史使第三方物流举步维艰

第三方物流市场相对较新，因而反映第三方物流企业能力的数据相对较少。尽管有些实际例子到目前为止还是正面的，但这个新行业的短暂历史使得一些企业有些怀疑。相信随着有关第三方物流企业取得成绩的数据进一步公布，企业在这方面的担忧会逐步减少。

7.2.5 第三方物流企业的发展途径及战略选择

1. 第三方物流企业的发展途径

根据国外物流发展所走过的道路及我国物流发展的基本实践，我国发展第三方物流企业发展的途径大体有以下 4 种。

1）政策途径

物流企业面向中小企业发展第三方物流存在着一定的障碍，需要各级政府制定鼓励政策，给予积极指导，从信贷、金融政策等方面营造有利于发展的政策环境，并切实扶持和指导中小企业积极重组和发挥资源力量，促进第三方物流在中小企业中的发展。

2）市场途径

随着中小企业的发展，物流需求不断增长，物流企业应深入研究中小企业物流的发展规律，以需求为导向，迅速有效地拉动第三方物流的发展。

3）企业途径

物流发展能够创造价值和利益，这是驱动物流企业主导自身发展第三方物流的基本动力。

4）社会途径

发展第三方物流要全社会的积极协作和支持，在社会各方力量的作用下，实现产业联动，全面发展。

物流企业发展第三方物流有两种基本方式。

第一，可以考虑渐进式发展，通过自身物流业务不断壮大力量，积累资源和运作管理经验，再发展成为专业物流集成经营者，为中小企业提供全面物流服务。

第二，可以考虑跨越式发展，通过联盟契约与中小企业进行资源整合，迅速壮大物流能力，打破常规的发展模式而一跃成为专业化第三方物流企业。

2. 第三方物流企业发展战略

除了高度垄断的行业，单个企业很难改变其所处的市场环境，那么其成功的决定因素就在于如何适应市场环境并采取正确的发展战略。按照国际上比较流行的市场营销理论，企业主要的竞争战略选择有 3 种：一是成本领先战略；二是集中化战略；三是差异化战略。这个理论基本可以涵盖或解释其他竞争理论，物流行业的竞争战略也可以用这个理论框架来解释。

1）成本领先战略

当企业与其竞争者提供相同的产品和服务时，只有想办法做到产品和服务的成本长期低于竞争对手，才能在市场竞争中最终取胜，这就是成本领先战略。生产制造行业往往通过推行标准化生产，扩大生产规模来摊薄管理成本和资本投入，以获得成本上的竞争优势。而在第三方物流领域，则必须通过建立一个高效的物流操作平台来分摊管理和信息系统成本。在一个高效的物流操作平台上，当加入一个相同需求的客户时，其对固定成本的影响几乎可以忽略不计，自然具有成本竞争优势。那么，怎样才能建成高效的物流操作平台呢？

物流操作平台由3部分构成：相当规模的客户群体形成的稳定的业务量、稳定实用的物流信息系统和广泛覆盖业务区域的网络。

稳定实用的物流信息系统是第三方物流企业发展的基石，物流信息系统不但需要较高的一次性投资，还要求企业具有针对客户特殊需求的后续开发能力。企业可以根据自身的需求选择不同的物流系统，但任何第三方物流企业都不可能避开这方面的投入。

对于一个新的第三方物流企业，除非先天具有来自其关联企业的强大支持，一般不可能直接拥有广泛的业务网络和相当规模的客户群体，万事开头难，能否在一定时间内跨越这道门槛是企业成功与否的关键。对于一个第三方物流企业来讲，这是企业发展的一个必经阶段。如果能够在两到三年中完成业务量的积累和网络的铺设，企业将迎来收获的季节；如果不能达成，往往意味着资金的浪费和企业经营的寒冬。

对于一个全新的企业，主要有3个途径能够完成这一任务。第一个途径是在严密规划的基础上，采用较为激进的方式，先铺设业务网络和信息系统，再争取客户。这种方式较为冒险，只有资金实力非常强的企业才可能这样做。一些外资公司就声称要在很短的时间内在全国成立几十家分公司或办事处。第二个途径是与某些大公司结成联盟关系或成立合资物流公司以获取这些大公司的物流业务。在国内家电行业和汽车行业都有这类案例。这种方式较为稳妥，能使企业在短期内获得大量业务，但这种联盟或合资物流公司由于与单一大企业的紧密联系，会在一定程度上影响其拓展外部业务的能力。最后一种途径是建立平台，它是更为缓慢的方式，边开发客户，边铺设网络。走这条道路的企业，必须认真考虑企业竞争的第二种战略——集中化战略。

2）集中化战略

集中化战略就是把企业的注意力和资源集中在一个有限的领域，这主要是因为基于不同的领域在物流需求上会有所不同，如IT企业更多采用空运和零担快运，而快速消费品更多采用公路或铁路运输。每一个企业的资源都是有限的，任何企业都不可能在所有领域都取得成功。第三方物流企业应该认真分析自身的优势所在及所处的外部环境，确定一个或几个重点领域，集中企业资源，打开业务突破口。在物流行业中，我们不难发现，BAX-global、英国英运物流集团（Exel）等公司在高科技产品物流方面比较强，而马士基集团（Maersk Group）和美集物流（APLL）则集中于出口物流；国内的中远物流则集中在家电、汽车及项目物流等方面。集中化战略告诉我们，在国内企业对第三方物流普遍认可以前，第三方物流企业必须集中于那些对第三方物流已经认可和接受的现有市场。应该强调的是，这种集中化战略不仅仅指企业业务拓展方向的集中，更需要企业在人力资源的招募和培训、组织架构的建立和相关运作资质的取得等方面都要集中,否则,简单的集中只会造成市场机遇的错失和资源的浪费。

3) 差异化战略

差异化战略是指企业针对客户的特殊需求,把自己同竞争者或替代产品区分开来,向客户提供不同于竞争对手的产品或服务,而这种不同是竞争对手在短时间内难以复制的。企业集中于某个领域后,就应该考虑怎样把自己的服务同该领域的竞争对手区别开来,从而打造自己的核心竞争力。如果具有特殊需求的客户能够形成足够的市场容量,差异化战略就是一种可取的战略。在实际市场拓展中,医药行业对物流环节良好操作规范(GMP)标准的要求、化工行业危险品物流的特殊需求、供应商管理库存策略(VMI)带来的生产配送物流需求,都给物流企业提供差异化服务创造了空间。其实,对于一个起步较晚的新企业,差异化战略是最为可取的战略。

7.3 第三方物流的运作模式

第三方物流的运作,可以看成一个物流企业面向一个物流市场进行的市场化运作。其实质就是要把物流市场中原来存在的大量、分散、小批量、多频次和杂乱无章的自营物流收集起来,转化成统一集中、较少频次和较大批量的第三方物流的运作模式。

7.3.1 物流模式选择

一个企业要获取物流服务,有以下几种方式:购买、建立和借用。企业通过第三方物流获取物流服务属于购买的方式,自营物流属于建立的方式,而物流联盟可以归结为借用的方式。物流代理则分别结合了这三种方式的一些特点。建立物流体系可以使企业加强对物流业务和终端的控制,它的主要障碍在于建立成本和运作能力。购买第三方物流可以使企业获得高效率的服务,但是随着物流业务外包程度的扩大和重要程度的上升,企业对物流的控制及运营情报泄露的风险加大。借用的主要问题是有失控的风险及效率不高。

从企业的角度来看,选择第三方物流意味着选择了外包,企业是否选择外包及哪些业务应该采用外包而哪些业务应该企业自己运营控制,这是一个涉及企业战略的问题。

企业选择外包、第三方物流自营或是采用其他方式来完成物流,主要考虑两个因素:企业对物流的控制能力与需求和企业完成物流的成本。

由图7-5所示,根据企业对物流控制的能力与需求的高低和完成物流的成本的高低,分别对应不同的物流模式。

对于那些对物流的控制要求较高、内部能力较强,而且能以较低的成本完成物流的企业来说,建立自营物流有很多好处。可以加强本企业对终端客户和渠道的控制,可以减少物流外包带来的风险,也可以减少各种运营情报泄密的风险,还可以克服现有的第三方物流市场和企业发育不成熟及由此带来的物流服务商讨价还价的不利影响。比如海尔、沃尔玛等企业,都建立了自己的物流公司。

对于那些内部物流能力较低,对终端客户控制的要求不强和采用本企业自营物流成本较高的企业来说,选择第三方物流有较大的优势。

对完成物流成本高但有较强的物流控制要求与能力的企业,可以采用物流联盟的形式,

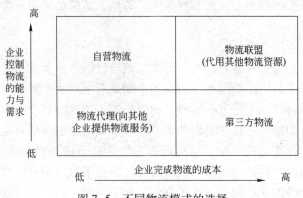

图 7-5　不同物流模式的选择

借用其他企业的优势资源,建立稳固的业务联盟,借此满足降低成本和加强控制的要求。还有些企业在这两个方面都存在不足,对它们而言,可以采用买方或者卖方物流代理。

7.3.2　第三方物流企业的发展阶段

从第三方物流企业的服务角度来看,一般要经历以下几个发展阶段的。

1. 初始合作

第一阶段是第三方物流企业与客户企业双方合作关系的开始,关键是使客户企业获得物流业务外包后的成本,以持续高水准的物流作业绩效提供基本的物流服务。从物流管理的角度看,第三方物流企业有效地承担客户企业所需的基本物流服务是双方合作的首要前提条件。

2. 市场进入

在第二阶段,客户企业为开拓新的市场,需要第三方物流企业在物流服务上给予大力的支持,以实现其共同的目标。在这一阶段,要求合作双方能够共同分享市场信息,把握需求动向,力争准确预测未来,以利于双方合作顺利有效地进行。

3. 市场扩张

这是第三方物流企业的扩张阶段,目的就是要向零缺陷物流作业和引入高水平增值服务方向发展,以巩固和发展与客户的合作关系。在这一阶段,客户企业会逐渐提高对第三方物流的要求,双方更强调战略上的协作。第三方物流企业要不断进行服务创新,以提高物流作业效率和提高供应链整体的竞争能力。

4. 高度合作

在最后一个阶段,双方处于高度合作状态,新的市场开拓和创新对合作双方来讲都是有益的。在这种情况下,第三方物流企业已经完全融入供应链之中,成为供应链的一个重要组成部分。

在上述的每一个阶段中,随着客户企业的发展,对第三方物流企业的要求也是不断提高的。其中,最重要的是要获得物流作业控制能力并使客户获得成本—效益最佳比,高水平的基本物流服务能力是第三方物流企业开拓业务的关键所在。

7.3.3 第三方物流运作模式的类型

第三方物流企业主要有3种运作模式，即传统外包型物流运作模式、战略联盟型物流运作模式和综合型物流运作模式。

1. 传统外包型物流运作模式

传统外包型物流运作模式是最简单、最普通的第三方物流企业运作模式，它是指第三方物流企业独立承包一家或多家生产商或经销商的部分或全部物流业务。

企业将物流业务外包，可以有效降低库存，甚至可以达到零库存的状态，从而节约了物流成本。同时，采用物流业务外包的形式可以精简部门，将资金和设备等集中于核心业务，从而提高企业的核心竞争力。第三方物流企业则各自通过契约形式与客户形成长期合作关系，保证自己稳定的业务量并努力避免设备闲置。

目前，我国大多数物流业务都是采用这种模式，实际上这种模式与传统的运输、仓储业并没有太大区别。该模式以生产商或经销商为中心，第三方物流企业之间缺少协作，没有实现资源更大范围的优化。这种模式最大的缺陷是生产企业与销售企业及与第三方物流企业之间缺少沟通的信息平台，会造成生产的盲目和运力的浪费或不足及库存结构的不合理，而且这种模式以分包为主，总代理比例较小，难以形成规模效益。

2. 战略联盟型物流运作模式

战略联盟型物流运作模式是指第三方物流由运输、仓储和信息经营者等以契约形式组合成的战略联盟。联盟内部可以共同租用某信息经营商的信息平台，由信息经营商负责收集处理信息，也可连接联盟内部各成员的共享数据库来实现信息共享和信息沟通。这种做法可以有效地进行信息共享和信息交流，使联盟中的各方相互协作，从而形成第三方物流网络系统。战略联盟中可以包括多家同地或异地的各类运输企业、场站和仓储经营商等。从理论上讲，联盟规模越大，可获得的总体效益就会越大。

这种模式与传统外包型物流运作模式相比，主要有两方面的改善。首先，系统中加入了信息平台，实现了信息共享和信息交流，各单项实体以信息为导向制订各自的运营计划，从而在联盟内部实现资源的优化。其次，联盟内部各实体实行协作，使得某些票据在联盟内部可以通用，从而减少了中间手续，提高了办事效率，最终使得整个供应链衔接更加顺畅。目前我国的一些电子商务网站普遍采用战略联盟型物流运作模式。

战略联盟型物流运作模式也存在一定的缺陷：联盟成员之间是合作伙伴关系，实行独立核算，彼此间服务租用，因此有时很难协调彼此的利益。当出现彼此利益不一致的情况时，就会给资源更大范围的优化带来一定的局限。

3. 综合型物流运作模式

综合型物流运作模式是指组建综合物流公司或集团。综合物流公司将仓储、运输、配送、信息处理和其他一些物流的辅助功能集中在一起，大大扩展了物流服务范围。对上游的供应商可提供产品代理、管理服务和原材料供应等，对下游的经销商可全权代理为其配货和送货等。同时，综合物流运作模式可以完成商流、信息流、资金流和物流的有效传递。

综合物流公司必须确定每一种设施的数量、地理位置和各自承担的工作，因而必须进行整体网络设计。在整体网络设计中，信息中心的系统设计和功能设计及配送中心的选址流程设计是设计的核心问题。物流信息系统的基本功能应包括信息采集、信息处理、信息调控和管理以及物流系统的信息交换等。目前，物流信息平台主要利用 EDI、无线电和互联网。互联网成本降低且信息量较大，现已基本成为物流信息平台的主要发展趋势。配送中心在综合型物流公司中的地位非常重要，它衔接了物流运输和仓储等各环节，在整个物流过程中起到了至关重要的作用。

综合物流公司或集团必须根据自己的实际情况选择网络组织结构。目前，综合物流公司主要采用两种网络结构：一种是大物流中心加小配送网点的模式；另一种是连锁经营的模式。大物流中心加小配送网点的模式比较适合商家和用户都比较集中的小地域，采取统一集货和逐层配送的方式，先选取一个合适的地点建立综合物流中心，再在各用户集中区建立若干小配送点或营业部。连锁经营是在业务涉及的主要城市建立连锁公司，总体负责该城市及周围地区的物流业务，地区间的各连锁店实行协作。连锁经营模式适合地域间或全国性物流，特殊情况下还可以适当兼容大物流中心加小配送网点的模式。

7.3.4　1+3 物流运作的模式

1. 1+3 物流的含义及其特征

1+3 物流中的"1"是指自营物流模式，"3"是指第三方物流模式。基于 1+3 物流的运作模式往往涉及两个主体：有实力的生产企业和该企业建立或控股的物流企业。基于 1+3 物流的运作方式是指有实力的生产企业为集中精力搞好制造等主业，建立专门从事物流业务的物流企业或控股使得物流公司完成本企业的物流业务及自营物流业务；为了提高物流公司的物流业务效率，该物流公司同时为其他生产企业提供第三方物流服务。而该生产企业也可同时使用其他第三方物流商的物流服务，以激励控股物流公司与其他第三方物流商进行竞争，以选择和享用更好的第三方物流服务。

1+3 物流服务模式的特征为，生产企业可以根据其自身情况制定全面的物流发展规划，将物流业务中的核心部分由企业内部完成（即自营物流），而把非核心部分或者企业自身不擅长的物流环节交给外界具有物流优势的第三方物流企业完成（即第三方物流）。

2. 1+3 物流运作模式的优点和缺点

选择 1+3 物流运作模式的企业具有自营物流和第三方物流的双重特点，其优点和缺点如下。

（1）1+3 物流运作模式的优点。

① 业务控制增强。企业物流系统半外包一方面可以对企业内部一体化物流系统运作的全过程进行有效的控制，另一方面企业可以将非核心部分或者较低层的物流活动交由专业的第三方物流企业去做。这样可以使企业集中精力于核心业务上，既不会因此失去对物流活动的控制，又减轻了企业的负担，提高了物流管理效率，降低了物流成本。

② 资源整合充分。目前，大多数企业都拥有大量的物流设施设备，还拥有大批物流管理与作业人员，如果企业不将这些资源加以整合利用，势必对企业资产造成一种浪费，带来巨大的沉没成本。半外包物流服务模式可以很好地解决这一问题，同时，又不需要企业为其物流活动增加新的投入，完全可以委托第三方物流企业实施具体运作。

③ 减少交易成本。物流作业全外包情况下，由于信息的不对称性，企业为维持外包物流服务的稳定性与可靠性，监察、协调和集成等管理成本也会相应地增加，企业执行外包合

约的交易费用也会上升。而物流作业半外包情况下，物流作业可以处在企业整个业务监控体系之下，协调和监控成本相对大大减少，不确定性因素容易得到控制，同时，又可以充分利用第三方物流企业先进的物流理念为其提供专业化的物流服务。

④ 防止公司机密外泄。任何一个企业的运营都有自身的核心商业机密，这也是企业有别于其他企业的核心竞争能力。而企业选择半外包，可以不把企业机密告知外界企业，对避免企业机密泄露、保护企业经营安全有十分重要的意义，这也是企业不愿物流全外包的根本原因之一。

（2）1+3物流运作模式的缺点。

① 增加信用成本。在自营物流中，企业自己管理物流活动，不需要为物流提供商支付交易费用，并且也不需要承担信用风险，但是如果企业把部分物流业务外包，就会产生交易成本，并承担一定的信用风险。

② 影响企业生产经营活动。企业选择外包，必须对业务流程和管理流程进行再造，涉及资源整合，这会使部分员工受到影响，产生抵触情绪和消极怠工，处理不妥会影响企业正常的生产经营活动。

③ 外包具有可靠性风险。基于委托—代理机制下的外包，处于双方最优策略的选择，可能会导致信息不对称，整个供应链中信息传递扭曲和变形，出现"牛鞭效应"。

案例7-2：第三方物流之科龙的战略性选择

同国际一流的企业比较，物流是制造企业最后也是最有希望降低成本、提高效益的环节。科龙通过参股专业的物流公司，在家电生产企业和物流服务商之间利用资本纽带关系，构建家电物流的平台，开创了国内家电企业向第三方物流转型的路子。

2002年开始，科龙就对中国的冰箱行业进行了产业整合，陆续收购了吉林的基诺尔电器、远东的阿里斯顿设备和杭州的西能冰箱，并在杭州、珠海分别投资建设冰箱生产基地，形成了顺德、珠海等冰箱生产基地和空调生产基地。在两年时间里，聚集起1 300万台的冰箱产能，跃居亚洲第一、世界第二。同时科龙在国际化进程中也获得了明显的发展，科龙和美国的惠尔普、伊莱克斯等全球著名的品牌进行合作，国际性的营销网络覆盖了全球90多个国家和地区。2001年出口6 700万美元，到2005年已达到5亿美元。科龙通过产业整合和国内外的扩张，对物流管理的广度和深度提出了更高的要求，原来的物流体系已经远远跟不上发展的需要，因此优化价值链、引入第三方物流成为科龙的战略性选择。

2002年科龙和中远广东公司、无锡小天鹅公司共同出资成立了中国广州安泰达公司，科龙集团控制公司的物流价格管理，物流业务统一交给安泰达公司。同时科龙和无锡小天鹅形成了互补性的战略关系，充分利用第三方物流。

1. 第三方物流的引入

第三方物流的引入带来了4个优化和两个延伸，4个优化如下。

第一，物流组织整合和流程的优化。改变了过去冰箱、空调、冷柜、小家电四大类产品、子公司物流的独立运作体系，按专业物流部门合并起来，组成了一个物流部门。人员由过去的100多人减少到了50多人。引入了"5156物流业务运作信息系统"，全流程数据库通过运输计划和仓储计划统一管理，实现了在途库存及有效跟踪。

第二，物流运输整合和系统的优化。公司原来有一个自有的车队，改制以后，全部推向市场，通过联合招标，将科龙旗下的冰箱、空调、冰柜和小家电四类产品的干线运输进行整合，同时将战略合作方的逆向物流进行捆绑招标，使采购物流、生产物流和分销物流统筹起来，提高了物流的整体效率和效益。

第三，物流仓储整合和资源的优化。根据生产计划及时调整原来的作业半径，通过调仓、换仓、拆小取大，形成了四大产品的仓储发运片区，进行集中管理，同时与战略合作方联手进行招标。

第四，整个信息资源的整合和效率的优化。

整合和优化涉及两个延伸。第一个延伸是向二次配送的延伸。家电在大城市的竞争非常激烈，目前科龙要把冰箱、小家电推到农村去。根据高、中、低端全面覆盖的营销战略，安泰达公司在一些重点城市尝试开拓二次配送业务，实现以销售指导配送、以配送促进销售的良性循环。第二个延伸是向外部物流的延伸。安泰达以科龙、小天鹅的物流为平台开拓了伊莱克斯、惠尔普等业务。

2. 国际第三方物流合作

科龙在向国际主流家电制造商迈进的过程中，国际第三方物流的作用举足轻重。一方面，企业需要借助国际第三方物流遍布全球的物流网络和完善的服务经验；另一方面，科龙的高速发展也吸引了国际第三方物流企业的关注，现在一些世界级的船东已成为科龙物流的主要合作伙伴。

科龙和国际家电企业在设计制造领域的战略性合作也相应地延伸到物流方面。比如科龙和美国的美泰克公司合资，这个公司从科龙采购冰箱销售到国外，都是由第三方物流和第四方物流来完成的，整条供应链的运转由这两个专业的物流公司全程服务。

7.4　第四方物流概述

第三方物流由于其独特的优势，能为企业提供优质服务，使企业省心、省力和省时，极大地提高了物流运作效率。然而随着企业经营环境的复杂化和竞争的加剧，第三方物流在整合社会所有的物流资源以解决物流"瓶颈"和达到效率方面具有一定的局限性，于是第四方物流应运而生。

7.4.1　第四方物流的概念

第四方物流（forth party logistics，4PL）的概念由美国埃森哲（Accenture）公司于1998年率先提出。该公司将"第四方物流"定义为供应链集成商，它调集和管理组织自己的及具有互补性的服务提供商的资源、能力和技术，以提供一个综合的供应链解决方案。也有人将第四方物流定义为集成商们利用分包商来控制与管理客户公司的点到点式供应链运作。

第四方物流是在解决企业物流的基础上，整合社会资源，解决物流信息充分共享和社会物流资源充分利用的问题。第四方物流不仅控制和管理特定的物流服务，而且对整个物流过程提出策划方案，并通过电子商务将这个过程集成起来。因此，第四方物流成功的关键在于为顾客提供最佳的增值服务（即迅速、高效、低成本和个性化服务等），从而帮助企业持续降低运作成本和实现区别于传统的外包业务的真正的资产转移。

第四方物流成功的关键是以"行业最佳的物流方案"为客户提供服务与技术,通过其对整个供应链产生影响的能力来增加价值。

7.4.2 第四方物流的功能

第四方物流的功能主要包括网上物流的设计与经营管理、对区域物流系统进行规划和资源整合、物流系统的规划与设计、供应链管理、物流园和保税物流中心资源整合、为国际物流系统提供一体化运作模式和政策建议以及特种物流系统的设计等。

1. 网上物流的设计与经营管理

网上物流是基于互联网技术,旨在利用电子网络进行物流运作的模式。和网上贸易一样,网上物流不是概念,而是需要真正通过互联网对传统物流方式进行改变,包括电子物流信息、电子物流政务和电子物流商务等,使数以万计的物流需求者和物流供应者能更方便、快捷地满足各自的需要。

2. 对区域物流系统进行规划和资源整合

根据区域经济发展和区域内产业结构的特点,满足区域内生产和消费所产生的物流需求,它包括运输、仓储、流通加工和配送等物流活动的一体化运作模式。

3. 物流系统的规划与设计

第四方物流针对某物流系统进行科学合理的规划与设计,使其能最大限度地满足客户或社会对物流的需求。第四方物流针对具体的物流活动和社会物流需求做出物流服务承诺,提出方法、措施及建议,形成了规划或设计报告,它既是计划书,又是可行性报告,更是作业指导书。

4. 供应链管理

对整条供应链物流进行协调和集成,管理从货主或托运人到客户直到顾客的供应链全过程。

5. 物流园和保税物流中心资源整合

对区域内物流园和保税物流中心(如集装箱堆场、仓库、保税库和冷冻库等)规划各种物流基础设施,并对其进行可行性分析、资源优化重组,吸引优质物流企业进驻园区进行物流活动。

6. 为国际物流系统提供一体化运作模式和政策建议

国际贸易的竞争要求国际物流系统的物流费用要低,为顾客服务的水平要高。为实现这一目标,需要设计并建立一体化运作模式的国际物流系统。

7. 特种物流系统的设计

特种物流是在物流过程中需要采取特殊条件、设备和手段的物流过程。特种物流涉及危险品物流、重大件货物物流、贵重货物物流和鲜活货物物流等。特种物流中的危险货物、重大件货物运输不仅关系到货物运输过程本身的安全,而且关系到交通系统的通畅和社会环境的安全。

7.4.3 第三方物流与第四方物流的区别

第三方物流作为一种新兴的物流方式活跃在流通领域,它由社会化的专业物流公司提供综合性物流服务,它具备同时提供多种或全部物流功能的服务能力,而且具有专业化、规模化、信息化、系统化、契约化和个性化等特征。它的节约物流成本、提高物流效率的功能已被众多企业认可。随着企业要求的提高，第三方物流在整合社会所有的物流资源以解决物流瓶颈、达到最大效率方面力不从心。

第四方物流正是在第三方物流不能满足客户高需求的情况下诞生的，它是物流运作管理模式的新发展，与第三方物流存在很大的不同。第三方物流与第四方物流的比较如表7-3所示。

表7-3 第三方物流与第四方物流的比较

项目	第三方物流	第四方物流
服务目的	降低单个企业的外部物流运作成本	降低整个供应链的物流运作成本，提高物流服务的能力
服务范围	主要是单个企业的采购物流或销售物流的全部或部分物流功能	提供基于供应链的物流规划方案，负责实施与监控
服务内容	单个企业的采购或销售物流系统的设计、运作	企业的战略分析、业务流程重组、物流战略规划、衔接上下游企业的综合化物流方案
运作特点	单一功能的专业化程度高，多功能集成化程度低	具有多功能的高度集成化，物流单一功能运作专业化程度低
服务能力	主要是运输、仓储、配送、加工、信息传递等增值服务能力	涉及管理咨询技能、企业信息系统搭建技能和物流业务运作技能、企业变革管理能力
与客户的合作关系	合同契约关系	战略合作关系

第三方物流与第四方物流之间也存在联系。第三方物流主要是为企业提供实质性的具体的物流运作服务，有着丰富的物流装备资源和运作经验，而主要的不足是本身的技术水平不高、综合物流知识不太丰富及能为客户提供的技术增值服务比较少。第四方物流为客户提供一体化整体物流服务，因此具有丰富的物流管理经验、供应链管理技术和信息技术等。它的不足在于自身不能提供实质的物流运输和仓储服务。第四方物流的思想必须依靠第三方物流的实际运作来实现并得到验证，第三方物流又迫切希望得到第四方物流在优化供应链流程与方案方面的指导。因此，只有两者结合起来，才能更好地、全面地提供完善的物流运作和服务。第三方物流与第四方物流联合成为一体以后，将第三方物流与第四方物流的外部协调转化为内部协调，使得两个相对独立的业务环节能够更加和谐、更加一致地运作，物流运作效率会得到明显的改善，进而增大物流成本降低的幅度，扩大物流服务提供商的获利空间。

7.4.4 第四方物流的运作模式

1. 协同运作模式

该运作模式下，第四方物流为第三方物流工作，并提供第三方物流缺少的技术和战略技能。第四方物流只与第三方物流有内部合作关系，即第四方物流服务供应商不直接与企业客户接触，而是通过第三方物流服务供应商将其提出的供应链解决方案、再造的物流运作流程等加以实施。这就意味着，第四方物流与第三方物流共同开发市场，在开发的过程中第四方物流向第三方物流提供技术支持、供应链管理决策、市场准入能力及项目管理能力等，它们之间的合作关系可以采用合同方式绑定或采用战略联盟方式形成。

2. 方案集成商模式

在这种运作模式之下，第四方物流为货主服务，是与所有第三方物流提供商及其他提供商联系的中心。第四方物流作为企业客户与第三方物流的纽带，将企业客户与第三方物流连接起来，这样企业客户就不需要与众多第三方物流服务供应商进行接触，而是直接通过第四方物流服务供应商来实现复杂的物流运作管理。在这种模式下，第四方物流作为方案集成商除了提出供应链管理的可行性解决方案外，还要对第三方物流资源进行整合与统一规划，为企业客户服务。

3. 行业创新者模式

该运作模式下，第四方物流通过对同步和协作的关注，为众多的产业成员运作供应链。行业创新者模式与方案集成商模式有相似之处：都是作为第三方物流和客户沟通的桥梁，将物流运作的两个端点连接起来。两者的不同之处在于：行业创新者模式的客户是同一行业的多个企业，而方案集成商模式只针对一个企业客户进行物流管理。这种模式下，第四方物流提供行业整体物流的解决方案，这样可以使第四方物流运作的规模更大限度地得到扩大，使整个行业在物流运作上获得收益。

三种模式的复杂性依次递增，但无论采取哪一种模式，第四方物流都是在解决企业物流的基础上解决物流信息充分共享和物流资源充分利用的问题，都突破了单纯发展第三方物流的局限性，能够真正实现低成本运作，最大范围地整合资源。因此，第四方物流将是发展我国物流产业的助推器，是促进我国物流产业升级的切入点。

案例7-3：飞利浦第四方物流案例

作为一个选择第三、第四方物流服务的公司，飞利浦在挑选第三方物流服务商时最关心的是成本和所得到的服务——性价比，第三方物流的IT能力和网络覆盖能力。对于第四方物流服务商，飞利浦看重的是实力和技术领先度，能保证解决方案可以提高工作效率，帮助完成飞利浦设计的方案，实现和供应商的对接。从运输商直接承运到完全引入"第三者"——第三方物流公司，飞利浦消费电子（下文简称飞利浦）经历了十多年，而"第三者"和飞利浦只缠绵了2年，飞利浦又迫不及待地引入了"第四者"——第四方物流公司。当然，这些"第三者"和"第四者"都不是取而代之，它们充当的是在飞利浦和"第二者""第三者"之间的交流平台。通过引入"第四者"，飞利浦精简了自己的流程和队伍——将飞利浦非核心业务外包的策略进行到底。

1. 飞利浦的物流初始化：分拣第三方

2000年间，飞利浦在全国有40多家物流供应商，这其中有一些是相对专业的第三方物流供应商，有些只是车队。而飞利浦供应链和IT总监张俊回忆，当时还没有EDI（电子数据交换），40多个供应商，所有的东西靠"人海战术"——传真、打电话。张俊的部门队伍也很庞大，接近60多个人。一共18台传真机超负荷运转，处理着几百个品种、上百万张的单据。

2001年开始，飞利浦和物流供应商之间进行电子数据交换（EDI），并对物流供应商进行淘汰和精简。当时，约有15家物流供应商在飞利浦和近千家经销商之间运作物流业务，而2002年这个数字变成了5家。IT能力比较弱的物流公司退出了飞利浦的供应商行列。通过EDI，飞利浦从接单中心接受客户的订单，然后在ERP系统中处理之后传输数据到第三方物流公司，第三方物流公司利用内部的仓储、运输等系统，对社会车队进行调度、运筹。然后将回单回传到飞利浦，进而反馈到飞利浦的 ERP 系统中，体现销售和库存的变化。当时，所有的供应商都在跟飞利浦做 EDI，飞利浦接到客户订单之后，还要对货物进行分拣，确定货物是从哪个仓库装卸、走哪条线路及哪个供应商负责发运。而 EDI 数据回来之后，还要确定这些单据是从哪个供应商那里来的。飞利浦一直在思考，每单货能不能用一个文件来解决这些问题，避免烦琐的分拣工作。2001 年下半年、2002 上半年飞利浦开始寻找解决之道。他们需要的实际上是一个平台，飞利浦只要把数据扔给它，这个平台就会和各家物流供应商进行数据处理，并进行统一反馈。

2. 飞利浦物流进阶：引入第四方

华夏媒体与飞利浦的缘分始于华夏帮飞利浦做计划系统。系统实施期间，飞利浦技术总监张俊和华夏老总林亮几番交流，启发了林亮建立平台的想法。林亮迅速搭建新的业务架构并很快开发出各种系统，搭建了 NET-X 平台。X 意味着无限和不确定。该平台的基本思路是充当制造企业和物流企业之间的商流、信息流平台。飞利浦为什么不自建平台？这主要是因为飞利浦的主要竞争能力是在产品技术、设计和市场营销等方面，IT 和供应链不是飞利浦的核心竞争力，飞利浦的一贯策略是——尽可能将非核心业务外包。假如让飞利浦自己去建立平台，需要招募很多 IT 人员，购买服务器，分享这个平台，需要一支实施队伍跟物流供应商打交道——显然这不符合飞利浦的策略。

作为第四方物流平台，华夏媒体要向飞利浦收费。华夏媒体的收费模式是：对于大企业，收取月租费；对于中小企业，收取包月费。

相比这部分额外增加的成本，第四方物流平台节约了以下几方面成本。

第一，降低跟供应商之间合作的风险和成本；对供应商也是这样。通过这种方式可以提高第三方物流的效率，进而提高飞利浦的效率。简单地说，就是通过统一平台来节约成本，形成规模效应，厂商和第三方物流公司都不用因为供应商或客户的增加而增加 IT 投入。

第二，通过第四方物流平台，大大节省了人力成本。原来飞利浦需要维护四套 EDI。而飞利浦现在的平台，基本都是由华夏开发的。飞利浦的 SAP 系统已正式运行，让张俊和他的同事庆幸的是，系统只要和平台对接即可，无须和各个物流供应商对接，没有影响到项目的实施。供应链管理部门的 18 台传真机只剩下 2 台用于处理应急事务，现在飞利浦，已经见不到任何和物流供应商之间来往的货单。而以往每个月月底，飞利浦都要由两三位员工花 3 天时间和物流供应商对账、结账，经由平台直接拿到业务文件，半小时即可完成对账、结账。

3. 飞利浦物流成熟：管理第三方和第四方

华夏媒体平台使用的是国际上两大标准之一的 RosettaNet，飞利浦是这套标准成员组织者之一，因而在技术上风险较小。此外，虽然飞利浦通过这个平台运作，但是仍然保留了一套流程，万一平台出故障，依靠备用系统仍然能度过一段时间（虽然在效率上有所下降）。

作为一个选择第三方和第四方物流服务的公司，飞利浦在挑选第三方物流供应商时除了前面提到的三点外，还特别看重第三方物流的业务重心。飞利浦的供应链倾向只用两到三家第三方物流供应商，正因为是两到三家，所以飞利浦第三方物流的业务量相当大，而在这种情况下，飞利浦有权力要求供应商专注于飞利浦，愿意和飞利浦一起投入和发展。飞利浦考核第三方物流供应商的指标有 15 个，其中包括回单准时率、回单出错率和货物损坏率等，其中最关注的是准时到达率。飞利浦目前的货物到达率是98.5%以上。除了这些关键指标（KPI），飞利浦自己还有一套供应商管理系统，每个月对自己的供应商根据指标打分，列出排行榜。根据这些排行，一年或者一个季度与供应商交换一次意见。

对于第四方物流供应商，飞利浦对平台重点考核的是系统不能工作的频率。系统不能工作、不能传输数据的次数必须低于0.02%以上，除非是因国家的光缆、光纤施工等不可抗力出现的问题。在数据安全方面，飞利浦还要求华夏配置备份服务器，提供双重安全保障。此外，如果平台数据出现问题，第四方物流供应商的响应时间也很关键，比如，一级的问题两小时解决（如数据不能传输）；二级的问题24小时内解决。此外，有条严格的规定，只要飞利浦的业务在做，华夏要保证一个星期7天24小时都要为飞利浦服务，比如，春节和晚上都要有人值班。

本 章 小 结

本章从狭义和广义两个层面对第三方物流进行了介绍。广义第三方物流基于商品交易关系区分第三方，而狭义第三方物流则从物流交易关系出发进行角色认定。第三方物流具有关系合同化、服务个性化、功能专业化、管理系统化和信息网络化的特征。其主要提供的服务有：开发物流系统及提供物流策略、信息处理、货物集运、选择运输商及货代企业、仓储功能、咨询和运费支付等。第三方物流可按基础来源、所提供的服务种类、所属细分市场和第三方物流服务客户数量和服务集成度双维标准进行分类。第三方物流企业是以信息技术为基础，在特定的时间段内按特定的价格向物流需求方提供个性化、系列化物流服务的企业。第三方物流企业可以按照服务内容和服务对象企业的形成结构分类。除此以外，对第三方物流企业的竞争优势和发展的阻碍因素进行了详述，并解释了成本领先战略、集中化战略和差异化战略。

第三方物流的主要3种运作模式有：传统外包型物流运作模式、战略联盟型物流运作模式和综合型物流运作模式，介绍了物流模式的选择和1+3物流运作模式的优点和缺点。

第四方物流定义为供应链集成商，它调集和管理组织自己的及具有互补性的服务提供商的资源、能力和技术，以提供一个综合的供应链解决方案。其功能主要包括网上物流的设计与经营管理、对区域物流系统进行规划和资源整合、物流系统的规划与设计、供应链管理、物流园和保税物流中心资源整合、为国际物流系统提供一体化运作模式和政策建议及特种物流系统的设计等。第四方物流是现代物流发展的新业态，我国发展第四方物流具有迫切的现实与历史意义。

1. 名词解释

（1）第三方物流；（2）第三方物流企业；（3）第四方物流；（4）1+3物流

2. 选择题

（1）第三方物流又称为_____。

  A. 生产物流 B. 合同制物流 C. 专业物流 D. 委托代理

（2）狭义的第三方物流是从_____的角度加以定义，即为物流需求和物流供应双方之外的第三方提供物流服务。

　　A. 物流交易关系　B. 商品交易关系　C. 供应链管理　　D. 物流服务

（3）中华人民共和国国家标准《物流术语》中的描述："独立于供需双方，为客户其提供专项或全面的物流系统设计以及系统运营的物流服务模式。"指的是_____。

　　A. 第一方物流　　B. 第二方物流　　C. 第三方物流　　D. 第四方物流

（4）_____有望成为我国未来物流市场上的主流模式。

　　A. 针对少数客户提供的低集成度的物流服务

　　B. 针对较少的客户提供的高集成度的物流服务

　　C. 同时为较多的客户提供低集成度的物流服务

　　D. 同时为较多的客户提供高集成度的物流服务

（5）_____是西方物流服务的一种典型形式。

　　A. 针对少数客户提供的低集成度的物流服务

　　B. 针对较少的客户提供高集成度的物流服务

　　C. 同时为较多的客户提供低集成度的物流服务

　　D. 同时为较少的客户提供高集成度的物流服务

（6）按照_____原则分类，第三方物流可分为操作型物流企业、行业倾向型物流企业、多元化物流企业和客户定制化物流企业。

　　A. 基础来源

　　B. 提供的服务

　　C. 所属细分市场

　　D. 第三方物流服务客户数量和服务集成度双维标准

（7）_____通过系统数据库和咨询服务来提供物流管理服务。

　　A. 管理基础性物流企业　　　　　B. 多元化物流企业

　　C. 货代为基础的物流企业　　　　D. 客户定制化物流企业

（8）第四方物流视为供应链集成商，它调集和管理组织自己的及具有互补性的服务提供商的资源、能力和技术，以提供一个综合的_____解决方案。

　　A. 供应链　　　B. 物流　　　C. 信息　　　D. 管理

3. 简答题

（1）什么是第三方物流？其主要的特征有哪些？

（2）简述第三方物流与第四方物流的区别。

（3）结合实际例子，简述第三方物流运作的模式。

（4）第四方物流的功能主要有哪些？

第8章

国际物流管理

随着经济的日益全球化,越来越多的企业已经意识到,市场不仅限于国内,而且已在覆盖整个世界。一些有实力的企业大都在推行国际战略,在全世界范围内寻找贸易机会、最理想的市场和最好的生产基地,这必然将企业的经济活动领域地由个别地区、国家扩展到国际范围。这样一来,企业的国际物流发展战略也被提上了议事日程,企业必须为支持这种国际发展战略,更新自己的物流观念,扩展物流设施,按国际物流的要求对物流系统进行改造。因此,国际物流已成为现代物流发展的重要领域与趋势之一。

8.1 国际物流概述

8.1.1 国际物流的定义和特点

国际物流是现代物流系统中重要的物流领域之一。它是不同国家之间的物流,这种物流是国际贸易的一个必然组成部分,各国之间的相互贸易最终要通过国际物流来实现。

1. 国际物流的定义

国际物流(international logistics,IL)是组织原材料、在制品、半成品和制成品在国与国之间进行流动和转移的活动。它是相对于国内物流而言的,发生在不同国家间,是国内物流的延伸和进一步扩展,是跨国界的、流通范围扩大了的物的流通,有时也称其为国际大流通或大物流。

国际物流的定义可分为广义和狭义两个方面,如表8-1所示。

表8-1 国际物流的广义和狭义定义

	说明
广义定义	主要指国际贸易物流、非国际贸易物流、国际物流合作、国际物流投资等领域。其中,国际贸易物流主要是指组织货物在国际的合理流动;非国际贸易物流是指如国际展览与展品物流、国际邮政物流等;国际物流合作是指不同国别的企业共同完成重大国际经济技术项目的国际物流;国际物流投资是指不同国别的物流企业共同投资组建国际物流企业;国际物流交流则主要是指在物流科学、技术、教育、培训和管理方面的国际交流

续表

	说明
狭义定义	主要是指国际贸易物流，即组织货物在国际的合理流动，也就是指发生在不同国家之间的物流。具体来说，狭义的物流是指当生产和消费分别在两个或两个以上的国家（或地区）独立进行时，为了克服生产和消费之间的空间距离和时间间隔，对货物进行物理性移动的一项国际贸易或国际交流活动，从而完成国际物品交易的最终目的，即卖方交付单证、货物和收取货款，买方接受单证、支付货款和收取货物

本章所叙述的国际物流是指狭义的国际物流，主要指国际贸易方面的物流，不涉及国际物流投资和国际物流合作等方面。

2. 国际物流的特点

总的来说，国际物流使各国物流系统相"接轨"，所以相比于国内物流系统，具有市场广阔性、国际性、复杂性、高风险性、运输方式多样性等特点，如表8-2所示。

表8-2 国际物流的特点

特点	说明
国际物流的市场广阔性	国际物流是跨国界的物流活动。全世界共有200多个国家和地区，人口约70亿。这样一个范围和人口的市场是任何一个国家的国内市场所不能比拟的。此外，国际物流的需求层次多，或者说国际物流面对的是一个多层次、多维体的市场。由于种族、习惯及经济水平的差异，各国及各地区的需求层次和数量有较大差别，这为更多经济交易的开展提供了必备的条件
国际物流的国际性	国际物流的国际性是指物流系统涉及多个国家，系统的地理范围大。国际物流跨越不同地区和国家、跨越海洋和大陆，运输距离长、运输方式多样，这就需要合理选择运输路线和运输方式，尽量缩短运输距离、缩短货物在途时间，加速货物的周转并降低物流成本
国际物流的复杂性	国际物流的复杂性主要包括国际物流通信系统设置的复杂性、法规环境的差异性和商业现状的差异性等。在国际的经济活动中，由于各国社会制度、自然环境、经营管理方法、生产习惯和科技发展水平的不同，国际物流系统需要在不同法律、人文、语言、科技和社会标准的环境下运行，因而在国际组织货物进行从生产到消费的合理流动是一项复杂的工作
国际物流的高风险性	国际物流的风险性主要包括政治风险、经济风险和自然风险。政治风险主要是指由于所经过国家的政局动荡，如罢工和战争等原因造成货物可能受到损害或丢失；经济风险又可分为汇率风险和利率风险。因为从事国际物流必然要发生资金流动，所以必然会产生汇率风险和利率风险；自然风险则是指在物流过程中，可能因自然因素，如台风和暴雨等造成的损失
国际物流以远洋运输为主，多种运输方式组合	与国内物流相比，国际物流以远洋运输为主，并由多种运输方式结合。国际物流涉及多个国家，地理范围更大、运输距离更长，因此需要合理选择运输路线和方式，尽量缩短运距和货运时间、加速货物的周转，降低物流成本。运输方式选择和结合的多样性是国际物流的一个显著特征。海运是国际物流运输中最普遍的方式，而远洋运输更是国际物流的重要手段

8.1.2 国际物流的产生和发展

1. 国际物流的产生

贸易自由化、全球资本市场的成长和整合及信息和通信技术的进步,创造了一个正在成长的全球市场。在此背景下,物流国际化应运而生。同时,企业间的竞争也延伸到了全球范围,企业在国内市场上的竞争地位提高由其在世界市场上的地位所决定已经成为普遍现象。跨国企业最基本的战略是通过制造和流通等方面的规模经济效益以降低成本,同时通过开拓新市场和现有市场来扩大销售,从而实现企业规模的增长和经济效益的增加。虽然市场全球化一方面给企业带来了极大的发展机会,但另一方面也蕴藏着风险和挑战。对跨国企业全球物流活动能否进行有效的管理必定会成为企业全球经营成败的关键因素之一。产品和服务范围的不断扩展、产品的生命周期的缩短、全球市场的成长和全球供销渠道的大量增加都导致了全球物流活动更加复杂,从而对企业管理、协调和控制全球供应链的物流活动提出了更高的要求。

2. 国际物流的发展过程

(1) 第一阶段(20世纪50—70年代末)。第二次世界大战以后,基础设施和物流技术得到了极大发展,国际的经济交往越来越活跃。从20世纪60年代开始形成了国际的大规模物流,在物流技术上出现了大型物流工具。例如,20万吨的邮轮、10万吨的矿石船等。20世纪70年代的石油危机以后,国际物流不仅在数量上进一步发展,而且船舶大型化的趋势也进一步加强,促进了国际物流向大数量、高服务型物流发展。同时,国际集装箱及国际集装箱船的大力发展,也提高了物流服务水平。

(2) 第二阶段(20世纪70年代末至80年代末)。国际物流在这个时期出现了航空物流大幅度增长的新形势,同时出现了更高水平的国际联运。20世纪80年代前期和中期,国际物流出现了"精细物流",着力于解决"小批量、高频度、多品种"的物流,使现代物流能够完成大量货物、集装杂货及多品种货物的物流,基本覆盖了所有物流对象,解决了所有物流对象的现代物流问题。之后又出现了新技术和新方法,尤其是伴随国际多式联运物流出现的物流信息系统和电子数据交换系统。

(3) 第三阶段(20世纪90年代初至今)。20世纪90年代以来,互联网、条码技术以及卫星定位系统在物流领域得到了普遍应用,而且越来越受到人们的重视。这些高科技在国际物流中的应用,极大地提高了物流的信息化和物流服务水平,所以有人称"物流就是综合运输加高科技"。高科技的服务手段和信息技术成为物流企业保证自身竞争力的必备法宝。因此,近年来各大物流企业纷纷投巨资于物流信息系统的建设。

8.1.3 国际物流的分类

国际物流根据划分标准的不同,可进行如下分类,如表8-3所示。

表8-3 国际物流的分类

分类	说明
根据货物在国与国之间的流向分类	可以把国际物流分为进口物流和出口物流。一国货物进口时所发生的国际物流活动属进口物流,反之,当国际物流服务于一国货物出口时则称之为出口物流。鉴于各国的经济政策、管理制度和外贸体制的不同,反映在国际物流中的具体表现均不同,所以各国海关对进出口物流活动在监管上存在着较大的差异

续表

分类	说明
根据货物流动所经的关税区域分类	可以分为不同国家间的物流和不同经济区域间的物流。区域经济的发展是当今世界经济发展的一大特征。比如欧盟国家属于同一关税区，其成员国之间的物流运作在方式和环节上都有很大的差异
根据跨国运送货物的特征分类	可以将国际物流活动划分为国际商品物流、国际展品物流、国际军火物流、国际邮政物流和国际逆向物流。国际商品物流主要是指通过国际贸易所实现的交易活动商品在国际的移动；国际展品物流是指以展览、展示为目的，暂时将商品运入一国境内，待展览结束后再复运出境的物流活动；国际军火物流是指军用品作为商品和物资在不同国家或地区之间的买卖和流通，是广义物流的一个重要组成部分；国际邮政物流是指通过国际邮政运送系统办理的包裹、函件等递送活动；国际逆向物流是指对国际贸易中回流的商品进行改造和整修活动，包括循环利用容器和包装材料，由于损坏和季节性库存需要重新进货、回调货物或过量库存导致的商品回流，降低运输过程中的能源消耗，减少污染

经济一体化是当今世界经济发展的趋势，国家与国家之间的经济交流越来越频繁，任何国家只有投身于国际经济大协作的交流之中，本国的经济技术才能够得到良好的发展。工业生产也在走向社会化和国际化，一个企业的经济活动范畴可以遍布各大洲。跨国公司大量涌现更加剧了这一趋势的发展。国家之间、洲际之间的原材料与产品的流通越来越发达，因此国际物流的研究已成为物流研究的一个重要分支。

8.1.4 国际物流与国内物流的比较

与国内物流相比，国际物流范围更广、风险更大。首先，国际物流与国内物流的经营环境不同。各国文化历史和生产力发展水平的差异导致各国企业从事国际物流的能力和水平千差万别，使国际物流的经营环境极为复杂。其次，国际物流与国内物流采用的主要运输方式不同。国际物流运送路线较长，气候条件复杂，在运途中对货物的保管和存放条件要求高。再次，国际物流与国内物流的信息沟通方式不同。国际物流的信息沟通方式正在与电子数据交换（electronic data interchange，EDI）、互联网等信息技术加速结合，但是各国、各行业之间信息技术标准的不统一，在一定程度上阻碍了国际信息系统的建立和发展。最后，国际物流的标准化要求高于国内物流。国际物流运作既涉及各国政府的宏观管理手段和方式，又涉及各种物流基础设施和设备，还涉及信息传递和沟通方式。如果贸易关系密切的各国在这些问题上无法形成相对统一的标准，那么在国际物流的运作中就会存在大量的资源浪费或者多余的劳动，从而产生不必要的物流成本。国际物流的运作水平难以提高，终端客户的物流服务要求也无法得到满足。国际物流与国内物流的对比情况如表8-4所示。

表8-4 国内和国际物流的比较

	国内物流	国际物流
运输模式	主要靠公路和铁路	主要靠远洋和航空运输，有多种多样的联运方式
库存	库存水平较低，反映短期订货及前置期需要	库存水平较高，反映较长的前置期、较大的需求和不稳定的运输
代理机构	适当使用代理机构，主要是铁路方面	对货运代理商和报关行有较强的依赖性

续表

	国内物流	国际物流
财务风险	较小	财务风险较高，由汇率、通货膨胀水平等变化造成
运输风险	较小	运输风险较高，由国际运输时间长短、转运难易、装卸频率及不同国家的基础设施水平差异造成
政府机构	主要是关于危险货物、重量和安全等方面的法律以及关税问题	多种机构介入，如海关、商业部门、农业部门和运输部门等
管理	涉及的单据较少	涉及大量的单据
沟通	口头或书面的协议居多，更多使用电子数据交换	口头或书面协议成本很高，不同国家的电子数据交换标准不同，受到一定程度的限制
文化	文化背景类似，不需要对产品做出较大的改动	文化差异要求对产品和市场做出较大的改动

案例 8-1：借鉴荷兰物流拓展欧洲市场

有着"海上马车夫"之称的荷兰是西欧小国，国土面积仅 41 526 平方千米，但通过实施转口贸易战略，长期保持世界贸易大国地位，以 2006 年为例，外贸总额达 6 032 亿欧元，居全球第七，其中转口贸易占出口总额的一半以上，在欧洲名列前茅。这个世界知名企业飞利浦、阿克苏诺贝尔、联合利华、壳牌和喜力啤酒故乡的荷兰，不仅以成功的贸易闻名于世，并且是全球最佳营商地之一。

金融危机后期的中国与荷兰，这两个在经济上有着相似性和互补性的国家，在经济复苏的道路上都在积极地寻找投资合作机会，荷兰政府也为外国企业提供了平等发展的机会，进一步增强荷兰作为理想投资目的地的魅力。

1. 强大的物流业

荷兰的物流业以其卓越而闻名，全球所有主要的分销配送服务设施云集于此。荷兰约有 12 000 家公司提供公路运输服务。服务公司类型从只有一辆卡车的小运输公司到大型国际运输公司。

全欧洲近 75% 的货物是通过公路输送的，而欧盟范围内有约 30% 的跨国货物运输是由荷兰公路运输公司承运的。在这些荷兰运输公司中，大约有 500 家大型和中型的公司可以提供全套综合物流服务。

荷兰境内约 75% 的外国投资企业的欧洲分销配送中心，将其业务外包给荷兰本地的物流供应商，这是荷兰优质物流服务鲜活有力的证据。约 150 家荷兰物流服务供应商经营普通和特种仓储设施，每个公司仓库经营面积从 5 000 平方米到 50 万平方米不等。

在欧洲，没有一个国家能像荷兰那样把税制上的优惠和物流上的便利结合得如此完美。拥有得天独厚的自然条件的荷兰是各国企业实现拓展欧洲的最佳立足基地，是不折不扣的欧洲门户。通过荷兰拓展欧洲市场，不仅省时省力，还能节约开支。

荷兰物流业十分发达，产值占其 GDP 的 1/3。究其原因，是该国的税赋起到了重要作用。荷兰一向被视为进行泛欧物流业务的理想基地，为欧盟及欧盟以外的客户提供服务。因其拥有卓越的地理位置、高度发达的基础设施、成熟的分拨网络、海关增值税的递延征收体制及先进的物流服务，许多跨国公司都在荷兰建立了集中的欧洲分销中心，以便更有效地服务欧洲市场。

随着欧洲市场的准入，越来越多的中小型公司也建立了集中的欧洲物流运营部门。荷兰在吸引这些欧洲分销中心方面非常成功。

目前，荷兰物流业产值已超过其国内生产总值的30%，成为国民经济的支柱产业。欧洲70%的物流分拨中心落户荷兰，美国和亚洲企业在欧洲一半以上的第三方物流业务由荷兰包揽，荷兰当之无愧地成为欧洲物流中心。究其原因，是该国的税赋起到了重要作用。

2. 优惠政策初见成效

荷兰物流业发展成功不仅得益于地理位置优越，交通发达，政府高度重视、大力扶持，科技水平高，走专业化发展道路，发达的金融服务，完善的配套产业，还得益于荷兰颇具竞争力的税收政策吸引着外国投资者，如广泛的税务协定、减免双重征税、成熟的税务裁决实务、参股豁免、对支出利息和特许权使用费不征收预提税等各项优惠政策。不仅如此，对于包括物流企业在内的所有企业，荷兰所得税大幅下调至25.5%，低于欧盟的平均水平。

更令人关注的是，荷兰为企业制定了税收合并制度，包括物流企业在内的企业可以进行综合纳税申报。这种制度的主要特点是集团内部一家公司的亏损可以抵消另一家公司的利润。荷兰的种种税收制度使得荷兰在欧盟国家中的竞争优势凸现。

其实，荷兰这种优势也是有历史渊源的，几个世纪以前，荷兰已成为一个商人的国度。为保持这一悠久传统，荷兰政府建立了具有竞争力的税收制度，以鼓励荷兰本地企业的发展和外商直接投资。尽管在企业税率方面同其欧洲邻国基本一致，荷兰仍以其诸多特色吸引了众多的外国投资者将其经营地设在荷兰，像中远集团、中集集团、和记黄埔等众多的中国物流企业已在荷兰开展业务经营。

目前，荷兰实行中央和地方两级课税制度，采用的是以所得税和流转税为"双主体"的复合税制结构，企业所得税、个人所得税、增值税和消费税等税种在税制结构中居重要地位，与其他直接税和间接税一起共同组成了荷兰税制结构的完整体系。

荷兰税收体系对物流企业国际税务筹划十分有利，以下列举一些主要优点。

① 荷兰政府从2007年起将企业所得税从29.6%下调至25.5%，这一税率低于欧盟的平均税率26.6%。

② 通过避免双重征税的皇家法令减免双重征税，在缺乏税收条约时可适用。

③ 对付出利息和特许权使用费不征收预扣税。

④ 参股所得免税，即对从合格持股所得红利和转让合格股权的资本收益不征企业所得税。

⑤ 广泛的税收条约帮助企业减免各项预提税和避免双重征税。

⑥ 对从荷兰向境外支付的利息和许可费不征预提税。

⑦ 纳税人可以就未来的税收待遇从税务机关得到预先明确。

⑧ 适用于外籍雇员的30%免税津贴。

此外，荷兰作为欧盟成员国可得益于各种欧盟指令，例如，关税和增值税递延政策，可有效缓解企业流动资金的压力；没有利润分配要求；可以与具体项目类型有关的税收鼓励政策；对于节约能源或符合环保的新投资，在核定税基时可从投资总额中扣除一定百分比的款项；无外汇管制；航运公司受益的吨税。

8.2 国际物流系统

国际物流系统是在一定的时间和空间（包括国内、国家间、区域间和洲际）内，为了进行物流活动，由物流人员、物流设施、待运物资和物流信息等要素构成的有特定功能的有机整体。

8.2.1 国际物流系统的组成

国际物流系统由商品的包装、储存、装卸与搬运、运输、检验、流通加工和其前后的整理、再包装及物流信息等子系统组成。运输和储存子系统是国际物流系统的核心组成部分。国际物流通过商品的跨国储存和运输，实现其时间和空间的效益，满足国际贸易活动和经营的物流需求，其组成部分如图8-1所示。

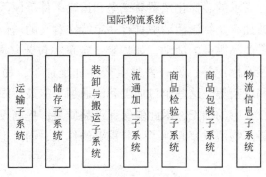

图8-1 国际物流系统组成

1. 运输子系统

国际物流的实质性内容——商品的跨国空间移动，是通过运输子系统实现的。运输的作用是将商品的使用价值进行空间移动，物流系统依靠运输作业克服商品生产地与需求地的空间距离，创造了商品的空间效益，因而国际货物运输是国际物流系统的核心。国际货物运输具有路线长、环节多、涉及面广、手续繁杂、风险大和时间性强等特点。

国际运输可以采用由出口国装运港直接到进口国目的港的方式卸货，也可以采用中转方式，经过国际转运点，再运达目的港。运达目的港的货物，一部分可以在到达港直接分批配送给最终用户；另一部分则须先送达相关的供应部门，再分运给用户。此外，如果出口货物需要通过多式联运方式完成实体的移动，或需要及时的、门到门的服务，那么国际物流运输子系统的运行将更加复杂。

2. 储存子系统

商品的储存和保管使商品在其流通过程中处于一种或长或短的相对停滞状态。因而商品流通是一个由分散到集中，再由集中到分散的流通过程，所以这种停滞不仅是必要的，而且是必需的。国际贸易和跨国经营中的商品从生产地或供应部门被集中运送到装运港口后，在进行整理、组装、再加工、再包装或换装等过程中，必然会产生贸易前的储存；由于某些出口商品（如季节性生产、常年消费或常年生产但是季节性消费的商品）在产销时间上的背离，必然会形成一定的季节性储存；国际物流中转需要形成中转性储存；为了等待适宜的市场时机，货物需要市场性储存；为了进行必要的加工和处理，货物需要进行待加工储存。由于国际物流系统中的储存子系统主要是在各国的保税区和保税仓库进行的，所以其运作难度主要体现在应对各国保税制度和保税仓库建设等方面，其运作过程应尽量缩短储存时间、减少储存数量、加快货物和资金周转，实现国际物流的高效运转。

3. 装卸与搬运子系统

在国际物流系统中，进出口商品装卸与搬运子系统也是十分重要的。相对于商品运输来讲，进出口商品的装卸和搬运作业是短距离的商品转移。它是保证商品运输和保管连续性的一种物流活动，是仓库作业和运输作业的纽带和桥梁。处理好商品的装船、卸船、进库、出库及在库内的搬运清点、查库、转运和转装等，对加速国际物流和降低物流成本十分重要。有效的装卸、搬运子系统，可以减少运输与保管之间的摩擦，提高商品的储运效率。

4. 流通加工子系统

由于国际贸易和国际需求的多样化及贸易壁垒和运输条件等原因，进出口商品的流通加工变得越来越重要。流通加工是物流活动中具有一定特殊意义的增值物流形式，主要包括两大类：一类是为出口贸易商品服务的活动，如袋装、定量小包装（多用于超级市场）、贴标签、配装、挑选、混装和刷标记等；另一种是生产性外延加工，如剪断、平整、套裁、打孔、折弯、拉拔、组装和改装等。这些出口加工和流通加工能最大限度地满足用户的多元化需求，同时，由于是比较集中的加工，因此能保证产品质量，提高设备利用率。流通加工业的兴起，对促进销售、提高物流效率起到了十分重要的作用，同时也是降低物流成本和规避贸易壁垒的重要途径。

5. 商品检验子系统

由于国际贸易和跨国经营具有投资大、风险高、周期长等特点，因此商品检验成为国际物流系统中重要的子系统。通过商品检验，鉴定商品的品质、数量和包装是否符合合同规定的要求，检查卖方是否已经按照合同规定履行其交货义务，并在发现卖方所交货物与合同不符时，给予买方拒收货物或提出索赔的权利。在买卖合同中，一般都定有商品检验条款，其主要内容包括检验时间与地点、检验机构与检验证明、检验标准与检验方法等。国际贸易中，从事商品检验的机构很多，包括卖方或制造商和买方或使用方的检验单位、国家设立的商品检验机构及民间设立的公证机构和行业协会附设的检验机构。商品检验子系统对国际物流系统的运作效率影响深远，这种影响的表象只是复杂的检疫手续，其实质则是因为商检是一国非关税壁垒的基本手段，是各种技术壁垒和绿色壁垒的实现形式。

6. 商品包装子系统

现代国际物流系统要求包、储、运一体化，即在国际物流系统设计时，应将包装、储存、装卸搬运和运输有机联系起来统筹考虑，全面规划。因此，商品包装成为国际物流的子系统。商品包装子系统是一个兼具运输功能和营销功能的特殊子系统。从物流系统的角度认识出口商品包装设计和具体包装作业过程时，必须考虑储存的方便、运输的便捷及物流过程的安全和速度。国际市场和消费者是通过商品来认识企业的，而商品的商标和包装代表了企业的形象，反映了一个国家的综合科技水平和文化底蕴。

7. 物流信息子系统

物流信息子系统的主要功能是采集、处理和传递国际物流和商流的信息情报。没有功能完善的信息系统支持物流，国际贸易和跨国经营将寸步难行。国际物流信息子系统的主要工作内容包括进出口单证的作业信息、支付方式信息、客户资料信息、市场行情信息和供求信息等。国际物流信息系统的特点是：信息量大、交换频繁、传递量大、时间性强、环节多、点多和线长等，所以必须建立技术先进的国际物流信息系统。

8.2.2 国际物流系统网络

1. 国际物流系统网络的概念

国际物流系统网络是指由多个收发货的"节点"和它们之间的"连线"所构成的物流抽象网络及与之相伴随的信息流网络的有机整体。

收发货节点是指进出口国内外的各层仓库，如制造厂仓库、中间商仓库、口岸仓库、国内外中转点仓库及流通加工配送中心和保税区仓库。国际贸易商品就是通过这些仓库的收入和发出，并在中间存放保管，实现国际物流系统的时间效益，克服生产时间和消费时间上的分离，促进国际贸易系统的顺利运行。连线是指连接上述国内外众多收发货节点间的运输，如各种海运航线、铁路线、飞机航线及海、陆、空联合运航线。这些网络连线是库存货物的移动（运输）轨迹的物化形式。

每一对节点有许多连线以表示不同的运输路线、不同产品的各种运输服务。各节点表示存货流动暂时停滞，其目的是为了更有效地移动。信息流动网的连线通常包括国内外的邮件，或某些电子媒介（如电话、电传、电报及目前的 EDI 电子数据交换等），其信息网络的节点则是各种物流信息汇集和处理点，如员工处理国际订货单据、编制大量出口单证或准备提单或电脑对最新库存量的记录；物流网与信息网并非独立，它们之间的关系是密切相连的。国际物流系统网络研究的核心问题是确定进出口货源点（或货源基地）和消费者的位置以及各层级仓库及中间商批发点（零售点）的位置、规模和数量。在合理布局国际物流系统网络的前提下，国际商品由卖方向买方实体流动的方向、规模、数量就确定下来了。国际物流系统网络如图 8-2 所示。

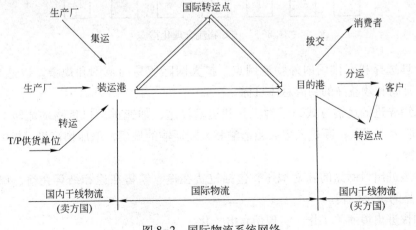

图 8-2　国际物流系统网络

2. 国际物流系统网络在国际贸易中的作用

（1）国际物流系统网络研究的中心问题是确定进出口货源点（或货源基地）和各级层仓库、中间商批发店（零售点）、消费者的位置等。这一中心问题将决定国际物流系统的布局是否合理化。

（2）国际物流系统网络的合理布局，决定国际物流流动的方向、结构和规模，即决定国际贸易的贸易总量、贸易流程及由此而产生的物流费用和经济效益。

（3）合理布局国际物流系统网络，为扩大国际贸易、占领国际市场、加速商品的国际流通提供了有效和切实可行的途径。

3. 建立国际物流系统网络的注意事项

（1）要以国际宏观贸易总体规划为大前提，紧密围绕商品交易计划来规划和确定网络内建库数目、地点和规模。

（2）明确各级仓库的供应范围、层次关系及供应或收购的数量，注意各级仓库之间的衔接，进而保障国内外物流的顺畅，同时避免仓库的重复设置。

（3）国际物流系统网络的规划要考虑现代物流技术的发展及经济结构的调整，并留有一定的发展空间。

4. 国际物流合理化措施

国际物流合理有序地进行，需要对网点、运输、包装和装卸等采取相应的措施进行保障，具体措施如图8-3所示。

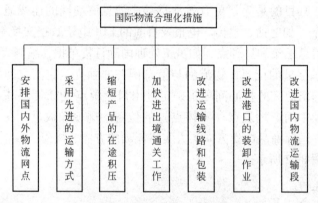

图8-3　国际物流合理化措施

（1）合理选择和安排国内外物流网点，扩大国际贸易的范围和规模，以达到费用省、服务好、信誉高和效益高的物流总体目标。

（2）采用先进的运输方式、运输工具和运输设施，加速进出口货物的流转。充分利用海运、多式联运方式，不断扩大集装箱运输和大陆运输的规模，增加物流量，扩大进出口贸易量和贸易额。

（3）缩短进出口商品的在途积压，包括进货在途、销售在途和结算在途，以便节约时间，加速商品的资金周转。

（4）加快进出境通关工作，实现信息电子化。

（5）改进运输线路，减少相向和迂回运输。

(6) 改进包装，增加技术装载量，多装载货物，减少损耗。

(7) 改进港口装卸作业，有条件的国家或者地区需要扩建港口设施，合理利用泊位与船舶的停靠时间，尽力减少港口杂费，吸引更多的买卖双方入港。改进海运配载，避免空仓或者船货不相适应的状况。

(8) 国内物流段运输，在出口时，有条件的要尽量采取就近收购、就地加工、就地包装、就地检验、直接出口，即"四就一直"的物流策略。

8.2.3 国际物流运输线路

国际物流流动的路径即国际化运输线路。随着国际物流的发展，已经形成了国际化运输线路网络，包括国际远洋航线和海上通道、公路网线、铁路网线和航空网线等。这是国际物流实现的基础设施。

1. 国际远洋航线及海上通道

舰船在海洋上运输航行的路线，也称为海上运输线，包括海上航线和为海上运输服务的港口、水工建筑物及各种航行保障设施等。

海上航线是船舶在两地间的海上航行路线。航线在广义上是指沟通两地的路线，一般以起讫点命名，如中国至加拿大的中加航线、上海至温州的申温航线；狭义上是指具体的航迹线，包括画在海图上的计划航线。每个航次的具体航线，应根据航行任务和航行地区的地理、水文和气象等情况，以及船舶状况拟定。世界主要的国际海运航线有大西洋航线、太平洋航线和印度洋航线。三大洋的航线通过苏伊士运河（或好望角）、巴拿马运河（或麦哲伦海峡、合恩角）和马六甲海峡连接起来，形成一条环球航线。

海上交通线是濒海国家海上交通运输的命脉，对海上作战和经济发展具有重要意义。战争时期，经海上交通线向战区输送军队、武器装备和各种补给物资，对于保障军队的持续作战能力、夺取作战胜利，具有决定作用。海上运输的特点是运输量大，不易隐蔽，易遭敌方袭击。

1) 海洋、运河和海峡通道

(1) 海洋通道。太平洋沿岸有 30 多个国家和地区，拥有世界 1/6 的港口，货运量居世界第二位。随着亚洲、拉美和大洋洲发展中国家的兴起，太平洋在世界航运中的作用日益增强。大西洋沿岸拥有世界 3/4 的港口和 3/5 的货物吞吐量。大西洋周围几乎都是各大洲的发达地区，贸易和货运繁忙，海运量一直居各大洋首位，约占世界海运总量的 2/3。印度洋周围有 30 多个国家和地区，拥有世界近 1/10 的港口和 1/6 的货物吞吐量。印度洋的货物以石油为主。北冰洋因气候寒冷，仅有极少部分有通行条件，其货运意义不大。

(2) 运河通道。苏伊士运河（Suez Canal）是亚洲与非洲间的分界线，同时也是亚非与欧洲间最直接的水上通道。运河西面是尼罗河低洼三角洲，东面较高，是高低不平且干旱的西奈半岛。在运河建造之前，毗邻的唯一重要聚居区只有苏伊士城。沿岸的其他城镇基本都在运河建成后才逐渐发展起来。苏伊士运河位于埃及东北部，居亚欧非三洲的交通要冲，它沟通地中海和红海，连接了大西洋和印度洋，是一条具有重要战略意义的水道。苏伊士运河穿过苏伊士地峡，沟通地中海和红海、印度洋。地峡是由海洋沉积物、粗沙和在早先降雨时期积存砂砾、尼罗河的冲积土（尤其在北部）和风吹来的沙等构成的。在地峡处开凿运河，沟通洋或海，能节约海上航程。

巴拿马运河（Panama Canal）位于中美洲国家巴拿马，横穿巴拿马地峡，连接太平洋和大西洋，是重要的航运要道，被誉为世界七大工程奇迹之一，巴拿马运河由巴拿马拥有和管理，属于水闸式运河。

（3）海峡通道。马六甲海峡是位于马来半岛与苏门答腊岛之间的海峡。其西北端通印度洋的安达曼海，东南端连接南中国海。海峡全长约1 080千米，是连接沟通太平洋与印度洋的国际水道。由于海运繁忙及独特的地理位置，马六甲海峡被誉为"海上十字路口"。

英吉利海峡是分隔英国与法国并连接大西洋与北海的海峡。英国的多佛尔与法国的加莱隔海峡相望，是连接北欧与北美的主要航线。

2）海运航线

海运航线是指船舶在两个或多个港口之间，从事海上旅客和货物运输的线路。海运航线是连接各要素的纽带，是船舶在系统中运行或行进所循的轨迹，在海运空间系统中起着承上启下的作用。海上运输的航线分布于各大洋之间，这也是海运较其他运输方式的优势所在。航线在系统中受其他要素的制约，在选择航线时，要考虑到货物、船舶及港口各要素的状况，对系统组织做全面的评估后方能做出合理的选择方案，是一个相对被动的要素。

海上运输的路线同其他运输方式相比，具有投资少和天然形成的特点，更易受到自然条件的影响和制约，这种影响和制约明显地表现在航线分类上。根据不同的分类标准可以将海上运输航线分为不同的类型，如表8-5所示。

表8-5　海上运输航线的分类

一级分类	二级分类	说明
根据行径水域分类	远洋航线	指国与国之间或地区间经过一个或数个大洋的国际海上运输。如中国至美国、欧洲一些国家的海上运输，统称远洋运输航线
	近洋航线	指一国各海港至邻近国家海港间的海上运输航线。如中国至日本、韩国各港口的海上运输航线
	沿海航线	指一国沿海区域各港口间的运输线。如上海港至大连港的海上运输线
	环球航线	指将太平洋、大西洋和印度洋连接起来进行航行的航线
根据航线有效时间分类	季节性航线	随季节的改变而改变的航线称为季节性航线。由于船舶航行受自然条件特别是大洋洋流、季风等因素的影响，而大洋洋流、季风又因气候的变化而改变方向或流量。例如，随着季节的变化，洋流的方向、流量，风的方向、风力也会随之发生变化。为了借助风和洋流，节省运力，加快速度，船舶通常在不同的季节走不同的航线
	常年航线	不随季节的改变而改变的航线
根据运力、运程和运量分类	主干航线	又称干线，是连接枢纽港口或中心港口的海上航线，指的是世界主要的集装箱班轮航线。这类航线连接世界各集装箱枢纽港口，航行大型集装箱船舶
	分支航线	又称支线，是连接分流港口的海上航线，这是为主干航线提供服务的海上运输线。支线上运行的船舶多为小型船舶。连接的港口多为地方枢纽港或分流港口

续表

一级分类	二级分类	说明
根据组织形式分类	直达航线	是指在水运范围内,船舶从起运港(始发港)到终点港,不在中途挂靠港口、装卸货物或增减驳船的运输航线。直达航线具有运输速度快、船舶周转快、节省费用等优点,但它要求在两港口之间有较稳定的货流。这类航线在班轮运输中多为主干航线
	中转航线	是指在水运范围内,船舶从始发港至终点港,在中途挂靠港口、装卸货物或使用驳船的运输航线
根据发船时间分类	定期航线	是指在水运范围内,船舶定线、定点、定期的航线。这类航线现在多为集装箱班轮航线,通常指定时间、定航线、定船舶、定货种、定港口的"五定"航线。在设定航线特别是班轮干线航线时,不仅要考虑到货物情况、航线情况等,还要考虑到港口的综合条件,包括自然条件、腹地状况、装卸能力、仓储能力、装卸效率等一系列的参数都在必须加以考虑的范畴之内
	不定期航线	是指相对于定期运输而言的另一种方式,不定期船运输没有预订的船期表,没有固定的航线和停靠港口,而是追随货源,须依据船舶所有人和承租人双方签订的租船合同安排船舶就航的航线。不定期船主要从事大宗货物的运输,如谷物、石油、矿石、煤炭、木材、砂糖、化肥、磷矿石等。一般都是整船装运
根据航海技术分	大圆航线	是指地球圆体上两点之间最短的航程线。但它与所有子午线相交成不等的角度(子午线和赤道除外),即沿大圆弧航行时,必须时刻改变航向
	恒向线航线	不是地球面上两点之间的最短航程线(子午线和赤道除外),但在低纬度或航向接近南北时,它与大圆航线的航程相差不大
	等纬圈航线	若两地在同一纬度,则沿纬度圈航行,即计划航迹为90度或270度,它是恒向线航线的特例
	混合航线	为了避开高纬度的航行危险区,在限制纬度的情况下,采用大圆航线与等纬圈航线相结合的最短航程航线。另外,在大洋航行中,两地相距较远,根据具体情况整个航程可能并不采用一种固定航线
根据气候和气象条件分类	气候航线	是指在最短航程航线的基础上,考虑了航行季节的气候条件和可能遭遇到其他因素而设计的航线。如航路设计图和《世界大洋航路》中推荐的航线
	气象航线	指的是气象定线公司在航线的基础上,再根据中、短期天气预报,考虑气象条件和船舶本身条件后,向航行船舶推荐的航线

在上述各种航线的基础上,确定的航行时间最少、船舶周转最快及营运效率最高的航线称为最佳航线。

2. 国际航空线路

1)世界重要航空线

(1)北大西洋航线。它是连接欧洲与北美之间的最重要的国际航线。它集中分布于中纬地区的北大西洋上空,来往于欧洲的伦敦、巴黎、法兰克福、马德里、里斯本和北美的纽约、费城、波士顿、蒙特利尔等主要国际机场之间,是目前世界上最繁忙的国际航线。

(2)北太平洋航线。它是连接北美和亚洲之间的重要航线。它穿越浩瀚的太平洋及北美大陆,是世界上最长的航空线。它东起北美大陆东岸的蒙特利尔、纽约等地,横穿北美大陆后,从西海岸的温哥华、西雅图、旧金山、洛杉矶等地飞越太平洋,途中有位于太平洋当中的火奴鲁鲁等中继站，西到亚洲东部的东京、北京、上海、香港、曼谷、马尼拉等城市。

（3）欧亚航线。它是横穿欧亚大陆，连接大陆东西两岸的重要航线，又称西欧、中东、远东航线。它对东亚、南亚、中东和欧洲各国之间的政治及经济联系起到重要作用。

2）国际航空站

航空站即专供飞机起降活动的飞行场及组织、保障飞机活动的场所。除了跑道之外，机场通常还设有塔台、停机坪、客运站、维修厂等设施，并提供机场管制服务、空中交通管制等其他服务。

3. 大陆桥和小陆桥

1）大陆桥

大陆桥（land bridge）是指连接两个海洋之间的陆上通道，是横贯大陆的、以铁路为骨干的、避开海上绕道运输的便捷运输大通道。主要功能是便于开展海陆联运，缩短运输里程。比如有跨越亚欧的交通要道，俄罗斯的西伯利亚铁路是一条跨越亚欧大陆而将太平洋和大西洋联结起来的陆上桥梁，被人们称之为亚欧大陆桥或西伯利亚大陆桥，它为世界经济，特别是亚欧经济的发展做出了较大贡献。

（1）北美大陆桥。这是世界上出现最早的一条大陆桥。独立战争以后，美国为了加速发展西部地区经济，把铁路线不断向西延伸。这条大铁路，东起纽约，西止旧金山，全长4 500千米，它东接大西洋，西连太平洋，缩短了两大水域之间的距离，省去了货物水路绕道巴拿马运河的麻烦。

（2）南美大陆桥。东起阿根廷的布宜诺斯艾利斯，西止智利首都圣地亚哥，全长1 000千米，连接大西洋和太平洋两水域，有利于南美诸国间的协作，促进经济开发。

（3）新亚欧大陆桥。东起我国江苏省连云港市，西至荷兰的鹿特丹，横贯中国、苏联、波兰、德国及荷兰等国，地跨亚、欧两大洲，全长10 800千米。

（4）南亚大陆桥。南亚大陆桥位于亚洲南部的印度半岛上，是一条从东岸的加尔各答港，到西岸的孟买港之间，长约2 000千米的铁道。它使阿拉伯海与孟加拉湾之间的海上运输可以改成铁路联运。

2）小陆桥

小陆桥运输（mini land bridge，MLB）是指货物用国际标准规格集装箱为容器，通过海、陆运输方式将集装箱货物先运至基本港口，再转至美国西海岸港口，卸船后再由西部港口换装铁路集装箱专列或汽车运抵美国东部港口或加勒比海港口区域及相反方向的运输。

目前，北美小陆桥运送的主要是日本经北美太平洋沿岸各港到大西洋沿岸和墨西哥湾地区港口的集装箱货物。当然也承运从欧洲到美西及海湾地区各港的大西洋航线的转运货物。北美小陆桥在缩短运输距离、节省运输时间上效果是显著的。

8.3 国际物流业务

由于不同国家间的情况存在很大的差别，这使得国际物流业务呈现出多种形式。国际物流业务既包括运输、仓储、配送、包装、加工和信息处理等基本环节，也包括保税、通关、检验检疫及国际运输等国际物流流程中特有的环节。

8.3.1 国际物流业务的主要参与方

1. 出口分销商

一些全球销售的公司通常使用出口分销商提供的服务，有时这些出口分销商被称为出口管理公司。

1）出口分销商的特点

（1）位于国外市场。

（2）以自己的账户购买产品。

（3）负责产品的销售。

（4）与国内企业保持持续的合同关系。分销商通常获得特定区域的独家代理权，并被禁止代理竞争对手公司的产品。

2）出口分销商的功能

（1）获取并维持协议规定的渠道运作和销售水平。

（2）获取进口业务，并负责处理通关。

（3）为向供应商支付获取必要的外汇。

（4）维持必要的政府关系。

（5）维持库存。

（6）提供仓储设施。

（7）操作或监督内陆货运和支付功能。

（8）进行改包装操作。

（9）进行信用管理。

（10）获取市场信息。

（11）提供各种售后服务。

2. 报关行

报关行有两个主要功能，即帮助货物通过海关和处理随同国际货物的必要单据。对于许多公司来说，处理随同国际货物的大量单据和表格是十分复杂的。加上不同国家各种各样的通关流程、限制和要求，帮助出口货物通过边境的工作需要专业机构——报关行来完成。通常来说，如果一个公司向具有不同进口要求的多个国家出口，或者公司有多种类型的产品（如汽车零部件、电子设备和食品等），报关行应当成为公司国际供应链网络的一部分。

3. 国际货运代理商

国际货运代理商是随着国际贸易的发展及货运业务的日益复杂及传统承运人（船公司或航空公司）的业务专门化而发展起来的行业。国际货运代理商是介于货主和实际承运人之间的中间商，它一方面代为货主进行租船订舱，承担单据处理的任务。另一方面又代为实际承运人揽货，从中收取整箱（车）货和零担货之间的差价或收取佣金。

国际货运代理商的出现，使得整个货运行业日趋专业化，其主要功能如下：

（1）减轻承运人由于直接面对货主而带来的繁重工作，从而使得承运人能集中力量从事其核心业务——航运。同时，凭借其专业知识，货主不必再分别与每家承运人打交道，减轻了货主的工作量。

（2）通过为货主（发货人或收货人）订舱、取送货、追踪查询货物情况、代报关、代商检、仓储、包装、缮制单证和分拨（break bulk）等流程，利用其专业人员、设施、设备和业务网络，减轻了货主的物流业务难度。

（3）具有大量、稳定货源且有一定资质的国际货运代理商，能够取得承运人的代理权（即称为承运人代理，shipping agent）。而具有承运人代理权的国际货运代理商，一方面可以在其营业场所使用承运人的运单，另一方面能取得承运人较为优惠的运费。

4. 承运人

承运人（carrier）是实施运输的主体，在国际贸易运输中主要指船公司或航空公司。虽然有的承运人也直接面对货主，但多数情况下货主已经不直接与其打交道。

5. 承运人代理

承运人代理主要是替承运人在港口安排接泊、装卸和补给等业务。有时承运人代理签发运单。承运人代理在海运中较为常见，而在空运中较为少见。有的承运人也从事货运代理的业务。

6. 外贸公司

外贸公司不仅实现货物或服务的买方与卖方的匹配，还负责出口安排、文书工作和运输等。大多数的外贸公司基本上都有出口业务，一些公司也从事进口业务。传统上，我国的进出口业务完全由外贸公司来做。改革开放以后，不少企业具有了进出口自主权，但外贸公司仍成为公司的一个选择。

7. 无船承运商

无船承运商（non-vessel operating common carrier，NVOCC），有时也被称为NVO（non-vessel operator），简单的理解就是"将不同货主的小件货物整合为满载集装箱货物，并承担所有国际货物从出口港开始的所有责任，包括文书工作和运输，但自己不拥有船舶"的企业。

8.3.2 国际物流运作的主要业务活动

随着物流全球化的形成，企业物流国际化运作已成为必然。但其业务活动较为广泛，且远比国内物流复杂。跨国运行的物流系统是由一系列相互影响和相互制约的环节构成的一个有机整体。图8-4简单描述了一个包括在起运地的发货和报关、国际运输、到达目的地的报关和送货等环节的国际物流系统。显然，国际货物运输、仓储、通关和国际货运代理等是国际物流的主要环节。这些环节在国际市场信息的引导下，按照国际惯例和国际上通行的规程运作，从而使整个物流系统协调并高效地运行。

概括起来，国际物流业务活动可以分为国际运输，保证货物顺利运输的储存、加工、包装、组配和保险及与国际运输密切联系的节点物流，如港口物流、港站流通及保税作业，以及过境货物的报检、报验和报关等几个方面。

1. 进出口业务

1）交易磋商

所谓交易磋商是指买卖双方就交易的各项条件进行谈判，以期达成交易的过程。在业务中，交易磋商又称贸易谈判。交易磋商可以采取口头的形式，也可以采用书面的形式，一般包括4个环节，即询盘、发盘、还盘和接受，如表8-6所示。其中，发盘和接受是不可缺少的两个环节。

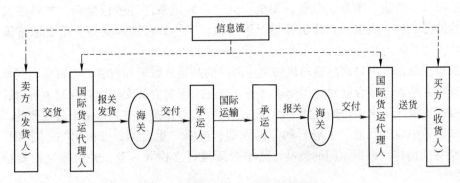

图 8-4 国际物流系统主要运作内容

表 8-6 交易磋商的环节

环节名称	说明
询盘	是指交易一方向另一方询问有关商品的交易条件。询盘的内容可以是一项或者几项交易条件，涉及价格、规格、品质和包装等，但多数只是询问价格，因此业务上常把询盘称作询价。询盘可以是出口方向进口方发出，也可以是进口方向出口方发出
发盘	又称发价，是指交易的一方向另一方指出某项商品的交易条件，并愿意按照这些条件达成交易和订立合同的行为。发盘的内容不是一项或者几项交易条件，而必须是足以构成合同成立的那些主要交易条件。发盘一经对方（受盘人）表示接受，合同即告成立。因此，对于发盘人来说，发盘是一种具有法律约束力的行为
还盘	又称还价，是指受盘人不同意接受发盘人在发盘中的某些交易条件，对这些交易条件提出修改的行为。还盘不是交易磋商中必不可少的步骤。有时，发盘后没有还盘，直接被受盘人接受。对于一项还盘，原发盘人也可以有不同的意见，而进行再还盘。有时，一项交易须经过多次互相还盘，才能达成最后协议
接受	是指交易的一方在接到对方的发盘或者还盘后，以声明或行为向对方表示同意。发盘或还盘一旦接受，合同即告成立，发盘中的交易条件不仅对发盘人，而且对接受人都构成法律约束力

2）签订合同

交易双方经过磋商，一方发盘，另一方接受该项发盘，合同即告成立。根据国际贸易习惯，买卖双方通常还需要照例签订书面的正式合同或成立确认书。

国际贸易的买卖合同一般包括以下 3 个部分：第一部分是合同的首部，包括合同名称、合同号数、缔约日期、缔约地点、缔约双方的名称和地址等；第二部分是合同的主体，包括合同的主要条款，如商品名称、品质、规格、数量、包装、单价和总值、装运、保险、支付，以及特殊条款，如索赔、仲裁和不可抗力等；第三部分是合同的尾部，包括合同文字和数量，以及缔约双方的签字。

2. 商检

1）商检的概念与意义

进出口商品的检验检疫是指在国际贸易中对买卖双方成交的商品，由商品检验检疫机构对商品的质量、数量、重量、包装、安全、卫生及装运条件等进行检验,并对涉及人、动物、植物的传染病、病虫害和疫情等情况进行检疫工作,在国际贸易互动中通常简称商检工作。

商品检验是指进出口商品检验机构鉴定商品的品质、数量和包装是否符合合同规定的要求,检查卖方是否已按合同履行了交货义务,并在发现卖方所交货物与合同不符时,买方有权拒绝接收货物或提出索赔的过程。因此,商品检验对保护买方利益是十分重要的。

出口贸易中应当贯彻"平等互利"的原则,按照"重合同,守信用","按时、按质、按量"交货的精神,根据不同的商品,公平合理地订立检验条款,并由国家的商检部门监督实施。

在进口工作中,订立好检验条款,做好进口商品的检验工作,对于维护国家和人民的正当权益是有重要意义的。根据《中华人民共和国进出口商品检验法》(以下简称《商检法》)的规定,我国商检机构的主要任务是对重要进出口商品进行法定检验,对一般进出口商品实施监督管理和鉴定。

2) 进出口商品检验检疫的程序

凡属法定检验检疫商品或合同规定需要检验检疫机构进行检验,并出具检验证书的商品,对外贸易关系人均应及时提请检验检疫机构进行检验。我国进出口商品的检验程序主要包括报检、抽样、检验和签发证书4个环节,如表8-7所示。

表8-7 进出口商品检验检疫的环节

环节名称	说明
报检	也称报验,是指对外贸易关系人向检验检疫机构申请检验。凡是检验检疫范围内的进出口商品,都必须报检。报检单位首次报检时须持本单位营业执照和政府批文办理登记备案手续,取得报检单位代码。其报检人员须经检验检疫机构培训合格后领取"报检员证",凭证报检。代理报检单位须按规定办理注册登记手续,其报检人员须经检验检疫机构培训合格后领取"代理报检员证",凭证办理代理报检手续。 对入境货物,应在入境前或入境时向入境口岸或指定货到达站的检验检疫机构办理报关手续,入境的运输工具及人员应在入境前或入境时申报入境货物。需对外出证索赔的,应在索赔有效期前不少于20天内向到货口岸或货物到达地的检验检疫机构报检。输入微生物、人体组织、生物制品、血液及其制成品或种畜、禽及其精液、胚胎、受精卵的,应当在入境前30天报检;输入其他动物的,应在入境前15天报检。输入植物、种子、种苗及其他繁殖材料的,应当在入境前7天报检。出境货物最迟于报关或装运前7天报检,对于个别检验检疫周期较长的货物,应留出相应的检验检疫时间。出境的运输工具和人员应在出境前向口岸检验检疫机构报检或申报。需隔离检疫的出境动物在出境前60天预报,隔离前7天报检
抽样	检验检疫机构接受报验后,须及时派人到货物堆存地点进行现场检验鉴定。其内容包括货物数量、重量、包装和外观等项目。现场检验一般采取国际贸易中普遍使用的抽样法(个别特殊商品除外)。抽样时须按规定的抽样方法和一定的比例随机抽样,以便样品能代表整批商品的质量

续表

环节名称	说明
检验	根据我国《商检法》的规定，内地省市的出口商品需要由内地检验检疫机构进行检验。经内地检验检疫机构检验合格后，签发《出口商品检验换证凭单》，当商品的装运条件确定后，外贸经营单位持内地检验检疫机构签发的《出口商品检验换证凭单》向口岸检验检疫机构申请查验放行。 检验检疫机构接受报验后，认真研究申报的检验项目，确定检验内容，仔细审核合同、信用证对品质、规格、包装的规定，弄清检验的依据，确定检验标准、方法，然后抽样检验。 根据我国《进出口商品免验办法》规定，凡列入《商检机构实施检验的进出口商品种类表》的进出口商品，经收货人、发货人和生产企业（以下简称"申请人"）提出申请，国家商检局审查批准，可免予检验。获准免验进出口商品的申请人，凭有效的免验证书、合同、信用证及商品的品质证明直接办理放行手续，免予检验
签发证书	对于出口商品，经商检机构检验合格后，凭《出境货物通关单》进行通关。如合同、信用证规定由检验检疫部门检验出证，或国外要求签发检验证书的，应根据规定签发所需证书。 对于进口商品，经检验后签发《入境货物通关单》进行通关。凡由收、用货单位自行验收的进口商品，如发现问题，应及时向检验检疫局申请复验。如复验不合格，检验检疫机构即签发检验证书，以供索赔

3. 报关

1）海关及其职责

海关是国家设在进出境口岸的监督机关，在国家对外经济贸易活动和国际交往中，海关代表国家行使监督管理的权利。通过海关的监督管理职能，保证国家进出口政策、法律和法令的有效实施，维护国家的权利。

中华人民共和国海关总署是国务院的直属机构，统一管理全国海关，负责拟定海关方针、政策、法令和规章。国家在对外开放口岸和海关监督业务集中的地点设立海关。海关的隶属关系，不受行政区划分的限制，各地海关依法行使其职权，直接受海关总署的领导，向海关总署负责，同时受所在省、市、自治区人民政府的监督和指导。

1987年7月1日实施的《中华人民共和国海关法》（以下简称《海关法》）是现阶段海关的基本法规，也是海关工作的基本准则。海关贯彻《海关法》，在维护国家主权和利益的同时，需要促进对外经济贸易和科技文化交流的发展。

中国海关按照《海关法》和其他法律法规的规定，履行下列职责。

（1）对进出境的运输工具、货物、行李物品、邮递物品和其他物品进行实际监管。

（2）征收关税和其他费。

（3）查缉走私。

（4）编制海关统计和办理其他海关业务。

2）报关单证和期限

《海关法》规定，出口货物的发货人或其代理人应当在装货的24小时前向海关申报。进口货物的收货人或其代理人应当自运输工具申报进境之日起14天内向海关申报，逾期则征收滞报金。如果自运输工具申报进境之日起超过3个月未向海关申报，其货物可由海关提取，依法变卖处理。如确因特殊情况未能按期报关，收货人或其代理人应向海关提供有关证明，海关可视情况酌情处理。

一般的进出口货物需交验的单证如表8-8所示。

表8-8 进出口货物交验单证

单证名称	说明
进出口货物报关单	这是海关验货、征税和结关放行的法定单据，也是海关对进出口货物物汇总统计的原始资料
进出口货物许可证或国家规定的其他批注文件	凡国家规定应申领进出口许可证的货物，报关时必须交验外贸管理部门签发的进出口货物许可证。凡根据国家有关规定需要有关主管部门批准文件的还需交验有关的批准文件
提货单、装货单或运单	这是海关加盖放行章后还给保管人以提取或发运货物的凭证
发票	它是海关审定完税价格的重要依据，报关时应递交载明货物价格、运费、保险费和其他费用的发票
装箱单	单一品种且包装一致的件装货物和散装货物可以免交
减免税或免检证明	
商品检验证明	
海关认为必要时应交验的贸易合同及其他有关单证	

3）报关程序

《海关法》规定，进出口货物必须经设有海关的地点进境或者出境，进口货物的收货人、出口货物的发货人或其代理人应当向海关如实申报，接受海关监管。对一般进出口货物，海关的监管程序是：接受申报、查验货物、征收税费、结关放行。而相对应的收、发货人或其代理人的报关程序是：申请报关、交验货物、缴纳税费、凭单取货。

海关在规定时间内接受报关单位的申报后，审核单证是否齐全、填写是否正确，报关单内容与所附各项单证的内容是否相符，然后查验进出口货物与单证内容是否一致，必要时海关将开箱检验或者提取样品。货物经查验通过后，如需纳税的货物，由海关计算费税，颁发税款缴纳证，待报关单位交清税款或担保付税后，海关在报关单、提单、装货单或运单上加盖放行章后结关放行。

4. 国际货物仓储

1）外贸仓库

外贸仓库是进出口商品储存、中转和外发的服务场所，它保管着大量的贵重商品，必须做到安全第一、优质服务、方便货主、扩大储存、降低消耗，以提高仓库作业的经济效益和社会效益。其基本任务如下。

（1）在合理选择库地的基础上，加强仓储作业的科学管理，确保外贸商品的安全和完好无损。

（2）合理组织外贸商品的进库、在库和出库业务，加速外贸商品流转，促进外贸事业发展。

（3）开展全方位的优质服务，吸引组织大量进出口商品，特别是出口商品的进库储存，直接服务于外贸事业。

（4）有机协调外贸商品的购、销、储、运、包环节，增收节支。

2) 保税仓库

保税仓库是指经海关批准,受海关监管,专门储存经海关核准缓纳税的外贸商品的仓库。能进入保税仓库的货物仅限于来料加工、进料加工复出口的货物,或者暂存后再复运出口的货物,以及经海关核准缓办纳税手续的进境货物。上述货物,如果转为内销,进入国内市场,则必须事先提供进口许可证和有关证据,正式向海关办理进口手续,并交纳关税,货物方能出口。非经海关批准,货物不得入库和出库。

建立保税仓库可大大降低进口货物的风险,有利于鼓励进口,鼓励外国企业在本国投资,是良好投资环境非常重要的组成部分。保税仓库的设立需经专门批准,外国货物的保税期一般最长为两年。在这期间,可将货物存放在保税仓库中,一旦出现合适的销售时机,再办理通关手续。如果两年之内未能销售完毕,可再运往其他国家,而且保税仓库所在国不收取关税。

3) 保税区

保税区,又称保税仓库区,是海关设置或经海关批准注册的,受海关监督的特定地区和仓库。外国商品存入保税区,可暂时不缴纳进口税;如再出口,不须缴纳出口税;如要运往所在国的国内市场,则需办理报关手续,缴纳进口税。运入区内的外国商品可进行储存、改装、分类、混合、展览、加工和制造等。此外,有的保税区还允许在区内经营金融、保险、房地产、展销和旅游业务。保税区与非保税区的政策区别如表 8-9 所示。

表 8-9 保税区与非保税区的政策区别

项目	保税区	非保税区
海关管理	实行保税制度,货物从境外运入或运出保税区,免进口税,免许可证	只是对保税仓库或保税工厂实行保税制度
	货物从保税区运往国内非保税区,视同进口;货物从国内非保税区运入保税区,视同出口	国外货物到达口岸后必须办理进口手续;国内货物离开口岸必须办理出口手续
	区内企业与海关实行电脑联网,货物进出采取 EDI 电子报关	只有少数大企业实行 EDI 电子报关
	以《保税区海关监管办法》为法规保障	
外汇管理	外汇收入实行现汇管理,既可以存入区内金融机构,也可以卖给区内指定银行	经常性外汇收入实行强制结汇,外汇必须卖给指定银行
	无论是内资企业,还是外商投资企业,均可以按规定开立外汇账户;不办理出口收汇和进口付汇核销手续	内资企业未经批准不得保留外汇账户;企业必须办理出口收汇和进口付汇核销手续
	经常项目下的外汇开支,中资企业和外商投资企业实行统一的管理政策,由开户银行按规定办理	内资企业在结、售汇等方面都与外商投资企业有区别
	以《保税监管区域外汇管理办法》为法规保障	

5. 保险

在国际贸易中,每笔成交的货物,从卖方交至买方手中,一般都要经过长途运输。在此过程中，可能遇到自然灾害或意外事故，从而使货物遭受损失。货主为了转嫁货物在途中的风险，通常都要投保货物运输险。一旦货物发生承保范围内的风险损失，便可以从保险公司取得经济上的补偿。

国际货物运输保险是以运输过程中的各种货物作为保险标的物，被保险人（卖方或买方）向保险人（保险公司）按一定的金额投保一定的险别，并缴纳保险费。保险人承保以后，如果保险标的物在运输过程中发生约定范围内的损失，应按照规定给予被保险人经济上的补偿。

国际货物运输保险的种类很多，其中包括海上货物运输保险、陆上货物运输保险、航空货物运输保险和邮政包裹运输保险。

1）海上货物运输保险

办理海上货物运输保险前，首先要明确海运风险与损失。海运风险包括海上风险与外来风险。海上风险一般包括自然灾害和意外事故两种，外来风险分为一般外来原因造成的风险和特殊外来原因造成的风险。海上风险会造成费用上的损失，主要有施救费用和救助费用。

海上损失（简称海损）是指被保险货物在海洋运输中，因遭受海上风险而造成的损坏或灭失。就货物损失的程度而言，海损可分为全部损失和部分损失；就货物损失的性质而言，可分为共同海损和单独海损。

海上货物运输保险的险别很多，概括起来分为基本险别和附加险别两大类。

（1）基本险别。根据我国现行的《海洋货物运输保险条款》的规定，在基本险别中包括平安险、水渍险和一切险3种。在这3种基本险别中，还明确规定了除外责任，即保险公司明确规定不予承保的损失和费用。

（2）附加险别。一般附加险包括：偷窃、提货不着险，淡水雨淋险，短量险，混杂、玷污险，渗漏险，碰撞、破碎险，串味险，受热、受潮险，钩损包装破裂险，锈损险。以上几种附加险，不能独立投保，只能在平安险或水渍险的基础上加保。

2）陆上运输货物保险

路上货物运输保险的险别分为陆运险和陆运一切险。

（1）陆运险的责任范围。被保险货物在运输途中受暴风、雷电、地震、洪水等自然灾害，或由于陆上运输工具（主要是指火车和汽车）遭受碰撞、倾覆或出轨，如在驳运过程中，驳运工具搁浅、触礁、沉没或由于遭受隧道坍塌或火灾、爆炸等意外事故所造成的全部损失或部分损失。

（2）陆运一切险的责任范围。除包括上述陆运险的责任外，保险公司对被保险或在运输途中由于一般外来原因造成的短少、偷窃、渗透、碰损、破碎、雨淋、生锈、受潮、受热、发霉、串味、玷污等全部或部分损失，也负赔偿责任。

3）航空运输货物保险

航空运输货物保险分为航空运输险和航空运输一切险。航空运输险的责任范围与海运水渍险大体相同。航空运输一切险除包括上述航空运输险的责任外，对被保险货物在运输途中由于一般外来原因所造成的偷窃和短少等全部或部分损失也负赔偿责任。

4）邮政包裹运输保险

邮政包裹运输保险承保邮包在运输途中因自然灾害、意外事故和外来原因所造成的损失。邮政运输保险包括邮包险和邮包一切险两种基本险别。

第 8 章　国际物流管理

案例 8-2：自贸试验区试点新型海关监管模式

捷开依（上海）物流有限公司的集装箱货运车辆从外高桥港区驶出，抵达自贸试验区海关卡口。在缓缓驶入专用"快速验放车道"时，货车司机不再像往常一样下车办理通行手续，而是坐在驾驶室里掏出一张提货通知单，将单证上的条码对准车道上新装的扫描器，只听"嘀"的一声，左前方电子屏显示出红色的"放行"字样，卡口栏杆自动抬起，货车入区后顺畅驶向公司仓库。

这是从韩国蔚山进口的电解铜，货值 359 万美元，货重 499 吨。前一天下午，物流公司接到客户货物即将到港指令，于是公司通过自贸试验区海关监管信息化系统向海关发送了提货申请，不到 10 分钟就收到系统自动生成的回执。凭借提货通知单回执，企业在货物到达港口、尚未办结海关手续之前，就可以直接从港区提箱装货、先行运货进区入库。

这就是上海海关在自贸试验区试点实施"先入区、后报关"新型海关监管模式后的首次试点货物。经海关批准，试验区内试点企业可先凭进口舱单信息将货物提运入区，再在规定时限内（自运输工具进境 14 日内）向海关办理进境备案清单申报手续。和过去传统的"先报关、后入区"的"串联式"通关模式相比，新模式允许企业把提货入区作业与申报备案手续"并联"进行。目前上海海关已确定了 6 家区内企业试点"先入区、后报关"模式，待运作成熟后逐步复制、推广。

捷开依（上海）物流有限公司副总经理表示："由于大宗商品市场价格波动较大，对货物的流转入库时间要求很高。海关在试验区试点'先入区、后报关'模式，为仓储物流企业解决这一难题提供了有力支撑。据测算，新模式下企业货物入区通关时间可缩短两至三天，物流成本平均减少 10%。"

本 章 小 结

本章介绍了国际物流的相关知识。国际物流是指当生产和消费在两个或两个以上的国家（或地区）独立进行的情况下，为了克服生产和消费之间的空间距离和时间距离，而对物资（货物）所进行的物理性移动的一项国际经济贸易活动。其目的是为国际贸易和跨国经营服务，即选择最佳的方式和路径，以最低的费用和最小的风险保质保量适时地将商品从某国的供方运送到另一个国家的需方。

国际物流的主要特点包括：物流环境存在差异；物流系统范围广、风险大；国际物流必须有信息系统支持；国际物流的标准化要求高；国际物流是多种运输方式的组合。国际物流是国内物流的延伸和发展，但是两者在运输模式、库存、代理机构、财务风险、运输风险、政府机构、管理、沟通和文化等方面存在差异。

国际物流系统是由商品的包装、储存、装卸搬运、运输、检验、流通加工和其前后的整理、再包装及国际配送等子系统组成。运输和储存子系统是物流系统的主要组成部分。国际物流通过商品的储存和运输，实现其自身的时间和空间效益，满足国际贸易活动和跨国公司经营的要求。

国际物流的主要业务活动包括商品检验、货物通关、国际货物仓储和保险等。参与业务活动的公司多是出口分销商、报关行、国际货运代理商、承运人、承运人代理、外贸公司和

233

无船承运商。

本章习题

1. 名词解释

（1）国际物流；（2）国际物流系统；（3）国际物流系统网络；（4）国际物流运输线路

2. 选择题

（1）_____是国际物流系统的核心。

  A. 国际货物包装   B. 进出口国际物流

  C. 国际货物储存和运输 D. 保税业务

（2）国际_____是指使用船舶通过海上航道在不同的国家和地区的港口之间运送货物的一种运输方式。

  A. 航空运输   B. 海上运输

  C. 公路运输   D. 集装箱运输

（3）国际物流的特点不包括_____。

  A. 市场广阔   B. 高风险

  C. 复杂程度高   D. 以航空运输为主，多种运输方式组合

（4）_____不属于运河通道。

  A. 巴拿马运河   B. 苏伊士运河

  C. 英吉利海峡   D. 基尔运河

（5）海运航线根据行经水域进行分类，不包括_____。

  A. 远洋航线   B. 大圆航线

  C. 近洋航线   D. 沿海航线

（6）我国进出口商品的检验程序不包括_____。

  A. 报检 B. 抽样 C. 检验 D. 接受

（7）国际物流与国内物流的比较，下述错误的是_____。

  A. 国际物流与国内物流的经营环境不同

  B. 国际物流与国内物流采用的主要运输方式不同

  C. 国际物流与国内物流的信息沟通方式不同

  D. 国际物流的标准化要求低于国内物流

3. 简答题

（1）国际物流的特点是什么？

（2）简述国际物流的发展过程。

（3）分析国际物流与国内物流之间的差异。

（4）国际物流系统包括哪些子系统？核心组成部分是什么？

（5）简述国际物流的主要业务活动。

（6）列举主要的国际远洋航线及海上通道。

第9章

物流管理的发展趋势

进入 21 世纪，物流作为供应链中不可分割的重要部分，与信息流、资金流一起共同组成了供应链生存和发展的纽带，供应链管理思想的普及也使物流管理的思想得到了极大的改变，分别体现在物流管理理念的提升、物流管理职能的扩大、物流运作模式的创新和物流技术的进步上。本章介绍了 4 种物流发展的趋势，分别是精益物流、绿色物流、逆向物流和应急物流。精益物流能够适应市场需求多变的情况；随着环境对物流活动的要求越来越高，绿色物流的概念便被提出；逆向物流是物品在渠道成员间的反向传递过程，企业通过这一过程中的物理性再循环、再利用，使其在环境管理方面更有成效；应急物流是为应对严重自然灾害、突发性公共卫生事件、公共安全事件及军事冲突等突发事件而对物资、人员、资金的需求进行紧急保障的一种特殊物流活动。

9.1 精益物流

随着产品生命周期越来越短和顾客需求日益个性化，市场需求多变已成为必然趋势。在这样的背景下，制造商和分销商承受着各种压力，如产品订单更小且更频繁、产品需求不断变动且更加用户化等。在物流管理领域中引入精益原则，使传统的以预测和批量为基础的"推动系统"转变为"拉动系统"，企业的生产流程、生产效率、组织结构乃至企业理念发生巨大变化，从而使企业能适应未来物流管理发展的需要。

9.1.1 精益物流的产生背景

精益物流是日本丰田汽车公司的一种物流管理思想，其核心是追求消除包括库存在内的一切浪费，并围绕此目标发展的一系列具体方法。它是从精益生产的理念中蜕变而来的，是精益思想在物流管理中的应用。

1. 精益生产的背景

第二次世界大战结束不久，汽车工业中统治世界的生产模式是以美国福特为代表的大量生产方式。这种生产方式以流水线形式生产产品，大量的专用设备、专业化的大批量生产是降低成本、提高生产率的主要方式。与处于绝对优势的美国汽车工业相比，日本的汽车工业则处于相对初级的发展阶段。丰田汽车公司在从成立到 1950 年的十几年间，总产量甚至不及福特公司 1950 年一天的产量。汽车工业作为日本经济倍增计划的重点发展产业，日本派出了大量人员前往美国考察。丰田汽车公司在参观美国的几大汽车厂之后发现，采用大批量生产方式降低成本仍有进一步改进的余地，而且日本企业还面临需求不足与技术落后等严重困难。加上战后日本国内的资金严重不足，很难有大量的资金投入以保证日本国内的汽车生产达到有竞争力的规模。因此，他们认为在日本进行大批量少品种的生产方式是不可取的，而应该考虑一种更适合日本市场需求的生产组织策略。

在不断探索后，日本终于找到了一套适合国情的汽车生产方式——即时生产（JIT）、全面质量管理、并行工程、充分协作的团队工作方式和集成的供应链关系管理，逐步创立了独特的多品种、小批量、高质量和低消耗的精益生产方法。1973 年的石油危机，使日本的汽车闪亮登场。由于市场环境发生变化，大批量生产所具有的弱点日趋明显，而丰田公司的业绩却开始上升，精益生产（lean manufacturing）的方式开始受到世人瞩目。

2. 精益思想的背景

遭受失败的美国汽车工业，在经历了曲折的认识过程后，终于意识到致使其竞争失败的主要原因是美国汽车制造业的大批量生产方式输给了丰田的精益生产方式。1985 年美国麻省理工学院的 Daniel T. Jones 教授等筹资 500 万美元，用了近五年的时间对 90 多家汽车厂进行对比分析，于 1992 年出版了《改造世界的机器》一书，把丰田生产方式定名为精益生产，并对其管理思想的特点与内涵进行了详细的描述。四年之后，该书的作者出版了它的续篇《精益思想》，进一步从理论的高度归纳了精益生产中所包含的新的管理思维，并将精益方式扩大到制造业以外的所有领域。从此，精益生产方法外延到了企业活动的各个方面，不再局限于生产领域，从而促使管理人员重新思考企业流程，消灭浪费，创造价值。

精益思想是运用多种现代管理方法和手段，以社会需求为依据，以充分发挥人的作用为根本，有效配置和合理使用企业资源，最大限度地为企业谋求经济效益的一种新型的经营管理理念。

精益思想的核心就是以越来越少的投入，即较少的人力、较少的设备、较短的时间和较小的场地创造出尽可能多的价值；同时越来越接近用户，提供他们确实需要的东西。

精益思想的理论诞生后，物流管理学家从物流管理的角度对此进行了大量的借鉴工作，并与供应链管理的思想密切融合起来，提出了精益物流的新概念。精益物流（lean logistics）是精益思想在物流管理中的应用，是物流发展中的必然趋势。

9.1.2 精益物流的内涵

精益物流运用精益思想对企业物流活动进行管理，其基本原则是：
（1）从顾客的角度而不是从企业或职能部门的角度来研究什么可以产生价值；
（2）按整个价值流确定供应、生产和配送产品中所有必需的步骤和活动；
（3）创造无中断、无绕道、无等待和无回流的增值活动流；
（4）及时创造仅由顾客拉动的价值；
（5）不断消除浪费，追求完善。

精益物流的目标可概括为：企业在提供满意的顾客服务水平的同时，把浪费降到最低程度。企业物流活动中的浪费现象很多，常见的有无需求造成的库存积压和多余的库存、实际不需要的流通加工程序、不必要的物料移动、因供应链上游不能按时交货而等候、提供顾客不需要的服务等。努力消除这些浪费现象是精益物流最重要的内容。

实现精益物流必须正确认识以下几个问题。

1. 精益物流前提：正确认识价值流

价值流是企业产生价值的所有活动过程。这些活动主要体现在三项关键的流向上：从概念设想、产品设计、工艺设计到投产的产品流；从顾客订单到制定详细进度到送货的全过程信息流；从原材料制成最终产品到送到用户手中的物流。因此，认识价值流必须超出企业这个世界上公认的划分单位的标准，去查看创造和生产一个特定产品所必需的全部活动，搞清每一步骤和环节，并对它们进行描述和分析。

2. 精益物流的保证：价值流的顺畅流动

消除浪费的关键是让完成某一项工作所需步骤以最优的方式连接起来，形成无中断、无绕流和排除等候的连续流动，让价值流顺畅流动起来。具体实施时，首先要明确流动过程的目标，使价值流动朝向明确。其次，把沿价值流的所有参与企业集成起来，摒弃传统的各自追求利润极大化而相互对立的观点，以最终顾客的需求为共同目标，共同探讨最优物流路径，消除一切不产生价值的行为。

3. 精益物流的关键：顾客需求作为价值流动力

在精益物流模式中，顾客需求是驱动生产的原动力，是价值流的出发点。价值流的流动要靠下游顾客的拉动，而不是靠上游来推动。当顾客没有发出需求指令时，上游的任何部分都不要去生产产品。而当顾客的需求指令发出后，则快速生产产品，提供服务。当然，这不是绝对的现象。在实际操作中，要区分是哪一种类型的产品：如果是需求稳定、可预测性较强的功能型产品，可以根据准确预测进行生产；而需求波动较大、可预测性不强的创新型产品，则要采用精确反应、延迟技术，缩短反应时间，提高顾客服务水平。

4. 精益物流的生命：不断改进，追求完善

不断改进、追求完善是精益物流的生命。精益物流是动态管理，对物流活动的改进和完善是不断循环的。每一次改进，都会消除一批浪费，形成新的价值流流动，同时又存在新的浪费而需要不断改进。这种改进使物流总成本不断降低、提前期不断缩短从而使浪费不断减少。实现这种不断改进需要全员理解并接受精益思想的精髓，领导者制定能够使系统实现"精益"效益的决策，全体员工贯彻执行，上下一心，各司其职、各尽其责，达到全面物流管理的境界，保证整个系统持续改进、不断完善。

使系统实现"精益"效益的决策规则包括使领导者和全体员工共同理解并接受精益思想，即消除浪费和连续改善，用这种思想方法思考问题，分析问题，制定和执行能够使系统实现"精益"效益的决策。

9.1.3 精益物流系统的基本框架

作为一种新型的物流组织方式，精益物流系统的基本框架包括以下几个方面，见表9-1。

表 9-1 精益物流系统的基本框架

框架组成部分	说明
以客户需求为中心	在精益物流系统中，顾客需求是驱动生产的原动力，是价值流的出发点。价值流的流动要靠下游顾客来拉动，而不是依靠上游的推动
准时	在精益物流系统中，电子化的信息流保证了信息流动的迅速、准确无误，还可以有效减少冗余信息的传递，减少作业环节，消除操作延迟，使得物流服务准时、准确、快速，具备高质量的特性。 准时的概念包括物品在流动中的各个环节按计划按时完成，包括交货、运输、中转、分拣、配送等各个环节。物流服务的准时概念是与快速同样重要的方面，也是保证货品在流动中的各个环节以最低成本完成的必要条件，同时也是满足客户要求的重要方面之一。准时也是保证物流系统整体优化方案得以实现的必要条件
准确	准确包括准确的信息传递、准确的库存、准确的客户需求预测、准确的送货数量等。准确是保证物流精益化的重要条件之一
快速	精益物流系统的快速包括两方面含义：一是物流系统对客户需求反应速度快；二是货品在流通过程中的速度快。 物流系统对客户个性需求的反应速度取决于系统的功能和流程。当客户提出需求时，系统能对客户的需求进行快速识别、分类并制订与客户要求相适应的物流方案。客户历史信息的统计也会帮助制订快速的物流服务方案。 货品在物流中的快速包括货物停留的节点最少、流通所经路径最短、仓储时间最合理等。在市场竞争日趋激烈的今天，速度也是竞争的强有力手段。快速的物流系统是实现货品在流通中增加价值的重要保证
降低成本，提高效率	精益物流系统通过合理配置基本资源，以需定产。充分合理地运用优势和实力；通过电子化的信息流，进行快速反应、准时化生产，从而消除诸如设施设备空耗、人员冗余、操作延迟和资源浪费等，保证其物流服务的低成本
系统集成	精益物流系统是由提供物流服务的基本资源、电子化信息流和使物流系统实现"精益"效益的决策规则所组成的系统。能够提供物流服务的基本资源是建立精益物流系统的基本前提。在此基础上，需要对这些资源进行最佳配置。合理运用这些资源，消除浪费，经济合理地提供满足客户要求的优质服务
信息化	高质量的物流服务依赖于信息化。物流服务是一个复杂的系统项目，涉及大量繁杂的信息。信息化可以保证物流服务的准时和高效，同时也便于存储和统计，可以有效减少冗余信息传递，减少作业环节，降低人力浪费。此外，传统的物流运作方式已不适应全球化、知识化的物流业市场竞争，因此必须实现信息化，不断改进传统业务项目，寻找传统物流产业与新经济的结合点，提供增值物流服务

案例 9-1：信息化助力济钢构建精益物流

由山钢集团济钢自主开发的"进厂物资检验全流程无死角视频保障及防范软件"系统，于 2013 年 4 月初上线运行。该系统建成后将与济钢质量管理系统、远程计量系统、物流管控系统、企业资源计划系统等信息系统实现无缝对接，实现进厂物资检验工作的全流程可监控、可管理、可追溯，在保障物流畅通、严把进厂物资质量关等方面发挥重要作用。借助信息化手段，济钢物流管理不断向精益物流和高效物流迈进。

1. 智能济钢，物畅其流

近年来，济钢不断优化完善企业现有信息系统，将企业IT架构从以功能为主导逐步向以客户为中心和提升运营绩效为目标转变，不断加大信息资源的挖掘利用，为市场营销、产品优化、成本控制、质量管理等提供了有效的管理手段，为应对当前严峻的市场形势和推进企业转型发展提供了有力支撑。2011年，济钢自动化部制定颁布了《智能济钢建设纲要》，以"高度集成"和"综合应用"为目标，确立了以工艺过程智能化、产线管理智能化和商务决策智能化为中心的"两化"深度融合实现路径和智慧企业建设模式。

在物流信息化方面，济钢以管控一体为目标，开发实施制造执行系统、物流管控、生产调度指挥等信息系统，为企业实现精细化管理提供支撑，并与过程控制系统在各领域互联互通，将生产管理从局部最优上升到整体最优，最大限度地利用好各种资源。通过完善信息系统基础数据体系，充分挖掘信息资源价值，进一步加大信息技术与市场营销、产品结构优化、成本控制、质量管理、物流管理等方面的融合力度，使之成为透视企业现状、分析运营模式的独特视角，从而达到对内提升管理效率，对外提高市场响应速度的目的。开发了港企直通信息系统，打通了信息壁垒。通过对企业资源计划、车辆调度管理、路企直通等系统进行集成，形成了海运、铁运和公路运输三位一体的物流链信息化平台，提升了物流管控水平。

2. 实时掌控，降本增效

以信息化为代表的物流新模式，逐渐成为构建精益物流的中流砥柱。可以通过三组数据清晰地看出物流信息化给济钢带来的巨大效益。

原燃料库存持续降低，低库存保障能力不断增强。2012年以前，济钢冬季运行原燃料库存都在100万吨以上，实行信息化以后，所有进厂的大宗原燃料从港口、铁路运输、汽运、料场到生产厂用料情况等全部集中在物流信息平台上，一目了然、实时掌控，为低库存、高效率物流运行提高了保障。自2012年冬季开始，原燃料库存基本保持在50万吨以下，仅此一项就为济钢降低资金占用5亿元。

产成品精准交付、库存结构日趋合理，客户满意度不断提高。实施信息化以前，产成品库存一般在10万吨左右，各类库存信息杂乱无序，经常出现票货不符的消除，客户意见很大。实行信息化以来，借助企业资源计划系统，实现了货物信息的精准核对，产品入库和发货、票货不符的情况基本消除，对各库房的掌控能力大幅提升，物流库存降低到5万吨左右，大幅降低资金占用2 000余万元，同时，实现了产品交付及时精准，客户满意度持续提升。

铁路运输保障能力进一步增强，低成本运行优势日渐显现。2010年以前，济钢铁路运输基本上是靠一支笔、一张纸和一部电话来组织的，信息不畅，人力、物力投入大，效率低下。2012年以来，随着物流"现代车辆管理信息系统"的投入使用和路企直通列车的开通运行，铁路运输的高效率、低成本运行优势日渐显现，铁运比由以前的不到50%提高到2014年的71%以上，为济钢降低物流费2 000余万元。

9.2 绿色物流

随着世界生产力的突飞猛进，地球环境的不断恶化和资源的过度消耗给人类的生存环境和经济运行带来了严峻的挑战。越来越多的人意识到自己生存的环境正遭到破坏和污染,环境保护问题摆在了全世界各国的面前。作为经济活动的一部分,物流活动同样面临环境问题,需要从环境的角度对物流体系进行改进,形成绿色物流管理系统。

9.2.1 绿色物流的产生背景

1. 物流活动对环境的负面影响

物流活动由运输、储存、流通加工、包装和装卸等功能构成。物流活动中的各个功能都在不同程度上因存在非绿色因素而对环境造成污染。

1)运输对环境的负面影响

运输是物流活动中最重要、最基本的活动。运输活动离不开交通工具的使用,交通网的兴建和交通工具的大量使用无疑大大增强了企业的物流能力,提高了全社会的物流速度,但运输活动也产生了较为严重的环境污染。运输对环境的负面影响,主要表现在以下两个方面。

(1)运输工具本身的负面影响。运输车辆的燃油消耗和燃油污染是物流作业造成环境污染的主要原因。不合理的货运网点及配送中心布局,会导致货物迂回运输。JIT 虽然能增强敏捷性,实现无库存经营,但实施 JIT 必然会大量利用公路网,以实现"门到门"的运输,从而使货运从铁路转到公路。以上这些都增加了车辆燃油消耗,加剧了废气污染、噪声污染和交通阻塞。

(2)运输物品的负面影响。运输的物品尤其是如酸液、有毒类药品、油类、放射性物品等危险品、化工原料在运输活动中发生爆炸、泄漏可能对环境造成严重的损害和污染。尽管国际组织和各国政府为此制定了严格的规章制度并采用了完善的预防措施,但泄漏的事故还是经常出现,且泄漏后即使有完善的补救措施,对环境的影响仍然无法挽回。例如,石油在海运过程中发生泄漏而造成大片海域污染,这样的污染常常是致命的,并且在很长时期内都无法恢复常态。据统计,由于油轮频繁泄漏,欧洲海域污染严重,如表 9-2 所示。

表 9-2 欧洲海域油轮泄漏污染情况

事故发生时间	1967 年 3 月 18	1992 年 12 月 3	1993 年 6 月 5	1996 年 2 月 16	1999 年 12 月 12	2002 年 11 月 14
船名	大峡谷号	爱琴海号	布雷尔号	海洋女王号	埃里卡号	威望号
油轮泄漏的原油量/吨	120 000	74 000	85 000	60 000	13 000	77 000

2)储存对环境的负面影响

储存是物流的一项重要功能,它解决了商品生产与消费在时间上的差异问题,创造了商品的时间效用。但若储存方法不当,储存货物腐败变质或泄漏,就会对人和周围的环境造成不利影响。同时,储存过程中必须用一些化学方法对储存物品进行养护,如喷洒杀虫和菌的药物等,这也会对周边生态环境造成污染和破坏。

3)装卸搬运对环境的负面影响

装卸搬运是伴随运输和储存而附带产生的物流活动,并且其贯穿物流的始终。但装卸搬运时如果方法不当、野蛮操作,就会发生货损,造成资源浪费,而废弃物如化学液体还有可能对水源和土壤造成污染。

4）包装对环境的负面影响

包装具有保护商品品质、美化商品和便利销售及运输等作用。但现在大部分商品的包装材料和包装方式，不仅造成了资源的极大浪费，不利于可持续发展，而且严重污染了环境，也无益于生态经济效益。例如，市场上流行的塑料袋、玻璃瓶、易拉罐等包装品种，使用后给自然界留下了长久的污染物，对自然环境造成了严重影响。

5）流通加工对环境的负面影响

流通加工是流通过程中为适应用户需要而进行必要的加工，以完善商品的使用价值及便利销售。但不合理的流通加工方式，会对环境造成负面影响。例如，流通加工中心选址不合理，会造成费用的增加，还会因为增加了运输量而产生新的污染；过分分散的流通加工，其产生的边角废料、废气和废水难以集中处理和有效再利用，会造成废弃物污染，对环境和人体造成危害。

2. 绿色物流的产生背景

1972年，在斯德哥尔摩召开的人类环境会议，提出了《我们只有一个地球》的报告，发出了人类资源和环境已陷入危机和困境的报告。面对人类面临的人口膨胀、环境恶化、资源短缺三大危机，为了实现人口、资源与环境相协调的可持续发展，在联合国的倡议和引导下，许多国际组织和国家相继制定出台了一系列与环境保护和资源保护相关的协议及法律，如《蒙特利尔协议书》(1987)、《里约环境与发展宣言》(1992)、《工业企业自愿参与生态管理和审核规则》(1993)、《关于服务贸易与环境的决定》(1994)、《京都协定书》(1997)及美国的《清洁空气法案》(*The Clean Air Act*, 1990)、中国的《环境保护法》(1989)等。这些协议及法律的宗旨就是保护地球环境，保护自然资源，减少对环境的负面影响，改善全球环境，造福人类。这种可持续发展战略及有关协议、法律同样适用于物流活动，因为物流在促进经济发展的同时，也会给环境带来负面影响。

日益严峻的环境问题和日趋严厉的环保法规，要求从环境保护的角度对物流体系进行改造，形成一种环境共生型的物流管理系统，改变原来经济发展、消费生活与物流之间的单向作用关系。在抑制物流对环境造成污染、减小资源浪费及降低危害等一系列措施的同时，实现对物流环境的净化，使物流资源得到最充分利用，形成一种能促进经济和消费生活健康发展的现代物流系统。物流与环境之间日益形成一种相辅相成的推动和制约关系，即物流的发展必须建立在与环境共生的基础上，必须考虑环境问题，需要从环境角度对物流体系进行改进。因此，绿色物流管理强调全局和长远的利益，强调全方位对环境的关注，是一种新的物流管理趋势。

9.2.2 绿色物流的内涵

1. 绿色物流的概念

现代物流的飞速发展一方面为社会经济的发展做出了巨大贡献，另一方面随着物流活动越来越频繁，也带来了一系列的社会问题，如空气污染、废弃物污染、资源浪费、城市交通堵塞等。这些问题的产生严重地威胁了人类的生存质量。为了解决物流产业的可持续发展问题，提出了绿色物流这一概念。

绿色物流（environmental logistics/green logistics）是20世纪90年代中期才被提出的新概念，目前为止还没有一个统一的定义。由A. M. 布鲁尔、巴顿和亨舍尔合著的《供应链管理和物流手册》一书中，把"绿色物流"定义为与环境相协调的高效运输配送系统。美国逆向物流执行委员会（the Reverse Logistics Executive Council，RLEC）对绿色物流的定义是："绿色物流，也称为生态型的物流，是一种对物流过程产生的生态环境影响进行认识并使其最小化的过程。"

纵观以上对绿色物流的定义，基本上都是从物流的微观层面上做出的，而忽略了物流概念中的宏观层面。因此对绿色物流应该从微观和宏观两个层面上做出定义。微观层面上，绿色物流应该在保证物流作业时效性、安全性等的前提下，以减少资源消耗、提高资源使用效率和减少环境污染为目的，通过政策引导、提升管理水平和科学技术水平等手段，净化物流活动，实现物流产业的可持续发展。宏观层面上，绿色物流旨在通过调控城市、区域乃至全国的产业布局、人口分布，尽可能减少重复物流活动，降低物流发生量，从而减小物流对社会、环境的压力，实现物流与社会、环境稳定持续的发展。

2. 绿色物流的特征

绿色物流除了具有一般物流所具有的特征外，还具有学科交叉性、多目标性、多层次性、时域性、地域性等特征，见表9-3。

表9-3 绿色物流的特征

特征	说明
学科交叉性	绿色物流是物流管理与环境科学、生态经济学的交叉。结合环境科学和生态经济学的理论、方法进行物流系统的管理、控制和决策。学科的交叉，使得绿色物流的研究方法非常复杂，研究内容十分广泛
多目标性	绿色物流的多目标性体现在企业的物流活动要顺应可持续发展的战略目标要求，注重对生态环境的保护和对资源的节约，注重经济与生态的协调发展，即追求企业经济效益、消费者利益、社会效益与生态环境效益这四个目标的统一
多层次性	绿色物流的多层次性体现在以下三个方面。 ① 从对绿色物流的管理和控制主体看，可分为社会决策层、企业管理层和作业管理层三个层次的绿色物流活动。其中，社会决策层的主要职能是通过相关政策和法规的手段传播绿色理念、约束和指导企业物流战略；企业层的任务则是从战略高度与供应链上的其他企业协同，共同规划和管理企业的绿色物流系统，建立有利于资源再利用的循环物流系统；作业层主要是指物流作业环节的绿色化，如运输的绿色化、包装的绿色化、流通加工的绿色化等。 ② 从系统的观点看，绿色物流系统是由多个子系统构成的，如绿色运输子系统、绿色仓储子系统、绿色包装子系统等。这些子系统又可按空间或时间特性划分成更低层次的子系统，不同层次的物流子系统通过相互作用，构成一个有机整体，实现绿色物流系统的整体目标。 ③ 绿色物流系统是另一个更大系统的子系统，包括促进经济绿色化的法律法规、人口环境、政治环境、文化环境、资源条件、环境资源政策等，它们对绿色物流的实施将起到约束或推动作用
时域性和地域性	时域性指的是绿色物流管理活动贯穿于产品的整个生命周期，包括从原材料供应、生产内部物流、产成品的分销、包装、运输直至报废和回收的整个过程。 绿色物流的地域特性体现在两个方面。 ① 由于经济的全球化和信息化。物流活动早已突破了地域限制，形成跨地区、跨国界的发展趋势，相应地，对物流活动绿色化的管理也具有跨地区、跨国界的特性。 ② 绿色物流管理策略的实施需要供应链中所有企业的参与和响应。例如，欧洲有些国家为了更好地实施绿色物流战略，对于托盘的标准、汽车尾气排放标准、汽车燃料类型等都有明确规定，其他欧洲国家不符合要求的货运车辆将不允许进入

3. 绿色物流的内容

在具体的运作过程中，绿色物流包括绿色仓储、绿色装运、绿色包装、绿色流通加工、绿色的信息搜集和管理、废弃物物流、绿色装卸管理，具体如表9-4所示。

表9-4 绿色物流的主要内容

内容	具体要求
绿色储存	要求仓库选址要合理，有利于节约运输成本，危险品在选址上应尽量远离居民区，消除商品储存对周边存在的安全隐患；仓储布局要科学，使仓库得以充分利用，实现仓储面积利用的最大化，减少仓储成本
绿色装运	须周密策划运力，合理选择运输工具，对运输线路进行合理布局与规划，通过缩短运输路线、提高车辆装载率等措施，克服迂回运输和重复运输，多快好省地完成运输，同时注重对运输车辆的养护，使用清洁燃料，减少能耗及尾气排放
绿色包装	要求企业在生产领域、商家在消费领域，也要求消费者在消费的终端环节都重视包装对环境的影响。绿色包装要求醒目环保，还应符合4R要求，即少耗材（reduce）、可再用（reuse）、可回收（reclaim）和可再循环（recycle），绿色包装可以提高包装材料的回收利用率，有效控制资源消耗，避免环境污染
绿色流通加工	要求企业在选址上合理，在资源的利用上节能、节料，在废气的排放、废料的处理上达到国家的相关标准，使流通加工在加工方式不断改进、加工程度不断深化的情况下对环境的污染程度逐步降低
绿色的信息搜集和管理	要求搜集、整理和储存的都是各种绿色信息，并及时将其运用到物流中，通过整合现有资源，优化资源配置，促进物流的进一步绿色化。绿色物流的运行和管理是一致的，仅有物流运作的绿色化，而管理上仍因循守旧、墨守成规是行不通的。管理只有树立绿色的思想，运用绿色、先进的技术手段，争取绿色的绩效，才能与绿色物流营运同步而发挥更大的作用
废弃物物流	要研究如何将废弃物变废为宝。它是从环境保护的角度出发，不管废弃物有没有价值或利用价值，都要将其妥善处理，以免造成环境污染
绿色装卸管理	要求企业在装卸过程中进行正当装卸，避免商品损坏，从而避免资源浪费及废弃物造成环境污染。另外，绿色装卸还要求企业消除无效搬运

4. 绿色物流的作用

绿色物流的实施，无论对企业还是对整个社会而言都是有意义的。概括而言，绿色物流具有以下几个方面的突出作用。

1) 保护人类环境

从整个社会的角度而言，绿色物流的开展有效地提高了能源和资源的利用率，减少了交通工具尾气的排放量，降低了环境对废弃物的承受压力，对于协调人类与自然环境的关系大有裨益。有关资料显示，用废钢代替铁矿石炼钢，可减少气体污染86%，减少水资源污染76%，降低耗水量40%，减少采矿废弃物97%。

2) 提高企业的经济效益

资源循环、重复使用等绿色物流举措有利于企业提高资源利用率，为企业带来可观的经济效益，成为企业重要的物流利润源泉。以海尔集团为例，该集团从2002年1月开始正式批量采用蜂窝纸板包装材料，以替代原来使用的泡沫塑料衬垫和木质板架材料。这一绿色包装材料的使用，取得了以下经济效益：①蜂窝纸板优异的抗压和抗弯曲性能，降低了产品的破损率；②蜂窝纸板的厚度较以前的包装衬垫薄，使得产品包装的外形尺寸减小，空调堆码由原来的4层增加到6层，节省了仓储和运输费用；③采用蜂窝纸板进行包装后，每台空调柜机的包装费用下降了15~20元。

3）提高企业的竞争地位

顾客价值是决定企业生存和发展的关键因素。绿色物流中的回收物流，不仅可以满足资源再利用的需要，而且可以有效地确保不符合顾客订货要求的产品及时退货，有利于消除顾客的后顾之忧，增加顾客对企业的信任感，扩大企业的市场占有率。

4）提升企业形象

随着可持续发展的观念不断深入人心，消费者越来越关注企业是否有社会责任感。企业是否节约利用资源，企业是否注重保护环境，这些都成为影响企业形象的重要因素。因此，企业如果能够将绿色物流与绿色生产、绿色营销紧密结合起来，将有助于提升自己的形象，成为市场拓展的有力武器。

9.2.3 绿色物流系统分析

物流系统与环境系统之间存在着相互作用的关系，物流决策能为很多社会性问题——废弃物问题、污染问题、资源节约和节能节约等提供解决方案，尤其是能为社会范围的环境管理和生态管理提供解决途径，包括由于物流本身的交叉性和综合性，再加上绿色物流实施主体的多样性，因此，物流的绿色化是一个系统工程。

1. 绿色物流系统的构成

运输、仓储、包装、装卸搬运和流通加工是物流系统最基本的五个功能环节，也是物流系统绿色化的基本内容。因此，绿色物流系统主要由绿色运输、绿色仓储、绿色包装、绿色装卸搬运和绿色流通加工构成，具体见表9-5。

表9-5 绿色物流系统的构成

构成内容	说明
绿色运输	运输是物流活动中最主要的活动，但同时也是物流作业耗用资源、污染和破坏环境的重要方面。运输过程中产生的尾气、噪声和可能出现的能源浪费等都是绿色物流管理中的新课题。所谓绿色运输，是指以节约能源、减少废气排放为特征的运输，其实施途径主要包括：合理选择运输工具和运输路线，克服迂回运输和重复运输，以实现节能减排的目标；改进内燃机技术和使用清洁燃料，以提高能效；防止运输过程中的泄漏，以免对局部地区造成严重的环境危害等
绿色仓储	仓储本身会对周围环境产生影响。例如，保管、操作不当引起货品损坏、变质和泄漏等。另外，仓库布局不合理也会导致运输次数的增加或运输迂回。绿色仓储是指以环境污染小、货物损失少和运输成本低为特征的仓储。要实现绿色仓储，一是要求仓库选址要合理，有利于节约运输成本。过于密集，会增加能源消耗，增加污染物排放；过于松散，则会降低运输效率，增加空载率。二是仓储布局要科学，使仓库得以充分利用，实现仓储面积利用的最大化，减少仓储成本。三是仓库建设前应当进行相应的环境影响评价。充分考虑仓库建设和运营对所在地的环境影响，对于易燃、易爆商品不应放置在居民区，有害物资仓库不应安置在重要水源地附近等

续表

构成内容	说明
绿色包装	包装要消耗大量的资源、产生大量的固体废弃物,是物流系统影响环境的主要因素之一。绿色包装是指以天然植物和有关矿物质为原料研制成对生态环境和人类健康无害,有利于回收利用,易于降解、可持续发展的一种环保型包装,也就是说,其包装产品从原料选择、产品的制造到使用和废弃的整个生命周期,均应符合生态环境保护的要求。它的理念有两个方面的含义:一个是保护环境,另一个是节约资源
绿色装卸搬运	绿色装卸搬运是指为尽可能减少装卸搬运环节产生的粉尘烟雾等污染物而采取的现代化的装卸搬运手段及措施。实现绿色装卸搬运,通常要做到以下几点。 ① 消除无效搬运,提高搬运纯度,搬运必要的物资,避免过度包装,减少无效负荷,提高装载效率,减少倒搬次数。 ② 提高搬运活性。"搬运活性"是指对在装卸搬运作业的物资进行搬运装卸作业的方便性。物品放置时要有利于下次搬运,在装上时要考虑便于卸下,在入库时要考虑便于出库。这样一方面提高了搬运装卸效率,另一方面也减少了可能造成的污染。 ③ 注意货物集散场地的污染防护工作。在货物集散地,尽量减少泄露和损坏,杜绝粉尘;在货物集散地要采用防尘装置,制定最高容许度标准;废水应集中收集、处理和排放,加强现场的管理和监督
绿色流通加工	绿色流通加工是指在流通过程中继续对流通中的商品进行生产性加工,以使其成为更加适合消费者需求的最终产品。绿色流通加工的途径主要分两个方面:一方面将分散加工转变为专业集中加工,以规模作业方式提高资源利用效率,减少环境污染;另一方面是集中处理加工过程中产生的边角废料,以减少分散加工所造成的废弃物污染

2. 绿色物流系统的行为主体

从物流系统的目标来看,绿色物流属于一种新的物流形式,新内涵体现在从强调物流对企业经济效益的贡献和对国民经济的促进作用,转向强调物流及物流决策对企业和社会的全面影响。

国外近十多年的研究结果表明,20世纪90年代兴起的对环境问题的重视不仅拓宽了物流的范围,而且也改变了各层次的物流管理部门和管理人员的工作方式,甚至对政府政策也产生了影响。政府、企业及代表社会的广大公众构成了绿色物流系统运行过程中的行为主体,他们是绿色物流战略实施和发展的推动力量。

1)公众

清洁的环境给公众带来了新鲜的空气、洁净的水质、畅通的交通、舒适的工作和生活环境。而各种环境污染的直接受害人是公众,公众的环境意识及其相应的行为对环境保护计划的全面展开具有特别重要的意义,对绿色物流战略的实施同样具有不可替代的推动作用。

研究发现,真正关心环境污染问题、具有环境危机感的人往往会采取积极的措施,避免造成更多的污染。例如,参与生态购买和生态消费行动、崇尚"绿色消费"方式等。所谓"绿色消费"是指在社会消费中,不仅要满足当代的消费需求和安全,还要满足子孙后代的消费需求和安全。它具有三层含义:①人类的消费活动无害于环境,即"无污染消费",倡导消费者选择有助于公众健康的绿色产品;②人类的消费活动应该做到对自然资源的"适度"和综合利用,即减少自然资源的消耗率,做到"重复使用、多次利用";③在消费过程中注重对垃圾的回收和处置,避免造成环境污染。

坚持绿色消费方式的公众更愿意购买有利于生态环境的产品和服务。可以说,正是公众的绿色消费理念,促使企业积极主动地提供绿色产品、绿色包装和绿色服务。对于物流企业来说,物流系统绿色化将为企业赢得良好的环境声誉,从而得到广大公众认可,赢得更多的顾客。反过来,物流企业的环境形象差,就会受到公众的严厉监督,甚至抵制。

另外,公众对某种非环保行为的强烈抗议也会促使政府采取相应的法规措施,从而限制企业的环境污染行为。例如,公众对废弃物填埋处理和焚烧处理的强烈抵制,促使国家制定包装废弃物回收法、电子产品回收法等,这也是促使企业实施绿色物流战略的主要原因之一。

2)企业

许多企业已经意识到消费者对环境问题的日益关注,并且意识到企业的环境战略将为企业带来新的市场机会,通过关注环境来促进产品销量和业务量的增长是大势所趋。

在物流市场中,最大的需求来自企业。物流的提供方也是生产企业或者第三方物流企业,所以企业物流是全社会物流系统中最重要的组成部分。企业物流绿色化是企业环境战略的重要组成部分,它不仅能够改善经营活动对环境的影响,而且还能推动产品所在供应链的绿色化,进而推动全社会物流系统的绿色化。因此,企业是绿色物流的直接实施者,是可持续发展战略中最核心的行为主体。

企业物流所包含的范围广泛,从产品生产所需原料、零部件的供应,生产过程中的物料流动,到产成品的分销、使用报废后的回收等,几乎跨越了产品的全生命周期。因此,企业物流的绿色化应该包括供应物流的绿色化、生产物流的绿色化、销售物流的绿色化、企业废弃物物流和企业逆向物流的绿色化等内容。

3)政府

政府对于绿色物流的主要作用是通过制定各项环保法规和政策手段实现监督和控制。

在绿色物流方面,政府可以通过立法和制定行政法规,将节约资源和保护环境的要求制度化。一方面,利用税收手段和市场机制,对道路资源、不可再生资源、不可再生包装材料的使用收取附加费用,对噪声、废气污染等行为加以惩罚和限制,对包装废弃物和产品废弃物的处理进行严格限制,制定废弃物回收法、循环利用法等;另一方面,还可以通过基金或者补贴的方式,对物流过程中节约资源、降低污染的行为予以鼓励和资助;不仅如此,还可以利用产业政策,直接限制资源浪费和环境污染型产业的发展。政府的限制和法规的约束是企业实施绿色物流战略的外部驱动力。

另外,政府通过开展绿色物流的宣传教育,大力宣传绿色物流的内涵和意义,也有利于促进绿色物流战略的全面实施和快速发展。

3. 绿色物流系统的特征

绿色物流系统需要不同的行为主体参与,而绿色物流系统的实施还包括绿色包装、绿色运输、绿色仓储等不同的环节和技术。从系统论的角度看,绿色物流系统有以下5个特征,如表9-6所示。

表 9-6　绿色物流系统的特征

特征	说明
开放性	绿色物流系统由多个要素构成，其内部各要素之间、系统与外部大环境之间不断进行着物质、能量和信息的交换，并且以"流"的形态贯穿于其间，从而形成一个动态的、系列的、层次的、具有自我调节和反馈能力的相对独立体系。开放性的另一个体现就是绿色物流系统内部要素之间存在着协同与竞争的复杂关系
区域性	绿色物流系统总是有一定的空间范围，在讨论物流业发展或物流业的绿色化发展时，需要将其放在特定的空间上去研究。区域作为某种特定范围的地域综合体，有其特定的自然、社会、经济、生态环境等要素，也有其固有的形成、发展和演化机制。因此，绿色物流系统也必须考虑区域这一基本特征。按照区域范围的大小，绿色物流系统可以划分为社会绿色物流系统和城市绿色物流系统，而企业物流是社会物流系统和城市物流系统的基本组成
多环节	绿色物流系统既包括物流系统"绿色"状态，也包括为使物流系统变得"绿色"所进行的调整和行动过程。不管是社会物流、城市物流还是企业物流，绿色物流系统都应该包括绿色包装、绿色运输、绿色仓储、绿色流通加工等多个功能环节
多样性	绿色物流系统的行为主体包括广大的公众、各行业的生产企业、分销企业、物流企业、批发/零售企业等。这些行为主体的环境意识和环境战略对其所在供应链的绿色化产生重要的推动或制约作用。因此，与绿色物流系统相关的政策法规、消费者督导、企业自律等也是实施绿色物流战略的宏观管理策略
层次性	层次性表现在绿色物流系统本身可分解为若干个子系统，各子系统还可以进一步分解为更小的子系统。绿色物流系统的层次性有不同的表现。 ① 从对绿色物流的管理和控制主体看，可分为社会决策层、企业管理层和作业管理层三个层次的绿色物流活动。其中，社会决策层的主要职能是通过相关政策和法规传播绿色理念，约束和指导企业物流战略；企业管理层的任务则是从战略高度与供应链上的其他企业合作，共同规划和管理企业的绿色物流系统，建立有利于资源再利用的循环物流系统；作业管理层主要是指物流作业环节的绿色化，如运输的绿色化、包装的绿色化、流通加工的绿色化等。 ② 从系统的观点看，绿色物流系统是由多个单元（或子系统）构成的，这些子系统又可以按照空间或时间的特性划分成更低层次的子系统，即每个子系统都具有层次结构，不同层次的物流子系统通过相互作用，构成一有机整体，实现绿色物流系统的整体目标。 ③ 绿色物流系统还是另一个更大系统的子系统，这个更大的系统就是绿色物流系统得以生存发展的外部环境。这个环境包括促进经济绿色化的法律法规、人口环境、政治环境、文化环境、资源条件、环境资源政策等方面，它们对绿色物流的实施将起到约束作用或推动作用

案例 9-2：上海通用领跑汽车业"绿色供应链"

进入 21 世纪后，欧盟倡导的绿色产品所带来的供应链效应引领全世界制造业进入了一个对环境更加友善的新纪元。对于十分依赖各种资源的制造业企业来说，如何处理好资源与环境的协调发展、转变传统生产方式、保持可持续增长，对生产制造业企业而言尤为重要。上海通用汽车有限公司抓住这一机遇，率先拉开了汽车产业上下游"绿色供应链"共赢计划的序幕。

上海通用汽车有限公司（以下简称"上海通用"）成立于 1997 年 6 月 12 日，由上海汽车工业（集团）总公司、通用汽车公司各出资 50%组建而成。业务链体系覆盖程度、生产基地数量、产品种类和制造规模等都位于国内合资企业之首。2005 年通用汽车总公司、世界环境中心和中国汽车工程学会合作，在中国启动"绿色供应链"示范项目，帮助汽车零部件供应商提高环保能力，减少资源消耗。

在产业链上游，经过第三方国际环保组织认证的上海通用"绿色供应商"如今已达到241家，充分体现了龙头主机厂对行业绿色发展产生的巨大引领作用。这一"绿色效应"贯穿整个业务链，包括绿色研发、绿色产品、绿色采购与供应链、绿色物流、绿色制造、绿色IT、绿色经销与服务等。

上海通用汽车有限公司充分发挥龙头企业影响力，以身作则，从零部件供应、生产制造、生产服务等多方面积极打造包括绿色供应链在内的绿色生态系统（见表9-7），带动上下游企业树立可持续发展意识，转变我国汽车业的传统观念，加强供应商与企业的合作伙伴关系，实现整个产业链共赢。

表9-7 上海通用汽车实现绿色供应链措施

方面	措施
零部件供应	自身作为产业龙头，形成产业集群
生产制造	建造国际环保水平的水溶漆车间
生产服务	设计、使用清洁的能源和原料；采用先进的工艺技术和设备

1. 零部件供应方面

上海通用作为产业龙头，吸引了众多零部件供应商形成产业集群。其不仅在工艺和业务流程上探索科学的方法，还配合供应商落实这些方法。因此，供应商的积极性都非常高，每年通过节能效果能够产生明显的经济效益。此外，上海金桥、山东烟台和沈阳北盛的各个基地都根据上海通用的统一要求进行"绿色供应链"的打造，对供应商的厂房设备、生产场地和工艺过程以绿色规范进行评估，帮助供应商改进技术，合理利用资源，减少能源和原材料的消耗。

2. 生产制造

上海通用建有国内第一家达到国际环保水平的水溶漆车间，采用世界最先进的绿色环保涂装工艺。2012年，上海通用斥资70亿元的第四工厂在武汉奠基，根据规划，上海通用武汉工厂将生产中小型车。上海通用共有沈阳北盛、烟台东岳和上海金桥三大基地，总产能100万辆，三大基地的中水回用设施使用国外先进的污水处理技术，各工厂的工业污水和生活污水全部实行了无害化处理，各项污染物100%稳定达标。

3. 生产服务

经销商在上海通用"绿动未来"战略的实施过程中也是重要的参与者。上海通用汽车工程师同国际环保专家一起到销售第一线提供现场技术支持，帮助经销商科学地实施绿色销售。同时，经销商通过不断改进设计，使用清洁的能源和原料，采用先进的工艺技术和设备及改善管理、综合利用等措施，实现了从源头削减污染，提高资源和能源利用率，减少或避免了维修保养过程中污染物的产生和排放，减轻或消除了对人类健康和环境的不利影响。

由上海通用汽车公司率先发起的这场"绿色供应链"革命，不仅有利于整个产业链的可持续发展，还在一定程度上带动越来越多的企业投身绿色发展浪潮。这种从源头控制抓起，以"清洁生产"制造绿色产品的理念与行动，凸显了上海通用"绿动未来"战略"全方位"的特色与意义。

9.3 逆向物流

在物流过程中，运输和仓储服务备受青睐，退回物品和产品使用后废弃物品的处理却长期被排除在企业经营战略之外。对于这些物品沿供应链逆向渠道的收集、运输和分拨一直没有引起人们的足够重视。

但是，随着市场竞争的加剧、消费者地位的上升、废弃产品数量的激增和全球环境保护意识的兴起，这个相对较新的物流领域——逆向物流领域的机会和潜在意义开始受到越来越多物流学者和企业管理者的重视。比如，美国在内华达州特别成立了美国逆向物流执行委员会（Reverse Logistics Executive Council）；通用汽车、IBM、西尔斯、强生和雅诗兰黛等国外许多知名企业已经将逆向物流战略纳入企业管理战略。

9.3.1 逆向物流概述

1. 逆向物流的概念

"逆向物流"（reverse logistics）最早出现在 Stock 提供给美国物流管理协会的一份研究报告中。随后 Carter 和 Ellram 对此加以解释，认为逆向物流是物品在渠道成员间的反向传递过程，即从产品消费地（包括最终用户和供应链上的客户）到产品来源地的物理性流动。企业通过这一过程中的物理性再循环、再利用，使其在环境管理方面更有成效。

美国逆向物流执行委员会主任 Rogers 博士和 Tibben Lembke 博士在 1999 年出版的一本逆向物流著作 *Going Backwards*: *Reverse Logistics Trends and Practices* 中，对逆向物流的定义是：为了重新获取产品的价值或使其得到正确处置，产品从其消费地到来源地的移动过程。他们认为逆向物流的配送系统是由人、过程、计算机软件和硬件及承运商组成的集合。它们相互作用，并共同实现物品从消费地到来源地的流动。美国物流管理协会对逆向物流的定义是：逆向物流是对原材料、在制品库存、制成品和相关信息从消费点到来源点的高效率、高效益的流动进行的计划、实施与控制过程，从而达到回收价值和适当处置的目的。中华人民共和国国家标准《物流术语》（GB/T 18354—2006）对逆向物流的表述是："物品从供应链下游向上游的运动所引发的物流活动"。

这些表述虽各有不同，但关于逆向物流的内涵是基本相同的。简单地说，逆向物流就是物品及相关信息从消费端向供应端的反向流动过程，目的是为了回收价值或适当处置物品。逆向物流与顺向物流无缝对接，构成一个完整的供应链物流系统。

综上所述，逆向物流有广义和狭义之分。狭义的逆向物流是指由于环境问题或产品已过时等原因而回收产品、零部件或物料的过程。它是将废弃物中有再利用价值的部分加以分拣、加工和分解，使其成为有用的资源并重新进入生产和消费领域。广义的逆向物流除了包含狭义的逆向物流外，还包括废弃物物流的内容，其最终目标是减少资源使用，并通过减少使用资源达到废弃物减少的目标，同时使正向和回收物流效率更高。

2. 逆向物流的特点

逆向物流具有以下三个特点，见表 9-8。

表 9-8　逆向物流的特点

特点	说明
高度不确定性	逆向物流产生的地点、时间及回收品的质量和数量难以预测，导致了逆向物流供给的高度不确定性，再加上再利用产品市场的高度不确定性，使得对回收产品的需求更是难以预测，因而供需平衡难以掌握
运作复杂性	逆向物流的回收过程和方式按产品的生命周期、产品特点、所需资源、设备等条件不同而复杂多样，因此与正向物流的产品生产过程相比存在更多的不确定性和复杂性
实施的困难性	逆向物流普遍存在于企业的各项经营活动中，从采购、配送、仓储、生产、营销到财务，需要大量的协调和管理。尽管在一些行业，逆向物流已经成为在激烈竞争中找到竞争优势从而独树一帜的关键因素，但是许多管理者仍然认为逆向物流在成本、资产价值和潜在收益方面没有正向物流重要，因此分配给逆向物流的各种资源往往不足。另外，相关领域专业技术和管理人员的匮乏，缺少相应逆向物流网络和强大的信息系统及运营管理系统的支持，都成为逆向物流有效实施的障碍

3. 逆向物流的分类

逆向物流有退货和回收两个过程。退货逆向物流是指下游顾客将不符合要求的产品退回给上游供应商。回收逆向物流是指将最终顾客所持有的废旧物品回收到供应链上各节点企业。逆向物流的分类情况见表 9-9。

表 9-9　逆向物流的分类

一级分类	二级分类和相应说明
按照逆向物流网络的退货来源	制造业退回：对于生产出的产品质量不满意或是过剩而退回
	商业退回：根据商业协议包含逆向物流中的相关活动，其中 B2B 一般指的是过期的产品退回；B2C 一般指的是到货时间和产品质量问题的产品退回
	产品召回：召回已进入供应链的有缺陷的产品
	保修退回：在质量保证期或维修期内被退回并修理
	终端使用退回：使用期满后产品被收集进行重新制造、回收或者焚烧
按照逆向物流网络的再利用方式	直接再利用：回收的物品不经任何修理可直接再用（可能要支付花费比较低的清洗和维护费用），如集装箱、瓶子等包装容器
	修理：通过修理将已坏产品恢复到可工作状态，但可能质量有所下降，如家用电器、工厂机器等
	再生：只是为了物料资源的循环再利用而不再保留回收物品的任何结构，如从边角料中再生金属、纸品再生等
	再制造：与再生相比，再制造则保持产品的原有特性，通过拆卸、检修、替换等工序使回收物品恢复到"新产品"的状态，如飞机发动机的再制造，复印机的再制造等

4. 逆向物流的原则

实施逆向物流应该遵循如下原则，如表 9-10 所示。

表 9-10 逆向物流的原则

原则	说明
"事前防范重于事后处理"原则	逆向物流实施过程中的基本原则是"事前防范重于事后处理"原则,即"预防为主、防治结合"的原则。因为对回收的各种物料进行处理往往给企业带来许多额外的经济损失,这势必增加供应链的总物流成本,与物流管理的总目标相背离。因此,要做好逆向物流,生产企业一定要注重遵循"事前防范重于事后处理"的基本原则。循环经济、清洁生产都是实践这一原则的生动例证
绿色原则	绿色原则即将环境保护的思想观念融入企业物流管理过程中
效益原则	生态经济学认为,在现代经济、社会条件下,现代企业是一个由生态系统与经济系统复合组成的生态经济系统。物流是社会再生产过程中的重要一环,物流过程中不仅有物质循环利用、能源转化,而且有价值的转移和价值的实现。因此,现代物流涉及经济与生态环境两大系统,理所当然地架起了经济效益和生态环境效益之间彼此联系的桥梁。经济效益涉及目前和局部的更密切相关的利益,而环境效益则关系更宏观和长远的利益。经济效益和环境效益是对立统一的。后者是前者的自然基础和物质源泉,而前者是后者的经济表现形式
信息化原则	尽管逆向物流有极大的不确定性,但通过信息技术的应用(如使用条码技术、GPS技术、EDI技术等),可以帮助企业大大提高逆向物流系统的效率和效益。因为使用条码可以储存更多的商品信息,这样有关商品的结构、生产时间、材料组成、销售情况、处理建议等信息就可以通过条码加注在商品上,也便于对进入回收流通的商品进行有效及时的追踪
法制化原则	尽管逆向物流作为产业而言还只是一个新兴产业,但是逆向物流活动从其来源可以看出,它就如同环境问题一样并非新生事物,它是伴随着人类的社会实践活动而生,只不过在工业化迅猛发展的过程中使这一"暗礁"浮出水面而已。然而,正是由于人们以往对这一问题的关注较少,所以市场自发产生的逆向物流活动难免带有盲目性和无序化的特点。例如,近年来我国废旧家电业异常火爆,据分析调查往往是通过对旧家电"穿"新衣来牟取利润的。这侵犯了广大农户和城市低收入家庭等低收入消费群体的合法权益,急需政府制定相应的法律法规来引导和约束。而具有暴利的"礼品回收"则会助长腐败,是违法的逆向物流,应坚决予以取缔。还有废旧轮胎的回收利用,我国各大城市街区垃圾箱受损、井盖丢失、盗割铜缆等现象就与城市"窃钩者"长期逍遥法外不无关系。固体废物走私犯罪活动蔓延,如废旧机电、衣物及车辆的流通、汽车黑市等违法的逆向物流活动都急需相关的法规来约束
社会化原则	从本质上讲,社会物流的发展是由社会生产的发展带动的。当企业物流管理达到一定水平,对社会物流服务就会提出更高的数量和质量要求。企业逆向物流的有效实施离不开社会物流的发展,更离不开公众的积极参与。在国外,企业与公众参与逆向物流的积极性较高,在许多民间环保组织,在绿色和平组织(green peace)的巨大影响下,已有不少企业参与了绿色联盟

9.3.2 逆向物流与正向物流的区别

当今,越来越多的企业已经认识到逆向物流管理的重要性。逆向物流与正向物流密切相关。以下是企业物流系统示意图,如图 9-1 所示。

通过图 9-1 可以看出逆向物流与正向物流是有很大差别的。

(1) 正向物流系统中只需要为消费者市场服务,整个物流系统都围绕消费者的需求自行调整,呈发散状,即一个制造商通过正向系统,将产品配送给许多消费者,而逆向物流系统却同时高度发散和集聚。逆向物流系统要从消费者手中将旧产品和废弃物料收集起来,还要将这些物料再销售出去。

(2) 在逆向物流系统中,回收的物品通过一定的工艺转化为新产品、部件、零件、材料等。转换过程常常与整个网络相结合,覆盖从网络起点(旧产品和废弃物收集者或供应

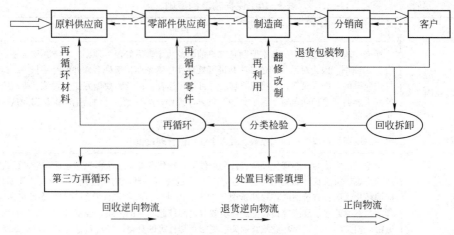

图 9-1 企业物流系统

者）到终点（重新回到正向物流系统）的整个过程。

（3）逆向物流和正向物流在包装方面也有区别，从而需要不同的运输方式。正向物流系统中产品是统一包装的，而进入逆向物流系统的产品的包装形态是各式各样的，包装的情形极大地影响着产品运输和处理的难易程度。

（4）正向物流和逆向物流另一个不同之处就是产品的品质。正向物流往往从总体最优化来使运输的规模经济最大化，但逆向物流即使采取了整合的程序也很少有这种优化的机会。在逆向物流中，除了更高的运输成本之外，非标准的包装意味着产品很难被安全地运回来。产品往往在逆向流动的过程中进一步遭到损坏。

（5）一旦回流产品到达分拨中心，必须做出处理决定。对正向物流而言，这是一个较简单的事情，产品就是要送到客户手中。而对于逆向物流来说，最终的处理却不确定，回流的产品或许回到货架上，或许回到上一层的供应者手中，或许被转售，或许被送去修复，或许送到专门进行回收再生的公司。

（6）产品的处理速度对于逆向物流管理至关重要，因为逆向物流中产品的生命周期缩短了，所以使产品尽快通过逆向物流渠道的紧迫性增加了；逆向物流中的产品，尤其是电子类产品，当生产厂商在决定如何处理产品时犹豫不决，这些产品就很容易失去价值。

逆向物流与正向物流的具体区别见表 9-11。

表 9-11 逆向物流与正向物流的区别

比较内容	正向物流	逆向物流	比较内容	正向物流	逆向物流
预测	容易	困难	服务速度	重要性得到认可	经常被忽视
分销或分拨模式	一对多	多对一	成本	相对透明	较为隐蔽
产品质量	均一	不均一	产品生命周期	明确	复杂
产品包装	统一	多已损坏	供应链各方协调情况	较为直接	障碍较多
库存管理	统一	不统一	营销模式	较为稳定	影响因素较多
运输目的路线	明确	不明确	操作流程	透明	相对不透明
产品处理方式	明确	不明确	产生过程	可以预见	不可预见

案例9-3：宝钢变"废"为宝

随着地球环境恶劣的变化，人们的环保意识不断增强，环保也越来越受关注，产品的回收再利用就是一方面。出于环保和资源循环利用的可持续发展经济模式考虑，废钢铁的回收得到了广泛的关注和研究。1吨普通废钢相当于3~4吨铁矿石，1~1.5吨焦炭，可见废钢的回收相当重要，而废钢物流是废钢回收中的关键。

上海宝钢物流有限公司作为宝钢集团的子公司，在宝钢回收废钢铁中起到很大的作用。上海宝钢物流有限公司利用无线射频技术，使钢铁成品智能仓储成为现实，并且精心打造物流基地，提供更好的物流服务。其经营领域有废钢物流、生产物流、供应物流、金融物流、钢铁物流、铁路装卸、码头装卸和货代服务，而废钢物流就是其中重要的一部分。上海宝钢的废钢物流具有碳钢、不锈钢废钢接运、回收、加工、分选，仓储及配送功能，可进行氧割废钢、等离子切割加工和打包压块作业，为用户提供废钢仓储、加工、配送等全程物流服务。

受经济危机后钢产量逐步增长的影响，钢铁供应需求急剧增加。铁矿石是炼钢的一种重要原料，是不可再生资源，而废钢是铁矿石的替代品，废钢的价格因供不应求而大幅上涨，市场面临很大的风险。

现如今废钢的资源供应不足，不能满足现代钢铁业供应需求。而上海宝钢物流有限公司在废钢回收方面，难于网点尚未形成规范体系，废钢不能有效地回收到供应链各节点，并且公司整体装备水平偏低，科研和技术还没跟上，在废钢逆向物流各环节管理水平较差，且废钢产品质量有待提高。所以如何做好废钢逆向物流是上海宝钢物流有限公司亟待解决的问题。

废钢逆向物流属于重新制造和回收的逆向物流，做好逆向物流，可以节约大量的成本。宝钢打造废钢采购供应链，跟供应商建立良好的关系，便有获得资源的渠道，可以解决废钢的资源供应不足问题。废钢的回收渠道还有赖于物流网络，在进行逆向物流网络设计时，必须考虑投资、运输、仓储和配送等各个方面，达到整体最优才是最好的，并且建立了分级管理回收网络，进行回收的归类。另外，还可以借助先进的物流信息系统，进行企业资源计划，确定回收量。

在废钢物流管理方面，实施废钢物流专管制度，将各个回收点收集的废钢，根据归类标准分别计量，做到分门别类专门仓储和发运。加快新技术、新工艺、新设备的推广和应用，淘汰落后产能，逐步减少人工作业，使用机械化、自动化、电子化加工和检测设备，提高行业装备水平，进而提高废钢产品质量。培养专业物流人才，引领逆向物流更好地发展。

废钢回收逆向物流，对社会和企业都是有帮助的。在社会方面，可以减少对环境的损害，有利于节约资源，提高资源的利用率，促进绿色物流的发展。在企业方面，可以降低生产成本，减少投资，增加企业的效益。

9.4 应急物流

9.4.1 应急物流概述

1. 应急物流的概念

应急物流是指为应对严重自然灾害、突发性公共卫生事件、公共安全事件及军事冲突等突发事件而对物资、人员、资金的需求进行紧急保障的一种特殊物流活动。中华人民共和国国家标准《物流术语》(GB/T 18354—2006)将应急物流定义为:"针对可能出现的突发事件做好预案,并在事件发生时能够迅速付诸实施的物流活动。"

应急物流与普通物流一样,由流体、载体、流向、流程、流量等要素构成。应急物流多数情况下通过物流效率实现其物流效益,而普通物流既强调效率又强调效益。

应急物流与普通物流的比较如表 9-12 所示。

表 9-12　应急物流与普通物流的对比

构成要素	普通物流	应急物流
流体	一般物品,品种无所不包,物品来源单一	主要集中在救灾物资,包括救生类、生活类、医疗物资及药品。物流来源复杂,有政府提供与社会捐献等
载体	固定的设施与场所	固定的和机动的设施与场所共用
流向	按用户的需求,流向确定,可以充分安排	指向救援地,目标事先很难确定
流速	完成物流的时间比较稳定	完成物流的时间延长或缩短
质量	物流的数量稳定	特定品种的流量激增,其他物品通常减少
流程	基本上可按合理化的原则进行安排	由于设施的损坏等原因,常使路程发生一定的改变

2. 应急物流的特点

应急物流是一般物流活动的一个特例,它具有区别于一般物流活动的特点,见表 9-13。

表 9-13　应急物流的特点

特点	说明
突发性和不可预知性	应急物流是针对突发事件的物流需求,其最明显的特征就是受灾地点和时间的不可预知性,也无法在较短的时间里准确地估计灾害的持续时间、强度大小及灾难引起的后果程度、物品需求的数量等因素。因此,在危机突然爆发时,要求马上做出正确的、有效的应急反应。通常使用的物流运行机制不能满足应急情况下的物流需要,必须要有一套应急的物流机制来组织和实现物流活动
非常规性与紧迫性	应急物流本着特事特办的原则,许多平时物流的中间环节将被省略,整个物流流程将表现得更加紧凑、物流机构更加精干。特别是应急物流机构往往是根据需要临时建立的,各种应急物流设施也是临时调配的,因此具有临时性。而且应急物流的活动具有紧迫性,应急物资多具有抢险抗灾、挽救生命的用处,往往事关全局,所以应急物流的速度决定了突发事件造成的损失和后果的严重程度
弱经济性与公益性	在灾难面前,平时物流的经济效益原则将不再作为一个物流活动的中心目标加以考虑,人民群众的生命和财产安全成了第一位的选择。因此应急物流目标具有明显的弱经济性,甚至在某些情况下成为一种纯消费性的行为。在应急物流中,更多的是社会公共事业物流而非商业物流,而公共利益相对于经济利益也必然具有至高无上的地位

续表

特点	说明
政府与市场共同的参与性	由于危机事件的发生对社会及人民生活的影响极大，应急物流的供给不像一般的企业内部物流或供应链物流一样，根据客户的订单或需求提供产品或服务。应急物流供给是在物流需求产生后，在极短的时间内在全社会采购所需的应急物资。而为了保证应急救助工作的顺利完成，救灾指挥部门的运作必须首先依靠强有力的政府职权。所以应急管理工作往往伴随着政府和社会的介入，因而应急物流活动的协调和一体化运作是应急物流运作的主要问题
需求的事后选择性和流量的不平衡性	由于应急物流的突发性和随机性，决定了应急物流的供给不可能像企业内部物流或供应链物流，根据客户的订单或需求提供产品或服务。应急物流的突发性也决定了应急物流系统必须能够将大量的应急物资在极短的时间内进行快速的运送

3. 应急物流的地位和作用

为了应对突发事件提供物资支援的应急物流是现代物流新兴的分支领域，属于特种物流，已经成为当今社会经济持续健康发展的重要保障力量。

1) 应急物流是国家安全保障系统的重要力量

社会在发展过程中总难免发生一些突发事件。在事件发生后，短时间内需要大量物资，救灾的成败不仅取决于现场救援力量，也依赖于应急物流能力。良好的应急物流体系能够源源不断地将国民经济力量输送到灾区，补充救灾物资，恢复救灾有生力量，成为救灾能力的倍增器。可见，良好的应急物流系统既是综合国力的重要组成部分，也是其发展水平的重要标志，更是综合国力转化为救灾实力的物质桥梁。

应急物流建设事关国计民生，意义十分重大。从宏观层面上讲，它直接关系着社会和谐稳定和国防安全巩固，与国家、各级政府息息相关；从微观层面上讲，则关系着百姓安康、生活幸福，与个人和群体利益也紧密相连。因此，为确保国家安全、经济建设和国计民生能够对突发事件应对自如、减少损失，应站在战略角度重视应急物流体系建设，充分发挥应急物流提供物资保障的作用，由被动应对变为主动应对、片面应对变为全面应对、劣质应对变为优质应对。

2) 应急物流为应急管理提供强大的物资支持

应急管理理论认为，突发事件可分为潜伏期、发展期、暴发期和恢复期四个阶段。应急物流在突发事件潜伏期做好各种准备，发展期启动，在暴发期和恢复期真正发挥作用。在应急行动中，大致可分为实施抢救的现场救援活动和实施物资保障的物流活动。国家实力不会自动转化为抗灾救灾实力，应急物流必须经过包装加工、组配、储存、配送、分发等多个环节，通过物流的桥梁作用，才能为现场救援提供不间断的物资供应。

历次应对社会突发事件的经验表明，人们应该时刻保持忧患意识，居安思危。只有这样，当洪水、地震等突发事件来临时，才能从容应对，争取主动。所以应对社会突发事件是应急物流针对事件的性质与特点，在事发地点实现有效匹配而形成抗灾减灾能力。尽管应急物流是因突发事件引发的现场救援而存在，但并不说明它是现场救援的附属，相反，它同现场救援共同构成应急处置不可分割的两个方面，贯穿应急处置的全过程。

3) 应急物流是做好应对准备的重点建设工程

我国现行分类管理、分级负责、条块结合和属地管理的应急管理体制，各种类型突发事件所需应急物资,均以本主管部门为主线,构建相对独立、自上而下和垂直式的补给通道,各个部门之间平行作业,整个物流呈分离式平行线性运作。这一模式导致补给线路细长凌乱、保障对象补给分离、保障能力分散、建设效率较低,为应急物流的组织指挥带来巨大困难。

应急物流系统集成、整体优化的理念,将有力促进现场救援的物资保障要素高度集成、环节衔接流畅、集约性能显著。应对突发事件的任何行动都离不开物流的保障和支持,信息流的畅通更离不开物流系统。将应急通信设备准确、及时保障到位,救灾人员作用的发挥依赖于救灾物资的伴随保障,灾区人民的生存、生活更需要物流的通畅。因此,应急物流是做好应对准备的重点建设工程。

9.4.2 应急物流系统分析

1. 应急物流系统的构成、特点和目标

应急物流系统是指为了完成突发性的物流需求,由各个物流元素、物流环节和物流实体组成的相互联系、相互协调、相互作用的有机整体。它是一般物流系统的一个特例。

应急物流系统与一般的企业内部物流系统或供应链物流系统具有如下几个不同的特点。

1) 应急物流系统的快速反应能力

应急物流的突发性和随机性,决定了应急物流系统应具有快速反应能力,具有一次性和临时性的特点。这一特点决定了应急物流系统区别于一般的企业内部物流或供应链物流系统的经常性、稳定性和循环性。

2) 应急物流系统的开放性和可扩展性

应急物流需求的随机性和不确定性决定了应急物流系统的设计应具有开放性和可扩展性。应急物流需求和供给在突发事件发生前是不确定的,但必须在突发事件发生之后将其纳入应急物流系统中。

应急物流系统的目标就是以最短的时间,尽可能低的成本获得所需要的应急物资,以适当的运输工具,把应急物资在适当的时间运送到适当的需求地,并以适当的方式分发到需求者手中。

2. 应急物流系统的支撑环境

应急物流系统的支撑环境是指为了保证在突发事件发生后,应急物流系统能够高效运转,完成系统的各项功能,实现系统的目标,整个社会的行政制度、公共政策、法律制度和技术支持设施所应具备的条件。

1) 社会公共应急机制

社会公共应急机制是指为了使应急物流系统高效运转,应该建立和完善的行政制度和公共政策。它包括建立国家突发事件预控中心、应急物资的采购或征用机制、应急运载工具的租用机制、应急物资的发放机制、应急资金的筹集和使用机制、应急人员的组织和调度机制。社会公共应急机制又可进一步分为政府协调机制和全民动员机制。

紧急状态下处理突发性自然灾害和突发性公共事件的关键在于,政府对各种国际资源、国家资源、地区资源、地区周边资源的有效协调、动员和调用;及时提出解决应急事件的处理意见、措施或指示;组织筹措,调拨应急物资、应急救灾款;根据需要,紧急动员相关生产单位生产应急抢险救灾物资;采取一切措施和办法协调、疏导或消除不利于灾害处理的人为因素和非人为障碍。

应急物流中的全民动员机制可通过传媒通信等技术手段告知民众,如受灾时间、地点、受灾种类、范围,赈灾的困难与进展,民众参与赈灾的方式、途径等,实现以下几个目标。①达到全民参与、关心赈灾事宜,调动民众的主观能动性,为赈灾献计献策;②根据需要可以以有偿或无偿方式筹集应急物资或用于采购应急物资的应急款项;③为实现快速应急物流提供各种方便;④为赈灾提供必要的人力资源。

2)法律保障机制

应确立国家突发事件预控中心的法律地位和职责范围,明确各级地方政府和国家机关在突发事件中的职责范围及与国家突发事件预控中心的关系,以及企业和公民在突发事件中的责任、权利和义务。

应急物流中的法律机制实际上是一种强制性的动员机制,也是一种强制性保障机制。如在发生突发性自然灾害或公共卫生事件时,政府有权有偿或无偿征用民用建筑、工厂、交通运输线、车辆、物资等,以解救灾和赈灾急时之需。许多国家都制定了具有上述功能的法律法规,如美国的《国家紧急状态法》、俄罗斯的《联邦公民卫生流行病防疫法》、韩国的《传染病预防法》等。

3)"绿色通道"机制

在重大灾害发生及救灾赈灾时期,建立地区间的、国家间的"绿色通道"机制,即建立并开通一条或者多条应急保障专用通道或程序,可有效简化作业周期和提高速度,使应急物资以方便快捷的方式通过海关、机场、边防检查站、地区间检查站等,让应急物资和抢险救灾人员及时、准确到达受灾地区,从而提高应急物流效率,缩短应急物流时间,最大限度地减少生命财产损失。"绿色通道"机制可通过国际组织,如国际红十字会,也可通过相关政府或地区政府协议实现,还可通过与此相关的国际法、国家或地区制定的法律法规对"绿色通道"的实施办法、实施步骤、实施时间和实施范围进行法律约束。

4)应急物流系统的技术支持平台

建立应急物资信息系统或数据仓库、应急物流运载工具信息系统或数据仓库、应急物流预案数据库,构筑应急运输方案自动生成的应急物资运输调度平台,以及基于GPS和GIS的应急物资运输监控平台。

案例9-4:沃尔玛灾难管理学:物流成为强大后盾

"卡特里娜"飓风肆虐后,当路易斯安那州民主党参议员玛丽·兰德里欧还在指责联邦紧急事务管理局在撤离受害者时"拖拖拉拉",对提供药品、通信设备和其他急需物品的捐助建议也不加理睬时,沃尔玛已派出约1 200辆载有水、食品和其他应急物品的卡车前去补充商店供应和提供救助。它通过设在本顿维尔的紧急反应中心来协调其救灾措施,利用公司的GPS卫星系统来追踪卡车的行踪。

1. 未雨绸缪

飓风的到来速度如火箭一般,但是沃尔玛的应急能力也同样惊人。2005年8月28日,"卡特里娜"飓风登陆美国佛罗里达州,接下来的几天,连续重创西南湾区,沃尔玛在灾区的126家分店以及发货中心都受到停电、淹水或强风摧残等冲击。9月2日就有分店陆续开始营业。

而事实上，沃尔玛的灾难管理从风灾发生前就开始了。8月24日，"卡特里娜"从热带性低气压转成飓风时，沃尔玛的营运持续负责人杰克森就开始进驻紧急指挥中心。当卡特里娜到了佛罗里达州时，这个中心已经有50名经理和支持人员，从货运专家到损失预防专家都在备战状态。接着，杰克森就要求沃尔玛的仓库增加发电机、干冰、饮用水和干粮等灾难紧急用品的库存，而且要放在指定、较容易拿到的地方。如果受灾严重，要求一开店就可完成取货、补货。

2. 物流后盾

沃尔玛的救灾功力，除了面临灾变时的准备，还依赖于平日就已构建好的高效率物流网络。沃尔玛在全国有七个发货中心，能迅速地将商品运往各店面。沃尔玛从全国气象服务的气象信息和店里的销售纪录中分析，在飓风来临前后，哪些商品的销售较好，以预先做好库存准备。

"强大的物流体系是快速反应的保证。"一个月前，沃尔玛全球总裁李斯阁在中国回忆那场飓风时强调，预告说"卡特里娜"飓风会呈扇面形向新奥尔良推进，于是沃尔玛紧急把包括饮用水、燃料在内的很多商品向该地区5个比较大的配送中心转移，一旦其中一个物流中心覆盖的区域出现严重灾害，就及时将其他4个物流中心的商品向这个区域运送，以保证让它们在当天就能到达最需要的地方。临近这个扇形区域、靠近墨西哥湾的佛罗里达州，也有沃尔玛的配送中心和很多家商店，这保证了沃尔玛可以实现迅速配送。

3. 灾难塑英雄

沃尔玛并不只管公司营运的问题，它们还直接投入救灾工作，承担起企业的社会责任。在"卡特里娜"袭击后，沃尔玛卡车为灾区民众送来了花生酱、罐头、果酱馅饼和饮用水等生存用品，成为救命英雄。沃尔玛还在受灾地区以卡车、帐篷和其他建筑形式设立了"迷你沃尔玛"商店，免费发放食品、牙刷和被褥等，并建立了一个失踪人员信息在线查询系统，该系统头两天就收到了超过2 000条信息和20万次访问。

各分店恢复营业后，灾难管理并没有就此结束。因为灾后治安混乱，沃尔玛还在店里安排了人员维持店内的秩序和商品、建筑物的安全，以防被劫掠。

4. 沃尔玛的中国禽流感预警计划

针对中国禽流感疫情，一个从采购部、营运部、行政部等部门抽调人手组成的禽流感防治领导小组在沃尔玛成立了。与此同时，三本不同危机级别下的应急操作手册也已付印。

三本厚达几十页的危机处理手册，分别对三个级别的危机情况提出了工作细则；发现禽流感之前预防措施；一旦出现疫情如何升级应对；当禽流感疫情严重到类似当年SARS的危急情况下，又如何控制局势。三本实施手册也对不同部门分别提出了工作细则，比如采购部负责控制原产地的进货源；营运部监督执行预防禽流感的相关规定，包括一些操作中必须佩戴手套等细节；行政部负在工作范围内进行消毒等细化要求……所有部门各司其职。

在疫情初期没有大面积流行的情况下，由专人向领导小组提供政府的疫情发布情况，总部和各地之间也保持密切联系。每天总部负责搜集政府的相关公告，及时向各地通报。分公司与分店搜集当地的有关信息，并且与医院保持联系。而员工内部的信息也保持扁平化，有专门的基本知识介绍和广告张贴。领导小组也将根据疫情进展修改员工工作日程和出差行程；为了不出现恐慌，人力资源部定期把地区和有关信息与员工共享；行政部也负责每天在一些地区消毒两次的工作。沃尔玛也统一大量采购了口罩和手套，以确保在发生意外情况时，商品不断档。

采购是一个防止问题产生的重要源头。在这一点，沃尔玛随时了解供应商的情况，除根据政府、卫生部的权威信息外，还要求所有相关产品的供应商都必须提供原产地的检疫证明和检疫合格证，并精确到某一县和乡村。当出现意外情况时，严格依照卫生部门和国家规定处理。

虽然沃尔玛的禽蛋类的商品大多是本地采购，但是由于在当地相关商品的供应商不止一家，所以即使某一家出现问题，只要采购链不断，就不会出现缺货现象。

本 章 小 结

本章概述了精益物流、绿色物流、逆向物流和应急物流。精益物流是运用精益思想对企业物流活动进行管理，在物流管理领域引入精益原则，既使传统的以预测和批量为基础的"推动系统"转变为"拉动系统"，也使企业的生产流程、生产效率、组织结构乃至企业理念发生巨大变化，从而使企业能适应未来物流管理发展的需要。作为一种新型的物流组织方式，精益物流的基本框架包括：以客户需求为中心，准时，准确，快速，降低成本、提高效率、系统集成和信息化，使物流资源得到最充分的利用。绿色物流是一种对物流过程产生的生态环境影响进行认识并使其最小化的过程。作为经济活动的一部分，物流活动同样面临环境问题，需要从环境的角度对物流体系进行改进，形成绿色物流管理系统。由于物流本身的交叉性和综合性，再加上绿色物流实施主体的多样性，因此，物流的绿色化是一个系统的工程。逆向物流是指不合格物品的返修、退货及周转使用的包装容器从需方返回到供方所形成的物品实体流动。逆向物流还处在发展阶段，但一些因素迫使有些企业将逆向物流的管理提高到战略高度上。应急物流是指为应对严重自然灾害、突发性公共卫生事件、公共安全事件及军事冲突等突发事件而对物资、人员、资金的需求进行紧急保障的一种特殊物流活动。我国国家标准《物流术语》将应急物流定义为："针对可能出现的突发事件做好预案，并在事件发生时能够迅速付诸实施的物流活动。"

本章习题

1. 名词解释

（1）精益物流；（2）绿色物流；（3）逆向物流；（4）应急物流

2. 选择题

（1）_____是精益物流的关键。

  A. 正确认识价值流   B. 顾客需求作为价值流动力

  C. 价值流的顺畅流动   D. 不断改进，追求完善

（2）下列选项中，不属于绿色物流特征的是_____。

  A. 学科交叉性   B. 弱经济性

  C. 多目标性   D. 时域性和地域性

（3）绿色包装的"4R"不包括_____。

  A. 少耗材（reduce）   B. 可再循环（recycle）

C. 可再用（reuse） D. 材料可靠（reliable）

（4）绿色物流系统的特征不包括_____。

A. 公益性　　　B. 开放性　　　C. 层次性　　　D. 区域性

（5）不属于逆向物流的特点的是_____。

A. 高度不确定性　　　　　　B. 不可预知性

C. 实施的困难性　　　　　　D. 运作复杂性

（6）下列选项中，不属于应急物流特点的是_____。

A. 政府与市场共同的参与性　　B. 非常规性与紧迫性

C. 突发性和不可预知性　　　　D. 快速性和及时性

3. 简答题

（1）精益物流的基本原则是什么？

（2）简述精益物流的基本框架内容。

（3）简述绿色物流的宏观和微观定义。

（4）绿色物流系统的行为主体有哪些？分别对于绿色物流有何作用和影响？

（5）广义和狭义的逆向物流有何区别？

（6）简述逆向物流和正向物流的区别。

（7）应急物流系统的目标是什么？

参考文献

[1] 王道平,李志隆. 现代物流管理[M]. 北京:北京大学出版社,2014.
[2] 黄中鼎. 现代物流管理[M]. 3版. 上海:复旦大学出版社,2014.
[3] 孙浩. 现代物流管理[M]. 上海:复旦大学出版社,2014.
[4] 贾平. 现代物流管理[M]. 北京:清华大学出版社,2011.
[5] 李传荣. 物流管理概论[M]. 北京:北京大学出版社,2012.
[6] 霍红,李楠. 现代物流管理[M]. 北京:对外经济贸易大学出版社,2007.
[7] 雍兰利,魏凤莲. 物流管理概论[M]. 杭州:浙江大学出版社,2011.
[8] 王雷震,戈猛. 物流管理概论[M]. 北京:机械工业出版社,2012.
[9] 张理. 物流管理导论[M]. 北京:清华大学出版社,2009.
[10] 吴群. 物流案例分析[M]. 北京:北京大学出版社,2014.
[11] 季辉. 现代物流管理[M]. 成都:四川科学技术出版社,2003.
[12] 申纲领. 现代物流管理[M]. 北京:北京大学出版社,2010.
[13] 张毅. 现代物流管理[M]. 上海:上海人民出版社,2002.
[14] 赵跃华. 现代物流管理概论[M]. 北京:北京大学出版社,2015.
[15] 杨海荣. 现代物流系统与管理[M]. 北京:北京邮电大学出版社,2003.
[16] 陈子侠. 现代物流学理论与实践[M]. 杭州:浙江大学出版社,2003.
[17] 张佺举,张洪. 物流管理[M]. 北京:北京大学出版社,2014.
[18] 施丽华,刘娜. 现代物流管理[M]. 北京:清华大学出版社,2014.
[19] 李瑞吉,郭翮,赵春杰. 现代物流管理[M]. 西安:西安交通大学出版社,2014.
[20] 刘刚. 物流管理[M]. 3版. 北京:中国人民大学出版社,2014.
[21] 何开伦. 物流成本管理[M]. 武汉:武汉理工大学出版社,2007.
[22] 赵刚,周凌云. 物流成本分析与控制[M]. 北京:清华大学出版社,2011.
[23] 鲍新中,崔巍. 物流成本管理与控制[M]. 3版. 北京:电子工业出版社,2012.
[24] 喻丽辉,王丽梅. 现代物流基础[M]. 北京:清华大学出版社,2009.
[25] 彭杨,吴承建,彭建良. 现代物流学概论[M]. 北京:中国物资出版社,2009.
[26] 王道平,杨岑. 供应链管理[M]. 北京:北京大学出版社,2012.
[27] 邹辉霞. 供应链管理[M]. 北京:清华大学出版社,2009.
[28] 林慧丹. 第三方物流[M]. 上海:上海交通大学出版社,2010.
[29] 王晓平. 电子商务环境下的物流管理[M]. 北京:北京大学出版社,2013.
[30] 赵刚,周鑫,刘伟. 物流管理教程[M]. 上海:上海人民出版社,1999.
[31] 黄祖庆,汤易兵. 现代物流管理[M]. 2版. 北京:科学出版社,2011.
[32] 李松庆,物流学概论[M]. 北京:清华大学出版社,2012.